Basiswissen KI-Testen

Nils Röttger hat an der Universität in Göttingen Informatik studiert. Bereits während des Masterstudiums lag sein Schwerpunkt im Themengebiet Softwaretest und Qualitätssicherung, in dem er seit über 15 Jahren tätig ist. Seit 2008 arbeitet er bei der imbus AG in Möhrendorf, aktuell als Seniorberater und Projektleiter. Er ist u.a. für die fachliche Aus- und Weiterbildung sowie den Bereich Mobile Testing verantwortlich und als Scrum Master im internen KI-Team tätig. Außerdem beschäftigt er sich immer wieder mit neuen Themen und berichtet darüber in vielen Vorträgen, zuletzt insbesondere mit Bezug zur künstlichen Intelligenz.

Dr. Gerhard Runze hat an der Friedrich-Alexander-Universität Erlangen-Nürnberg Elektrotechnik studiert und dort im Bereich digitaler Signalverarbeitungsalgorithmen promoviert. Er hat über viele Jahre als Entwickler, Projekt- und Testteamleiter in der Telekommunikationsindustrie in klassischen und agilen Projekten gearbeitet. Seit 2015 ist er bei der imbus AG als Testmanager, Trainer für ISTQB®-Schulungen und Seniorberater für Qualitätssicherung von KI, Embedded Software und agiles Testen tätig. Seit 2020 ist er zudem Product Owner für KI-Themen und hält Schulungen zum Certified Tester AI Testing.

Verena Dietrich hat an der Friedrich-Alexander-Universität Erlangen-Nürnberg Integrated Life Sciences studiert. In ihrem Masterstudium wählte sie Vorlesungen aus den Bereichen Bioinformatik, biologisch inspirierte Algorithmen und maschinelles Lernen. Von 2019 bis 2021 war sie bei der imbus AG als Softwaretesterin und Trainerin für die A4Q-Schulung KI-Testen tätig. Als Mitglied im KI-Team hat sie mit Nils und Gerhard die Arbeiten an diesem Buch begonnen und auch nach ihrem Wechsel in die Bioinformatik mit großem Engagement fortgeführt.

Nils Röttger · Gerhard Runze · Verena Dietrich

Basiswissen KI-Testen

Qualität von und mit KI-basierten Systemen

Aus- und Weiterbildung zum Certified Tester AI Testing – Foundation Level Specialist nach ISTQB®-Standard

dpunkt.verlag

Nils Röttger
nils.roettger@imbus.de

Gerhard Runze
gerhard.runze@imbus.de

Verena Dietrich
dietrich.verena@web.de

Lektorat: Christa Preisendanz
Lektoratsassistenz: Julia Griebel
Copy-Editing: Ursula Zimpfer, Herrenberg
Satz: inpunkt[w]o, Wilnsdorf *(www.inpunktwo.de)*
Herstellung: Stefanie Weidner, Frank Heidt
Umschlaggestaltung: Helmut Kraus, *www.exclam.de*
Druck und Bindung: BELTZ Grafische Betriebe GmbH, Bad Langensalza

Bibliografische Information der Deutschen Nationalbibliothek
Die Deutsche Nationalbibliothek verzeichnet diese Publikation in der Deutschen Nationalbibliografie; detaillierte bibliografische Daten sind im Internet über *http://dnb.d-nb.de* abrufbar.

Fachliche Beratung und Herausgabe von dpunkt.büchern zum Thema »ISTQB® Certified Tester«:
Prof. Dr. Andreas Spillner · *Andreas.Spillner@hs-bremen.de*

ISBN:
Print 978-3-86490-947-4
PDF 978-3-96910-993-9
ePub 978-3-96910-994-6

1. Auflage 2024

Wieblinger Weg 17
69123 Heidelberg

FSC www.fsc.org MIX Papier | Fördert gute Waldnutzung FSC® C089473

Hinweis:
Dieses Buch wurde mit mineralölfreien Farben auf FSC®-zertifiziertem Papier aus nachhaltiger Waldwirtschaft gedruckt. Der Umwelt zuliebe verzichten wir zusätzlich auf die Einschweißfolie. Hergestellt in Deutschland.

Schreiben Sie uns:
Falls Sie Anregungen, Wünsche und Kommentare haben, lassen Sie es uns wissen: *hallo@dpunkt.de*.

5 4 3 2 1 0

Einleitung

In diesem Kapitel erzählen wir, wie es dazu kam, dieses Buch zu schreiben. Außerdem geben wir dir eine Art Bedienungsanleitung an die Hand, um dieses Buch zu lesen und damit zu arbeiten: Wo steht was, warum machen wir dies oder jenes? Und wir beschreiben das Zusammenspiel zwischen dem ISTQB®-Lehrplan [GTB 2021] und diesem Buch. Fachliche Inhalte findest du ab Kapitel 1.

Wie es dazu kam, dieses Buch zu schreiben

Als die Idee entstand, dieses Buch zu schreiben, haben wir alle drei bei der imbus AG in Möhrendorf gearbeitet. imbus beschäftigt sich seit vielen Jahren u.a. mit der Qualitätssicherung (QS) von IT-Systemen. Um immer auf dem Laufenden zu bleiben, gibt es jedes Jahr neue interne Projekte, die sich mit neuen Technologien, neuen Methoden, neuen Testvorgehen etc. befassen. Vor etwa fünf Jahren wurde die Idee geboren, sich in diesem Rahmen intensiv dem Thema »künstliche Intelligenz« (KI) zu widmen. Kurz zuvor hatte Nils sich mit dem Thema Ethik im Kontext von QS für KI auseinandergesetzt. Nils wollte sein Wissen folglich in dieses Projekt einbringen. Gerhard hatte in seinem Berufsleben immer mal wieder mit KI zu tun und war ebenfalls von Beginn an dabei. Verena hatte sich bereits während ihres Studiums mit dem Thema künstliche Intelligenz beschäftigt. Ihre Expertise in diesem Bereich passte also sehr gut ins Team. Das interne Forschungsprojekt hatte und hat bis heute das Ziel, in das Thema Testen von und Testen mit KI einzutauchen. Wir wollten und wollen neue Methoden finden und etablieren, um erfolgreich KI-Systeme qualitätssichern zu können. Unsere Zusammenarbeit lief gut und wir schrieben gemeinsam Artikel oder hielten Vorträge auf Konferenzen. Verena und Gerhard übernahmen dann auch die KI-Schulung zum »A4Q AI and Software Testing« [A4Q 2019], die seit Dezember 2020 bei imbus angeboten wurde. Als dann im ISTQB® (International Software Testing Qualifications Board, *istqb.org*) der neue Lehrplan zum KI-Testen erstellt wurde und dessen Review anstand, engagierte sich Gerhard dort.

Wir flachsten immer mal wieder darüber, ein gemeinsames Buch zum Thema KI und QS zu schreiben. Aus diesen Scherzen wurde dann irgendwann Ernst. Wir hoffen, dass das Ergebnis nicht nur uns, sondern auch dir gefällt.

Wie verhält sich das Buch zum Lehrplan des ISTQB®?

Ende des Jahres 2021 hat das ISTQB® den Lehrplan zum »Certified Tester AI Testing« (CT-AI) veröffentlicht [ISTQB 2021a]. Dieser beinhaltet im Wesentlichen zwei Themen:

- Das Testen *von* KI-basierten Systemen
- Das Testen *mit* KI-basierten Systemen, also die Testunterstützung durch KI-basierte Systeme

Das Buch deckt beide Bereiche ab. Da sich unser beruflicher Alltag aber viel häufiger um den Test *von* KI-basierten Systemen dreht, konzentrieren wir uns in diesem Buch – wie auch der Lehrplan selbst – darauf. Hier werden wir die einzelnen Passagen mit Praxisbeispielen aus unserem Projektalltag untermalen, viele Übungen beschreiben und Lösungsbeispiele aufzeigen.

Wir haben den Anspruch, dass dieses Buch dabei hilft, eine Schulung für den CT-AI mit anschließender Zertifizierungsprüfung erfolgreich zu absolvieren, und zugleich ein Nachschlagewerk für den Arbeitsalltag von Testerinnen und Testern darstellt. Häufig ist ein Lehrplan allein nicht geeignet, um den Kurs im Selbststudium zu absolvieren. In diesem Fall kann das Buch als Begleitmaterial zu einer Schulung oder zum Selbststudium verwendet werden. Das Buch wurde von uns so konzipiert, dass es die Inhalte des Lehrplans abdeckt, diese entsprechend mit weiteren Informationen anreichert sowie die im Lehrplan genannten Übungen aufzeigt und dabei hilft, sie zu meistern. An manchen Stellen erschien es uns sinnvoll, zusätzliche Übungen einzubauen.

Aufgrund unserer Erfahrungen als Trainerin und Trainer sowohl für den ISTQB® CT-AI als auch dessen Vorgänger »A4Q AI and Software Testing« [A4Q 2019] sind wir sicher, dass dieses Buch eine gute Unterstützung bei der Vorbereitung auf die Zertifizierungsprüfung sein wird. Um die eigenen Kenntnisse zu überprüfen, empfehlen wir die Bearbeitung der zusammen mit dem Lehrplan veröffentlichten ISTQB®-CT-AI-Übungsfragen [ISTQB 2023]. Die originale Veröffentlichung des Lehrplans ist in Englisch verfasst. Das German Testing Board (GTB) hat im darauffolgenden Jahr sowohl den Lehrplan als auch die Übungsfragen in deutscher Sprache veröffentlicht (vgl. [GTB 2021]; [ISTQB 2023]).

Die Kapitel in diesem Buch stimmen mit den zugehörigen Kapiteln des ISTQB®-CT-AI-Lehrplans überein. An einigen Stellen haben wir in den (Unter-)Kapiteln selbst Exkurse eingefügt. Diese ändern jedoch nichts an der Übereinstimmung der einzelnen Abschnitte mit dem Lehrplan. Die Schlüsselbegriffe für die einzelnen Kapitel führen wir in Englisch und Deutsch auf.

Das ISTQB®- und das Certified-Tester-Ausbildungsschema

Das International Software Testing Qualifications Board (ISTQB®) ist eine global agierende Organisation, die das erfolgreichste Ausbildungs- und Zertifizierungsschema zum Testen von Software entwickelt hat. Es ist in regionalen bzw. nationalen Boards organisiert. Im deutschsprachigen Raum sind dies das Austrian Testing Board (ATB), das German Testing Board (GTB) und das Swiss Testing Board (STB). Das Ausbildungsschema des ISTQB® ist in drei Stufen organisiert: Foundation Level, Advanced Level und Expert Level. Innerhalb jeder Stufe gibt es Lehrpläne zu mehreren Themenbereichen rund um den (Software-)Test, die von ehrenamtlich tätigen Autorinnen und Autoren aus Industrie und Forschung erstellt werden. Neben diesen drei Stufen gibt es weitere Spezialmodule und Module zum Thema »Testen in agilen Projekten«.

Weitere Informationen zur Organisation, dem Ausbildungs- und Zertifizierungsschema sowie den Lehrplänen finden sich auf der Webseite des ISTQB® [URL: ISTQB] sowie auf den Seiten der nationalen Testing Boards (vgl. [URL: ATB]; [URL: GTB]; [URL: STB]).

Für den ISTQB® »Certified Tester Foundation Level« (CTFL) wurde im August 2023 ein neuer Lehrplan in der Version 4.0 – zunächst in englischer Sprache – veröffentlicht [GTB 2023]. In diesem sind beispielsweise Begriffe wie *Testorakel* entfallen. Der aktuelle CT-AI-Lehrplan bezieht sich noch auf den CTFL in der Version 3.1. Für dich als Leserin oder Leser ist es daher wichtig, zumindest für die Zertifikatsprüfung die Begrifflichkeiten der Version 3.1 des CTFL parat zu haben. Wir beziehen uns im Buch immer auf den CTFL 3.1 [GTB 2018].

Schlüsselbegriffe und Keywords

Zu Beginn jedes Kapitels listen wir die Schlüsselbegriffe und die dazugehörigen Begriffe aus dem Lehrplan auf. Zusätzliche Begriffe, die uns wichtig erscheinen, ergänzen diese Auflistung.

Manche Begriffe verwenden wir im Projektalltag in der Regel in Englisch. Ein Beispiel ist *Bias*. Der Begriff wird auch im Deutschen oft verwendet, der deutsche Begriff *Verzerrung* hingegen eher weniger. Wir haben versucht, diesem Umstand im Buch gerecht zu werden, und verweisen dann bei solchen Begriffen auf den Projektalltag. In einer möglichen Zertifikatsprüfung solltest du auf jeden Fall den deutschen Begriff kennen.

Notwendige Vorbereitungen für die praktischen Übungen

Dieses Buch enthält zu vielen Kapiteln auch praktische Übungen. In den meisten veranschaulichen wir die Lerninhalte an Codebeispielen in der Programmiersprache *Python*. Die Aufgaben und Lösungen befinden sich auf GitHub unter *https://github.com/KI-Testen/Uebungen*, unserem KI-Testen-Repository. Wir verwenden hauptsächlich *Jupyter Notebooks*[1], da diese es uns ermöglichen, den Code für dich anschaulich zu dokumentieren, und du ihn interaktiv ausführen kannst. *Jupyter Notebooks* finden nicht nur an (Hoch-)Schulen, sondern auch in Lehrmaterialien häufig Verwendung.

Um unsere Jupyter Notebooks nutzen zu können, benötigst du Zugriff auf eine JupyterLab-Umgebung. Wir empfehlen die Installation auf deinem eigenen PC oder Laptop. Dann kannst du darauf Python und die notwendigen Bibliotheken selbst installieren. Eine Anleitung dafür findest du in unserem GitHub-Repository.

Wenn du auf deinem PC nichts installieren kannst oder willst, gibt es verschiedene Möglichkeiten, auf bereits installierte JupyterLab-Umgebungen im Web zuzugreifen, wie z.B.:

- GitHub Account: über *https://github.com/codespaces* einloggen und mit dem Jupyter Notebook-Template einen Codespace anlegen.
- Mit Google-Konto: auf *https://colab.research.google.com/* mit deinem Google Account einloggen.
- Auf Jupyter.org: ohne Login für Versuche ein JupyterLab über *https://jupyter.org/try-jupyter* starten.

Du musst in jeder dieser Varianten die Dateien aus unserem Git-Repository manuell dort hineinkopieren. Achte dabei darauf, die Verzeichnisstruktur beizubehalten. Wir können jedoch nicht garantieren, dass diese Umgebungen immer verfügbar sind und mit unseren Übungen funktionieren.

Weitere Hinweise

Anrede

Wir arbeiten meist in jungen und agilen Teams, in denen wir Produkte mitentwickeln und testen. In diesen steht das Team im Mittelpunkt und der Kommunikationsstil ist so angepasst, dass sich in der Regel alle Teammitglieder duzen. Die-

1. Einen Einstieg in Jupyter Notebooks und wie man damit arbeitet, findest du auf dieser Webseite: *https://jupyter-tutorial.readthedocs.io/de/latest/index.html.*

sen Kommunikationsstil haben wir auch für dieses Buch übernommen und duzen daher die Leserin und den Leser. Selbstverständlich kann uns auch jeder duzen. Wir hoffen, dass du dich durch diesen Kommunikationsstil nicht unangemessen angesprochen oder sogar angegriffen fühlst. Sollte dies doch der Fall sein, möchten wir uns dafür entschuldigen.

Geschlechtergerechte Sprache

Wie bereits in den vorangehenden Abschnitten zu sehen war, versuchen wir im gesamten Buch, eine geschlechtergerechte Sprache zu verwenden. Wir nutzen sowohl die weibliche als auch die männliche Form. Zum Beispiel schreiben wir die Nutzerin und der Nutzer. Auf die Verwendung von Gendersternchen oder Ähnlichem verzichten wir an dieser Stelle. Wir tun dies ausschließlich aus Gründen der besseren Lesbarkeit. Wir beabsichtigen damit keine Diskriminierung von Menschen unterschiedlichen Geschlechts. Sollten sich manche durch diese Entscheidung diskriminiert fühlen, möchten wir uns dafür entschuldigen und versichern, dass dies nicht unsere Absicht ist.

Praxisbeispiele

Die Praxisbeispiele stammen überwiegend aus unserer beruflichen Praxis. Um den Schutz der Kunden und deren Geschäftsgeheimnisse zu wahren, mussten wir abstrahieren oder kleinere Anpassungen vornehmen.

Einige Praxisbeispiele haben keinen direkten Bezug zu Projekten mit unserer Beteiligung. Sie sind, wie ein Spamfilter für E-Mails, aber Beispiele, die uns und vielleicht auch dir im täglichen Leben begegnen.

Die Praxisbeispiele sind folgendermaßen gekennzeichnet:

> **Praxisbeispiel 0–1: Beispielthema (ggf. Erweiterung)**
>
> So stellen wir Praxisbeispiele dar. Bei diesem Kasten handelt es sich um ein Anschauungsbeispiel, das zeigen soll, wie wir Situationen aus unserem (oder einem vergleichbaren) Projektalltag im weiteren Verlauf des Buches beschreiben.

Englische Abbildungen

Wir haben echte Screenshots eingefügt, um das Geschriebene bildlich zu verdeutlichen. Es gibt ein Bild nur mit englischem Inhalt. Da dieses Bild selbsterklärend ist und den Text ergänzen soll, wurde auf eine Übersetzung verzichtet.

Übungen

Wir empfehlen dringend, die im Buch enthaltenen Übungen durchzuführen und nicht nur zu lesen. Diese selbst durchzuführen, fördert wesentlich das Verständnis der Lerninhalte. Theoretische Kenntnisse wirken nur unterstützend für die praktische Anwendung. Die Übungen helfen dir, Ideen zu generieren und festzulegen, wie du mit der aktuellen Aufgabenstellung im Projektkontext umgehen kannst. Vielleicht findet sich für die Übungen eine Sparringspartnerin oder -partner aus der Testing Community oder unter den Arbeitskollegen.

Alle Aufgaben und Lösungen zu den Übungen findest du im online verfügbaren GitHub-Repository (*https://github.com/KI-Testen/Uebungen*).

Hinweis zum Glossar

Solltest du im Buch auf einen dir unbekannten Begriff stoßen, empfehlen wir dir, direkt in unserem Glossar am Ende des Buches nachzuschlagen. Wir haben darin alle Begriffe, die unserer Meinung nach zum besseren Verständnis beitragen, aufgelistet und mit dem domänenspezifischen Glossar des CT-AI-Lehrplans [GTB 2021] und dem allgemeinen Glossar des ISTQB® [URL: Glossar] abgeglichen. Bei den Begriffen und/oder Definitionen kann es andere Formulierungen geben, die Inhalte stimmen jedoch aus unserer Sicht überein. Sollten in diesem Buch weitere unbekannte Wörter oder Begriffe auftauchen, empfehlen wir dir als erste Anlaufstelle die beiden genannten Quellen.

Quellen und Links

Quellen und Links wurden von uns zuletzt im August 2023 überprüft. Sollten sich nach diesem Datum Änderungen ergeben haben, sind diese nicht im Buch berücksichtigt.

Danksagungen

Wir möchten Danke sagen: Ein großes Dankeschön geht an Anna, Brigitte und Felix für ihre Unterstützung, ihre Geduld und ihre Nachsicht während der letzten fast zweieinhalb Jahre.

Danke auch an Florian Fieber und Binia Sonnen für ihre vielen Anmerkungen und Tipps, die das Buch qualitativ deutlich aufgewertet haben. Ebenso bedanken wir uns bei Andreas Spillner, Mario Winter und Jonas Mönnich für ihre wertvollen Anmerkungen sowie bei unseren zahlreichen Kolleginnen und Kollegen, mit denen wir viele Gespräche über das Thema KI und damit auch über das Buch geführt haben.

Zu guter Letzt geht unser Dank auch an den dpunkt.verlag und Christa Preisendanz für die gute Betreuung während des Schreibens.

Inhaltsübersicht

Inhaltsverzeichnis

1 Einführung in KI

»Dinge wahrzunehmen ist der Keim der Intelligenz.«
Laotse

In diesem Kapitel erklären wir allgemein den Begriff der künstlichen Intelligenz (KI) und die damit in Verbindung stehenden Systeme. Wir vermitteln, wie der Begriff entstand und sich bis heute entwickelt hat, aber auch was heutige künstlich intelligente Systeme charakterisiert und sie von konventioneller Software unterscheidet. Ebenso werfen wir einen Blick darauf, wie und mit welchen Frameworks KI-basierte Systeme entwickelt werden und was bei deren Betrieb zu beachten ist: als Service in der Cloud, auf dedizierter Hardware oder im regulatorischen Umfeld.

KI-spezifische Schlüsselbegriffe aus dem Lehrplan:
AI as a Service (AIaaS), KI-Entwicklungs-Framework (AI development framework), KI-Effekt (AI effect), KI-basiertes System (AI-based System), künstliche Intelligenz (KI, artificial intelligence), neuronales Netzwerk (neural network), Deep Learning (DL), tiefes neuronales Netzwerk (deep neural network), starke KI (general AI), Datenschutzgrundverordnung (DSGVO, General Data Protection Regulation, GDPR), maschinelles Lernen (ML, machine learning), schwache KI (narrow AI), vortrainiertes Modell (pre-trained model), künstliche Superintelligenz (super AI), technologische Singularität (technological singularity), Transfer-Lernen (transfer learning)

Weitere Schlüsselbegriffe in diesem Kapitel:
keine

1.1 Definition von KI und der KI-Effekt

Der Begriff der *künstlichen Intelligenz (KI)* ist in unserem Leben fast allgegenwärtig geworden. Wir haben ihn schon oft in den Nachrichten gehört, in Artikeln und Büchern dazu gelesen oder Filme darüber gesehen. So verwundert es nicht, wenn viele von sich sagen, den Begriff *KI* verstanden zu haben. Wir ordnen dann gerne KI als aktuelle *Hightech-Innovation* ein.

Neu ist die Idee einer von Menschen geschaffenen Intelligenz aber keinesfalls. Schon weit vor dem heute beobachtbaren gesellschaftlichen Hype führte die wissenschaftliche Forschung den Begriff der künstlichen Intelligenz ein. Er geht auf die 1950er-Jahre zurück, als Forscherinnen und Forscher der damals bereits wachsenden technischen Möglichkeiten ein besonderes Ziel vor Augen hatten: Rechenmaschinen zu bauen, die den Menschen und seine Fähigkeiten imitieren können. Als wichtigstes Ereignis wird heute der Workshop am Dartmouth College in New Hampshire im Jahr 1956 angesehen, der erstmals eine Studie zu künstlicher Intelligenz zum Thema hatte.[1]

Seitdem beschäftigt sich die Forschung in Theorie und Praxis mit diesem Ziel. Mit den Fortschritten in der mathematischen Modellierung, den technischen Möglichkeiten und neuen potenziellen Anwendungsgebieten hat sich auch die Definition des Begriffs der künstlichen Intelligenz ständig weiterentwickelt. Im derzeitigen Sprachgebrauch versteht man Folgendes darunter:

Künstliche Intelligenz (KI): Die Fähigkeit eines technischen Systems, Wissen und Fertigkeiten zu erwerben, zu verarbeiten, zu entwickeln und anzuwenden.[a]

a. Aus der englischen Definition des technischen Reports ISO/IEC TR 29119-11 [ISO/IEC TR 29119-11].

Der Wandel, dem die Definition des KI-Begriffs bis heute unterworfen ist, erklärt sich vor allem aus einer veränderten Wahrnehmung technischer Systeme und deren Leistungen. Insbesondere ist die Grenze zwischen konventioneller Software und Systemen mit künstlicher Intelligenz nicht festgeschrieben, sondern ebenfalls einem Wandel unterworfen.

Noch in den 1970er-Jahren konnten mäßig geübte Schachspielerinnen und -spieler die damaligen Schachcomputer besiegen. Ein Programm, das in der Lage gewesen wäre, einen Schachweltmeister zu schlagen, schien dagegen unmöglich. Das Schachspiel ist ein Paradebeispiel für eine ganze Reihe von Problemen, die trotz weniger Regeln und begrenztem Spielfeld eine hohe strategische Komplexität aufweisen. Als 1997 dann *Deep Blue* den damals amtierenden Schachweltmeister Garri Kasparow besiegte, wurde dies als Siegeszug der künstlichen Intelligenz gefeiert. Aus heutiger Sicht wird die damalige Software jedoch von vielen nicht mehr als KI bezeichnet. Deep Blue nutzte damals eine *Brute-Force*-Methode, also eine auf purer Rechenleistung beruhende Methode, um den nächsten Zug zu ermitteln. Ein Erwerben oder Weiterentwickeln der eigenen Fertigkeiten, wie nach der aktuellen Definition einer KI, war hier gar nicht vorgesehen.

Mit dem Begriff der künstlichen Intelligenz verbinden wir durchaus eine Art von Bewunderung für eine unerwartete Leistung. Insbesondere, wenn man diese

1. *https://en.wikipedia.org/wiki/Dartmouth_workshop*, abgerufen am 08.08.2023.

nicht ohne Weiteres technisch, einfach und nachvollziehbar erklären kann. Eine kleine Anekdote dazu: Selbst die Entwicklerinnen und Entwickler von Deep Blue waren damals über bestimmte Züge ihres Programms überrascht. Später fanden sie heraus, dass einer diese Züge auf einen Programmierfehler zurückzuführen war, der die Maschine zunächst in eine Endlosschleife versetzte. Ein Notfallmechanismus hat dann die Zugsuche abgebrochen und per Zufall einen beliebigen ausgewählt. Just dieser völlig unorthodoxe Zug hatte Kasparow damals aus dem Konzept gebracht, weil er dahinter eine besondere Genialität vermutete. Das Blatt wendete sich und Kasparow verlor [Silver 2012].[2]

Ebenso zählte die Fachwelt *Expertensysteme* der 1970er- und 1980er-Jahre lange Zeit zu den Systemen mit künstlicher Intelligenz. Diese arbeiten mit klar beschriebenen Regeln, z.B. Wenn-dann-Bedingungen, sowie mit in Datenbanken gespeichertem Expertenwissen. Meist können sie komplizierte Fragestellungen aus einem bestimmten Wissensgebiet gut beantworten. Schon die ersten Expertensysteme zeigten, trotz einfach strukturierter Regelwerke, Fähigkeiten, die man damals nur menschlichen Fachexpertinnen und -experten zutraute. Heute werden die damaligen Expertensysteme nicht mehr zur KI gezählt, moderne Expertensysteme hingegen schon.

Die Verschiebung dieser Grenze, also die Wahrnehmung, ob man ein System als künstliche Intelligenz ansieht oder nicht, bezeichnet man als *KI-Effekt* [URL: Wikipedia]. Im Laufe der Zeit hat sich diese Einschätzung in der Gesellschaft verändert und sie verändert sich vermutlich auch weiterhin. Diesem Umstand trägt der alternative Begriff *Lernende Systeme* Rechnung, der sich in den vergangenen Jahren gerade in der Forschung etabliert hat.

In diesem Buch benutzen wir den Begriff *KI* sehr oft. Damit meinen wir die sehr weit gefasste Menge an Systemen im Sinne der oben genannten Definition. In den seltensten Fällen ist jedoch eine reine *KI-Software* allein im Einsatz. Meistens ist sie in konventionelle Software[3] eingebettet. Um dies zu betonen, werden wir diese dann auch als *KI-basierte* Systeme bezeichnen. Im weiteren Verlauf des Buches müssen wir andererseits aber auch präziser werden und sprechen dann z.B. von *logikbasierten Systemen* (siehe Abschnitt 1.4) oder *Systemen des maschinellen Lernens* (ML-Systemen, ab Kap. 3).

1.2 Schwache KI, starke KI und die künstliche Superintelligenz

Viele kennen die künstlichen Superintelligenzen in den Science-Fiction-Filmen wie *2001 – Odyssee im Weltraum* oder *Terminator*. Sie greifen nicht nur auf übermenschliches Wissen zu, sondern sind sogar fähig, die Menschheit auszulöschen. Wenn du dir aber anschaust, wozu KI heute in der Lage ist, dann wird schnell

2. *https://en.wikipedia.org/wiki/Deep_Blue_(chess_computer)#Deep_Blue_versus_Kasparov*, abgerufen am 08.08.2023.
3. In Projekten verwenden wir synonym auch den Begriff *klassische Software*.

klar, dass diese Superintelligenzen derzeit nicht realisierbar sind. KI, so wie sie heute eingesetzt und entwickelt wird, ist lediglich in der Lage, spezifische Aufgaben in einem limitierten Kontext auszuführen. Wir sprechen hier von *begrenzter* oder *schwacher* KI, da ihr Einsatzgebiet auf einen sehr begrenzten Problemraum beschränkt ist.

Schwache KI: KI, die auf eine einzelne klar definierte (engl. well-defined) Aufgabe konzentriert ist, um ein spezifisches Problem zu lösen.[a]

a. Übersetzt aus [ISO/IEC TR 29119-11].

Solche begrenzten KIs zeigen uns immer wieder beeindruckende Spielkünste in strategischen Spielen, wie z.B. *AlphaZero*, veröffentlicht von der Google-Firma DeepMind im Dezember 2017 [Silver et al. 2017]. AlphaZero kann innerhalb von wenigen Stunden eigenständig Spielstrategien verschiedener Brettspiele nur anhand der Spielregeln erlernen. Damit zeigt AlphaZero Fähigkeiten, die bei Weitem die eines Menschen übersteigen. Dennoch betrachten wir dieses System als begrenzte KI, da sie mit ihren Fähigkeiten auf das sehr spezifisches Aufgabenfeld der strategischen Brettspiele beschränkt ist.

In unserem Alltag finden wir alle mittlerweile viele Situationen, in denen schwache KIs Aufgaben übernehmen: Spamfilter, die unerwünschte E-Mails aussortieren, Sprachassistenten, die unsere Telefonate entgegennehmen, Bordcomputer in unseren Autos, die uns mitteilen, welcher Kundenservice ansteht. All diese KIs zeigen ihr Können nur in ihrem definierten Aufgabenbereich. Für neue Aufgaben außerhalb ihres vorgesehenen Einsatzgebiets sind sie nicht entwickelt.

Stell dir vor, du trainierst eine KI mit sehr vielen Hundebildern, um auf Bildern von Hunden deren Rasse erkennen zu können.[4] Wenn du der KI Hundebilder präsentierst, funktioniert diese erstaunlich gut. Was passiert aber, wenn auf dem Bild kein Hund zu sehen ist? Dafür ist die KI nicht trainiert. Sie versucht dennoch, das Bild einer Hunderasse zuzuordnen, obwohl es sich bei dem Bild gar nicht um einen Hund handelt. Die offensichtlich begrenzte KI bleibt in ihrem eng gefassten Aufgabenbereich.

Die offene Forschungsplattform *OpenAI* hat mit *GPT-3* im Juni 2020 eine KI zur Verarbeitung von Texten auf einem noch nicht dagewesenen Level veröffentlicht [Brown et al. 2020]. Seit Anfang 2023 ist die neuere Version GPT-3.5 als Chatbot *ChatGPT* für alle kostenlos verfügbar. GPT-3 ist ein durch *Deep Learning* trainiertes neuronales Netz[5], das zur Textverarbeitung im weitesten Sinne eingesetzt werden kann. Das Einsatzgebiet für GPT-3 reicht von der Erstellung von journa-

4. Auf der offenen Plattform Kaggle findest du dafür geeignete Datensätze, z.B.: *https://www.kaggle.com/jessicali9530/stanford-dogs-dataset*.
5. Wir verwenden abweichend vom Syllabus im gesamten Buch den Begriff *neuronales Netz* anstelle von *neuronalem Netzwerk*, siehe dazu unseren Hinweis zu Beginn von Kapitel 6.

listischen Artikeln über Gedichte bis hin zu Programmcode. Sind damit die Grenzen der begrenzten KI hin zur generellen KI überschritten?

Starke KI: KI, die über das gesamte Spektrum der kognitiven Fähigkeiten ein dem Menschen vergleichbares intelligentes Verhalten zeigt. [a]

a. Übersetzt aus [ISO/IEC TR 29119-11].

In der Definition der *starken* KI, angelehnt an die ISO/IEC TR 29119-11:2020 (der Lehrplan spricht hier von der *allgemeinen* KI), wird die Summe der menschlichen Fähigkeiten ins Zentrum gestellt. Im Gegensatz zur begrenzten KI sprechen wir von einer generellen KI, wenn die Fähigkeiten nicht auf eine Aufgabenstellung beschränkt ist. Eine starke KI hat weitreichende Fähigkeiten, vergleichbar mit denen eines Menschen, wie beispielsweise Begründungen zu formulieren, die Umwelt zu verstehen, Schlussfolgerungen zu ziehen und danach zu handeln.

Auch wenn die Fähigkeiten von GPT-3 so mächtig erscheinen, ist GPT-3 auf rein textuelle Aufgaben beschränkt und nicht in der Lage, wie ein Mensch Sachverhalte zu verstehen, sondern ahmt Formulierungen aus den Trainingsdaten, wie im Training gelernt, lediglich nach. Daher sprechen wir bei GPT-3 nicht von einer generellen KI. Gleiches gilt für die bessere Version GPT-4. Im Kontext der gegebenen Definitionen und nach Stand von August 2023 wurde noch keine starke KI realisiert, kurz: Es gibt keine.

Die oberste Stufe der künstlichen Intelligenz ist die der *künstlichen Superintelligenz*. Darin werden KIs zusammengefasst, die das Verhalten von uns Menschen nicht nur nachahmen können, sondern unsere Fähigkeiten durch die Verarbeitung von gewaltigen Datenmengen sogar übertreffen. Dazu nutzen sie einen praktisch unlimitierten Datenspeicher und Zugang zu allem menschlichen Wissen, wie es z.B. im Internet zu finden ist. Der Punkt, an dem die KI von der generellen KI zur künstlichen Superintelligenz übergeht, wird auch als *technologische Singularität* beschrieben.

Künstliche Superintelligenz: Eine KI, deren Fähigkeiten die Fähigkeiten des Menschen überschreiten bzw. weit übertreffen.

Auch wenn diese künstlichen Superintelligenzen bis jetzt nur in Filmen existieren, hielt Stephen Hawking sie in der Zukunft für realisierbar und warnt vor deren Fähigkeiten.

> *»Ich fürchte, dass die künstliche Intelligenz den Menschen insgesamt ersetzen könnte. Wenn Menschen Computerviren entwerfen, wird jemand eine künstliche Intelligenz entwerfen, die sich selbst verbessert und vermehrt. Das wird eine neue Lebensform sein, die den Menschen überragt.«*
> Stephen Hawking, 2017

1.3 KI-basierte Systeme und klassische Systeme

»*KI ist auch nur eine Software.*« So hört man es des Öfteren. Das ist sicher richtig, aber KI-Systeme werden nicht wie *klassische Software* (auch *konventionelle Software* genannt) entwickelt. Denke an klassische Softwaresysteme, hier haben Menschen die darin enthaltenen logischen Zusammenhänge und Abläufe hergeleitet. Diese werden in Form von Anweisungen wie *Wenn-dann-sonst-Konstrukten* (engl. if-then-else) und Schleifen im Programmcode festgehalten. Die dafür verwendeten Programmiersprachen werden auch als *imperative Programmiersprachen* bezeichnet. So entscheiden die Entwicklerinnen und Entwickler, bei welchem Input sich die Software wie verhalten soll.

Für Menschen ist es im Normalfall relativ einfach, mit entsprechendem Vorwissen die logischen Zusammenhänge zu verstehen. Sie können nachvollziehen, wie die Softwareeingaben in Ausgaben[6] umgewandelt werden und warum sich das System so verhält, wie es sich verhält. Selbst, wenn diese klassischen Softwaresysteme sehr komplex sind, sind doch Menschen mit Vorwissen in der Lage, diese Software zu verstehen und den Grund für ein bestimmtes Verhalten zu ermitteln.

KI-basierte Systeme, die durch *maschinelles Lernen* (engl. machine learning, ML) trainiert werden, erlernen während der Trainingsphase das gewünschte Verhalten. Um diese Systeme zu trainieren, gibt es eine Vielzahl von Techniken, auf die wir in Abschnitt 1.4 genauer eingehen. Unabhängig von der gewählten Technik, wird in der Trainingsphase eines KI-basierten Systems anhand von erlernten Datenmustern bestimmt, wie es in Zukunft auf neue Daten reagieren soll. Die zugrunde liegenden logischen Zusammenhänge werden nun nicht mehr von Entwicklerinnen oder Entwicklern vorgegeben, sondern automatisiert aus den Datenmustern durch das ML abgeleitet (für eine detaillierte Erklärung des maschinellen Lernens siehe Kap. 3). Du kannst dir leicht vorstellen, dass die Qualität der Daten einen wesentlichen Einfluss darauf hat, wie gut die KI in der Trainingsphase lernt. Wenn die Lernphase mit Daten, die keine repräsentativen Datenmuster und Merkmale beinhalten, stattgefunden hat, lernt die KI während der Trainingsphase unzureichende oder sogar falsche Regeln (siehe die Abschnitte 2.4 und 3.5).

Während bei der klassischen Softwareentwicklung die Entwicklerinnen und Entwickler direkten Einfluss auf die Logik der Software haben, haben sie bei KI-basierten Systemen nur indirekt Einfluss auf deren Verhalten, nämlich lediglich über die Wahl des Inputs während des Trainings und die Auswahl der KI-Technik und des dazugehörigen ML-Algorithmus (siehe Abb. 1–1). Ein *ML-Algorithmus* ist eine mathematische Vorgehensweise, die zur Erstellung eines ML-Modells aus einem Trainingsdatensatz verwendet wird.

6. Im Folgendem schreiben wir oft Input und Output. Diese Begriffe werden meist im KI-Kontext verwendet.

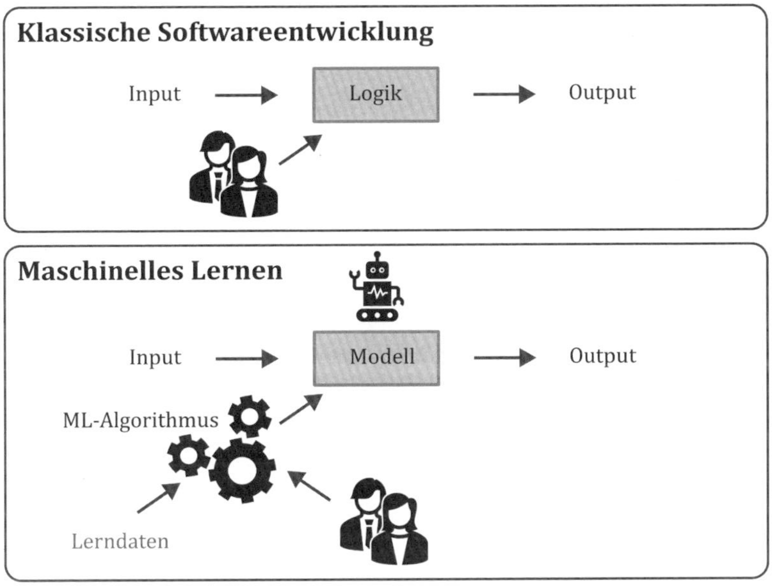

Abb. 1–1 *Klassische und KI-basierte Software im Vergleich*

KI-basierte Systeme haben im Vergleich zu klassischen Systemen meist den Nachteil, dass die logischen Regeln für Menschen weniger leicht bis überhaupt nicht nachvollziehbar sind – je nach Komplexität der KI-Technik (siehe Abschnitt 2.7). Daher spricht man bei KI-Software oft auch von einer *Blackbox*.

Um den Unterschied zwischen der Entwicklung von KI-basierten und klassischen Systemen noch deutlicher zu machen, schauen wir uns ein Praxisbeispiel aus dem Bereich des maschinellen Lernens an.

Praxisbeispiel 1–1: Testframework für eine Heizungssteuerung

Im Rahmen dieses Projekts ging es um funktionale Tests einer Heizungssteuerung (Smarthome-Steuerung). Auf einem Touchdisplay konnten die Raumtemperatur sowie viele andere Einstellungen der Heizung vorgenommen werden. Im Projekt musste für verschiedene Testszenarien bewertet werden, ob das Touchdisplay die richtigen Informationen anzeigt. Dafür wurde im Test der Smarthome-Steuerung jede Minute das Touchdisplay fotografiert und das Foto in einer Datenbank abgelegt. Mithilfe des KI-Systems sollte der Testaufwand für die manuelle Auswertung der Fotos reduziert werden. Es wurde ein Testframework entwickelt, das den Inhalt der Bilder automatisiert erkennen und auswerten sollte. Das Framework setzte sich aus klassischen und KI-Softwarekomponenten zusammen.

Ein Teil des Touchdisplays stellte eine Temperaturanzeige mit vier Sieben-Segment-Ziffern dar (siehe Abb. 1–2). Wir wählten für die sehr einfach aufgebaute Anzeige einen klassischen Softwareansatz für das Auslesen der Temperaturanzeige: Wir überlegten uns,

→

welche Merkmale auf der Anzeige ausschlaggebend sind und welche Logik im Programmcode angewandt werden musste, um festzulegen, um welche Ziffer es sich an den einzelnen Positionen handelt. Dies gestaltete sich recht aufwendig, da die Software auch bei leicht variiertem Winkel des Fotos oder sich änderndem Lichteinfall fähig sein sollte, die Anzeige abzulesen. Nach langem Tüfteln mit den Belichtungszeiten und den Kontrasteinstellungen hatten wir eine zuverlässige Testautomatisierung entworfen. Diese war in der Lage, die auf der Temperaturanzeige abgebildete Zahl mit einem Sollwert zu vergleichen.

Die Anzeige enthielt neben der Temperaturanzeige auch deutlich kompliziertere Elemente, wie Warnsymbole, ein Zeichen für den Kalibrierungsmodus und eine Batteriezustandsanzeige. Der Aufwand mit der oben beschriebenen Herangehensweise wurde dadurch ungleich größer. Da die Logik im Programmcode zu komplex zu werden drohte, entschieden wir uns für einen ML-Ansatz. Wir wählten ein neuronales Netz, das sich für diese Klassifikationsaufgabe eignete. Um die KI zu trainieren, verwendeten wir den selbst erstellten Datensatz von Bildern dieser Heizungssteuerung. Anhand dieser Trainingsdaten lernte die KI, die Merkmale und Muster zu erkennen und sie den verschiedenen Symbolen zuzuordnen. Allerdings stellten wir beim Testen der KI fest, dass diese nicht die benötigte Genauigkeit hatte. Warum die KI so schlechte Ergebnisse lieferte, konnten wir anhand des Programmcodes der KI nicht mehr erkennen. Die Logik im neuronalen Netz war für uns Menschen nicht mehr nachvollziehbar.

Abb. 1–2 *Sieben-Segment-Anzeige auf dem Display einer Heizungssteuerung*

Praxistipp

Auch wenn KIs beeindruckende Erfolge erzielt haben, haben sie den großen Nachteil, dass ihre Logik nur schwer bis gar nicht mehr nachvollziehbar ist. Es gibt Ansätze, die versuchen, KIs erklärbar zu machen (siehe Abschnitt 2.7). Bei sensiblen Aufgabenstellungen kann es dennoch sinnvoll sein, von der Verwendung einer KI ganz abzusehen und auf eine klassische Software zurückzugreifen. Diese ist möglicherweise aufwendiger in der Entwicklung der inneren Logik, der Entscheidungsprozess der Software ist dafür aber im Detail nachvollziehbar. Testerinnen und Tester können in einer solchen Software auch sehr einfach Reviews vornehmen und Whitebox-Tests durchführen. Reviews und Whitebox-Tests in einer KI sind im Gegensatz dazu sehr schwierig bis unmöglich.

Bei der Abgrenzung von konventionellen und KI-basierten Systemen musst du dir im Klaren darüber sein, dass sich in der Praxis die Wahrnehmung über KI-basierte Systeme in stetem Wandel befindet. Systeme, die man heute als KI-basierte Systeme bezeichnet, werden in Zukunft vielleicht den konventionellen Systemen zugeordnet (siehe Abschnitt 1.1).

1.4 KI-Techniken

Im vorangegangenen Abschnitt haben wir den wesentlichen Unterschied zwischen KI-basierter und konventioneller Software beschrieben. Insbesondere haben wir dort das maschinelle Lernen als eine der am weitverbreitetsten Entwicklungsmethoden erwähnt. Doch das ist nicht die einzige Methode. In Abbildung 1–3 zeigen wir eine Auswahl an *KI-Techniken*[7] (der ISTQB®-Lehrplan spricht hier gar von *Technologien*).

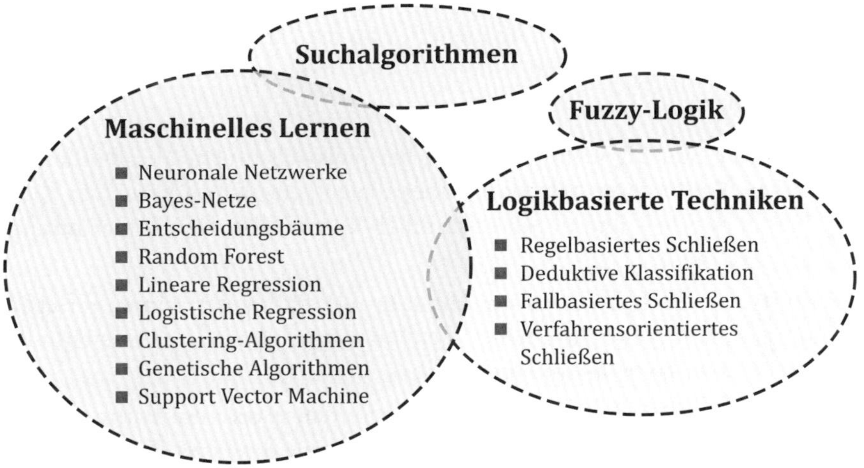

Abb. 1–3 *Eine Auswahl an KI-Techniken, mit denen KI-Komponenten entwickelt werden können.*

Wenn man eine KI-Komponente entwickeln will, muss man meist frühzeitig eine KI-Technik und einen der dazugehörigen ML-Algorithmen auswählen. Erst danach kann man mit dem Training beginnen. In Abschnitt 3.4 gehen wir näher darauf ein, welche Faktoren für die Auswahl eines Algorithmus zum Tragen kommen.

Jede KI-Technik hat ihre eigenen Vorzüge, aber auch Nachteile. Daher ist es nicht ungewöhnlich, dass man nach einem wenig erfolgreichen Training die Wahl des Algorithmus überdenken und mit einem vermutlich besser geeigneten Algorithmus das Training erneut beginnen muss.

Es kommt nicht selten vor, dass man in einem KI-basierten System auch mehr als eine einzige KI-Technik verwendet. Stell dir beispielsweise ein System vor, das eine Reisebuchung über einen Sprachdialog ermöglichen soll. Man wird es dort vermutlich mit neuronalen Netzen zur Spracherkennung zu tun haben. Die Auswahl des Reiseangebots könnte hingegen durch einen intelligenten Suchalgorithmus unterstützt werden.

7. Technisch Interessierte finden einen umfassenden Einblick in [Russell & Norvig 2020] oder eine Übersicht zu vielen weiteren KI-Techniken in [Wahlster et al. 2022, ab S. 42].

1.4.1 Exkurs: KI-Techniken im Detail

Im Folgenden gehen wir auf die in Abbildung 1–3 gezeigten KI-Techniken näher ein und beschreiben auch in groben Zügen die ein oder andere Technik, damit du diese besser einordnen kannst.

Suchalgorithmen

Im ersten Moment würdest du wahrscheinlich keine KI hinter einer automatisierten Suche vermuten. Gerade intelligente Suchalgorithmen haben eine enorme Bedeutung erlangt. Dabei darfst du nicht nur an die klassische (z.B. lineare) Suche durch eine Liste von Elementen denken. Vielmehr kommen oft spezialisierte Suchalgorithmen zum Einsatz, wie etwa die folgenden:

- **Heuristische Suchalgorithmen** finden beispielsweise nicht alle mathematisch korrekten Treffer, ermitteln dafür aber diejenigen, die im aktuellen Kontext am besten passen – und das in erstaunlich kurzer Zeit. Denke hier nur an die Suche bei *Google*.
- **Optimierende Suchen** finden innerhalb großer Parameterräume sehr effizient Kombinationen dieser Parameter, die eine möglichst niedrige Kostenfunktion ergeben – etwa bei Routenplanern.
- **Stark spezialisierte Suchen** nach Zeichenketten, etwa zum Auffinden ähnlicher Wörter oder Begriffe, sind ebenfalls Beispiele dieser KI-Techniken.

Suchalgorithmen zählt man verallgemeinert zu den Problemlösungsstrategien und Optimierungsverfahren.

Logikbasierte Techniken

Auf Logik basierende Techniken sind alle dadurch gekennzeichnet, dass sie Erfahrungswissen explizit maschinenlesbar erfassen und durch Regeln miteinander in Beziehung setzen:

- Das **regelbasierte Schließen** (Regelmaschinen) greift in der klassischen Form auf Methoden der Aussagenlogik oder Prädikatenlogik zurück. Diese sind in der Lage, die Korrektheit einer neuen Aussage anhand elementarer bekannter Aussagen und Regeln zu deren Verknüpfung entweder zu beweisen oder zu widerlegen.
- **Deduktive Klassifikatoren** leiten beim sogenannten deduktiven Schließen neue Aussagen aus den bisher bekannten ab. Sie können dadurch beispielsweise Begriffe oder Gegebenheiten in Kategorien, Klassen oder Unterklassen einordnen. Aktuell gewinnen derartige Systeme wieder an Bedeutung, denn sie erlau-

ben es, die seit einigen Jahren entstehenden und über das Internet geteilten Wissensdatenbanken von Begriffen und Bedeutungen (Ontologien) als Datengrundlage zu nutzen. Sie können damit zu mehr wissenschaftlicher Erkenntnis beitragen und sogar im Kampf gegen COVID-19 helfen [Smith 2020].

- Sowohl **fallbasiertes Schließen** (fallbezogene Argumentation) als auch **verfahrensorientiertes Schließen** (prozedurale Argumentation) erlauben es, die Lösungen für neue Problemsituationen durch den Vergleich mit bereits bekannten Problemen und den dafür bekannten Lösungsverfahren abzuleiten.

Fuzzy-Logik

Neben der einfachen binären Logik (wahr oder falsch) existieren auch sogenannte **mehrwertige Logiken,** die in Verfahren des logischen Schließens angewandt werden. Diese verwenden für eine Aussage neben den Alternativen *wahr* und *falsch* auch Wahrheitswerte dazwischen. Beispielsweise können damit in einer Nachbildung der Logik digitaler Schaltkreise auch Zustände zwischen den beiden sonst verwendeten Spannungspegeln *High* und *Low* modelliert werden. Gerade in der Schaltungstechnik erweist sich das als sehr hilfreich.

Die sogenannte *Fuzzy-Logik* erlaubt darüber hinaus sogar beliebig viele Wahrheitswerte. Dennoch kann man auf diesen Werten weiterhin logische Operationen wie z. B. $\wedge$ (Und), $\vee$ (Oder), $\neg$ (Nicht) anwenden.

Maschinelles Lernen

Die derzeit wohl prominenteste Kategorie von KI-Techniken ist *maschinelles Lernen.* Ab Kapitel 3 widmen wir uns ausgiebig diesem Themenbereich. Im Folgenden veranschaulichen wir gleich an mehreren Stellen das Geschriebene anhand des Praxisbeispiels einer Wetterstation.

Praxisbeispiel 1–2: Wetterstation

Unsere Aufgabe ist es, für eine kleine ortsfeste Wetterstation eine Regenvorhersagefunktion zu programmieren. Unsere Wetterstation liefert täglich Messdaten zu Luftdruck, Temperatur und relativer Luftfeuchtigkeit an ihrem Standort. Aus diesen Messdaten soll unsere Regenvorhersage abgeleitet werden.

Zum maschinellen Lernen zählt eine Vielzahl von Techniken. In Projekten begegnen wir öfters den folgenden:

- **Neuronale Netze** haben aktuell eine große Verbreitung. Daher werden wir in Abschnitt 6.1 noch genauer auf diese eingehen.

- Die **Bayes-Netze** und **Bayes-Klassifikatoren** nutzen mathematische Herangehensweisen, die auf einer statistischen Betrachtung der vorhandenen Trainingsdaten einschließlich der jeweils erwarteten Ergebnisse (als Annotationen[8]) beruhen. Auf Basis der beobachteten Wahrscheinlichkeiten in den Trainingsdaten kann für eine neue Situation auf die (aus Trainingssicht) wahrscheinlichste Ergebnisklasse geschlossen werden. Das Praxisbeispiel 1–3 skizziert die Grundidee dieser KI-Technik für eine Wetterstation.

Praxisbeispiel 1–3: Wetterstation (Erweiterung)

Für die Wetterstation aus Praxisbeispiel 1–2 wollen wir vorhersagen, ob es in den kommenden drei Stunden am Ort regnen wird oder nicht. Dies wollen wir statistisch betrachten: Größen wie Temperatur, Luftdruck und Luftfeuchtigkeit der letzten Stunden an diesem Ort stehen vermutlich damit im Zusammenhang; der Statistiker sagt, sie korrelieren mit dem Ereignis Regen. Je stärker diese Korrelation in der Statistik ausgeprägt ist, desto sicherer ist die Prognose auch für neue Messwerte der Wetterstation. Dabei fließen alle Parameter, hier die Wetterverhältnisse, zugleich in die Bewertung ein.

- **Entscheidungsbäume** nutzt man meist ebenfalls für eine Klassifikation wie etwa im obigen Beispiel zur Wetterprognose. Dabei zieht man in gleicher Weise annotierte Trainingsdaten heran. Der erzeugte Klassifikator berücksichtigt jedoch die einzelnen Einflussparameter Schritt für Schritt in Form von Wenn-dann-Bedingungen. So entsteht eine baumartig verzweigte Kaskade von Entscheidungen, an deren Ende die jeweils als am wahrscheinlichsten ermittelte Klasse benannt wird (siehe Abb. 1–4). Je nachdem, welche Strategie bei der Verzweigung oder Baumtiefe angewendet werden soll, kann man aus einer Reihe von konkreten Algorithmen wählen, z.B. *CART*, *ID3* oder *C4.5* [Knuth 2021].

  Das **Random-Forest**-Verfahren geht noch einen Schritt weiter und nutzt gleich mehrere unabhängig voneinander trainierte Bäume zur Entscheidungsfindung.

- Die **Support Vector Machine** (SVM) ist eine weitere Klassifikationsmethode, die ebenfalls auf bereits annotierten Trainingsdaten beruht. Das Grundprinzip besteht darin, dass der SVM-Klassifikator für z.B. in zwei Klassen eingeteilte Trainingsdaten eine möglichst gute Trennlinie im Parameterraum der zugehörigen Eigenschaften findet. Um eine solche Grenze in Form einer *Hyperebene* (engl. hyperplane) finden zu können, muss man ggf. durch Transformationen künstlich neue Parameter (Dimensionen) erzeugen.

---

8. Annotationen sind Zusatzinformationen zu (Trainings-)Daten, die mit diesen gespeichert werden, z.B. das erwartete Klassifikationsergebnis.

In einem fiktiven Beispiel[9] wollen wir anhand von Länge und Gewicht eines Grizzly-Oberschenkelknochens einordnen, ob dieser von einem urzeitlichen, groß gewachsenen Exemplar oder von einer heutigen Art stammt. Betrachten wir jede Eigenschaft für sich getrennt, überlappen sich die Wertebereiche und wir können allein anhand der Länge oder des Gewichts nicht gut genug unterscheiden. Betrachten wir beide gleichzeitig wird eine Trennung durch eine Gerade offensichtlich, wie in Abbildung 1–5 zu sehen. Muss die SVM mehr als zwei Parameter (Dimensionen) einbeziehen, wird diese Grenze zur Hyperebene.

- Die **(lineare) Regression** zählt im Kontext von KI ebenso zu den Verfahren des maschinellen Lernens. Diese ermittelt im Gegensatz zur Klassifikation als Ergebnis eine Größen- oder Mengenabschätzung. Am Beispiel der Wetterprognose (siehe Praxisbeispiel 1–4) würde man etwa die erwartete Regenmenge in Liter pro Quadratmeter für die nächsten drei Stunden als Ergebnis erhalten. Die Regression beschreibt dann den Zusammenhang der Ergebnisse (abhängige Variablen) von den Trainingsdaten (unabhängigen Variablen). Die Lineare Regression optimiert hierbei lineare Gewichtungskoeffizienten von unabhängigen zu abhängigen Variablen.
- Die **logistische Regression** ermittelt ebenso Größenabschätzungen wie die lineare Regression. Allerdings ist sie spezialisiert auf die Situation, in der Eingangs- oder Ausgangsgrößen nur wenige einzelne (diskrete) Werte statt eines kontinuierlichen Wertebereichs annehmen können.
- **Clustering-Algorithmen** decken zu den bisher genannten Verfahren einen neuen Aspekt ab: Manchmal steht man einer Klassifikationsaufgabe gegenüber, hat aber keine Trainingsdaten verfügbar, die die zu unterscheidenden Klassen vorab aufzeigen. In solchen Fällen bedient man sich der Clustering-Algorithmen. Hier gibt es verschiedene Methoden, die passend zur Problemsituation ausgewählt werden. Meist gibt eine von einer Datenanalytikerin oder einem -analytiker vorgenommene *explorative Datenanalyse* (engl. exploratory data analysis, EDA) die richtigen Hinweise zur Auswahl oder aber unterschiedliche Clustering-Verfahren werden direkt bei der EDA verglichen.
- **Genetische Algorithmen**, oder allgemeiner **evolutionäre Algorithmen,** sind in der KI-Forschung schon lange bekannt. Folglich gibt es auch hier viele Verfahren, die im Wesentlichen die Wirkungsweise der Evolution aus der Natur auf die Technik übertragen: Softwarevarianten, die sich durch *Mutationen* unterscheiden oder *Rekombinationen* neu bilden können, werden einer *Selektion* ausgesetzt. So *überleben* diejenigen Lösungen, die das gegebene Ziel besser erfüllen als die bisherigen. Letztlich hat man es wieder mit Optimierungsverfahren zu tun.

---

9. *https://lippke.li/support-vector-machine*, abgerufen am 26.07.2023.

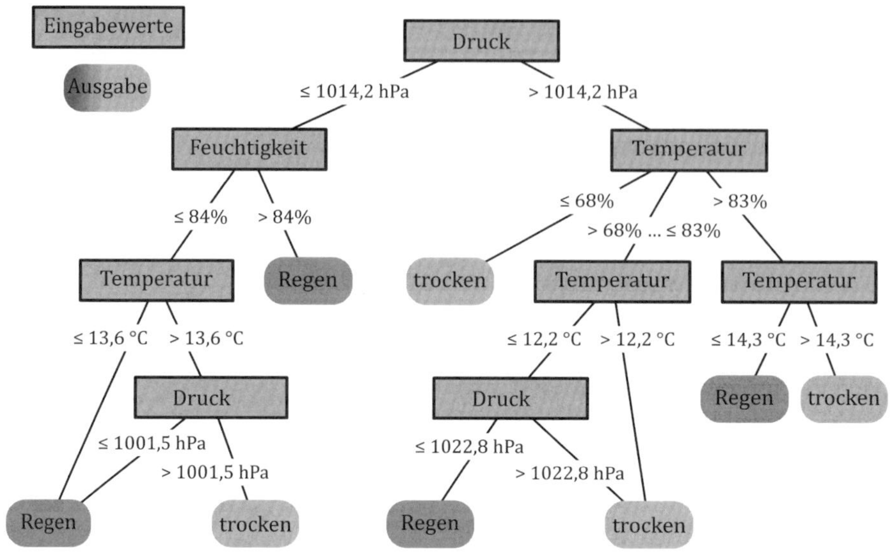

Abb. 1–4 *Grafische Darstellung eines Entscheidungsbaums zur Klassifikation einer Regenprognose (Ausgabe: Regen oder trocken) anhand der Eingabewerte relative Luftfeuchtigkeit, Temperatur und Luftdruck*

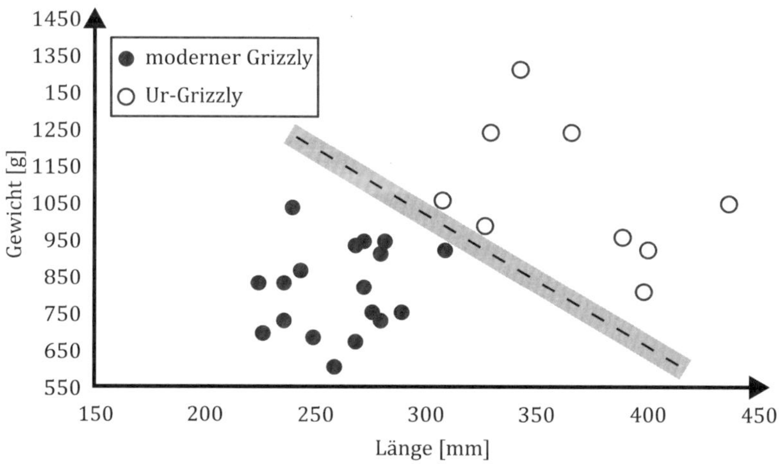

Abb. 1–5 *Die Support Vector Machine trennt Grizzly-Arten anhand von Knochenlänge und -gewicht.*

Du hast jetzt einige Techniken des maschinellen Lernens kennengelernt Im Folgenden zeigen wir dir, welche dieser Techniken wir für die Regenprognose in der Wetterstation ausgewählt haben.

Praxisbeispiel 1–4: Wetterstation (Erweiterung)

Weil wir für den vorgesehenen Standort (Portland in Australien, siehe Hinweis am Ende des Praxisbeispiels) viele Wetterdaten aus der Vergangenheit haben, entschließen wir uns, einen KI-Klassifikationsalgorithmus damit zu trainieren.

Zuerst trainieren wir einen sogenannten **Naive-Bayes-Klassifikator**. Dieser errechnet aus den historischen Daten, wie häufig beispielsweise bei Regenwetter am Tag zuvor bestimmte Temperatur-, Druck- oder Luftfeuchtigkeitsverhältnisse geherrscht haben. Aus diesen Wahrscheinlichkeiten ermitteln wir wiederum mathematisch, wie groß die Wahrscheinlichkeit für Regen am morgigen Tag ist bei Betrachtung des heutigen Wetters.

Der Klassifikator, den wir für unseren Beispielstandort Portland trainiert haben, sagt uns zu 77 % richtig voraus, ob es am nächsten Tag regnen wird.

Wir sind uns nicht sicher, ob dieser Klassifikator gut genug ist, und wollen als Alternative einen **Entscheidungsbaum** trainieren. Hier entscheiden wir uns für einen Trainingsalgorithmus, der unter dem Namen C4.5 oder J48 bekannt ist. Dieser erzeugt uns ein Schema, wie unsere Wetterdaten die Vorhersage Regen oder trocken für den morgigen Tag beeinflussen. Schrittweise werden unsere Messdaten Luftdruck, Luftfeuchtigkeit und Temperatur nacheinander herangezogen, um am Ende zu entscheiden, ob es regnen wird oder nicht (siehe Abb. 1–4).

Auch hier ermitteln wir, wie gut unsere Vorhersagen zutreffen, und erhalten einen ähnlichen Wert mit 76,5 %.

Hinweis: Damit du dieses Beispiel auch selbst nachvollziehen kannst, haben wir uns öffentlich verfügbarer Wetterdaten von *kaggle.com* bedient:
https://www.kaggle.com/datasets/sakshi20008/rainprediction-in-australia.

1.5 KI-Entwicklungs-Frameworks

Im vorangehenden Abschnitt haben wir uns mit verschiedenen KI-Techniken beschäftigt. Dabei haben wir einen kleinen Einblick in die große Bandbreite von Techniken und den dazugehörigen Algorithmen gewonnen. Deren wissenschaftliche Erforschung wurde anfänglich eher an Universitäten oder in kleinen Forschungsabteilungen vorangetrieben. Seit einigen Jahren engagieren sich aber zunehmend große Firmen wie Amazon, Google, Facebook, Microsoft oder IBM – nicht zuletzt auch aus wirtschaftlichen Interessen. So liegt es nahe, dass heutige Entwicklungswerkzeuge für künstliche Intelligenz nicht nur an Hochschulen entstehen, sondern gerade von den eben genannten Global Playern im Maßstab ganzer Frameworks entwickelt und propagiert werden.

Solche KI-Entwicklungs-Frameworks haben jedes für sich Stärken und Schwächen oder sind auf bestimmte Domänen spezialisiert – so wie Certified Tester das bereits aus der Welt der Testwerkzeuge kennen. Die umfangreicheren KI-Entwicklungs-Frameworks[10] unterstützen uns bei vielen Arbeitsschritten im Entwicklungsprozess (siehe Abschnitt 3.2), wie z.B. bei

- der Analyse und/oder Aufbereitung von Daten,
- der Auswahl von KI-Algorithmen und
- dem Training und dem Kompilieren[11] von Modellen für die Prozessorarchitektur des Zielsystems. Zum Beispiel *Grafikprozessoren* (engl. graphics processing unit, GPU) oder *Tensor-Prozessoren*[12] (engl. tensor processing unit, TPU), die Berechnungen mit Vektoren oder Matrizen erheblich beschleunigen (siehe Abschnitt 1.6).

Daher ist es wichtig, dass du als einen der ersten Schritte ein adäquates Framework auswählst und neben der Unterstützung der Arbeitsschritte zusätzlich weitere Aspekte wie beispielsweise die Verfügbarkeit der Werkzeuge, deren Benutzerfreundlichkeit oder die unterstützten Programmiersprachen beachtest.

Die Auswahl eines KI-Entwicklungs-Frameworks hat aber noch einen weiteren Aspekt, der manchmal schwer einzuschätzen ist: Gerade bei Werkzeugen in diesem Bereich sehen wir aus unserer Erfahrung heraus eine sehr hohe Dynamik. Neue Entwicklungs-Frameworks kommen auf den Markt, werden in andere integriert oder verlieren an Bedeutung. So haben wir in Forschungsprojekten selbst erlebt, dass mehrere Entwicklungswerkzeuge noch innerhalb des ersten Projektjahrs mehrmals ausgetauscht wurden.

Dennoch gibt es KI-Entwicklungs-Frameworks, die insbesondere vom Lehrplan (April 2021) als beliebte Frameworks genannt werden und von denen einige von anhaltender Bedeutung sind:

- **Apache MxNet**
  Diese quelloffene Softwarebibliothek für Deep Learning (siehe Abschnitt 6.1) wird von der Apache Software Foundation (ASF) entwickelt und angeboten. Die ASF wird durch viele namhafte Sponsoren wie Amazon Web Services (AWS), Facebook, Google oder Microsoft unterstützt [URL: Mxnet].
- **IBM Watson Studio**[13]
  Die integrierte Sammlung von Werkzeugen und Services unterstützt die Entwicklung von KI-Lösungen – auch in der Cloud – von der Datenanalyse bis zu deren Bereitstellung [URL: IBM-a].

---

10. In diesem Buch verwenden wir – passend zum Lehrplan – den Begriff *KI-Entwicklungs-Framework*. In unseren Projekten benutzen wir auch den Begriff *KI-Entwicklungsumgebung*. Aus unserer Sicht ist das gleichbedeutend.
11. Mit Kompilieren meinen Softwareentwicklerinnen und -entwickler die Übersetzung einer Software aus einer Programmiersprache in eine andere. Oft aus einer höheren, wie z.B. Python oder C++, in Programmbefehle, die meist direkt von den Prozessoren des Zielsystems ausgeführt werden können.
12. Ein Tensor ist eine allgemein mehrdimensionale Datenstruktur, wie beispielsweise ein Vektor oder eine Matrix.
13. *https://www.ibm.com/cloud/watson-studio*.

- **Keras**
  Keras ist eine quelloffene Python-API, mit der Entwicklerinnen und Entwickler auf sehr hoher Beschreibungsebene schnell und unkompliziert Modelle trainieren und bereitstellen können. Keras nutzt selbst TensorFlow als darunterliegende ML-Plattform [URL: Keras].
- **TensorFlow**
  Diese quelloffene ML-Bibliothek von Google ist im Open-Source-Bereich eines der beliebtesten Frameworks und wird sowohl von Einsteigern oder in Schulungen als auch in großen Projekten verwendet. Mit ihr lassen sich ML-Modelle aus vorgegebenen Objekten zusammensetzen. Modell und Daten verknüpft sie zu einem Datenflussgraphen und unterstützt Entwicklerinnen und Tester von der Datenanalyse über das Training von Modellen bis hin zur Bereitstellung von KI-Komponenten für den Produktivbetrieb [URL: Tensorflow].
- **Scikit-learn**
  Die quelloffene Python-ML-Bibliothek setzt auf wissenschaftlichen Python-Bibliotheken wie *numpy* oder *scipy* auf und bietet Unterstützung von der Datenanalyse bis zur Evaluierung von trainierten Modellen [URL: Scikit-learn].
- **PyTorch**
  Diese quelloffene ML-Bibliothek [URL: Pytorch] wird von Facebook betrieben. Durch die ausgeprägten Debugging-Optionen wird PyTorch häufig auch in Wissenschaft und Forschung verwendet, meist für Anwendungen zur *Bild- oder Sprachverarbeitung* (engl. natural language processing, NLP). Die Bibliothek unterstützt sowohl Python- als auch C++-/Java-Schnittstellen.
- **CNTK**
  Das Microsoft Cognitive Toolkit (CNTK) ist ein quelloffenes Deep Learning Toolkit [URL: Microsoft], das jedoch seit dem letzten Release v2.7 nicht mehr aktiv weiterentwickelt wird.

Praxistipp

Die Auswahl des passenden KI-Entwicklungs-Frameworks ist selten einfach und meist mit Versuch und Irrtum verbunden. Die meisten Frameworks erlauben eine kostenfreie Installation – entweder für einen begrenzten Zeitraum oder Funktionsumfang oder sie sind sogar als Open Source frei verfügbar. Damit man sich bei der Entwicklung nicht verzettelt, empfehlen wir mit allen Projektbeteiligten die Rahmenbedingungen möglichst gut einzugrenzen:

- Welche Aufgaben soll das Framework genau übernehmen?
  Je genauer die Aufgaben bekannt sind, desto klarer kannst du die geeigneten Frameworks selektieren.

→

- Welchen Nutzen erhoffst du dir mit dem Framework?
  Das Framework wird seinen Zweck erst dann gezielt erfüllen, wenn du dir dessen bewusst bist.
- Wer soll das Framework benutzen?
  Datenanalystinnen und -analysten werden andere Ansprüche an das Framework haben als Entwicklerinnen, Tester oder Projektmanagerinnen und -manager.
- Welche Schnittstellen und Programmiersprachen muss das Framework abdecken?
  Möglicherweise sind im Unternehmen etablierte Werkzeuge, Sprachen oder Schnittstellen bereits festgelegt und die Kompatibilität mit diesen hat hohe Priorität.
- Was kennzeichnet das Produkt? Soll z. B. ein Cloud-Service, eine Datenbankanwendung oder ein Edge-Device mit GPU/TPU-Hardware entwickelt werden?
  Davon abhängig sollten unterschiedliche Arbeitsschritte im Entwicklungsprozess durch das Framework unterstützt werden.
- Welche Dateneigenschaften müssen berücksichtigt werden?
  Wichtige Eigenschaften sind z. B. die Datenmenge, Variabilität, Häufigkeit der Aktualisierung, der Datendurchsatz oder eine notwendige Archivierung, um die Datentransparenz zu stärken.

Erst danach kannst du die unterschiedlichen KI-Entwicklungs-Frameworks sinnvoll evaluieren und mit einem einfach gehaltenen Proof of Concept beginnen.

1.6 Hardware für KI-basierte Systeme

Wir befassen uns in diesem Abschnitt mit der Frage, wann für KI-basierte Systeme spezielle Hardware benötigt wird und welche Eigenschaften dieser Hardware dafür besonders hilfreich sein werden.

Bei Systemen mit künstlicher Intelligenz denken viele Menschen unwillkürlich an Kinoszenen mit Supercomputern, riesige Datenmengen, großen Speicherbedarf und aufwendige und rechenintensive Algorithmen. Es kann eine große Rechenleistung erfordern, einen Algorithmus mithilfe des maschinellen Lernens (siehe Abschnitt 1.4) und mit einer umfangreichen Datenbank zu trainieren. Dagegen kann ein so entstandenes und fertig trainiertes ML-Modell aber so klein sein, dass man es auf einem einfachen Universalprozessor implementieren und darauf laufen lassen kann.

Nutzt man beispielsweise Endgeräte im Bereich von Embedded Systems, haben diese üblicherweise nur begrenzte Systemressourcen wie Rechenleistung, Daten- oder Programmspeicher. In Projekten sprechen wir dann meist von *Edge-Komponenten*[14] oder *Edge-Devices*. Für diese trainiert man daher das ML-Modell zuerst abseits auf hochperformanten Systemen, die z. B. auch als Service in der Cloud angeboten werden. Ist das Training abgeschlossen, reicht es, das fertige ML-Modell

14. Der Begriff *Edge* meint in der Terminologie des *Internet of Things* (IoT) diejenigen Komponenten, die sich quasi am Rande des weitverzweigten *Netzwerks der Dinge* befinden.

auf das Endgerät zu übertragen und dort auszuführen – insbesondere, wenn keine Verbindung zum Internet besteht.

Eine Digitalkamera mit einer Erkennung lächelnder Gesichter als Selbstauslöser kann beispielsweise auf einem stromsparenden Bildprozessor laufen, benötigt aber zum Trainieren eine umfangreiche Datensammlung und performante Trainingshardware.

Eigenschaften von Prozessorhardware für KI-Systeme

Auch wenn sich die Rechenaufwände in der Trainings- und der Anwendungsphase von ML-Modellen unterscheiden, haben diese Gemeinsamkeiten, wie gleichförmig wiederholte arithmetische Operationen (Multiplikation, Addition usw.), die auf großen Datenmengen angewendet werden. Daher profitieren maschinelles Lernen und ML-Modelle gleichermaßen, wenn Prozessoren mit folgenden Eigenschaften verwendet werden:

- **Arithmetische Operationen mit geringer Genauigkeit**
  Für Berechnungen in ML-Modellen reicht im Regelfall eine geringe Genauigkeit von z.B. 8 Bits statt der üblichen 32 Bits aus. Die arithmetische Recheneinheit des Prozessors ist dadurch schneller, aber auch sparsamer in Energie- und Flächenverbrauch auf einem Prozessorchip. So finden mehr arithmetische Recheneinheiten auf der Chipfläche Platz (siehe parallele Verarbeitung weiter unten).
- **Operationen mit größeren Datenstrukturen (Vektoren, Matrizen)**
  Spezielle arithmetische Recheneinheiten erlauben es in wenigen oder gar einem Schritt, mehrere Zahlen parallel zu multiplizieren und deren Ergebnisse zu addieren. Damit kann ein solches Rechenwerk Vektor- oder Matrixmultiplikationen schnell und effizient durchführen (siehe Abschnitt 1.5).
- **Massiv parallele (nebenläufige) Verarbeitung**
  Oft weisen Algorithmen des maschinellen Lernens und von ML-Modellen einen hohen Grad an Parallelisierbarkeit auf. Je mehr arithmetische Recheneinheiten oder Rechenkerne parallel zu Verfügung stehen, desto schneller können ML-Modelle aus- oder deren Training durchgeführt werden.

Vorteile spezieller KI-Hardware

Die eben genannten Eigenschaften findet man typischerweise in Grafikprozessoren, die zur Darstellung von 2D- und 3D-Bildern bereits Ende der 1980er-Jahre entwickelt und in Grafikkarten verbaut wurden. Heutige High-End-Grafikprozessoren integrieren sogar viele Tausend dieser *arithmetischen Prozessoren* (Kerne, engl. cores). Diese auf massiv parallele Vektor- und Matrizenoperationen spezialisierten Rechenkerne sind daher ideal für Anwendungen des maschinellen Lernens geeignet.

Im Folgenden schauen wir uns dazu im Vergleich aktuelle *Standardprozessoren* (engl. central processing units, CPUs) an: Diese glänzen zwar mit enorm hohen Taktraten bei mehreren GHz, haben dafür aber nur wenige Rechenkerne. Das ist zwar ideal für komplexe Programmstrukturen allgemeiner Problemlösungen, doch ML-Anwendungen haben dadurch kaum einen Geschwindigkeitsvorteil. Die Nutzung von GPUs ist für ML meist die bessere Wahl.

GPUs sind zwar weit verbreitet und durch viele Entwicklungswerkzeuge sehr gut unterstützt, stellen aber nicht die einzige Möglichkeit dar, ML-Anwendungen signifikant zu beschleunigen. Je genauer ein Hersteller einen Algorithmus für eine Anwendung festgelegt hat, desto effizienter kann eine genau dafür entwickelte Hardware – die sogenannten *anwendungsspezifischen integrierten Schaltungen* (engl. application specific integrated circuits, ASICs) – diese umsetzen. Derartige ASICs werden für die unterschiedlichsten Anwendungen schon seit langer Zeit entwickelt. Dies reicht von einzelnen Algorithmen bis hin zu kompletten technischen Systemen, die nicht nur einzelne Aufgaben integrieren, sondern die Funktion eines ganzen Geräts mit digitaler und analoger Schaltungstechnik und Sensorik zu einem *System-on-Chip* (SoC).

Speziell für KI-Anwendungen entwickeln Chiphersteller mit solchen ASICs unterschiedlichste Hardwarelösungen, die wir hier nur exemplarisch aufführen:

- Verschiedene Hersteller entwickeln Prozessorchips, die sich durch eine besonders hohe Anzahl von Rechenkernen auszeichnen und durch spezielle Daten- und Speicherzugriffe ideal für Hochleistungsrechner in Rechenzentren geeignet sind.
- Für neuronale Netze gibt es bereits ASICs, deren interne Daten- und Verarbeitungsstruktur mehr neuronalen Netzen gleicht und nicht der klassischen Von-Neumann-Architektur[15] gängiger Universalprozessoren folgt. Gerne bezeichnen deren Hersteller solche Chips auch als *neuromorphe Prozessoren* [Davies et al. 2021].
- Andere ASICs legen beispielsweise die Parameter von Modellen nicht im *allgemeinen Speicher* (engl. random access memory, RAM) ab, sondern in dedizierten und instantan zugreifbaren Speicherzellen des Chips, den Registern. Die Inhalte solcher Register können dann direkt und ohne Zeitverlust für Rechenoperationen benutzt werden.

Die beiden zuletzt aufgelisteten Eigenschaften erlauben es zudem, solche ASICs energie- und platzsparend zu entwerfen, sodass diese ideal für Edge-Anwendungen geeignet sind. Das vorausgehende Training solcher KI-Anwendungen benötigt meist dennoch Systeme mit hoher Rechenleistung, z. B. in der Cloud.

15. Siehe auch: *https://de.wikipedia.org/wiki/Von-Neumann-Architektur.*

KI-Hardwareunterstützung als Geschäftsmodell

Bemerkenswert ist vor allem, dass die Entwicklung von KI-spezifischen Prozessoren nicht mehr allein durch die klassischen Unternehmen der Halbleiterindustrie getrieben wird. Hier eine kleine Auswahl von Herstellern, die auch im Lehrplan (April 2021) genannt werden:

- NVIDIA ist als Hersteller von Computergrafik-Hardware seit Langem auf dem Markt etabliert und bietet daher eine große Palette von GPU und KI-spezifischen Prozessoren und Modulen an, die beispielsweise auf den (Stand August 2022) Volta-, Ampere- oder Hopper-Architekturen basieren [URL: Nvidia-a].
- Google hat sich erst in jüngerer Zeit auf dem Halbleitermarkt für ASICs etabliert und bietet bereits konkurrenzfähige Prozessoren und Module zum Training der Modelle und zur Anwendung der trainierten KI-Modelle – der sogenannten *Inferenz* – an. Googles Cloud TPUs [URL: Google-tpu] unterstützen speziell Rechenzentren in der Cloud zum Training von Modellen, aber auch, um KI als Service (siehe Abschnitt 1.7) für Anwender verfügbar zu machen. Die Edge TPUs [URL: Google-etpu] der Coral-Plattform sind speziell für die Ausführung von KI auf individuellen Geräten entwickelt worden.
- Intel® bietet als erfahrener Hersteller von Prozessoren ebenfalls Hardwareunterstützung für KI-Entwicklung und -Anwendung: Bekannt sind die etablierten Intel®-GPUs zur Beschleunigung von Algorithmen. Spezialisierte Prozessoren wie die Movidius™-Myriad™-VPU unterstützen neuronale Netze und Bildverarbeitung.[16]
- Habana® ist eine Intel-Tochter und bietet mit dem Gaudi2 einen hochperformanten Prozessor für Rechenzentren und im Speziellen für Deep Learning (siehe Abschnitt 6.1) an und konkurriert dabei direkt mit NVIDIA[17].
- Mobileye® ist seit 2017 ebenfalls eine Intel-Tochter und stellt mit der EyeQ®-Familie SoC-Geräte für rechenintensive Bildverarbeitung her [URL: Mobileye]. Der Einsatz dieser Systeme konzentriert sich auf die energieeffiziente Nutzung im Automobilbereich.
- Apple verbaut bereits seit mehreren Jahren den Bionic-Chip, ein SoC, in iPhones und iPads [Wiltz 2019]. Dieser vereinigt mehrere Universal-CPUs, GPUs sowie spezielle Rechenkerne für KI-Anwendungen. Der aktuelle A15[18] (Stand August 2022) enthält eine sogenannte 16-Core Neural Engine.

16. *https://www.intel.com/content/www/us/en/products/details/processors/movidius-vpu.html*, abgerufen am 08.08.2023.
17. *https://habana.ai*, abgerufen am 08.08.2023.
18. *https://de.wikipedia.org/wiki/Apple_A15_Bionic.*

- HiSilicon, ein zum Huawei-Konzern gehörender ASIC-Hersteller, produzierte bereits 2017 mit dem Kirin 970[19] ein SoC für Smartphones mit spezieller KI-Unterstützung. Neben acht CPUs und 12 GPUs hat auch dieser einen für neuronale Netze zugeschnittenen Prozessor [Huawei Press Release 2017]. Seitdem sind bereits mehrere Nachfolger zur Kirin-Prozessorfamilie hinzugekommen. Huawei stellt außerdem mit der Ascend- und Atlas-Reihe ebenfalls Prozessoren und Module für Edge- und Cloud Computing her. [20]

1.7 KI als Service (AI as a Service, AIaaS)

Softwaredienste begegnen uns allen im IT-Umfeld schon seit vielen Jahren. Beispielsweise lassen Start-up-Unternehmen häufig ihre Firmenwebseite von einem spezialisierten IT-Anbieter betreiben oder nutzen nur dessen Rechen- oder Speicherkapazitäten als Service. Dies verringert für das Start-up die anfänglich hohen Kosten, eine eigene Hardwareinfrastruktur aufzubauen. Man kann daher leicht nachvollziehen, dass auch das Interesse an Services rund um die Entwicklung und den Betrieb von KI-Anwendungen wächst. Unternehmen, die hier einsteigen, können sich so schneller und kostengünstiger an eine für sie neue Technologie herantasten.

Solche KI-Dienste, die im Fachjargon als *AI as a Service (AIaaS)*[21] bezeichnet werden, haben nicht unwesentlich zur rasant zunehmenden Entwicklung und Nutzung von KI-basierten Systemen beigetragen. Die Service-Unterstützung der KI-Entwicklung in einem Unternehmen kann dabei sehr unterschiedliche Ausprägungen haben, wie es die folgenden Szenarien exemplarisch zeigen:

- Eine Organisation entwickelt ihre KI-Komponenten selbst, verwendet zu deren Betrieb aber einen KI-Inferenz-Service[22] eines IT-Dienstleisters.
- Ein Unternehmen nutzt zuerst ein von einem Drittanbieter bereits fertig trainiertes und als Dienst im Internet bereitgestelltes Modell. Nach einiger Zeit hat das Unternehmen genug Erfahrung und nutzt stattdessen ein vortrainiertes Modell (Open Source oder von Drittanbietern) und trainiert dieses durch eigene Trainingsdaten auf seine fachspezifische Anwendung.
- Die Entwicklungsabteilung einer Firma nutzt zum Training ihres KI-Modells ein als Service bereitgestelltes KI-Entwicklungs-Framework, betreibt das Modell aber selbst im eigenen Haus.

---

19. *https://www.hisilicon.com/en/products/Kirin*, *https://www.hisilicon.com/en/products/Kirin/Kirin-flagship-chips/Kirin-970*, abgerufen am 08.08.2023.
20. *https://e.huawei.com/en/products/servers/ascend*, abgerufen am 08.08.2023.
21. Die Begriffe AI as a Service (AIaaS), KI als Service, KI-Service und KI-Dienst verwenden wir in diesem Buch synonym.
22. Unter *Inferenz* versteht man die Anwendung eines trainierten KI-Modells im Betrieb.

- Ein großes Unternehmen nutzt für ein umfangreiches System einen hybriden Ansatz und verwendet Modelle zur Bilderkennung von einem Drittanbieter, entwickelt aber zugleich eigene KI-Komponenten mithilfe sensibler und firmeninterner Daten.

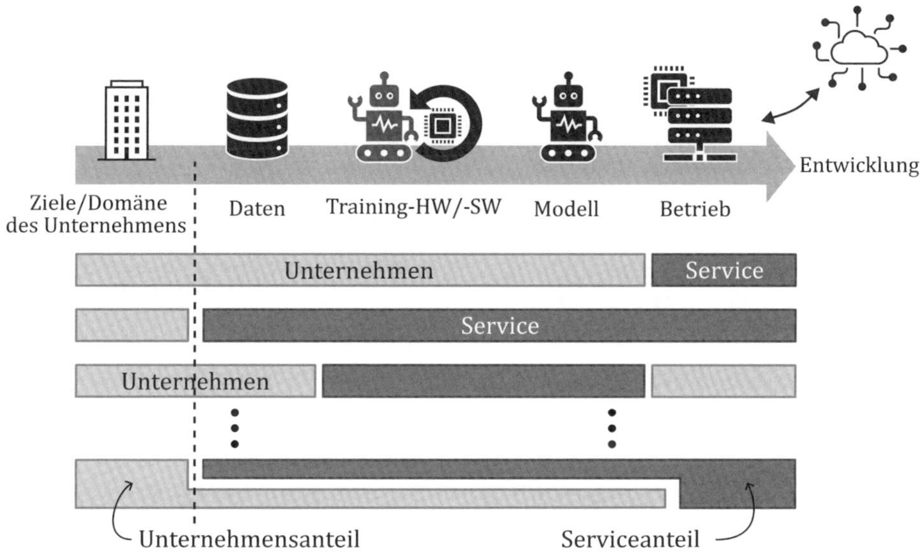

Abb. 1–6 *Verschiedene Variationen, mit denen ein Unternehmen KI-Dienste als komplementäre Services zur firmeneigenen Entwicklung von KI-basierten Systemen nutzen kann.*

Abbildung 1–6 zeigt schematisch die Zusammenhänge zwischen den eigenen Aufwänden eines Unternehmens, das ein KI-basiertes System erstellen möchte, und den KI-Services, die es in Anspruch nehmen kann.

Viele namhafte Anbieter wie z.B. Amazon, Microsoft oder Google stellen eine breite Palette Services wie beispielsweise Sprach-, Text- oder Gesichtserkennung bereit. Interessierte Unternehmen oder auch einzelne Personen können diese ohne besondere KI-Kenntnisse nutzen und ohne großen Mehraufwand in ihre eigenen Anwendungen oder Cloud-Dienste einbinden. Dabei müssen sie keinerlei spezielle Hardware oder Infrastruktur bereitstellen und sie benötigen auch keine speziellen Fachkenntnisse.

Kleine Unternehmen, die gerade erst in die KI-Technik einsteigen, profitieren besonders von der Erfahrung großer und etablierter Modellanbieter. Die als Service angebotenen ML-Modelle sind in vielen Fällen mit deutlich umfangreicheren und vielfältigeren Daten trainiert worden als dies einsteigenden Unternehmen oder der Open-Source-Gemeinde üblicherweise möglich ist.

Vertragskomponenten für KI-Services

Von außen und als IT-Service betrachtet unterscheiden sich KI-Modelle kaum von klassisch programmierten Softwarediensten. Daher ist es nicht unüblich, wenn für solche KI-Dienste ähnliche Verträge wie für klassische Software-as-a-Service(SaaS)-Angebote verwendet werden. Solche Verträge bestehen zumeist aus mehreren Anteilen, die verschiedene Aspekte des Vertrags regeln. Im Folgenden haben wir einige Beispiele aufgelistet:

- **Service Level:** Vorrangig interessiert die Nutzerinnen und Nutzer eines solchen Dienstes dessen Art und Güte. In Verträgen findet man diese unter dem Begriff der *Service-Level-Vereinbarung* (engl. Service Level Agreement, SLA). Meist sind dort Angaben zur Verfügbarkeit des Dienstes (z.B. 99,99 % Mindestverfügbarkeit innerhalb eines definierten Zeitraums) oder Reaktionszeiten für die Behebung von Fehlern im Service festgelegt.

  Selten findet man jedoch Servicezusagen, die eine Güte der Funktion selbst benennen (z.B. die Genauigkeit einer Spracherkennung für Worte oder Sätze), da diese oft nur schwer vor dem Einsatz in der Zielumgebung abschätzbar sind. Solche sogenannten funktionalen Leistungsmetriken beschreiben wir genauer in Kapitel 5.
- **Kostengestaltung:** Als weitere Komponente ist die Bezahlweise geregelt, die häufig als Abonnement angeboten wird. Dabei erhalten Kunden für einen festen Preis einen zeitlich begrenzten Servicezugang auf einem zuvor festgelegten Service Level. Diese Form kennst du schon aus anderen Servicebereichen wie etwa Mobilfunkverträgen. Hält der Anbieter seine Zusagen in puncto Verfügbarkeit oder Reaktionszeiten nicht ein, bietet dieser zumeist Gutschriften im Rahmen der Dienste an.
- **Haftungsfragen:** Im Falle eines Schadens, der z.B. durch eine fehlerhafte Funktion des KI-Service entstanden ist (die Spracherkennung hat ein falsches Wort erkannt und der Webshop hat einen falschen Artikel in die Bestellung aufgenommen), begrenzen die Verträge üblicherweise die Höhe der Haftung. Das wiederum bedeutet, dass der Markt kaum Services anbietet oder nutzt, die ein hohes Schadenspotenzial haben. Man sieht also zumeist AIaaS mit vergleichsweise geringem Risiko, bei denen der Ausfall eines Service keinen großen Schaden anrichten würde.

Wenn man als Softwareentwicklerin oder Tester einen KI-Dienst in seiner Anwendung verwenden möchte, will man zuerst feststellen, ob dieser KI-Dienst für das eigene Vorhaben tauglich ist. Das Gleiche gilt, wenn man KI für die Testdurchführung verwendet. Häufig erlaubt der Anbieter uns Nutzenden nach einer Registrierung eine initiale kostenlose Testphase. In dieser Zeit kann man dann den Dienst auf seine Eignung überprüfen. Dabei schaut man nicht nur auf Schnittstellen und die Integration in der Anwendung. Man validiert auch, ob die

Funktion und Leistung des Service, wie z. B. die Genauigkeit einer Bildklassifikation oder eines Sprachassistenten, für die Anwendung geeignet ist. Gerade solche Prüfungen sind oft unerlässlich, denn meist fehlt für diese Informationen die eigentlich notwendige Transparenz über den angebotenen Dienst (siehe die Abschnitte 2.7 und 7.5).

Beispiele für KI-Services

Bereits in den Abschnitten 1.5 und 1.6 wurden beispielhaft Anbieter und Hersteller für KI-Entwicklungs-Frameworks und KI-spezifische Hardware aufgelistet. Auch die hier folgende Liste hat nur exemplarischen Charakter und wird vom CT-AI-Lehrplan (Stand April 2021) genannt:

- Der IBM Watson Assistant ist ein KI-Chatbot, den Unternehmen gegen eine Servicegebühr ihren Kunden anbieten können. Die Preisgestaltung richtet sich z. B. nach der Zahl der aktiven Nutzerinnen und Nutzer pro Monat [URL: IBM-b].
- Unter Googles Cloud-Produkten findet man in der Rubrik *KI und maschinelles Lernen* eine ganze Reihe von Services. Beispielsweise eine textbasierte KI, die Informationen aus Dokumenten extrahiert und strukturiert und dafür u. a. *grafische Texterkennung* (engl. optical character recognition, OCR) und eine Analyse von Formularen verwendet. Die Preisgestaltung orientiert sich hier an der Zahl der verarbeiteten Seiten [URL: Google-ai].
- Der CodeGuru Reviewer von Amazon ist ein Werkzeug für die statische Analyse von Quelltexten in Java oder Python. Das Tool erlaubt Entwicklerinnen und Entwicklern ihren Quellcode zu verbessern, indem das Tool den Code u. a. auf duplizierte Codepassagen, potenzielle Sicherheitsangriffe oder mögliche Parallelitätsprobleme hin überprüft. Die Preisgestaltung richtet sich hier nach der Anzahl der Quelltextzeilen [URL: AWS].
- Microsofts Azure Cognitive Search ist eine KI-basierte Suche in einer Dokumentensammlung. Über die reine textuelle Suche hinaus werden relevante Treffer auch über semantische Zusammenhänge erkannt und über unterschiedliche Medien wie Bild, Text und verschiedene Dateiformate analysiert. Die Preise orientieren sich hier am Umfang der analysierten Dokumentdaten sowie der gewünschten Performanz der Suche [URL: Azure].

1.8 Vortrainierte Modelle

Eine KI, die zuverlässig das tut, was sie soll, fällt nicht vom Himmel. Sie muss mühsam mit Wissen gefüttert, d.h. trainiert werden. Das maschinelle Lernen und insbesondere *künstliche neuronale Netze* (kNNs, engl. artificial neural networks, aNNs; im Projekt sprechen wir häufig von *neuronalen Netzen* und meinen *künst-*

liche neuronale Netze) sind aktuelle Techniken, die es ermöglichen, dass KI-Modelle während eines Trainings selbstständig lernen. Sowohl das Aufbereiten von Daten zum Training als auch das Training selbst können besonders aufwendig und teuer sein (siehe Kap. 3). Gerade die Aufbereitung der Trainingsdaten kann viel manuelle, nicht automatisierbare Arbeit bedeuten und sehr viel Personal binden. Das Training selbst kann schnell sehr viel Rechenleistung benötigen. Nicht in jedem Unternehmen sind diese Ressourcen ausreichend vorhanden oder einfach bezahlbar. Bei der Verwendung von künstlichen neuronalen Netzen und Random Forest ist es gängig, ein vortrainiertes Modell als eine kostengünstige und effektive Grundlage zu wählen.

Andere haben dann bereits das aufwendige Training durchgeführt und ein neuronales Netz erstellt. Auf diesem setzt man auf.

Der Nutzen vortrainierter Modelle

Ein vortrainiertes Modell ist besonders gut geeignet, wenn es bereits ähnliche Anforderungen wie das benötigte Modell erfüllt. Du kannst dir beispielsweise ein Spracherkennungssystem vorstellen, das für Deutsch vortrainiert wurde und den deutschen Wortschatz gut erkennt. Solch ein Modell kannst du für eine ganze Reihe verschiedener Sprachverarbeitungsaufgaben weiterverwenden.

Verwendet man ein bereits trainiertes Modell ohne Änderungen, kann man es im Idealfall einfach in das KI-basierte System einbetten oder es als Dienst nutzen (siehe Abschnitt 1.7).

Praxistipp

Unabhängig davon, ob du ein vortrainiertes Modell als Dienst nutzen oder es in das System einbetten möchtest, solltest du sicherstellen, dass Schnittstellen- und Datenformate des Modells oder der Dienste mit deinen restlichen Systemkomponenten kompatibel sind.

Wenn kein vortrainiertes Modell zur Verfügung stehen sollte, muss dennoch nicht zwingend *bei null* angefangen werden. Zu vielen unterschiedlichen Anwendungsbereichen ist eine ganze Reihe gut aufbereiteter Open-Source-Datensätze zu finden, die sich für ein Vortraining eines eigenen Modells sehr gut eignen. Der wahrscheinlich bekannteste Open-Source-Datensatz ist der ImageNet-Datensatz, der über 14 Millionen Bilder mit über 1000 Kategorien enthält (Stand März 2021).

Indem vortrainierte Modelle verwendet werden, verringert man in Projekten das Risiko, erhebliche Ressourcen unnötig zu verschwenden. Man kann mit wenig Aufwand feststellen, ob die KI realisierbar ist oder nicht. So kann man nicht nur Kosten sparen, sondern erhöht gleichzeitig die Chance, ein erfolgreiches und effektives Modell zu erhalten.

Transfer-Lernen

Wenn das vortrainierte Modell nicht genau den Anforderungen entspricht, kann man auf einem vortrainierten Modell ein verkürztes Training mit einem kleineren Datensatz aufbauen. Dann sprechen wir von Transfer-Lernen. Die Funktionen des vortrainierten Modells werden dann durch ein gezieltes Training passend zu den Anforderungen erweitert und/oder fokussiert. Um beim Beispiel des Spracherkennungssystems des vorangegangenen Abschnitts zu bleiben: Wenn die Fähigkeit des Modells für bestimmte Fachbegriffe eines gewünschten Fachgebiets (z.B. medizinische Begriffe) noch nicht ausreicht, dann kann man es auf diese Fachbegriffe erweiternd trainieren. Dafür benötigt man nur noch einen deutlich kleineren Trainingssatz.

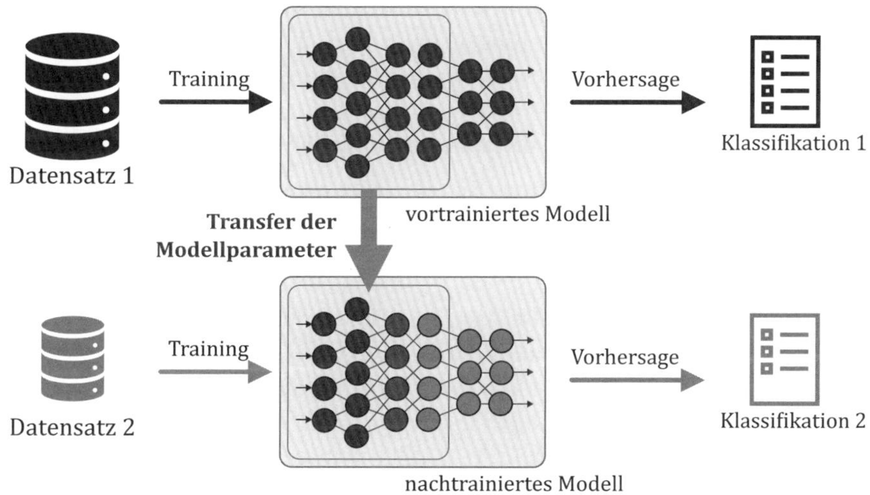

Abb. 1–7 *Transfer-Lernen*

Für das *Transfer-Lernen* sind künstliche neuronale Netze mit vielen Schichten, sogenannte *tiefe neuronale Netze* (engl. deep neural network), sehr gut geeignet (siehe Abb. 1–7): Stell dir einen Bildklassifikator vor, der die Architekturstile von Gebäuden erkennt. Der Klassifikator besteht aus einem tiefen neuronalen Netz, das aus mehreren aufeinanderfolgenden Neuronenschichten zusammengesetzt ist. Dabei kannst du davon ausgehen, dass die vorderen Schichten grundlegende Funktionalitäten übernehmen, wie die Unterscheidung von geraden und gekrümmten Linien. Spätere Schichten übernehmen dann spezialisiertere und abstraktere Aufgaben, wie die Unterscheidung zwischen architektonischen Gebäudetypen. Wenn du einen Bildklassifikator entwickeln willst, der neben dem Gebäudestil auch den Architekten benennen soll, kannst du den Bildklassifikator zur Bestimmung der Architekturstile wiederverwenden. Alle vorderen Schichten des Bildklassifikators übernimmst du unverändert. Die letzten Schichten werden mit einem Datensatz, der Informationen über den Architekten der Bauwerke enthält, neu trainiert. Dieses Training zum Anpassen des Klassifikators benötigt deutlich weniger Daten als das Vortraining. Es gibt viele vortrainierte Open-Source-Modelle, insbesondere aus dem Bereich der akademischen Forschung. Die Modelle Inception, VGG, AlexNet und MobileNet, die alle auf der ImageNet-Datenbank[23] basieren, sind sicherlich die bekanntesten Modelle zur Bildklassifikation, die sich auch sehr gut als vortrainierte Modelle für ein Transfer-Lernen eignen. Große Bekanntheit haben das Sprachmodell BERT[24] von Google und dessen Erweiterung RoBERTa[25] von Facebook erlangt. Sie haben als vortrainierte Modelle im Bereich von NLP große Erfolge im Transfer-Lernen aufweisen können. Ob das Transfer-Lernen in einem konkreten Projekt effektiv ist, hängt weitgehend von der Ähnlichkeit der Funktionen des ursprünglichen Modells und des benötigten Modells ab. Zum Beispiel kannst du einen Bildklassifikator, der Katzenrassen identifiziert, relativ einfach modifizieren, sodass er anschließend Hunderassen identifiziert. Geht es hingegen darum, dass dieser Bildklassifikator Architekturstile von Gebäuden erkennen soll, ist das deutlich schwieriger.

Risiken bei der Verwendung von vortrainierten Modellen und Transfer-Lernen

Gerade weil vortrainierte Modelle oder das Transfer-Lernen in Projekten bei der Entwicklung von KI-basierten Systemen immer wieder verwendet werden, muss man sich einiger Risiken bewusst sein:

- **Reduzierte Transparenz:** Wenn das Vortraining nicht begleitet wird, hat man nur noch eingeschränkt Zugang zu den verwendeten Lernalgorithmen und den Trainingsdaten. Daher kann ein vortrainiertes Modell im Vergleich zu einem selbst entwickelten Modell intransparenter sein.
- **Unzureichende Funktionalität:** Wenn ein vortrainiertes Modell verwendet wurde, dann hängt die Qualität der fertigen KI auch wesentlich vom vortrainierten Modell ab. Wenn sich die geforderte Funktionalität stark von der Funktionalität des vortrainierten Modells unterscheidet, funktioniert die KI nicht gut. Das liegt dann aber nicht an einer schlechten Qualität des vortrainierten Modells, sondern an den unterschiedlichen Anforderungen. Da es sich bei KIs um komplexe Systeme handelt (siehe reduzierte Transparenz), kann es sein, dass die Gründe hierfür auch von Data Scientists und Analystinnen und Analysten nicht immer verstanden werden.
- **Unterschiede in der Vorverarbeitung der Inputdaten:** Häufig werden Daten aufbereitet, bevor sie der KI als Input übergeben werden (siehe Abschnitt 4.1). Wenn diese Aufbereitungsschritte des vortrainierten Modells nicht in die

23. *http://www.image-net.org/*, abgerufen am 08.08.2023.
24. *https://github.com/google-research/bert*, abgerufen am 08.08.2023.
25. *https://github.com/pytorch/fairseq/tree/main/examples/roberta*, abgerufen am 08.08.2023.

Betriebsumgebung des Systems übernommen werden, kann sich das negativ auf die Leistung der KI auswirken. Die dann im System verwendeten Daten werden vom Modell nicht so gut verarbeitet, weil es andere Daten *gewohnt* ist.

- **Übertragene Unzulänglichkeiten:** Unzulänglichkeiten wie ein Bias (siehe Abschnitt 2.4) werden vom vortrainierten Modell mit einer hohen Wahrscheinlichkeit an das endgültige Modell vererbt. Wenn diese Unzulänglichkeiten nicht offensichtlich sind oder vorher dokumentiert wurden, kannst du diese nur durch spezifische Tests finden (siehe Abschnitt 8.3). So können spezifischere Tests bei der Verwendung von vortrainierten Modellen erforderlich sein, um dieses Risiko zu mindern.
- **Übertragene Angreifbarkeit:** Die Modelle, die durch Transfer-Lernen erstellt werden, haben höchstwahrscheinlich die gleichen Schwachstellen wie das vortrainierte Modell. Wenn bekannt ist, dass ein KI-gestütztes System ein bestimmtes vortrainiertes Modell enthält oder auf einem basiert, können potenzielle Angreifer die bekannten Schwachstellen ausnutzen (siehe Abschnitt 9.1.1).

Einige der aufgeführten Risiken können unter Umständen vorher im Rahmen einer Risikobetrachtung beurteilt und sogar abgemildert werden. Für eine Risikobetrachtung ist eine ausführliche Dokumentation zu dem vortrainierten Modell sehr hilfreich (siehe Abschnitt 7.5).

1.9 Normen, Vorschriften und KI

Testerinnen und Tester wissen, dass viele heutige Produkte die unterschiedlichsten Standards, Normen oder Vorschriften erfüllen müssen. Insbesondere gilt dies für Softwareprodukte oder -komponenten, an die wir als Nutzerinnen und Nutzer oder Betroffene besonders hohe Anforderungen stellen und für die der Gesetzgeber deswegen entsprechende Standards, Normen oder Vorschriften fordert.

Beispielsweise muss jede Software, die in Straßenfahrzeugen eingesetzt wird, u.a. nach den Normen *ISO 26262* (functional safety) [ISO 26262-1] und *ISO/PAS 21448* (safety of the intended functionality – SOTIF) [ISO/PAS 21448] entwickelt und getestet werden. KI-basierte Systeme oder Komponenten sind von solchen Normen nicht ausgenommen.

Normen als solche sind zunächst nur von einem Expertenteam im Konsens erarbeitete Dokumente, die beispielsweise Produkteigenschaften oder Entwicklungsprozesse von Produkten beschreiben. Solche Normen können von Unternehmen jederzeit auf freiwilliger Basis befolgt werden. Eine verbindliche Vorschrift werden diese erst durch Gesetze oder Verordnungen staatlicher Stellen oder durch vertragliche Vorgaben. Würde z.B. ein Fahrzeug nicht nach den oben erwähnten ISO-Normen entwickelt werden, würde in einigen Ländern ein Verstoß gegen geltendes Recht begangen werden.

Ebenen der Normung mit Bezug zu KI

Derzeit (Mitte 2023) gibt es national und international eine noch kleine, aber rasch wachsende Zahl an Normen, die direkt oder indirekt KI-basierte Systeme betreffen. Die meisten davon befinden sich in der Entwicklung. Von einem Teil der Normen und Normungsgremien wollen wir dir im Folgenden einen kurzen Eindruck vermitteln.

Internationale Gremien

Viele Normen auf internationaler Ebene werden durch die ISO und das IEC herausgegeben. Deren gemeinsames Komitee für IT-Themen, das *Joint Technical Committee of IEC and ISO on information technology* (ISO/IEC JTC1) erarbeitet auch Normen mit Bezug zu KI. Ein Unterausschuss (ISO/IEC JTC1/SC7) hat beispielsweise in seiner Normenreihe ISO/IEC 29119 zum Softwaretest auch einen technischen Bericht mit Leitlinien zum Test von KI-basierten Systemen veröffentlicht [ISO/IEC TR 29119-11]. Ein weiter Unterausschuss (ISO/IEC JTC1/SC42 – Artificial intelligence) wurde 2017 speziell zur Erarbeitung von KI-bezogenen Normen eingerichtet (siehe Abb. 1–8). Hier ist im Juli 2022 eine grundlegende Norm ISO/IEC 22989:2022 [ISO/IEC 22989] zu KI-Konzepten und KI-Terminologie verabschiedet worden. Einige andere Normen beziehen sich nun bereits darauf. Wenn du mehr über den Weg einer Norm wissen möchtest, kannst du z.B. den Fachartikel *Wie entsteht eine Norm*[26] der Deutschen Gesellschaft für Qualität im Web lesen.

Die europäische Ebene

Auf europäischer Ebene gibt es ebenfalls Normungsgremien wie das *CEN* (franz. Comité Européen de Normalisation, engl. European Committee for Standardization) und *CENELEC* (franz. Comité Européen de Normalisation Électrotechnique, engl. European Committee for Electrotechnical Standardization), die in Abstimmung mit den internationalen Gremien an für KI-relevanten Standards und Dokumenten arbeiten. Beispielsweise arbeitet der Ausschuss *CEN/CENELEC JTC21 AI* an der europäischen Harmonisierung zu KI.

Die Europäische Union selbst hat bereits mehrere Verordnungen zu KI sowie zum Umgang mit Daten auf den Weg gebracht oder schon verabschiedet. Die Datenschutz-Grundverordnung[27] (DSGVO) [EU 2016] trat beispielsweise schon im Mai 2018 EU-weit in Kraft. Sie regelt und stärkt die Rechte natürlicher Personen zu ihren personenbezogenen Daten, beispielsweise zu deren Erhebung, Speicherung, Verarbeitung, der transparenten Information Betroffener oder Weiter-

26. *https://www.dgq.de/fachbeitraege/wie-entsteht-eine-iso-norm.*
27. *https://dsgvo-gesetz.de/art-12-dsgvo.*

gabe an Dritte. Aus Testperspektive ist für KI-basierte Systeme dabei besonders Folgendes von Bedeutung:

- Personenbezogene Daten müssen richtig bzw. präzise und auf dem neuesten Stand sein.[28] Dies gilt auch für Verarbeitungsergebnisse wie etwa Vorhersagen. Diese müssen nicht exakt, aber für den beabsichtigten Zweck genau genug sein.
- Entscheidungen dürfen im Grundsatz nicht ausschließlich automatisiert erfolgen und es dürfen keine potenziell diskriminierenden Merkmale wie z.B. ethnische Herkunft, politische Meinung, Religion u.Ä. dafür herangezogen werden.[29]
- Betroffene Personen haben ein Recht, transparent, präzise und leicht verständlich über die Verarbeitung ihrer Daten informiert zu werden.[30] Dies kann auch Aspekte der Nachvollziehbarkeit und Erklärbarkeit betreffen (siehe Abschnitt 2.7).

Bereits im April 2021 hat die Europäische Kommission einen Gesetzentwurf zur Regulierung von KI-Anwendungen, den *EU AI Act* [URL: Eur-lex-a] (Europäisches Gesetz über Künstliche Intelligenz), vorgelegt. Wesentlicher Bestandteil ist nach aktuellem Stand ein risikobasierter Ansatz. Je nach Risikoklasse sind darin QS-Maßnahmen und Pflichten vorgeschrieben, oder es ist ein sogenanntes *Konformitätsbewertungsverfahren* notwendig – was zu einer CE-Kennzeichnung des KI-basierten Systems führen soll. Der Einsatz besonders risikoreicher KI-Anwendungen wäre sogar untersagt. Der EU AI Act soll nach aktueller Planung 2023 in Kraft treten.

Neben dem EU AI Act gibt es eine Reihe weiterer europäischer Verordnungen, die bereits verabschiedet wurden (Cybersecurity Act, Data Governance Act, Digital Services Act) oder noch in Bearbeitung sind (Digital Markets Act, Data Act). Allerdings haben diese nur indirekten Bezug zu KI.

Aktivitäten auf nationaler Ebene

Auch auf nationaler Ebene findet man Normierungsaktivitäten im Kontext von KI. Für Deutschland arbeiten dafür das *Deutsche Institut für Normung* (DIN), der *Verband der Elektrotechnik Elektronik Informationstechnik* (VDE) und die *Deutsche Kommission Elektrotechnik Elektronik Informationstechnik* (DKE) eng zusammen.

Das DIN hat beispielsweise für Softwareentwicklungsprozesse von KI ein Qualitäts-Metamodell mit der Norm DIN SPEC 92001-1:2019-04 [DIN 2019] beschrieben. Im Auftrag der Bundesregierung wurde von DIN und DKE die *Deutsche Normungsroadmap KI* [Wahlster et al. 2022] erstmals im November 2020 herausgegeben. Zu dieser und der überarbeiteten Ausgabe vom Dezember 2022

---

28. Vgl. DSGVO Art. 5.
29. Vgl. DSGVO Art. 22 und Art. 9.
30. Vgl. DSGVO Art. 12.

durften wir neben vielen weiteren Experten aus den unterschiedlichsten Fachrichtungen selbst als Autoren beitragen.

In Deutschland beschäftigt sich zudem der *Gemeinschaftsausschuss KI* (DIN/DKE NA 043-01-42) damit, die nationalen Vorhaben mit denen auf europäischer und internationaler Ebene zu koordinieren (siehe Abb. 1–8).

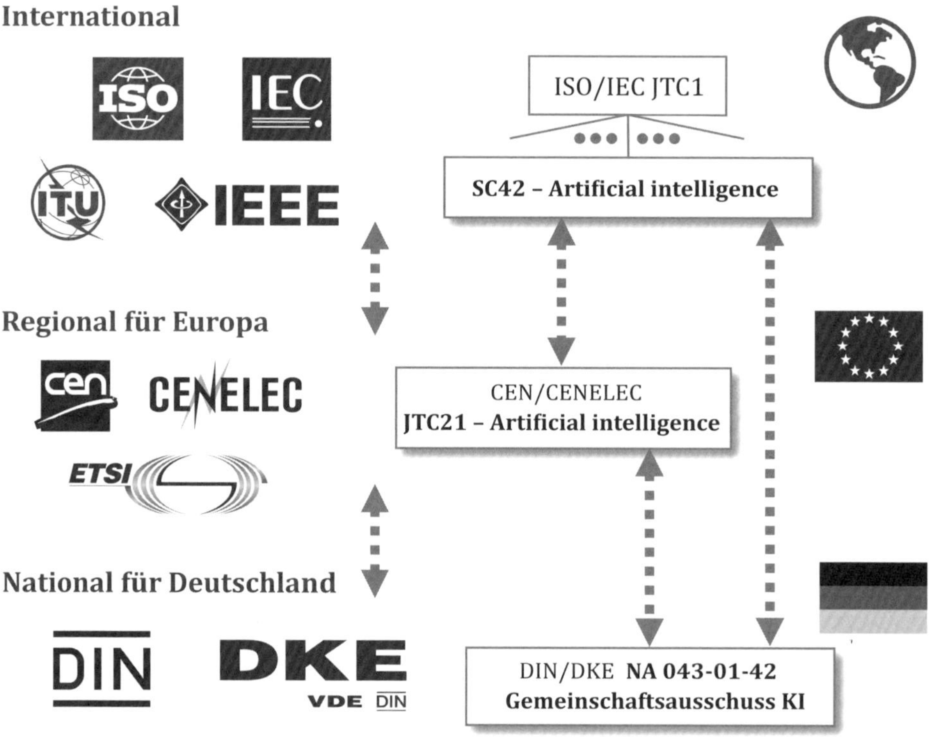

Abb. 1–8 *Übersicht zu den bekanntesten nationalen und internationalen Normungsgremien und deren Ausschüsse zu KI. Die gestrichelten Linien deuten deren übergreifende Zusammenarbeit an.*

Branchenverbände

Neben den fachübergreifenden Gremien sind auch branchenspezifische Verbände in der Normung zu KI-relevanten Themen aktiv. Beispielsweise in der Telekommunikation die *International Telecommunication Union* (ITU), das *European Telecommunication Standards Institute* (ETSI) und das *Institute of Electrical and Electronics Engineers* (IEEE).

Das IEEE hat etwa über seine internationale *Global Initiative on Ethics of Autonomous and Intelligent Systems* 2019 ein sehr umfangreiches Diskussionspapier über einen ethisch geführten Systementwurf veröffentlicht (Ethically Aligned Design) [IEEE 2019].

1.9.1 Exkurs: Liste einiger Normen und Standards mit KI-Bezug

Die folgende Liste (Stand Dezember 2023) nennt exemplarisch nur einige unserer Ansicht nach wichtige Normen im Kontext von KI. Sie ist keinesfalls vollständig und soll dir nur einen Einstieg in die Sicht der Normungsgremien auf KI ermöglichen.

ISO/IEC	Titel
DIS 5259-2	Artificial intelligence – Data quality for analytics and machine learning (ML) – Part 2: Data quality measures
22989:2022	Information technology – Artificial intelligence – Artificial intelligence concepts and terminology
23053:2022	Framework for Artificial Intelligence (AI) Systems Using Machine Learning (ML)
TR 24027:2021	Information technology – Artificial intelligence (AI) – Bias in AI systems and AI aided decision making
TR 24028:2020	Information technology – Artificial intelligence – Overview of trustworthiness in artificial intelligence
TR 24029-1:2021	Artificial Intelligence (AI) – Assessment of the robustness of neural networks – Part 1: Overview
TR 24030:2021	Information technology – Artificial intelligence (AI) – Use cases
25059:2023	Software engineering – Systems and software Quality Requirements and Evaluation (SQuaRE) – Quality model for AI systems
TR 29119-11:2020	Software and systems engineering – Software testing – Part 11: Guidelines on the testing of AI-based systems
42001:2023	Information technology – Artificial intelligence – Management system
ETSI	
GR ENI 004 v2.2.1	Experimental Networked Intelligence (ENI); Terminology for Main Concepts in ENI
DIN SPEC	
13266:2020-04	Leitfaden für die Entwicklung von Deep-Learning-Bilderkennungssystemen
92001-1:2019-04	Artificial Intelligence – Life Cycle Processes and Quality Requirements – Part 1: Quality Meta Model
92001-2:2020-12	Artificial Intelligence – Life Cycle Processes and Quality Requirements – Part 2: Robustness
92001-3:2023-08	Artificial Intelligence – Life Cycle Processes and Quality Requirements – Part 3: Explainability

2 Qualitätsmerkmale KI-basierter Systeme

»Qualität muss man zuerst denken und dann schaffen.«
Henry Ford

In diesem Kapitel diskutieren wir verschiedene Aspekte, die einen entscheidenden Einfluss auf die Qualität von KI-basierten Systemen haben. Dabei gehen wir auf die bekannten Faktoren wie Verzerrung (Bias), funktionale Sicherheit, Transparenz, Interpretierbarkeit oder Erklärbarkeit ein. Wir behandeln auch die weniger offensichtlichen Merkmale wie ethische Aspekte, Flexibilität, Anpassbarkeit, Evolution, Autonomie, die Gefahren von unerwarteten Nebeneffekten oder Reward Hacking.

KI-spezifische Schlüsselbegriffe aus dem Lehrplan:
Anpassbarkeit (adaptability), algorithmische Verzerrung (algorithmic bias), Autonomie (autonomy), Verzerrung (bias), Evolution, Erklärbarkeit (explainability), erklärbare KI (eXplainable AI, XAI), Flexibilität (flexibility), unangemessene Verzerrung (inappropriate bias), Interpretierbarkeit (interpretability), ML-System, maschinelles Lernen (machine learning), Belohnungs-Hacking (reward hacking), Robustheit (robustness), Stichprobenverzerrung (sample bias), selbstlernendes System (self-learning system), Nebenwirkungen (side effects), Transparenz (transparency)

Weitere Schlüsselbegriffe in diesem Kapitel:
keine

2.1 Flexibilität und Anpassbarkeit

Wir leben in einer Umwelt, die sich ständig ändert. Auch eine KI kann während ihres Einsatzes unterschiedlichsten Umwelteinflüssen ausgesetzt sein. Zum Beispiel muss eine KI zur Objekterkennung im Straßenverkehr mit sich ständig ändernden Wetterverhältnissen oder unterschiedlichem Lichteinfall umgehen können. Oder eine Spracherkennung muss trotz unvorhersagbarer Nebengeräusche und unterschiedlicher Wortwahl von Nutzenden, verschiedener Dialekte und Akzente eine Sprache verarbeiten können. Daher wünschen wir uns von einem hochwertigen

KI-System, dass es sich in seinen Eigenschaften und der eingesetzten Umgebung sowohl flexibel als auch anpassbar erweist.

Aber nicht nur die Umgebung verändert sich ständig. Auch unsere Anforderungen oder die zur Verfügung stehenden Ressourcen wandeln sich. Die meisten Menschen wünschen sich KI-Systeme, die sie ohne großen Aufwand an die geänderten Anforderungen anpassen können.

Nicht erst seitdem KI-Systeme entwickelt werden, spielt das Thema *Anpassbarkeit* eine Rolle im Kontext der Qualitätssicherung von Software [ISO/IEC 25010]. Durch die Verwendung von KI gewinnen die Qualitätsmerkmale Anpassbarkeit und *Flexibilität* an Bedeutung.

Die beiden Begriffe Flexibilität und Anpassbarkeit auseinanderzuhalten, fällt auch bei Betrachtung des englischen Lehrplans, der hier *flexibility* und *adaptability* nennt, nicht leicht. Da diese Qualitätskriterien eng miteinander verwandt sind, führen wir im Folgenden den Unterschied der beiden Begriffe auf:

Flexibilität (engl. flexibility): Die Fähigkeit eines Systems, in Kontexten außerhalb seiner ursprünglichen Spezifikation zu arbeiten [ISO/IEC TR 29119-11].

Anpassbarkeit (engl. adaptability): Maß der Leichtigkeit, mit der ein System an neue Situationen, z.B. in Betriebs- oder Einsatzumgebungen, angepasst werden kann.[a]

a. Der Begriff *Anpassbarkeit* wird im Lehrplan auf diese Weise beschrieben, aber nicht definiert. In der Literatur lassen sich verschiedene, teils sich widersprechende Definitionen finden, vor allem in der Abgrenzung zu dem Begriff Flexibilität. Siehe auch [ISO/IEC TR 29119-11], [ISO/IEC 25010], [URL: Glossar].

Während es bei der Flexibilität darum geht, wie gut ein System in einem neuen Umfeld außerhalb des ursprünglich definierten Einsatzgebiets funktioniert, geht es bei der Anpassbarkeit darum, dass Entwicklerinnen und Entwickler das System ohne großen Aufwand an neue Anforderungen anpassen können. Das kann der Fall sein, wenn sich z.B. die zur Verfügung stehende Hardware oder das Verhalten der KI in der Betriebsumgebung ändert.

Bei den folgenden Szenarien musst du besonders auf die Flexibilität und die Anpassbarkeit eines KI-Systems achten:

- Die Einsatzumgebung ist bei der Entwicklung des Systems nicht vollständig bekannt.
- Das System soll auch mit neuen Betriebsumgebungen zurechtkommen.
- Das System soll sich an neue Situationen anpassen.
- Das System soll selbst bestimmen, wann es sein Verhalten ändern soll.

Hier ein Beispiel zu den ersten zwei Szenarien:

Praxisbeispiel 2-1: Rasenmähroboter

Wir entwickeln einen Rasenmähroboter. Dass wir den Mähroboter auf Rasenflächen einsetzen, ist selbsterklärend. Die Beschaffenheit der Fläche, wie die Art des Bodens oder die Art der Hindernisse bei einem konkreten Kunden (Betriebsumgebung), ist bei der Entwicklung des Systems noch nicht bekannt. Trotzdem soll der Mähroboter schnell lernen, den Rasen des Kunden zuverlässig zu mähen. Wenn unser Kunde umzieht und den Mähroboter mitnehmen möchte, dann soll der Roboter mit nur wenigen Konfigurationen durch die Nutzerin oder einen Servicetechniker schnell für die neue Fläche konfiguriert werden können.

Hier ein Beispiel zum dritten und vierten Szenario:

Praxisbeispiel 2-2: Chatbot

Wir entwickeln einen Chatbot, der Probanden beim Ausfüllen eines Formulars unterstützen soll. Mit der Zeit wird der Fragenkatalog im Formular erweitert. Da der Chatbot mit einer hohen Anpassbarkeit entwickelt wurde, ist durch ein einziges Update der Chatbot in der Lage, Hilfestellung zu einer neuen Frage im Formular zu leisten. Mit der Zeit ändert sich aber nicht nur das Formular, sondern auch unsere Sprache. Der Chatbot muss neue Fachausdrücke, Redewendungen oder Modeworte flexibel in sein Antwortverhalten aufnehmen. Falsch verwendete Fachbegriffe oder grammatikalisch falsche Formulierungen soll er aber erkennen und nicht adaptieren. So muss der Chatbot selbst bestimmen können, wann er sein Verhalten anpassen muss und wann er das bisherige Verhalten beibehält. Wie flexibel eine KI sein soll, muss also feinjustiert und in den Anforderungen in der KI aufgenommen werden.

Selbstlernende Systeme, die während ihrer Verwendung kontinuierlich weiter lernen, sind den vier gerade beschriebenen Szenarien ausgesetzt, da sie sich ständig an neue Herausforderungen anpassen und flexibel auf ihre Umwelt reagieren müssen. Wir erwarten von diesen selbstlernenden KI-basierten Systemen, dass sie während der Verwendung weiter lernen und alle oben genannten Eigenschaften aufweisen.

Praxistipp

Es ist hilfreich, wenn du dir frühzeitig Gedanken darüber machst, wie flexibel oder anpassbar ein KI-System sein soll. Diese häufig impliziten Anforderungen können bereits vor der Entwicklung in Form von testbar formulierten Anforderungen im Rahmen der Spezifikation festgehalten werden. Sie sollten möglichst viele Einzelheiten zu möglichen Umgebungsänderungen enthalten, an die sich das System anpassen können muss. Es ist sinnvoll, auch Einschränkungen bezüglich der Zeit und der Ressourcen festzulegen, die das System zur Anpassung an die neue Umgebung benötigen darf.

2.2 Autonomie von Systemen

Wenn wir von *autonomen Systemen* sprechen, denken sicherlich viele an das autonome Fahren. Immer wieder werden in den Medien neue Ansätze der autonomen Fortbewegung vorgestellt. Tatsächlich finden sich schon in verschiedenen Städten autonom fahrende Busse oder U- und S-Bahnen. Sowohl Forschung als auch Politik sehen großes Potenzial in der fahrerlosen Fortbewegung. Neben selbstfahrenden Bussen, Zügen oder Autos sind Flugtaxen eine Vision, die nicht in allzu ferner Zukunft realisierbar scheint.

Wenn wir über Autonomie von KI-Systemen sprechen, dann sollten wir nicht nur an autonome Fortbewegungsmittel für Menschen denken. Auch Drohnen, kollaborative Produktionsassistenten oder Haushaltsroboter können autonome Systeme sein. Durch die Autonomie dieser Systeme erhoffen wir uns als Gesellschaft z.B. geringere Kosten, schnellere Abwicklungen oder flexiblere Prozesse.

Autonomie: Die Fähigkeit eines Systems, über einen längeren Zeitraum ohne menschliches Eingreifen zu funktionieren.

Nach dieser Definition handeln autonome Systeme für einen begrenzten Zeitraum vollständig autark, vollständig unabhängig von menschlicher Aufsicht oder Kontrolle. Nicht immer wird die vollständige Autonomie als höchste Form der Automatisierung angestrebt. Daher unterscheidet man – wie beispielsweise im Bereich des automatisierten Fahrens – zwischen verschiedenen Stufen der Automatisierung (vgl. [SAE 2018]; [ISO/IEC 22989, S. 24 f.]; [URL: BASt]) (siehe Abb. 2–1).

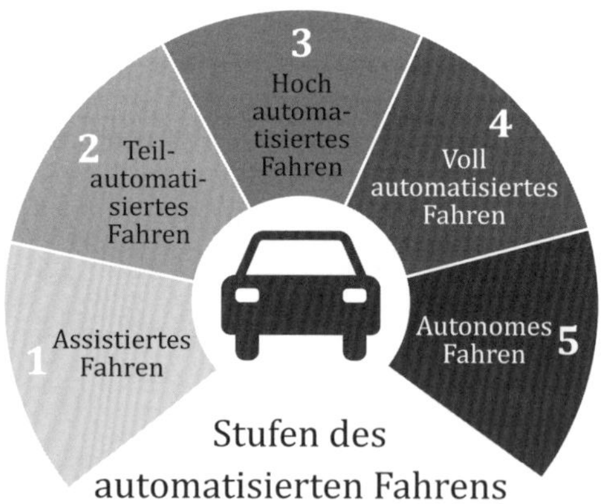

Abb. 2–1 *Stufen des automatisierten Fahrens*[1]

1. Die Darstellung ist angelehnt an *https://kundler.com/digital-bites/digitalbites-autonomes-fahren*.

Wenn du dir die *selbstfahrenden* Autos anschaust, die heute auf Straßen unterwegs sind, dann handelt es sich dabei nicht um autonomes Fahren, sondern um teilautomatisiertes oder gelegentlich hoch automatisiertes Fahren. Die Vision des vollständig selbstfahrenden Autos, was häufig als autonom bezeichnet wird, ist offiziell als voll automatisiertes Fahren zu klassifizieren. Auch wenn das Auto für eine bestimmte Zeit das Fahren komplett übernimmt, muss der Fahrer eine Fahrerlaubnis besitzen und in der Lage sein, in bestimmten Situationen das Fahren zu übernehmen.

Technische Hürden und auch gesellschaftlich motivierte Gründe tragen dazu bei, dass in der Praxis keine volle Autonomie angestrebt wird. Völlig autonome Systeme können beim Einsatz außerhalb einer kontrollierten Testumgebung unkalkulierbare Risiken mit sich bringen. So haben wir z.B. im Bereich des autonomen Fahrens in den Medien neben beeindruckenden Erfolgen auch von tragischen Unfällen mit Toten gehört. So erlangte 2019 der Unfall, bei dem ein selbstfahrendes Uber-Auto eine Passantin nicht erkannte und überfuhr, große mediale Aufmerksamkeit [Chadha 2018].

Systeme, die KI-Komponenten verwenden, werden umgangssprachlich häufig durch die Adjektive *autonom*, *smart* und *intelligent* beschrieben. Hier müssen vor allem Testerinnen und Tester genau hinschauen, denn nicht alle KI-basierten Systeme sind auch im Sinne der Definition autonome Systeme. Des Weiteren hat unser Projektalltag gezeigt, dass oft verallgemeinernd von *der* KI gesprochen wird. Bei dieser Formulierung könnte man schnell vernachlässigen, dass gerade komplexe Systeme nicht nur eine KI-Komponente, sondern durchaus mehrere KI-Komponenten beinhalten können, die verschiedene Aufgaben übernehmen und miteinander in Verbindung stehen.

Damit beispielsweise ein selbstfahrendes Fahrzeug die Umgebung wahrnehmen und beurteilen kann, werden Informationen über dessen unmittelbare Umgebung gesammelt. Dabei finden verschiedene Sensoren wie Radar- und Lidar-Sensoren zur Abstandsmessung oder Kameras zur Objekterkennung Verwendung.

Um die Informationen aus den verschiedenen Sensoren und Kameras zu verarbeiten, eignen sich verschiedene KI-Ansätze. Durch die Erfolge des maschinellen Lernens und im Besonderen des Deep Learning in der Bildverarbeitung (siehe Abschnitt 6.1) haben sie sich als sehr effektive Ansätze zur Erfüllung der Funktionalitäten in einem autonomen Fahrzeug erwiesen. Neben der Bildverarbeitung sind auch Entscheidungs- und Kontrollfunktionen enthalten, die mit KI-basierten Komponenten effektiv umgesetzt werden.

Es ist eine große Herausforderung, ein hoch automatisiertes oder autonomes System in seiner Funktionalität zu überblicken. Daher ist es wichtig, dass sich Testerinnen und Tester im Klaren darüber werden, um welchen Automatisierungsgrad es sich bei dem zu testenden System handelt. Dies kann bei der Bestimmung helfen, welche Merkmale eines autonomen oder hoch automatisierten Systems getestet werden müssen. Es ist sinnvoll, diese auch in Form von ausformulierten funktionalen Anforderungen festzuhalten. Als Einstieg kannst du dich im Projektalltag an den folgenden Fragen orientieren:

- Welchen Automatisierungsgrad hat das zu testende System?
- Wie lange soll das zu testende System autonom agieren können?
- Welche Art von Entscheidungen muss das System während dieser Zeit treffen?
- Welche Anforderungen muss das System während dieser Zeit erfüllen?
- Wie lässt sich die Funktionalität während der autonomen Phase validieren?
- Bei welchen Ereignissen muss das autonome System die Kontrolle an seine menschlichen Kontrolleure zurückgeben?

2.3 Evolution

Ein weiteres Qualitätsmerkmal ist *Evolution*. Normalerweise verbinden wir mit Evolution die Entwicklung und Veränderung von Lebewesen und Gesellschaften. Stellen wir uns die KI als ein Lebewesen vor, können wir auch erwarten, dass eine KI einer Evolution unterworfen ist.

Wir beschreiben das Qualitätsmerkmal der Evolution als den Prozess der Anpassung eines KI-basierten Systems an sich ändernde Gegebenheiten über einen langen Zeitraum. Wenn eine KI mit ihrer Umgebung interagiert und sich an diese anpasst, dann verändert sie ihre Parameter so, dass sie ihre Funktion unter den geänderten Gegebenheiten erfüllt. Im CT-AI-Lehrplan wird an dieser Stelle sogar davon gesprochen, dass sich das KI-basierte System als Reaktion auf veränderte äußere Gegebenheiten verbessert. Ob tatsächlich eine Verbesserung stattgefunden hat, liegt sicherlich im Auge des Betrachters. Genau wie im Prozess der biologischen Evolution ist nicht jeder Entwicklungsschritt stets besser, sondern eben manches Mal nur anders.

Evolution: Der Prozess einer kontinuierlichen Veränderung von einem niedrigeren, einfacheren oder schlechteren Zustand hin zu einem höheren, komplexeren oder besseren Zustand.

In der Evolution können KI-basierte Systeme nur dann langfristig bestehen, wenn sie sich an die sich ändernden Einsatzumgebungen anpassen können. Nur dann sind sie erfolgreich. Das liegt vor allem daran, dass das Umfeld, in dem KI-basierte Systeme eingesetzt werden, sich oft in einem Wandel befindet. Wie grundsätzlich in der IT müssen folglich auch KI-basierte Systeme flexibel und anpassungsfähig genug sein, um trotz dieser Veränderungen ihren Zweck zu erfüllen. Wir unterscheiden hier zwei Möglichkeiten, wie sich das KI-basierte System selbst verändern kann:

- Das KI-basierte System lernt aus den eigenen Entscheidungen und Interaktionen mit seiner Umgebung.
- Das KI-basierte System lernt mit den veränderten Bedingungen in der Einsatzumgebung umzugehen.

Im Idealfall entwickelt sich das System immer so weiter, dass es dabei seine Wirksamkeit und seine Effizienz verbessert. Jedoch kann sich ein System auch in eine ungewollte Richtung weiterentwickeln. Dabei kann sich die KI-Software verschlechtern oder gar ihren ursprünglichen Zweck verfehlen [Sokolov 2016].

Besonders aus Sicht der langfristig wirksamen Qualitätssicherung muss das sich weiterentwickelnde System deswegen vom Betreiber der KI beobachtet und ggf. begrenzt werden. Das System darf keine unerwünschten Eigenschaften entfalten und die ursprünglichen Systemanforderungen und -beschränkungen müssen beibehalten werden. Fehlen diese Anforderungen und Begrenzungen, muss die Evolution im Vorfeld begrenzt werden und es muss sichergestellt sein, dass z.B. das KI-basierte System weiterhin alle menschlichen Grundwerte achtet. In Abschnitt 2.6 beschreiben wir mögliche Auswirkungen von Seiteneffekten und Reward Hacking bei selbstlernenden KI-basierten Systemen.

Wir möchten eine mögliche Evolution in unserem Praxisbeispiel 2–3 (siehe S. 51) beschreiben. Das KI-basierte System kann durch ständiges Sammeln der Fahrdaten eines Autos eine Vorhersage eines Teiletauschs machen. Dazu lernt es, wie manche der zur Verfügung stehenden Attribute (Temperatur, Luftdruck, Sauerstoffgehalt, Öldruck, Viskosität, Alter des Öls, Alter der einzelnen Komponenten, Vibrationen) mit dem Verschleiß von verschiedenen Autoteilen in Verbindung stehen. Das KI-basierte System wertet die Daten aus und stellt fest, dass die Bremsen getauscht werden müssen. Beim Werkstattbesuch interagiert das KI-basierte System mit dem Werkstattmeister (Interaktion für die Veranschaulichung hier stark vereinfacht, siehe Abb. 2–2, links) und dieser teilt dem System mit, dass der Keilriemen ebenfalls getauscht werden muss. Daraufhin passt das KI-basierte System seine Vorhersage mithilfe aller gesammelten Daten an.

Dieses Beispiel passt zu der ersten Möglichkeit, wie KI sich durch Lernen verändern kann.

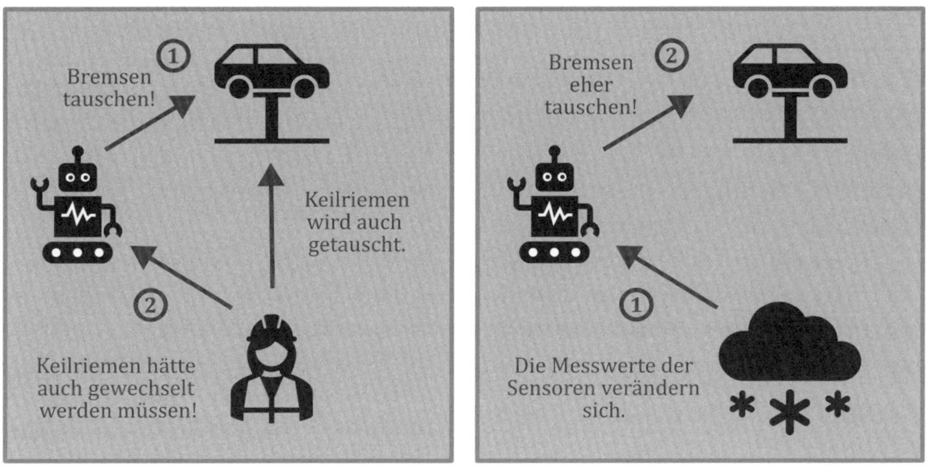

Abb. 2–2 *KI lernt durch Interaktion mit der Umwelt.*

Nach einiger Zeit stellt das KI-basierte System fest, dass sich Messwerte von bestimmten Sensoren stark verändern. Es könnte sein, dass das Auto statt in Mitteleuropa nun in Skandinavien eingesetzt wird. Hier muss das KI-basierte System lernen, mit den neuen Temperaturen umzugehen. Es ist möglich, dass die nun gemessenen Werte einen ganz anderen Einfluss auf die Verschleißteile, beispielsweise die Bremsen, haben. Das passt zu der zweiten Möglichkeit der oben beschriebenen Auflistung. Das KI-basierte System muss lernen, mit neuen Bedingungen umzugehen (siehe Abb. 2–2, rechts).

2.4 Bias

Ein weiteres oft zentrales Qualitätsmerkmal ist, in welcher Weise die Ergebnisse eines KI-basierten Systems von den Ergebnissen abweichen, die wir Menschen als fair bewerten. Um es mathematisch zu betrachten: Dabei geht es nicht um die *Akkuratheit* der von der KI gelieferten Ergebnisse (engl. accuracy) oder die Stärke der Abweichung im Sinne einer Varianz vom jeweilig gewünschten Ergebnis, sondern um die Abweichung der mittleren Ergebnisse zu den mittleren Erwartungen eines fairen Ergebnisses, den *Bias*. Dieser beschreibt einen systematischen Versatz zwischen den Ergebnissen und Erwartungen.

Der Lehrplan verwendet für Bias das Wort *Verzerrung*. Da in der Praxis der Begriff Bias gebräuchlicher ist, sprechen wir meist von Bias anstatt von Verzerrung und verwenden diesen Begriff auch im Buch.

Bias: Die systematische Ungleichbehandlung von bestimmten Objekten, Personen oder Gruppen im Vergleich zu anderen.[a]

a. Die ISO 22989 [ISO/IEC 22989] definiert Bias wie folgt: die systematische Abweichung in der Behandlung von Objekten, Menschen oder Gruppen im Vergleich miteinander.

Ein durch die Presse bekannt gewordenes Beispiel ist das KI-System, das bei Amazon Bewerbungen beurteilt hat [Holland 2018]. Die von der KI als geeignet eingestuften Kandidaten waren hierbei überproportional männlich trotz gleicher Qualifikationen. Dieser Bias ist in den Trainingsdaten vorhanden gewesen, da in der Vergangenheit häufiger männliche Bewerber als Bewerberinnen von der Personalabteilung ausgewählt worden sind.

Bei dieser Art der Verzerrung spricht man von einem *unangemessenen Bias* (engl. inappropriate bias), den du mit ungewollten Folgen an vielen Stellen in der Realität beobachten kannst: KI-basierte Systeme von Banken, die für die Kreditvergabe zuständig waren, KI-basierte Systeme, die Bewerbungen beurteilt haben, und KI-basierte Systeme, die im Gericht helfen sollten, haben in der Praxis versagt, da dabei bestimmte Gruppen aufgrund von Attributen wie Geschlecht, Ethnie, sexueller Orientierung, Einkommen oder Alter favorisiert oder benachteiligt wurden.

Sowohl in ML-Systemen als auch in Expertensystemen bzw. den Experten selbst kann ein Bias vorhanden sein. Daten und auch wir Menschen können voreingenommen sein, denn dies erleichtert es uns Menschen, Entscheidungen schneller zu treffen. Gleichzeitig sind wir aber auch in der Lage, unsere Entscheidungen kritisch zu hinterfragen.

Wenn Experten Wissen mithilfe von Expertensystemen wiedergeben, kann diese Voreingenommenheit mit in das System in Form von Regeln eingebaut werden. Durch KIs werden so Entscheidungskriterien festgehalten, die in der Anwendung nicht mehr kritisch durch eine menschliche Instanz hinterfragt werden können. Das wirft gesellschaftliche Fragen auf und hat auch die Diskussion über voreingenommene und unfaire Entscheidungen durch KIs entfacht.

KI-basierte Systeme werden genutzt, um Entscheidungen zu treffen und Vorhersagen zu machen. Diese Systeme wiederum benutzen Algorithmen, die statistische Häufungen bzw. Muster in den Daten finden (siehe Abschnitte 1.4 und 3.1). Dadurch können verschiedene Arten von Bias bei den Ausgaben des Systems auftreten:

- Ein **Algorithmischer Bias** entsteht, wenn der Lernalgorithmus nicht korrekt konfiguriert ist, beispielsweise wenn bestimmte Daten stärker gewichtet werden als andere. Diese Art Bias kann z. B. durch die Einstellungen der Hyperparameter des Lernalgorithmus entstehen. Der Bias wird hier durch das Training selbst und nicht durch die Daten eingeprägt!
- Wenn die Lerndaten nicht vollumfänglich repräsentativ sind, entsteht ein **Stichprobenbias** (engl. sample bias). Der Datenraum ist dann nicht vollständig in den Lerndaten repräsentiert. Stell dir Folgendes vor: Du möchtest mit einem Bildklassifikator Bilder von Wölfen lernen. Wölfe sind nachtaktiv und deine Beispieldaten bestehen deswegen überwiegend aus Nachtfotos. Wölfe, die tagsüber unterwegs sind, werden nicht mit in den Lernalgorithmus einbezogen. Hier sprechen wir von einem Stichprobenbias. Der Bias ist direkt in den Daten vorhanden, beispielsweise durch eine zu kleine Teilmenge, die eine nicht repräsentative Datengrundlage für das Training darstellt.

Ein Bias ist in der Praxis oft die Folge von schlecht ausgewählten Trainingsdaten und kann seltener, aber auch durch einen algorithmischen Bias ausgelöst werden.

Praxistipp

Häufig werden für Systeme vortrainierte neuronale Netze verwendet. Denke daran, dass die dafür genutzten Trainingsdaten bereits einen Bias enthalten können. Leider kannst du das später meist nicht nachvollziehen, da diese Trainingsdaten nicht (mehr) vorliegen (siehe Abschnitt 1.8).

2.4.1 Exkurs: Weitere Arten des Bias

Im Internet finden sich etliche Charakterisierungen und Formen von Bias. Im Folgenden stellen wir weitere, uns in der Praxis begegnete Herausforderungen vor, die durch einen Bias begründet sind, und erklären, welche Lösungsmöglichkeiten für das jeweils beschriebene Bias-Problem anwendbar sind.

Weitere Beispiele von Bias sind:

- **Exclusion Bias:** Der Exclusion Bias tritt auf, wenn bestimmte Merkmale aus einem Datensatz entfernt werden, obwohl sie in einer kausalen Beziehung stehen. Im Folgenden schauen wir uns die Vorhersage der Überlebenschance einzelner Passagiere auf der Titanic an. Die Nummern der Passagierkabinen wurden von oben nach unten und von außen nach innen vergeben. Da die Passagiere weiter oben und weiter außen schneller zu den Rettungsbooten kamen, spielen die Nummern der Kabinen eine wichtige Rolle, um die Überlebenschance zu bestimmen.[2] In manchen Untersuchungen wurde dieses Merkmal ausgeschlossen und die Kabinennummern wurden aus dem Datensatz entfernt, obwohl die Kabinennummern einen Einfluss auf die Berechnung der Überlebenschance hatten. Um diesem Bias entgegenzuwirken, kann ein formales Review oder ein Vier-Augen-Review durch Kollegen hilfreich sein. Fragt einfach eine Kollegin oder einen Kollegen, was sie oder er davon hält, dieses bestimmte Feature (im Beispiel die Kabinennummer) zu löschen. Es gibt auch Tools, die bei der Lösung des Problems helfen. Mehr Infos darüber finden sich im englischsprachigen Artikel *Explaining Feature Importance by example of a Random Forest* [Lewinson 2019].
- **Observer Bias:** Wir sprechen von Observer Bias, wenn wir nur die Dinge in den Daten sehen, die wir sehen wollen bzw. können. Bestimmte politische Ereignisse werden z.B. in X- (ehemals Twitter) oder Telegram-Blasen unterschiedlich bewertet. Jeder Beobachter sieht für sich anders verzerrte Daten. Auch emotionale Zusammenhänge lassen uns Beobachtungen anders bewerten. Ein Fußballfan sagt das Ergebnis eines Fußballspiels seines eigenen Teams oftmals mit einem gewissen Bias voraus. Um diesem Bias entgegenzuwirken, musst du die Beobachtenden hinterfragen. In diesen könnte bereits ein Bias vorherrschen.

  Ein Observer Bias ist bedeutend, wenn die Daten durch Expertinnen oder Experten oder ein Expertensystem gelabelt oder gefiltert werden. Die Daten bekommen durch dieses Labeln einen Bias, umgangssprachlich ausgedrückt: Die Daten werden verfälscht.

2. In »Analysis of Titanic Survival Data« [URL: Titanic] findest du eine sehr gute Analyse zu der Überlebenschance auf der Titanic.

- **Prejudice Bias:** Das wohl berühmteste Beispiel dafür ist der bereits erwähnte Amazon-Bewerbungs-Algorithmus (siehe Beginn dieses Abschnitts). Dieser Bias entsteht häufig durch kulturelle Einflüsse derjenigen, die die Daten bereitstellen oder in der Entwicklung verwenden.

  Um diesem Bias entgegenzuwirken, musst du die Daten hinterfragen. Wie sind diese zustande gekommen? Was ist in den Daten enthalten? Und was ist nicht in den Daten enthalten? Dabei fällt vielleicht auf, dass das Ignorieren des statistischen Zusammenhangs zwischen Anstellung und Geschlecht bereits in den Daten vorhanden war. Vor allem, wenn die KI im Test oder in der Praxis nicht die gewünschten oder unverständliche Ergebnisse liefert, solltest du die Ausgangsdaten erneut untersuchen.
- **Measurement Bias:** Ein weiterer Datenbias ist der Measurement Bias. Die gemessenen oder aufgezeichneten Daten wurden während der Messung verfälscht. Wenn eine Kamera auf der Linse Kratzer hat, werden alle Fotos, die mit dieser Kamera aufgenommen werden, verfälscht. Andere Daten, die mit anderen Kameras für diesen einen Datensatz aufgenommen wurden, haben keine Pixel verfälscht.

  Um diesem Bias entgegenzuwirken, nimmst du nach Möglichkeit mehrere Messungen bzw. Beobachtungen vor, indem du beispielsweise Messsysteme oder Datenquellen auswechselst. Für die Datenbasis bedeutet das, dass du die Herkunft der Daten hinterfragen und dir ansehen musst, wie oder auch wo die Daten gesammelt worden sind. So kannst du den Einfluss des Measurement Bias verringern.

Um einen Bias zu verhindern, reicht es nicht, sensible Merkmale wie Religion, Geschlecht, Einkommen oder Herkunft aus dem Datensatz zu entfernen, da diese Merkmale indirekt in anderen Merkmalen versteckt mit repräsentiert sind (engl. hidden variables). Möglichkeiten zur Abhilfe wären, weitere Merkmale zu löschen oder Merkmale zu manipulieren. Manches Mal ist das ein unlösbares Problem.

Unserer Erfahrung nach scheitern KI-Projekte häufig auch aufgrund falscher oder schlecht ausgewählter Trainingsdaten. Vor allem ethische Fragestellungen hängen stark von den Daten ab, die für die Erstellung der KI benutzt wurden. Man erwartet in den Entscheidungen der KI immer eine Reproduzierung der Eigenschaften, die die KI in eben jenem Trainingsdatensatz vorgefunden hat. Du musst folglich bei der Datenqualität oder auch schon früher, z.B. bei der Messung, ansetzen, um Problemen mit Bias begegnen zu können. Es ist sinnvoll, eine Datenanalyse vorzunehmen und zu bestimmen, ob ungewollte Korrelationen vorhanden sind. Es sollte, ggf. in Zusammenarbeit mit Data-Mining-Experten, u.a. untersucht werden, ob in den Daten eine versteckte Diskriminierung (eine mögliche Form von Bias) vorliegt.

Generell ist es hilfreich, wenn man die KI erklärbar macht, beispielsweise mit *LIME* (engl. local interpretable model-agnostic explanations) oder *FairML* (siehe Abschnitt 8.6).

Für weitere Informationen zu diesem Thema empfehlen wir den Leitfaden des Fraunhofer-Instituts FOKUS für qualitativ hochwertige Daten und Metadaten [Bruns et al. 2019], den englischsprachigen Artikel *5 Types of bias & how to eliminate them in your machine learning project* [Ghoneim 2019] oder den Bericht des NIST *Towards a Standard for Identifying and Managing Bias in Artificial Intelligence* [Schwartz et al. 2022].

2.5 Ethik

Ethik ist im Kontext von KI ein Thema, das wir häufig und gerne diskutieren. Leider kommt die KI in solchen Diskussionen manches Mal schlecht weg und wir denken an Skynet[3] aus dem Hollywood-Film *Terminator.* Bei Licht betrachtet sieht die Sache aber ganz anders aus. KI-basierte Systeme haben einen großen positiven Effekt auf unser Leben. Aber jetzt, wo diese Systeme immer häufiger verwendet werden, gibt es auch Bedenken, ob sie nach ethischen Gesichtspunkten entwickelt und eingesetzt werden.

Nicht nur deswegen ist Ethik auch aus unserer Sicht ein sehr wichtiges Thema und sogar ein Erfolgsfaktor für KI-Projekte. Im CT-AI-Lehrplan nimmt das Thema nicht so viel Raum ein wie in den teilweise sehr lebhaften Diskussionen auf Konferenzen oder im Arbeitsalltag. Wir orientieren uns größtenteils am Lehrplan, werden aber auch in diesem Abschnitt auf ein paar grundlegende Dinge hinweisen, die über den Lehrplan hinausgehen.

Das englische Cambridge Dictionary definiert **Ethik** folgendermaßen: Ein System anerkannter Prinzipien, die Verhaltensweisen beeinflussen, insbesondere wenn diese auf moralischen Grundsätzen beruhen.[a]

a. Im englischen Original: a system of accepted beliefs that control behaviour, especially such a system based on morals.

Mit dem Begriff System ist in der Definition eine Sammlung oder ein Geflecht (von Prinzipien) im philosophischen, nicht im technischen Sinne gemeint.

Was wir als Gesellschaft als ethisch korrekt ansehen und was wir ethisch nicht akzeptieren würden, ändert sich im Laufe der Zeit. Nicht nur wir als Individuen, sondern auch die Gesellschaft, in der wir leben, entwickelt sich weiter. Was wir vor 100 Jahren unter ethischen Aspekten völlig in Ordnung fanden, wäre heute ethisch nicht mehr akzeptabel.

Wenn heutzutage das Gefühl aufkommt, dass ethische Grundprinzipien verletzt werden, kann dies zu einem Shitstorm in den sozialen Medien führen. Einen

3. Skynet ist eine künstliche Intelligenz aus dem Film Terminator, die sich gegen die Menschen wendet.

solchen Shitstorm wollen alle Projektbeteiligten vermeiden, wenn er im Zusammenhang mit dem Produkt, der Kampagne oder der Dienstleistung unseres Unternehmens steht.

Gewalt in der Ehe war bis zum Ende des letzten Jahrhunderts nicht strafbar.[4] Das Gesetz wurde geändert, weil ein großer Teil der Gesellschaft es heute als völlig inakzeptabel empfindet, was vor 50 Jahren noch wenig diskutiert und meist hingenommen wurde. Die Gesellschaft verändert sich ständig in ihren zugrunde liegenden ethischen Einstellungen. Daher ist es wichtig, bei KI-Projekten zu berücksichtigen, dass die verwendeten Daten möglicherweise zu Zeiten oder in Regionen erhoben wurden, in denen andere ethische Standards galten. Interessant ist auch, dass in historischen Daten häufig eine »ethische Mehrheitsmeinung« enthalten ist. Sicherlich waren auch damals schon viele der Meinung, dass Gewalt in der Ehe nichts zu suchen hat. Für eine breite gesellschaftliche Diskussion, die zu einem ethischen Umdenken und letztlich auch zu einer Gesetzesänderung geführt hätte, gab es aber lange Zeit keine ausreichende Mehrheit. Würde man heute Daten mit Gerichtsurteilen zu diesem Thema in einer KI verwenden, wäre ein negativer Datenbias (siehe Abschnitt 2.4) in den Daten vorhanden. Man würde die KI mit falschen Daten füttern.

Ethische Prinzipien unterscheiden sich auch regional sehr stark. Zum Beispiel spielt der Datenschutz in Europa eine andere Rolle als in Amerika oder gar in autoritären Staaten. So können wir uns in Europa keine Scoring-Systeme vorstellen, die in anderen Regionen der Welt schon eingesetzt werden. Setzt ein Hersteller ein KI-basiertes System in einer anderen Region ein als in der, in der es entwickelt wurde, dann müssen Testerinnen und Tester folglich darauf achten, dass die Unterschiede in den Wertvorstellungen der Interessengruppen berücksichtigt werden.

Es gibt in vielen Ländern und Regionen nationale und internationale Richtlinien für den ethischen Einsatz von KI-basierten Systemen. Die Organisation für wirtschaftliche Zusammenarbeit und Entwicklung (OECD) veröffentlichte 2019 ihre Grundsätze für KI. Im CT-AI-Lehrplan werden diese als erster internationaler Standard genannt, auf den sich die Regierungen für eine verantwortungsvolle Entwicklung von KI geeinigt haben [G20 2019]. Diese Grundsätze wurden bei ihrer Veröffentlichung von 42 Ländern angenommen und auch von der Europäischen Kommission unterstützt. Es sind wertebasierte Grundsätze und praktische Handlungsempfehlungen enthalten, um eine vertrauenswürdige KI verantwortungsvoll einzusetzen. Diese fassen wir im Folgenden zusammen:

4. *https://www.sueddeutsche.de/leben/sexuelle-selbstbestimmung-als-vergewaltigung-in-der-ehe-noch-straffrei-war-1.3572377.*

- KI sollte den Menschen und der Erde zugutekommen, indem integratives Wachstum, nachhaltige Entwicklung und Wohlstand durch sie gefördert werden.
- KI-basierte Systeme sollten die folgenden Werte respektieren und achten:
  - Rechtsprechung
  - Menschenrechte
  - demokratische Werte
  - Diversität
- Dafür müssen geeignete Schutzmechanismen zur Wahrung einer fairen Gesellschaft enthalten sein.
- KI-basierte Systeme sollten transparent sein, um sicherzustellen, dass Menschen deren Ergebnisse verstehen und sie hinterfragen können.
- KI-basierte Systeme müssen während ihres gesamten Lebenszyklus robust, sicher und zuverlässig funktionieren und ihre Risiken sollten fortlaufend bewertet werden.
- Die Verantwortung dafür sollte bei den Unternehmen oder Einzelpersonen liegen, die KI-basierte Systeme entwickeln, einsetzen oder betreiben.

Während wir an diesem Buch arbeiteten, entstand beim DIN die mittlerweile zweite Version der *DIN-Normungsroadmap KI* [Wahlster et al. 2022], an der wir wiederum beteiligt waren. In der neuen Version wurde soziotechnischen Systemen ein eigenes Kapitel gewidmet. Auch im *AI Act* [URL: Eur-lex-a] der Europäischen Union oder in den *Algorules* [URL: Algorules] ist das Thema omnipräsent. Ethik ist und wird im Kontext KI also immer wichtiger und wir alle werden in unseren Projekten zunehmend damit konfrontiert werden. Wenn wir dann selbst ethische Aspekte bewerten müssen und keine entsprechenden Anforderungen vorfinden, sollten wir das zumindest mit Bedacht tun oder besser in Diskussion mit den Stakeholdern treten.

Praxistipp

Noch ein philosophischer Praxistipp: Meistens hilft dir bei der Beurteilung, ob etwas ethisch in Ordnung ist, die goldene Regel [Büchmann 1972, S. 54 f.]:

Was du nicht willst, das[s] man dir tu', das füg auch keinem andern zu.

Wer es noch philosophischer mag, denkt an den kategorischen Imperativ von Immanuel Kant [Kant 1900]:

Handle nur nach derjenigen Maxime, durch die du zugleich wollen kannst, dass sie ein allgemeines Gesetz werde.

Du kannst die goldene Regel auch im KI-Kontext anwenden, siehe Abbildung 2–3.

→

Abb. 2–3 *Goldene Regel anwenden*

2.6 Seiteneffekte und Reward Hacking

Oft beobachtet man nach dem Training einer KI nicht immer das gewünschte Verhalten dieser KI. In diesem Abschnitt erklären wir, warum auch KIs gerne mal schummeln, indem sie jede Anforderung wörtlich nehmen und dabei stets das Maximum herausholen – *koste es, was es wolle* –, egal wie. Und am Ende kann man es der KI nicht einmal übelnehmen, denn die KI wusste es einfach nicht besser.

Der CT-AI-Lehrplan benutzt für solche Effekte die Begriffe *Nebenwirkungen* und *Belohnungs-Hacking*. In unseren Projekten oder auf Konferenzen sprechen wir jedoch häufiger von *Seiteneffekten* und *Reward Hacking*. So haben wir uns an dieser Stelle dafür entschieden, diese Begriffe auch im Buch zu verwenden. Für eine mögliche Prüfung zum CT-AI solltest du daher auch die beiden anderen Begriffe kennen und verstehen.

Jede KI hat bei der Ausführung ein Ziel, meist als Zielvorgabe in Form einer mathematischen Funktion dargestellt, das sie zu minimieren (Abweichung zwischen der Vorhersage der KI und dem tatsächlichen Wert) oder zu maximieren versucht, wie es beim bestärkenden Lernen der Fall ist. Diese Funktion wird *Belohnungsfunktion* oder *Fit-Funktion* genannt (siehe Abschnitt 3.1). Der Antrieb einer jeden KI ist es, sich so zu verhalten, dass das Ergebnis dieser mathematischen Funktion den bestmöglichen Wert erreicht. Das erinnert vielleicht an die Geschichte vom König, der sich wünscht, dass alles, was er berührt, zu Gold werden möge. Nun droht ihm das Verhungern. Die Zielfunktion hier ist: Ich als KI fasse etwas an und das wird zu Gold. Genauer gesagt: Alles, was ich als KI anfasse, wird zu Gold. Dies hat nur leider den unangenehmen Nebeneffekt, dass ich als KI vom Gold nicht satt werde und verhungern muss.

Sicherlich ist dieses Gleichnis eine Vereinfachung der komplizierten Mathematik in einer KI. Es wird aber deutlich, dass bei dem Versuch des KI-basierten Systems, seine Zielvorgaben zu erreichen, sowohl Seiteneffekte als auch Reward Hacking (siehe die Abschnitte 2.6.1 und 2.6.2) unerwartetes Verhalten hervorrufen oder sogar schädliche Auswirkungen auf Menschen oder die Umwelt haben können [Amodei et al. 2016].

2.6.1 Seiteneffekte

Beim Entwickeln der KI können negative Seiteneffekte auftreten. Meistens liegt dies daran, dass die entsprechenden Zielvorgaben unüberlegt definiert wurden und die Erledigung spezifischer Aufgaben zwar im Nahbereich fokussiert, dabei aber andere Aspekte in der potenziell sehr großen Umgebung außer Acht gelassen werden. Die KI bezieht bei ihrem Verhalten somit bestimmte Umgebungsvariablen nicht mit ein, deren Veränderung schädlich sein könnte [Amodei et al. 2016]. Der CT-AI-Lehrplan beschreibt hierfür ein sehr anschauliches Beispiel: Im Folgenden betrachten wir ein autonomes Fahrzeug als das KI-basierte System. Die Zielvorgabe ist, dass das Auto so kraftstoffsparend und sicher wie möglich an sein Ziel gelangt. Der Seiteneffekt ist klar: Das Auto fährt sehr langsam. Das würde potenzielle Fahrgäste sicherlich sehr verärgern. Die KI hat sich an die Maximierung der Zielfunktion gehalten.

In unseren Projekten kommt es auch vor, dass wir positive Seiteneffekte beobachten. Allerdings ist es meist schwierig, diese als solche zu erkennen. Im obigen Beispiel könnten Zielvorgaben bezüglich eines reduzierten Reifenabriebs definiert werden. Als Seiteneffekt fährt die KI ohne abruptes Abbremsen oder hohe Beschleunigungen und den Insassen wird deutlich seltener unwohl während der Fahrt. Im Projekt wird kaum jemand auf die Idee kommen, zu sagen: »*Hey, cool, schaut mal unsere KI an, wie umsichtig die fahren kann. Toll!*« Solche Seiteneffekte entstehen meist durch irgendwelche Kausalitäten, die man als Beobachter des Systems so einfach nicht erkennen konnte. Es ist dabei unerheblich, ob die kausalen Zusammenhänge in den Daten vorkommen oder nicht. Schlussendlich sieht man sie in den Daten nicht, weil sie gut *versteckt* sind, weil sie bei der Vorverarbeitung der Daten *entfernt* wurden (engl. unknown knows), oder weil sie gar nicht *erfasst* wurden (engl. unknown unknowns).

2.6.2 Reward Hacking

Manche Lernverfahren für KI geben außer einer Zielvorgabe nur wenig oder keine zusätzlichen Einschränkungen vor. Die KI soll genau dieses eine Ziel erreichen. Wie sie dieses erreicht, wird hier nicht berücksichtigt. Wir sprechen dann von Reward Hacking, wenn ein KI-basiertes System ein bestimmtes Ziel durch eine besonders clevere oder einfache Lösung erreicht. Dabei verdreht die KI den *Geist der Absicht* der Designerin oder des Designers. Diese Person hatte eine Idee im Kopf, wie die KI wohl ihr Ziel erreicht. Die KI beschreitet dann aber einen ganz anderen Weg. Im CT-AI-Lehrplan findet sich das weitverbreitete Beispiel für Reward Hacking mit dem Arcade-Computerspiel: Hier bringt sich ein KI-basiertes System selbst bei, ein Arcade-Computerspiel zu spielen. Die Zielvorgabe ist, die höchste Punktzahl zu erreichen. Die KI schreibt daraufhin einfach einen ausgedachten Highscore mit ihrem Namen in die Datenbank.

Reward Hacking: Die von einem intelligenten Agenten ausgeführte Tätigkeit zur Maximierung seiner Belohnungsfunktion auf Kosten der Erfüllung des ursprünglichen Ziels.[a]

a. Übersetzt aus [ISO/IEC TR 29119-11].

Praxisbeispiel 2-3: Vorausplanende Wartung (Predictive Maintenance) beim Auto

Problem: Die Notwendigkeit, ein Verschleißteil auszutauschen, fällt häufig erst auf, wenn schon ein Schaden entstanden ist. Entweder ist das Auto stehen geblieben oder andere Motorteile haben bereits Schaden genommen. Je nach Nutzung des Autos kann der Zeitpunkt, wann ein Verschleißteil gewechselt werden muss, stark variieren. Diese Verschleißteile in kurzen Abständen zu kontrollieren kann zeitaufwendig und kostspielig sein.

Lösung: Durch Sensoren kann der Verschleiß der Teile überwacht werden. Dabei können verschiedene Faktoren beobachtet werden (Temperatur, Luftdruck, Sauerstoffgehalt, Öldruck, Viskosität, Alter des Öls, Alter der einzelnen Komponenten, Vibrationen). Durch die Überwachung mittels der Sensoren kann die Abnutzung der einzelnen Verschleißteile individuell vorhergesagt werden. Mithilfe einer sich durch die Informationen von den Sensoren ständig anpassenden linearen Regression (siehe Abschnitt 3.1.1) kann die Zeit bis zum Tausch der einzelnen Verschleißteile individuell vorhergesagt werden.

Wie äußert sich nun das Reward Hacking in diesem Praxisbeispiel? Um die Belohnungsfunktion zu maximieren, bremst das Auto (das KI-basierte System) häufiger, als es müsste, nur um dann sagen zu können, dass die Bremsen ausgetauscht werden sollen. Das wäre Reward Hacking.

Ein Seiteneffekt wäre hier, dass die Fahrt mit dem Auto sicherlich keinen Spaß mehr macht.

2.7 Transparenz, Interpretierbarkeit und Erklärbarkeit

In unserer täglichen Projektarbeit hören wir oft: »*KI ist auch nur eine Software. Woher kommt auf einmal der Bedarf für Qualitätskriterien wie Transparenz, Interpretierbarkeit und Erklärbarkeit?*« An dieser Stelle führen wir dann häufig Gespräche über das Vertrauen in KI-Systeme.

Entscheidungen, die bis vor Kurzem nur von Menschen getroffen wurden, treffen heute immer öfter KI-basierte Systeme. Diese Entscheidungen sind häufig von großer Tragweite für den Einzelnen oder auch für die Gesellschaft: KI-basierte Systeme vergeben Kredite, stellen Diagnosen in Krankenhäusern, erkennen Menschen beim autonomen Fahren, um nur einige Beispiele zu nennen. KI-basierte Systeme werden in der Regel in Bereichen eingesetzt, in denen die Nutzerinnen und Nutzer diesen Systemen vertrauen müssen.

Aber wie können wir alle einer KI vertrauen, wenn wir nicht wissen, *wie* eine KI Entscheidungen trifft und was ihre Entscheidungen *beeinflusst*? Eine Bankmitarbeiterin, eine Ärztin oder eine Autofahrerin können wir fragen: »*Warum hast du dich so und nicht anders entschieden?*«, eine KI normalerweise nicht. KI-Systeme sind mittlerweile so gut, dass sich Nutzende manchmal nicht einmal im Klaren darüber sind, dass sie nicht mit einem Menschen, sondern mit einer KI interagieren.

Gleichzeitig sind die KI-Methoden so komplex geworden, dass es sogar für Data Scientists unmöglich ist, die Systeme vollständig zu verstehen. Ein System, bei dem man keine Einblicke in die inneren Vorgänge hat, nennen wir eine *Blackbox*. Um diesen Systemen trotzdem vertrauen zu können, sind die Qualitätsmerkmale Transparenz, Interpretierbarkeit und Erklärbarkeit von besonderer Bedeutung.

Bei diesen Qualitätsmerkmalen geht es nicht nur um Systeme, die physikalisch mit der Umwelt interagieren, wie z. B. ein autonom fahrendes Auto. Auch wenn es um die Privatsphäre beim Umgang mit persönlichen Daten oder um potenziell lebensverändernde Vorhersagen und Entscheidungen geht, dann sind Transparenz, Interpretierbarkeit und Erklärbarkeit von zentraler Bedeutung. Im Folgenden stellen wir dir einige Stakeholder und ihre Motivationen vor, tieferes Wissen über eine KI und ihre Entscheidungen zu erlangen [The Royal Society 2019]:

- Händler, die KI-basierte Systeme vertreiben, müssen der Nutzerin und dem Nutzer gegenüber Vertrauen in die KI vermitteln können.
- Der Verbraucherschutz will gewährleistet sehen, dass keine Menschengruppen durch einen Bias der KI benachteiligt werden.
- Der Gesetzgeber fordert, dass dem Risiko entsprechend Standards oder Datenschutzgesetze eingehalten werden, um Sicherheit zu gewährleisten.
- Der Hersteller will sich sicher sein, dass die Entwicklerinnen und Entwickler der KI verstehen, warum ein System auf eine bestimmte Weise funktioniert. Bei der Abnahme des fertigen Produkts muss das Verhalten der KI verifizierbar sein.
- Nutzende wollen das Gefühl haben, selbstbestimmt zu handeln. Die Handlungsfähigkeit von Menschen in einem Entscheidungsprozess wird als Autonomie bezeichnet. Neben Autonomie gibt es auch andere gesellschaftliche Werte, auf die wir in Abschnitt 2.5 genauer eingehen.
- Die Forschung will durch Wissen über Entscheidungsprozesse von KI-basierten Systemen das Systemdesign verbessern können.
- Testerinnen und Tester müssen u. a. die Risiken, das Schadenspotenzial, die Robustheit und Angriffsmöglichkeiten bei der Verwendung der KI bewerten können.

Wie viel du über die Vorgänge in einer KI wissen musst, hängt vom Risiko ab, das mit der KI verbunden ist. Zum Beispiel hat man an eine KI im Medizinbereich deutlich höhere Anforderungen als an eine KI, die personalisierte Werbung schaltet.

Transparenz

Transparenz: Der Grad der Sichtbarkeit des Algorithmus und der Daten, die vom KI-basierten System verwendet werden[a].

a. Übersetzt aus [ISO/IEC TR 29119-11].

Wir sprechen von Transparenz, wenn es darum geht, wie leicht der Algorithmus und die Trainingsdaten bestimmt werden können, die zur Erstellung des Modells verwendet wurden. Dabei können auch Informationen über den Lernalgorithmus, die Herkunft und Aufbereitung der Trainingsdaten, verwendete Frameworks und das Deployment zu einer höheren Transparenz beitragen. Mit entsprechender Transparenz kann man etwa die Qualität der Trainingsdaten beurteilen oder Vertrauen gewinnen, weil ein renommiertes Framework zum Training verwendet wurde.

Auch wenn diese Informationen zugänglich sind, verstehen die meisten Menschen nicht, wie eine KI Entscheidungen trifft. Transparenz allein reicht oft nicht aus, um zu verstehen, welche Faktoren in welcher Weise die Entscheidungen einer KI beeinflussen. Neben der Transparenz unterscheiden wir zwischen den zwei Charakteristika *Interpretierbarkeit* und *Erklärbarkeit*.

Interpretierbarkeit

Interpretierbarkeit: Der Grad des Verständnisses, wie die zugrunde liegende KI-Technologie funktioniert.[a]

a. Übersetzt aus [ISO/IEC TR 29119-11].

Im Folgenden schauen wir uns zunächst die Interpretierbarkeit an. Wir sprechen von vollständig interpretierbaren KI-Ansätzen, wenn man als Stakeholderin oder Nutzer ohne KI-Wissen die Funktionsweise des KI-Systems versteht und einem klar ist, wie das Verhalten der KI zustande kommt. *Regelbasierte Systeme* sind per Definition vollständig interpretierbar, wenn die Regeln eingesehen werden können. Mittlerweile stellt die Forschung immer bessere KI-Modelle zur Verfügung, die auch sehr komplexe Aufgaben mit einer hohen Genauigkeit lösen können. Allerdings sinkt mit immer höherer Genauigkeit des KI-Modells die Interpretierbarkeit (siehe Abb. 2–4).

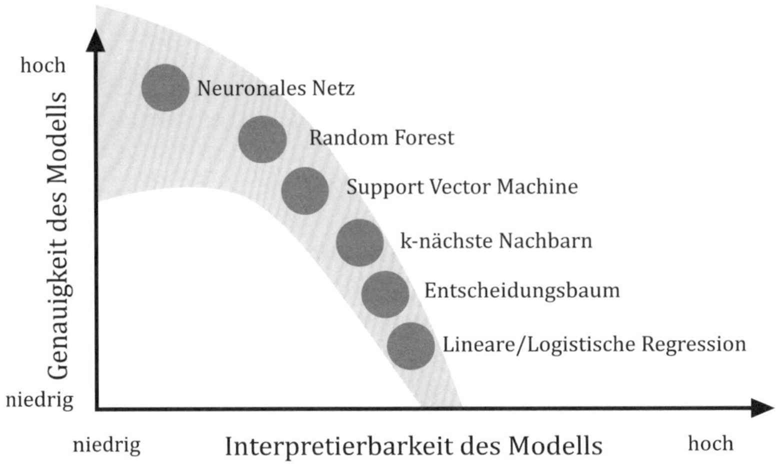

Abb. 2–4 *Interpretierbarkeit geht bei steigender Modellgenauigkeit verloren [Arrieta et al. 2019].*

Einen weniger komplexen Ansatz zu wählen ist eine Möglichkeit, um die Interpretierbarkeit und damit auch die Vertrauenswürdigkeit einer KI zu erhöhen. Dafür muss man aber oft eine reduzierte Genauigkeit in Kauf nehmen. Wenn KI-Ansätze so komplex sind, dass sie nicht interpretierbar sind, muss man unter Umständen von diesen Ansätzen absehen. Daher wird hier auch von einem *Interpretierbarkeit-Genauigkeit-Trade-off* gesprochen.

Praxistipp

Nimm an, dass in einem Projekt zwei KI-Modelle mit ähnlicher Genauigkeit zur Verfügung stehen. Jedoch ist das eine KI-Modell komplexer als das andere Modell, denn es hat mehr Parameter und der Entscheidungsprozess hat mehr Verzweigungen. In der Praxis hat es sich bewährt, das weniger komplexe Modell zu wählen. Durch ein weniger komplexes Modell kann man Interpretierbarkeit gewinnen und einem möglichen Overfitting entgegenwirken (siehe Abschnitt 3.5).

Mit steigender Komplexität eines KI-Systems ist dieses immer weniger interpretierbar. Nach Einschätzung der meisten Entwicklerinnen und Anwender werden in fünf bis zehn Jahren gerade die komplexen Modelle aus dem Feld der neuronalen Netze den wichtigsten Modelltyp im KI-Bereich darstellen [Kraus et al. 2021]. Dann reicht Interpretierbarkeit nicht mehr aus, um erfassen zu können, wie ein KI-System zu einem bestimmten Ergebnis gekommen ist.

Erklärbarkeit

Erklärbarkeit: Der Grad des Verständnisses, wie das KI-basierte System zu einem bestimmten Ergebnis gekommen ist.[a]

a. Übersetzt aus [ISO/IEC TR 29119-11].

Nun kommen wir zu dem Begriff der Erklärbarkeit. Erklärbarkeit gibt die Leichtigkeit an, mit der die Nutzenden erfassen können, wie ein KI-basiertes System zu einem bestimmten Ergebnis kommt. Um zugänglich zu machen, wie ein KI-basiertes System eine Entscheidung getroffen hat, sind meist Hilfsmittel nötig. So ist ein ganzes Forschungsfeld entstanden: *erklärbare KI* (engl. explainable AI, XAI). Diese hat sich als Ziel gesetzt, Entscheidungsprozesse von KI in einer Weise aufzuarbeiten, dass diese nicht nur für Experten verständlich sind. So wollen die Experten ein tiefes Verständnis über die Faktoren, die die Entscheidungen einer KI beeinflussen, ermöglichen und die Akzeptanz von KI-Systeme erhöhen. Erklärbarkeit ist besonders wichtig bei KI-basierten Systemen, die Entscheidungen mit großer Tragweite treffen, wie z.B. bei medizinischen Diagnosen oder Kategorisierungen von Bewerbungen.

Um zu erklären, welche Faktoren die Entscheidung einer KI beeinflusst haben, gibt es verschiedene Ansätze und Werkzeuge. Auf diese Werkzeuge und die Frage, wie du die Qualitätsmerkmale der Transparenz, Interpretierbarkeit und Erklärbarkeit testen kannst, werden wir in Abschnitt 8.6 genauer eingehen.

Wenn du dir das Praxisbeispiel 1–4 zur Wetterstation aus Kapitel 1 in Erinnerung rufst, so wurde hier ein Naive-Bayes-Klassifikator und ein Entscheidungsbaum trainiert, um Wettervorhersagen zu treffen. Der Entscheidungsbaum, ein regelbasierter Ansatz, ist vollständig interpretierbar und erklärbar, da jede Entscheidung innerhalb des Baums klar definiert und nachvollziehbar ist. Manche Entscheidungsbäume werden jedoch sehr groß oder nutzen Eingabewerte mehrfach, wodurch ihre Erklärbarkeit stark leiden kann.

Der Naive-Bayes-Klassifikator, ein wahrscheinlichkeitsbasiertes Modell, ist ebenfalls interpretierbar und erklärbar. Die Berechnungen und Annahmen, auf denen das Modell basiert, können direkt analysiert und verstanden werden.

Wäre ein komplexeres, nicht regel- oder wahrscheinlichkeitsbasiertes Modell gewählt worden, hätte die Interpretierbarkeit abgenommen. Komplexere KI-Technologien, wie tiefe neuronale Netze, erfordern oft zusätzliche Werkzeuge und Techniken, um ihre Entscheidungsprozesse zu erklären und zu interpretieren.

Die Transparenz eines Modells hängt nicht nur von seiner Komplexität und Struktur ab, sondern auch von der Qualität der Dokumentation und der Zugänglichkeit der technischen Details. Regel- und wahrscheinlichkeitsbasierte Modelle sind im Allgemeinen transparenter, da ihre Entscheidungsprozesse und -kriterien klar artikuliert und verständlich sind.

2.8 Funktionale Sicherheit und KI

Wir alle erwarten von jedem Produkt, das wir verwenden oder in dessen Einflussbereich wir uns befinden, dass es sicher ist. Unter den verschiedenen Sicherheitsaspekten spielt die funktionale Sicherheit eine besondere Rolle. Sie soll gewährleisten, dass beim Betrieb eines Produkts keine Schäden an Menschen, Eigentum oder der Umwelt entstehen. Kommen aber besonders komplexe Systeme wie KI-basierte Systeme zum Einsatz, ist es praktisch nicht mehr möglich, alle Szenarien des Einsatzes mit Anforderungen zu beschreiben und durch Tests abzusichern.

KI-basierte Systeme werden häufig auch in sensiblen Bereichen wie Medizin, Fertigung, Verteidigung, Sicherheit oder Verkehr eingesetzt. Dort interagieren sie mit Menschen und der Umwelt und treffen Entscheidungen, für deren funktionale Sicherheit die Hersteller Sorge tragen müssen. Die bekannten Normen für konventionelle Systeme (z.B. [IEC 61508-1], [ISO 26262-6], [ISO/PAS 21448]) gelten zwar weiterhin, spiegeln aber noch nicht die Besonderheiten KI-basierter Systeme wider. Daher ist es wichtig, dass Testerinnen und Tester sich im Klaren darüber sind, welche Eigenschaften KI-basierter Systeme es erschweren, funktionale Sicherheit zu gewährleisten. Hier führen wir einige dieser Eigenschaften auf:

- **Komplexität:** Die Vorgänge in KI-basierten Systemen sind häufig für den Menschen nicht mehr verständlich oder nicht direkt zugänglich (Blackbox). 
- **Nichtdeterminismus:** Wie sich ein KI-basiertes System verhält, lässt sich nicht immer vorhersagen, da viele Faktoren das Verhalten des KI-basierten Systems beeinflussen. 
- **Probabilistischer Charakter:** Wenn sich ein System nicht immer gleich verhält, sondern ein bestimmtes Verhalten mit einer Wahrscheinlichkeit auftritt, dann sprechen wir von einem probabilistischen Charakter des Systems. Für eine einzelne Situation kann das Verhalten nicht mit Gewissheit vorhergesagt werden. Im Gegensatz zum Nichtdeterminismus kann man aber für eine große Menge von Wiederholungen derselben Situation eine Aussage über die Häufigkeit des Verhaltens treffen. 
- **Selbstlernende Systeme:** Wenn sich KI-basierte Systeme selbst weiterentwickeln, passen sie ihr Verhalten mit der Zeit an. Damit ist auch der Nachweis zur funktionalen Sicherheit auf das veränderte System nicht mehr übertragbar. Tests sind dann nicht mehr gültig, da sich die zugrunde liegende Software in der Zwischenzeit verändert hat. Dann müssen neue Tests für die veränderte Software entworfen und durchgeführt werden. 

- **Mangelnde Transparenz, Interpretierbarkeit** und **Erklärbarkeit:** Nicht immer hat man ausreichend Informationen, um zu verstehen, warum ein KI-basiertes System eine Entscheidung so und nicht anders getroffen hat (siehe Abschnitt 2.7).

- **Mangelnde Robustheit:** Immer wieder wird von Vorfällen berichtet, bei denen KI-basierte Systeme durch subtile Störungen in die Irre geführt werden. Dann wird beispielsweise eine Libelle für einen Kanaldeckel gehalten oder ein Stoppschild durch Manipulation nicht mehr als Verkehrsschild erkannt. Mehr zu der mutwilligen Verwirrung der KI durch gezielte Manipulation kannst du in Abschnitt 9.1.1 lesen.

Wie man als Testerin und Tester diesen Herausforderungen begegnen kann, diskutieren wir in Kapitel 8:

- Herausforderungen beim Testen selbstlernender Systeme (Abschnitt 8.1)
- Testen probabilistischer und nichtdeterministischer KI-basierter Systeme (Abschnitt 8.4)
- Herausforderungen beim Testen komplexer KI-basierter Systeme (Abschnitt 8.5)
- Testen der Transparenz, Interpretierbarkeit und Erklärbarkeit von KI-basierten Systemen (Abschnitt 8.6)

3 Maschinelles Lernen (ML) – ein Einstieg

»Lernen ist Erfahrung.
Alles andere ist einfach nur Information.«
Albert Einstein

In diesem Kapitel gehen wir auf die Grundlagen des maschinellen Lernens (ML) ein. Dafür beschreiben wir zunächst, welche Arten von ML wir grundsätzlich unterscheiden und wie wir die richtige Art von ML für eine gegebene Problemstellung auswählen. Wir erläutern außerdem den zentralen ML-Workflow für die Entwicklung KI-basierter Systeme und gehen dabei insbesondere auf zwei Aspekte ein: Welche Faktoren die Auswahl eines geeigneten ML-Algorithmus beeinflussen und wie sich Fehler beim Trainieren von Modellen durch Über- oder Unteranpassung bemerkbar machen.

KI-spezifische Schlüsselbegriffe aus dem Lehrplan:
Assoziation (association), Klassifikation (classification), Clusterbildung (clustering), Datenvorbereitung (data preparation), ML-Algorithmus (ML algorithm), ML-Framework (ML framework), funktionale Leistungskriterien von ML (ML functional performance criteria), ML-Modell (ML model), ML-Trainingsdaten (ML training data), ML-Workflow (ML workflow), ML-Modellevaluierung (model evaluation), ML-Modelltuning (model tuning), Ausreißer (outlier), Überanpassung (overfitting), Regression (regression), bestärkendes Lernen (reinforcement learning), überwachtes Lernen (supervised learning), Unteranpassung (underfitting), unüberwachtes Lernen (unsupervised learning)

Weitere Schlüsselbegriffe in diesem Kapitel:
teilüberwachtes Lernen (semi supervised learning)

3.1 Arten des maschinellen Lernens (ML)

Der aktuell am weitesten verbreitete Ansatz, um künstliche Intelligenz zu generieren, ist ML. Der Werkzeugkoffer des ML ist groß und erweitert sich ständig, darum ist es hilfreich, diesen zu strukturieren (siehe Abb. 3–1). Wir unterteilen deshalb die verschiedenen Methoden des ML in drei Arten:

- Überwachtes Lernen (engl. supervised learning)
- Unüberwachtes Lernen (engl. unsupervised learning)
- Bestärkendes Lernen (engl. reinforcement learning)

Je nachdem, welche Art man wählt, handelt es sich um eine grundlegend andere Herangehensweise, um ein KI-Modell durch einen *ML-Algorithmus* zu trainieren. Im Folgenden gehen wir auch darauf ein, für welche Problemstellungen die genannten Arten geeignet sind.

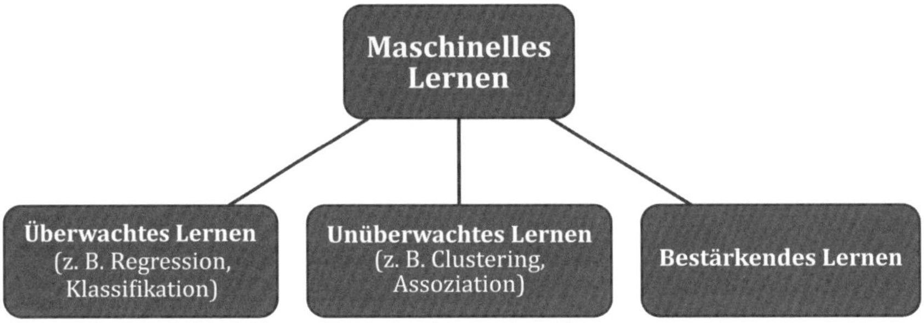

Abb. 3–1 *Übersicht zu den Arten des ML*

3.1.1 Überwachtes Lernen

Diese Art des Lernens benötigt bei der Entwicklung eines Modells sowohl die Eingaben als auch die dafür erwarteten Ausgaben in den Trainingsdaten. Diese bestehen im überwachten Lernen aus Datenpaaren, d.h. den *Eingabedaten* und der dazugehörigen *Kennzeichnung* (siehe Abb. 3–2, links). Die Kennzeichnung ist die gewünschte Ausgabe, die das Modell zur Eingabe erlernen soll. Gerne wird in diesem Kontext auch der Begriff *Annotation* verwendet. Obwohl die Begriffe Kennzeichnung und Annotation häufig austauschbar verwendet werden, handelt es sich bei der Annotation um einen speziellen Fall der Kennzeichnung. Der CT-AI-Lehrplan definiert die Annotation als die Identifizierung von Objekten in Bildern mit Begrenzungsrahmen, um gekennzeichnete Daten für die Klassifikation zu erhalten (siehe Abschnitt 4.5).

Stell dir ein Szenario des überwachten Lernens vor: eine KI, die zum Sortieren von Apfelsorten eingesetzt wird. Die Trainingsdaten bestehen aus Bildern von verschiedenen Äpfeln und der entsprechenden Kennzeichnung der Sorte. Fehlt dem Datensatz diese Kennzeichnung, dann muss diese meist von Menschen, die sich mit der Thematik auskennen, ergänzt werden. Das kann sehr zeitaufwendig sein. In Abschnitt 4.5 beschäftigen wir uns mit genau diesem Vorgang. In Abschnitt 1.8 gehen wir näher auf öffentlich zugängliche und bereits gekennzeichnete Datensätze wie Kaggle[1] ein. In unserem Praxisalltag hören wir statt des

1. *https://www.kaggle.com/datasets/moltean/fruits.*

Begriffs *Kennzeichnung* oft die englische Übersetzung *Label*. Dann sprechen wir auch von *gelabelten Daten* statt von *gekennzeichneten Daten*.

In der Trainingsphase passt der ML-Algorithmus das Modell an die Trainingsdaten an. So lernt das Modell nach und nach die Beziehung zwischen den Eingabedaten und der vorgegebenen Kennzeichnung darzustellen (siehe Abb. 3–2). Ziel des Trainings ist es, dass die KI die zugrunde liegenden Muster zwischen Eingabe und Ausgabe erlernt, die sie nach dem Training auf neue, aber gleichartige Eingabedaten übertragen kann. Der Datensatz der Trainingsdaten muss ausreichend groß sein, damit die Zusammenhänge von der KI erlernt werden können. Abhängig von der Aufgabenstellung kann der Trainingsdatensatz wenige Hundert bis viele Tausend oder sogar Millionen Daten beinhalten.

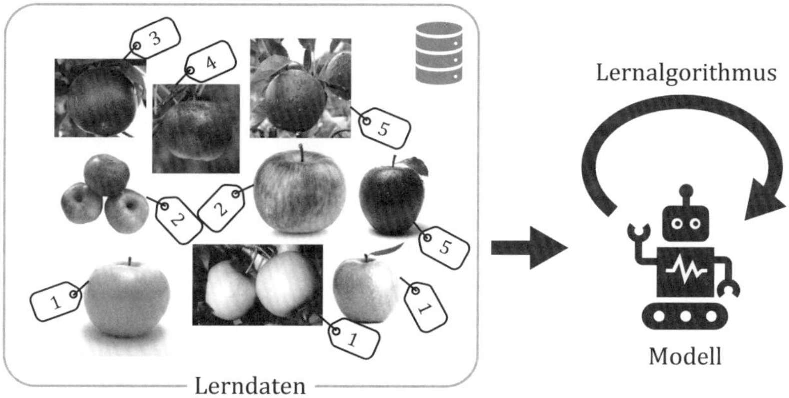

Abb. 3–2 *Überwachtes Lernen durch iterative Anpassung des Modells durch den Lernalgorithmus*

Nach dem Training erfolgt eine abschließende Evaluierung des Modells (siehe Abschnitt 3.2). Dabei werden dem ML-Modell bislang unbekannte Daten präsentiert, um zu testen, wie gut das Modell mit den neuen Daten Vorhersagen machen kann (siehe Abb. 3–3). Im Idealfall wird eine KI so lange trainiert, bis die Genauigkeit der Vorhersagen der KI den Anforderungen entspricht.

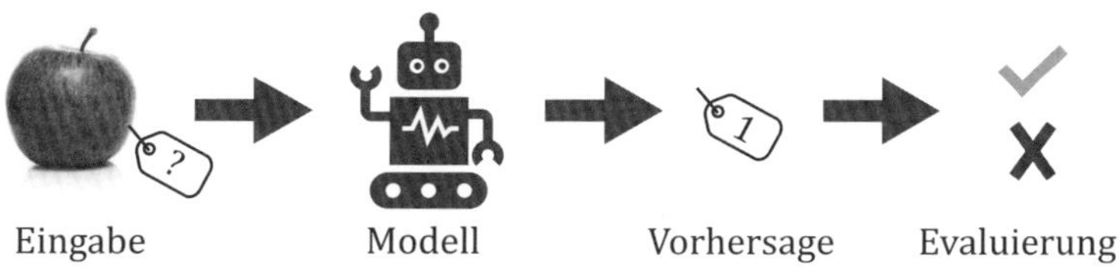

Abb. 3–3 *Evaluieren nach dem überwachten Lernen*

Das überwachte Lernen ist besonders dann eine gute Wahl, wenn es sich bei den zu lösenden Problemstellungen um eine Klassifikation oder um Regressionsaufgaben handelt:

Klassifikation

Bei dem eben beschriebenen Einführungsbeispiel zum überwachten Lernen handelt es sich um ein Klassifikationsproblem: Es gibt eine Klasse für jede Apfelsorte. Im Allgemeinen verwendet man eine Klassifikation, um Eingabedaten einer festen Anzahl an Klassen zuzuordnen. Wichtig ist, dass ein Eingabedatum (z.B. das Bild eines Apfels) immer nur einer Klasse (Apfelsorte) zugeordnet ist. Dabei ist die Anzahl der Klassen im Vergleich zu der Menge der Trainingsdaten gering. Nur Klassen, die in den Trainingsdaten ausreichend repräsentiert sind, können in der Trainingsphase erlernt werden.

Folgende Problemstellungen eignen sich gut, um sie mit einem Klassifikationsalgorithmus zu lösen:

- Objekterkennung in Bildern
- Gesichtserkennung in Bildern
- Spamfilter (siehe Praxisbeispiel 3–1)
- Bremsassistent aus Abstandssensoren
- Wartungserkennung eines Kfz (siehe Praxisbeispiel 2–3 auf Seite 51)

Praxisbeispiel 3–1: Spamfilter für E-Mail-Accounts

Wir haben eine E-Mail-Adresse von dem Unternehmen, für das wir arbeiten. Die Firma stellt uns entweder eine Webseite zur Verfügung, auf der wir unsere E-Mails lesen und verwalten können, oder wir nutzen Outlook für diese Aufgaben. Es gibt Ordner für *Posteingang*, *Postausgang*, *Entwürfe* und eben auch *Spam*.

Der E-Mail-Server ist so konfiguriert, dass alle eingehenden E-Mails auf Spam hin untersucht werden und dann ggf. im Spam-Ordner statt im Posteingangsordner abgelegt werden. Diese Vorsortierung erfolgt mithilfe eines Klassifikationsalgorithmus (Klasse A: Normale E-Mail, Klasse B: Spam).

Regression

Bei der Regression geht es im Gegensatz zur Klassifikation nicht um eine Zuordnung zu Klassen, sondern um eine Abschätzung eines numerischen Werts, z.B. die Abschätzung des Saccharose-Gehalts von Äpfeln anhand von verschiedenen Eingabemerkmalen wie Größe, Farbe oder Zeitpunkt der Ernte (siehe Abb. 3–4).

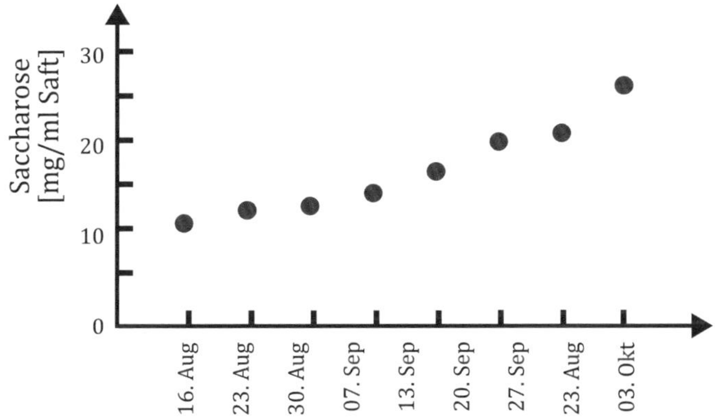

Abb. 3–4 *Saccharose-Gehalt in Apfelsaft abhängig vom Zeitpunkt der Ernte (aus [URL: Researchgate])*

Andere Beispiele für Aufgabenstellungen, bei denen Regression eingesetzt wird:

- Vorhersage des Alters einer Person auf der Grundlage von Eingabedaten über ihre Gewohnheiten
- Vorhersage künftiger Aktienkurse
- Hauspreise anhand von Hausgröße, Anzahl der Zimmer, Lage, Baujahr etc.

Bei dem Begriff *Regression* musst du aufpassen: Regression wird im Kontext der ISTQB®-Lehrpläne nicht nur wie hier als Verfahren des ML verwendet, sondern kommt auch im Begriff *Regressionstest* vor [ISTQB 2018]. Regressionstests dienen dazu, festzustellen, ob nach einer Änderung in der Software bestehende oder neue Fehlerzustände an anderer Stelle aufgedeckt werden können [URL: Glossar].

3.1.2 Unüberwachtes Lernen

Sind die Daten nicht im Vorhinein in Klassen eingeteilt, dann können Algorithmen des unüberwachten Lernens dennoch Gemeinsamkeiten unter den Eingabedaten finden. Während der Trainingsphase werden vom Lernalgorithmus Muster in den Daten gefunden und Zusammengehörigkeiten abgleitet. Der Lernalgorithmus passt das Modell so an, dass es anhand der Merkmale Daten nach Gemeinsamkeiten sortieren kann. Bilder von Obstsorten könnten z.B. aufgrund von Ähnlichkeiten oder Unterschieden in Form und Farbe gruppiert werden. Dabei könnte der Algorithmus nicht die Obstsorte selbst, sondern die wesentlichen Unterscheidungskriterien angeben (siehe Abb. 3–5).

So wie auch im überwachten Lernen schließt sich an die Trainingsphase eine Testphase an. Dabei wird dem Modell ein neuer Satz bislang unbekannter Daten präsentiert, die es den erlernten Gruppen zuordnen soll. Man trainiert das Modell so lange, bis die Genauigkeit der Zuordnung zufriedenstellend ist.

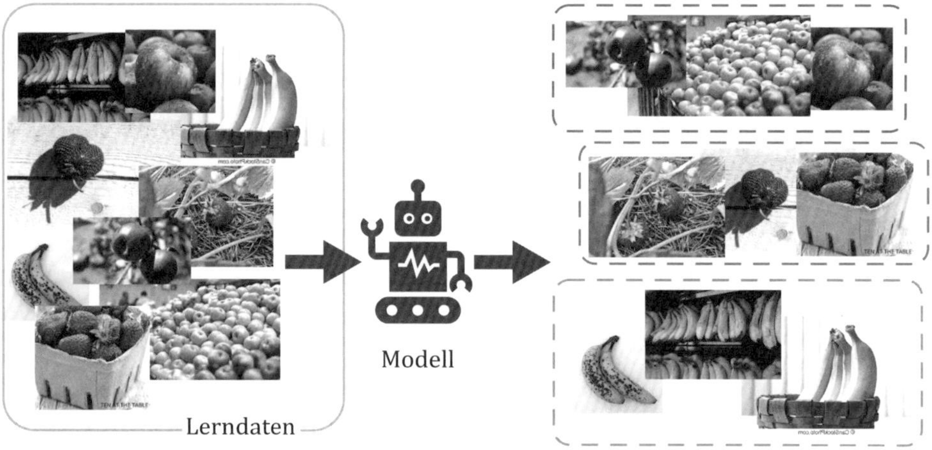

Abb. 3–5 *Unüberwachtes Lernen erkennt Muster und Zusammenhänge in Daten.*

Wir stellen in Anlehnung an den CT-AI-Lehrplan zwei Ansätze vor, die im Bereich des unüberwachten Lernens häufig Anwendungen finden.

Clusterbildung

Bei der auch *Clustering* genannten ML-Art sucht man nach Untergruppen innerhalb eines Datensatzes, die ähnliche Merkmale oder Eigenschaften aufweisen. Clustering wird bei Problemstellungen verwendet, bei denen Gruppen von Eingabedatenpunkten mit Ähnlichkeiten gefunden werden sollen. Zum Beispiel:

- Verschiedene Gruppen von Kunden für unterschiedliche Marketingzwecke kategorisieren
- Patienten mit ähnlichen Krankheitsbildern für eine gemeinsame Diagnose finden

Besonders bekannt für Clustering-Algorithmen sind der K-Nearest-Neighbour- und der K-Means-Algorithmus. Oft beziehen sich die Problemstellungen auf hochdimensionale Datensätze, also Daten, bei denen jedem Datenpunkt sehr viele Werte zugeordnet sind, die wir als Menschen nicht mehr überblicken können (z.B. die Expression von Genen in einer Zelle).

Assoziation

Mithilfe von Algorithmen aus dem Bereich der *Assoziation* können Aufgabenstellungen gelöst werden, bei denen Beziehungen und Abhängigkeiten zwischen den Merkmalen innerhalb eines Datensatzes gefunden werden sollen. Assoziationsalgorithmen finden klassischerweise Anwendung im Bereich der Geschäftsanalyse zur Gewinnmaximierung. Dann kann es darum gehen, vorherzusagen, welche Produkte einen Kunden zusätzlich interessieren, abhängig von den Artikeln, die er bereits in seinen Einkaufswagen gelegt hat. Dazu wird der Algorithmus mit bereits erfassten Kundendaten trainiert und leitet daraus Wenn-dann-Regeln ab. Dadurch können mithilfe von Assoziationsalgorithmen dem Kunden Kaufempfehlungen gegeben werden oder Produkte in einem Geschäft so platziert werden, dass der Kunde zu weiteren Käufen angeregt wird.

Die Liste der Methoden im Bereich des unüberwachten Lernens ist lang. Dazu gehören neben Clustering und Assoziation unter anderem die *Dimensionsreduktion*, die *Anomaliedetektion* oder der *Autoencoder*. Diese Methoden sind aber nicht Teil des CT-AI-Lehrplans und werden daher auch nicht weiter in diesem Buch behandelt.

Methoden des überwachten und des unüberwachten Lernens können auch miteinander kombiniert werden. Dann sprechen wir vom *teilüberwachten Lernen* (engl. semi-supervised learning). Das teilüberwachte Lernen bietet sich immer dann an, wenn zu wenig gekennzeichnete Daten zum überwachten Lernen zur Verfügung stehen, z.B. weil die Kennzeichnung sehr teuer ist.

3.1.3 Bestärkendes Lernen

Der erste auch in den Medien sehr präsente Erfolg des *bestärkenden Lernens* (engl. reinforcement learning) ist mit *AlphaGo* gelungen. Entwickelt vom Unternehmen *DeepMind*, besiegte AlphaGo im Oktober 2015 den mehrfachen Europameister Fan Hui im Brettspiel Go. Damit konnte AlphaGo sich als erste KI das Spiel Go ohne menschliches Zutun selbst beibringen und sich mit den weltbesten Spielern des Brettspiels messen.[2]

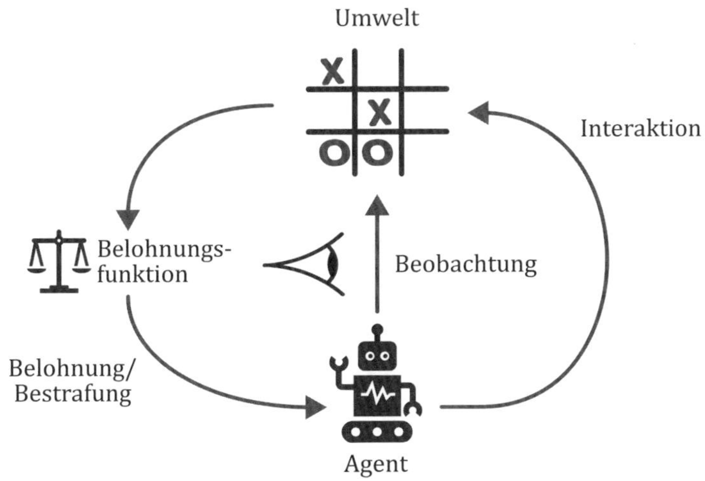

Abb. 3–6 *Bestärkendes Lernen*

2. *https://ai.googleblog.com/2016/01/alphago-mastering-ancient-game-of-go.html.*

Beim bestärkenden Lernen sprechen wir von einem *intelligenten Agenten*, wenn wir das ML-Modell meinen (siehe Abb. 3–6). Dieser Agent beobachtet eine definierte Umgebung und interagiert mit dieser. Maßgeblich für die Entwicklung des Agenten im Training ist eine *Belohnungsfunktion*, durch die der Agent aufgrund seiner Interaktionen mit der Umwelt eine Belohnung erhält.

Das bestärkende Lernen kannst du dir nach dem Versuch-und-Irrtum-Prinzip vorstellen: In vielen Interaktionen mit der Umwelt sammelt der Agent iterativ Erfahrungen. Wenn er sich zielführend verhält, erhält er eine Belohnung. Wenn er sich ungünstig verhält, erhält er eine Bestrafung (negative Belohnung). Er lernt nach und nach sein Verhalten so anzupassen, dass er in Summe eine möglichst große Belohnung erhält.

Kleine Strategiespiele wie TicTacToe (siehe Abb. 3–7) eignen sich besonders gut, um sich mit der Idee des bestärkenden Lernens vertraut zu machen.

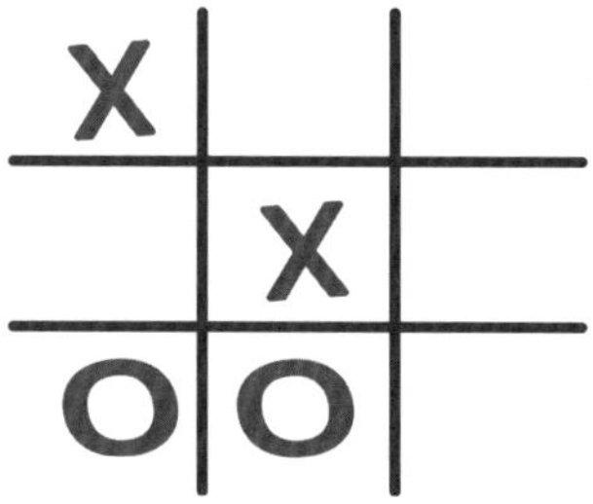

Abb. 3–7 *TicTacToe*

Die Umgebung, und damit auch der Interaktionsraum des Agenten, ist auf das Spielfeld begrenzt. Mit jedem Zug des intelligenten Agenten oder des Gegenspielers ändert sich der Zustand des Spiels. Je nachdem, für welche Spielzüge sich der Agent entscheidet und welche Spielstrategie sein Gegenspieler verfolgt, gewinnt oder verliert der Agent. Gewinnt der Agent, wird er dafür belohnt. Verliert er hingegen, wird er dafür bestraft. Diese Bewertung beruht auf den Spielregeln und der Annahme, dass der Agent lernen soll zu gewinnen. Im Rahmen des CT-AI-Lehrplans wird lediglich die Grundidee des bestärkenden Lernens vermittelt. Wenn du dich mit den mathematischen Hintergründen und der Implementierung des bestärkenden Lernens über den Lerninhalt des Buches hinaus beschäftigen möchtest, findest du eine Reihe toller Tutorials im Internet.[3]

Zwar sind bei dieser Form des Lernens keine gekennzeichneten Trainingsdaten nötig, dennoch sind einige Voraussetzungen zu schaffen, bevor ein Agent interaktiv von seiner Umgebung lernen kann. Dabei stellen die folgenden Aufgaben die wichtigsten Herausforderungen bei der Implementierung von bestärkendem Lernen dar:

3. *https://towardsdatascience.com/reinforcement-learning-implement-tictactoe-189582bea542.*

- Die Einrichtung der Umgebung, in der der Agent sich bewegt. Dabei muss jeder Zustand und die Auswirkung einer Entscheidung in jedem Zustand definiert sein.
- Die Wahl der richtigen Strategie für den Agenten, um das gewünschte Ziel zu erreichen.
- Der Entwurf einer Belohnungsfunktion, um den Agenten das gewünschte Lernziel zu vermitteln. Wie eine KI eine Belohnungsfunktion missverstehen kann, haben wir in Abschnitt 2.6.2 erläutert.

Das bestärkende Lernen eignet sich besonders gut für Aufgabenfelder, in denen eine enge Interaktion mit der Umwelt nötig ist, wie

- in der Robotik,
- bei autonomen Fahrzeugen und
- Chatbots.

3.1.4 Exkurs: Das Wissen einer KI – der Unterschied zwischen Korrelation und Kausalität

Woher hat die KI eigentlich ihr Wissen? Natürlich aus den Trainingsdaten! Auf den ersten Blick ist das eine einfach zu beantwortende Frage. Wie genau leiten intelligente Algorithmen, so wie sie in KI-basierten Systemen eingesetzt werden, ihr Wissen aus den Trainingsdaten ab?

KI-Algorithmen bekommen in der Trainingsphase als Trainingsdaten eine große Menge an komplexen Daten wie Bilder oder Tonaufnahmen zugeführt. Im überwachten Lernen sind die Daten mit Kategorien gekennzeichnet (z. B. Kategorie *Hund* oder *Katze* bei der Klassifikation von Hunde-/Katzenbildern oder *Peters Stimme* und *Annas Stimme* bei der Klassifikation von Stimmen). In diesen erkennt der Algorithmus während des Trainings Zusammenhänge zwischen Mustern in den Daten und den zugeordneten Kategorien. Dies kann man sich vereinfacht wie Gesetzmäßigkeiten vorstellen, die die KI ableitet: »*Immer, wenn diese Pixelkombination auf einem Bild dunkel ist, dann ist das eine Katze.*« Dabei gibt es keine Entwicklerinnen oder Entwickler wie in der konventionellen Softwareentwicklung, die genau formulieren, wie ein Algorithmus im Detail die Gesetzmäßigkeiten aus den Trainingsdaten erlernen soll (siehe Abschnitt 1.3).

Wir Menschen haben ein intuitives Verständnis unserer Umwelt und können zuordnen, ob es sich um eine Katze handelt oder wessen Stimme zu hören war. Eine KI verfügt nur über ein stark begrenztes Wissen, nämlich lediglich die Trainingsdaten und (bis jetzt) über kein Verständnis der Aufgabenstellung an sich. So kann eine KI nicht beurteilen, welche Merkmale ursächlich sind und welche nur *mehr oder weniger zufällig* gemeinsam auftreten.

Bleiben wir beim Beispiel der Katzenbilder. Stell dir vor, dass alle Katzenbilder von einer Fotografin und alle Nicht-Katzenbilder von anderen Fotografen stammen. Die Fotografin der Katzenbilder hat alle ihre Fotos mit ihrem Logo versehen. Dann kann es sein, dass die KI das Logo als ausschlaggebendes Merkmal für die Kategorie Katzenbild lernt, anstatt Katzen anhand von Statur, Schnurrhaaren und Kopfform zu erkennen. Im Kontext der Trainingsdaten ist das Logo der Fotografin ein zuverlässiges Merkmal für Katzenbilder. Der KI kann man an dieser Stelle keine Vorwürfe machen, da sie kein Verständnis für die Aufgabenstellung an sich hat.

So kann eine KI nicht unterscheiden, welche Merkmale verantwortlich dafür sind, dass Inputdaten einer bestimmten Kategorie zugeordnet werden, und welche Merkmale nur zufällig gleichzeitig auftreten. Dies zeigt, wie sich kausale Zusammenhänge von Korrelationen abheben.

Kausalität: Beziehung, die in ursächlicher Verbindung zu einer Wirkung steht.

Korrelation: Beziehung, die in einem statistischen Zusammenhang steht. Diese Beziehung muss nicht kausal sein, sondern kann auch rein zufällig sein.

Abb. 3–8 *Der Unterschied zwischen Kausalität und Korrelation bildlich dargestellt.*[4]

In Abbildung 3–8 (links) siehst du ein Beispiel, das dich schnell verstehen lässt, welcher Zusammenhang kausal für die Fortbewegung der Pritsche verantwortlich ist und welcher Zusammenhang lediglich eine unterhaltsame Korrelation darstellt: Obwohl sich das Auto vorwärtsbewegt, wenn die Personen die Pritsche

4. Die Bilder wurden von uns mithilfe der generativen KI Dall·e-3 erstellt (*https://openai.com/dall-e-3*). Prompt für das linke Bild: »A grayscale picture in the suburbs with a low-loading truck pushed by two persons from the back. On the loading area is empty. one person is standing on the loading area pushing the driver's cab.« Prompt für das rechte Bild: »A grayscale photo depicting a carport with a crack. A cat is sitting on the crack.«

anschieben, ist die Person, die auf der Pritsche steht, nicht der Grund dafür, dass sich die Pritsche vorwärtsbewegt, sondern lediglich die Personen, die die Pritsche von hinten anschieben. Das Anschieben der Personen steht in einer kausalen Beziehung mit dem Fortbewegen des Autos. Das Schieben der Person auf der Pritsche korreliert lediglich mit dem Fortbewegen der Pritsche. Wenn man nur die Informationen über die Situation hat (hier: Wer schiebt wann und wie bewegt sich das Auto) und kein weiteres Wissen über den physikalischen Kontext, dann lässt sich nur schwer unterscheiden, welches Merkmal (Schieben der Person auf der Pritsche oder Anschieben der Personen hinter der Pritsche) für das Vorwärtsbewegen der Pritsche ausschlaggebend ist.

In Abbildung 3–8 (rechts) verhält es sich ähnlich. Auch wenn es so aussieht, ist die Katze kausal sicher nicht für den Riss in der Wand unter ihr verantwortlich.

Auch unser Gehirn verleitet uns gerne dazu, den Unterschied zwischen Kausalität und Korrelation zu vergessen. Dann laufen wir Menschen Gefahr, anhand von Vorurteilen Entscheidungen zu treffen. Bevor wir uns die Informationen über die kausalen Zusammenhänge besorgen, urteilen wir aufgrund von Merkmalen, die erfahrungsmäßig häufig mit einer Kategorie korrelieren.

3.2 ML-Workflow

Im vorangegangenen Abschnitt haben wir beschrieben, welche Arten des ML wir in diesem Buch unterscheiden. Es besteht die Gefahr, dass sich unerfahrene ML-Entwicklerinnen und -Entwickler sehr schnell und euphorisch auf eine Art des ML und einen Algorithmus, den sie schon kennen, fixieren. Diesen trainieren sie direkt mit den gerade vorliegenden Daten – häufig jedoch mit wenig Erfolg.

Weitaus besser und erfolgversprechender ist daher ein strukturiertes Vorgehen zur Entwicklung eines KI-Modells, das deutlich früher ansetzt. Zudem erhält man dadurch einen weitaus höheren Grad an Nachvollziehbarkeit. Der hier vorgestellte ML-Workflow ist dem aktuellen ISTQB®-Lehrplan entnommen und basiert auf der ISO/IEC TR 29119-11 [ISO/IEC TR 29119-11].

Abbildung 3–9 zeigt den Workflow zur Entwicklung eines KI-Modells bei ML mit seinen verschiedenen Prozessschritten (Aktivitäten). Du siehst, dass der Workflow schon bei den ersten Überlegungen zu den Zielen des Modells beginnt und bis zum Einsatz und der Überwachung des Modells in der Betriebsumgebung reicht. Obgleich der Workflow sehr komplex ist, stellen wir ihn hier vereinfacht dar. In der Praxis betrachtet man zum Abschluss jeder Aktivität, ob diese erfolgreich war. Ist dies nicht der Fall, geht man zum Verbessern ein oder mehrere Aktivitäten zurück und arbeitet sich so in iterativen Schritten zu einem erfolgreichen ML-Modell vor.

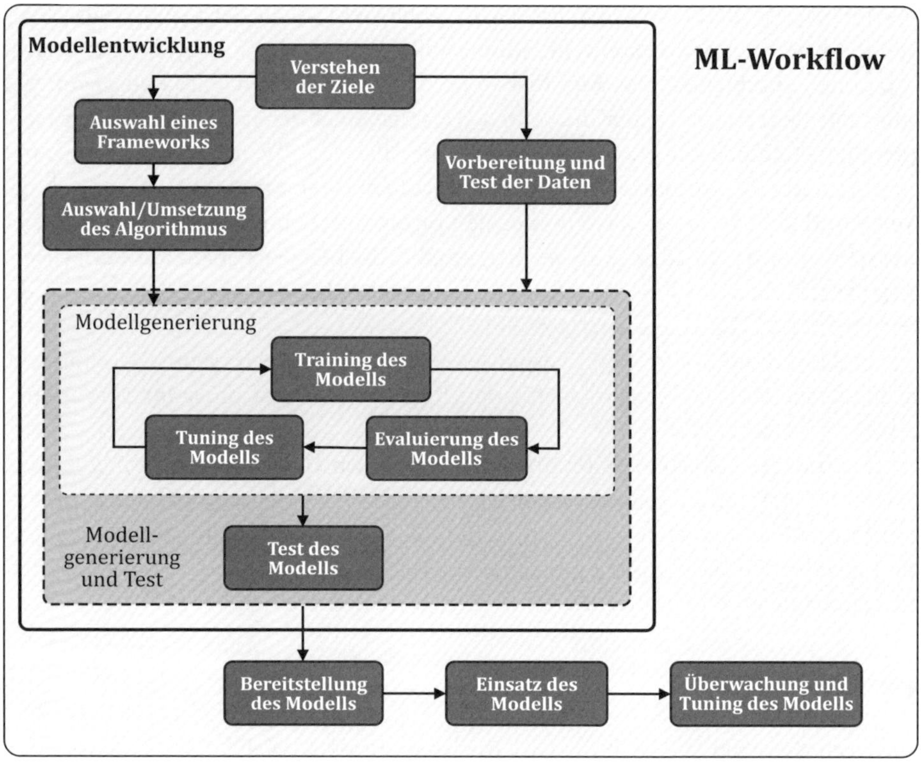

Abb. 3–9 *Der ML-Workflow mit seinen Aktivitäten erstreckt sich von der Erarbeitung des Zielverständnisses eines ML-Modells bis hin zu dessen Einsatz und Überwachung im Betrieb (nach [GTB 2021]).*

Im Folgenden sehen wir uns die Aktivitäten im Einzelnen an:

Verstehen der Ziele

Was für die einen wie eine Selbstverständlichkeit klingt, ist für andere oft gar nicht so offensichtlich. Daher sollte man im Projektteam zumindest die folgenden Fragen stellen und deren Antworten kennen:

- Welchem Zweck dient das ML-Modell?
- Wer sind die Stakeholder?
- Welche geschäftlichen Prioritäten sind vorgegeben?
- Was muss das ML-Modell können, oder wie sehen die Akzeptanzkriterien, wie etwa die erwartete Genauigkeit oder Präzision (siehe Kap. 5), aus?

Das Wissen um diese und ähnliche Aspekte erlaubt es, für die meisten der folgenden Aktivitäten die passenden Entscheidungen zu treffen.

Auswahl eines KI-Entwicklungs-Frameworks

Kennt man Zweck und Ziele für das ML-Modell, kann man hierfür ein geeignetes KI-Entwicklungs-Framework auswählen. In der Wahl eines solchen Frameworks sind Entwicklerinnen und Entwickler selten völlig frei. Meist sind in einem Unternehmen bereits bestimmte Werkzeuge, etwa zum Konfigurations- oder Datenmanagement, vorgegeben. Das kann die Wahl des KI-Entwicklungs-Frameworks stark einschränken. Welche Faktoren die Auswahl beeinflussen, wurde in Abschnitt 1.5 beschrieben.

Auswahl und Umsetzung des Algorithmus

Eine der grundlegenden Entscheidungen im ML-Workflow ist die Wahl des Algorithmus, der in den darauffolgenden Aktivitäten trainiert wird. Dafür spielen das Verständnis um Zweck und Ziele, die vereinbarten Akzeptanzkriterien, aber auch die Art und Menge der verfügbaren Daten eine große Rolle. Abschnitt 1.4 beschreibt einige der häufig gewählten KI-Techniken und -Algorithmen. Abhängig vom KI-Entwicklungs-Framework können Entwickler den gewählten Algorithmus meist als fertigen Programmcode aus einer Bibliothek abrufen. Andernfalls müssen sie diesen erst noch kodieren und dann eventuell noch kompilieren. Liegt ein Algorithmus beispielsweise als C++-Quellcode vor, muss er möglicherweise spezifisch für den zum Training verwendeten Prozessor noch kompiliert werden. In Abschnitt 3.4 gehen wir detailliert auf die Faktoren ein, die bei der Auswahl eines ML-Algorithmus zu berücksichtigen sind.

In den späteren Phasen des Workflows kann es sein, dass das Projektteam selbst bei einem sorgfältig ausgewählten Algorithmus feststellt, dass dieser letztlich nicht zum gewünschten Erfolg führt. Dann kehrt man zu dieser Aktivität zurück und wählt einen anderen Algorithmus, von dem man sich ein besseres Ergebnis erhofft.

Vorbereitung und Test der Daten

Diese Aktivität stellt einen der wichtigsten Schritte im ML dar, da die hier vorbereiteten Daten die Grundlage für alle Aktivitäten der Phase *Modellgenerierung & Test* sind (siehe Abb. 3–9). Art, Menge und Aufbereitung der Daten hängen dabei insbesondere von den zuvor identifizierten Zielen ab.

Die Aufbereitung der Daten selbst besteht aus vier wesentlichen Tätigkeiten, die ausführlich in Abschnitt 4.1 beschrieben sind:

- Datenbeschaffung
- Datenvorverarbeitung
- Merkmalsermittlung
- Explorative Datenanalyse (EDA)

Je nach Situation in einem Projekt kann es sein, dass diese Aktivitäten nur wenig oder aber einen sehr hohen Aufwand bedeuten. Für den Fall, dass in einem Projekt passende Daten von einem Anbieter erworben werden oder über eine offene Datenbank (z.B. Kaggle [URL: Kaggle-a]) bezogen werden können, ist der Aufwand eher gering. Hoher Aufwand ist dagegen notwendig, wenn nur unstrukturierte Rohdaten vorliegen, die noch vorverarbeitet und deren Merkmale ermittelt und extrahiert werden müssen.

Unabhängig von der Datenquelle sollte sichergestellt werden, dass die Daten, die später zum Training, Tuning und Testen des Modells verwendet werden, repräsentativ für die operative Umgebung sind. Ein System, das beispielsweise Personen anhand ihrer Gesichter erkennt, sollte mit Aufnahmen von Gesichtern aus verschiedensten in der Praxis vorkommenden Betrachtungswinkeln und mit Gesichtern von Personen unterschiedlicher ethnischer Herkunft trainiert werden. Ein Echtzeit-Handelssystem sollte mit Daten aus dem entsprechenden Handelsmarkt trainiert werden.

Die Qualität der erzeugten Daten sowie die der beschriebenen Vorbereitungsschritte – insbesondere, wenn diese automatisiert in einer Pipeline ablaufen – müssen durch Tests abgesichert werden. In Abschnitt 7.2.1 beschreiben wir Techniken dazu. Die Grundlagen zu Daten und Datenqualität im maschinellen Lernen findest du in Kapitel 4.

Training des Modells

Sind das KI-Entwicklungs-Framework, der ML-Algorithmus und die Daten vorbereitet, verwenden die Entwicklerinnen und Entwickler den gewählten ML-Algorithmus, um das Modell zu erzeugen und mit den speziell für das Training ausgewählten Daten zu trainieren.

Das Training eines Modells benötigt im Wesentlichen drei Vorgaben:

- **Trainingsdaten**
  Diese erhält man aus der Aktivität der *Vorbereitung und Test der Daten*. Sie sind nur ein Teil der gesamten Datenmenge, da ein Teil der Daten für die Evaluierung und den Test des Modells zurückgehalten wird. Das Training mancher Algorithmen erfordert, die Trainingsdaten nicht nur einmal, sondern mehrfach (iterativ) zu verwenden. Jede dieser Trainingsiterationen bezeichnen wir als *Epoche*. Das Training neuronaler Netze ist ein Beispiel hierfür.
- **Hyperparameter des Modells**
  Die Struktur vieler Modelle ist selten starr vorgegeben. Meist gibt es viele Variationen eines Modells, die durch Parameter eingestellt werden können. So können die maximale Tiefe eines Entscheidungsbaums oder die Anzahl der Schichten (Layer) eines neuronalen Netzes durch solche Parameter festlegt werden.
- **Hyperparameter des Algorithmus**
  Das Training selbst ist ein Prozess, der oft durch initial vorgegebene Parameter beeinflusst werden kann. Die Zahl der Epochen zum Training eines neuronalen Netzes oder die Lernrate, mit denen das Modell trainiert wird, sind Beispiele dafür.

Evaluierung des Modells

Nach dem Training eines Modells muss evaluiert werden, ob das entstandene Modell gut genug ist. Dafür wird ein separater Validierungsdatensatz verwendet (siehe Abschnitt 4.2). In den meisten Fällen sieht man sich die damit erreichten funktionalen Leistungsmetriken wie die Genauigkeit oder Präzision an.

Die Evaluierung ist ein wichtiger und gleichzeitig sensibler Schritt bei der Modellgenerierung, da darüber entschieden wird, ob ein Modell den Erwartungen entspricht, weiter trainiert oder sogar verworfen werden soll. Darum sollte hier – ebenso wie im darauffolgenden Tuning – sorgfältig und kontrolliert vorgegangen und jeder Schritt nachvollziehbar dokumentiert werden. Aus der Praxis wissen wir, dass häufig mehrere verschiedene Algorithmen oder Modelle wie beispielsweise Entscheidungsbäume, SVMs und neuronale Netze parallel trainiert werden, um sie bei der Evaluierung miteinander zu vergleichen. Sie treten wie in einem Wettbewerb gegeneinander an.

Tuning des Modells

Mithilfe der Ergebnisse der Evaluierung verändert (tunt) man die Einstellungen für das nächste Training der Modelle. Dies können Hyperparameter des Modells (z.B. die Tiefe eines Entscheidungsbaums oder die Anzahl der Neuronen eines neuronalen Netzes), aber auch des Trainingsalgorithmus sein (etwa die Zahl der Trainingsepochen oder die Lernrate).

Diese **Modellgenerierung** besteht aus den oben erwähnten Aktivitäten Training, Evaluierung und Tuning (siehe Abb. 3–9), die iterativ in dieser Abfolge ausgeführt werden.

Test des Modells

Ist die Modellgenerierung abgeschlossen, folgt ein zusätzlicher Test des fertig trainierten Modells. *Fertig trainiert* meint an dieser Stelle nicht das *Modell für die Produktion*, sondern das Modell, das im nächsten Schritt des KI-Workflows anhand der Metriken bewertet wird (siehe Abschnitt 4.2). Dafür betrachtet man erneut die funktionalen Leistungsmetriken, die diesmal mit einem bislang noch nicht verwendeten unabhängigen Testdatensatz geprüft werden. In manchen Projekten wird auch der Begriff *Holdout-Datensatz* verwendet. Man kann damit feststellen, ob das Modell während der Generierung zu sehr auf die Trainings- oder Validierungsdaten angepasst wurde (siehe Abschnitt 3.5.1). Ist die funktionale Leistung beim Test des Modells im Vergleich zu den Ergebnissen der Modellevaluierung deutlich schlechter, bedeutet dies, dass man mit einem veränderten Modell (andere Hyperparameter des Modells oder ein anderer Algorithmus) die Modellgenerierung erneut starten muss.

Wenn die funktionalen Leistungsmetriken beim Test des Modells den Anforderungen entsprechen, untersucht das Projektteam auch die nicht funktionalen Eigenschaften des trainierten Modells und die Metriken des Trainings selbst. Dies sind beispielsweise:

- Die Rechenzeit, die ein Modell benötigt, um aus den Eingabedaten eine Vorhersage abzuleiten
- Der Speicherbedarf, den das Modell braucht, um Vorhersagen zu treffen
- Die Zeit, die erforderlich ist, um das Modell zu trainieren

Für diese Arten von Tests ist sowohl Expertenwissen aus den Datenwissenschaften (*Data Science* oder *Data Engineering*) als auch Wissen über Performanztests notwendig. Daher werden diese Tests meist von Dateningenieurinnen, Data Scientists oder Testerinnen mit entsprechender Fachkenntnis durchgeführt.

Bereitstellung des Modells

Eine erfolgreiche Modellentwicklung bedeutet noch nicht, dass ein Modell direkt in Betrieb genommen werden kann. In vielen Fällen folgt noch eine Anpassung des Modells an die geplante Zielumgebung, unter Umständen sogar eine weitgehende Neuentwicklung des Modells. Grund dafür ist meist ein signifikanter Unterschied zwischen Entwicklungs- und Zielsystemumgebung, wie beispielsweise die Prozessorarchitektur, der Speicherbedarf oder die erforderliche Verarbeitungsgeschwindigkeit im Betrieb. Normalerweise unterstützen KI-Entwicklungs-Frameworks bei diesen Schritten.

Bei der eigentlichen Bereitstellung (z.B. in einer Cloud-Umgebung oder auf einem eingebetteten System) werden neben dem fertig angepassten Modell auch eventuell notwendige Ressourcen oder eine für das Zielsystem passende Datenpipeline in Betrieb genommen.

Ein bereitgestelltes Modell ist oft nur Teil eines größeren KI-basierten Systems. Auch wenn der Integrationstest nicht Teil der Abbildung 3–9 ist, darf nicht vergessen werden, dass für ein erfolgreiches Zusammenspiel auch die Integration des soeben bereitgestellten Modells mit Nicht-ML-Komponenten getestet werden muss. Dies können z.B. konventionelle Integrationstests sein, wenn etwa die Datenweitergabe aus Vorverarbeitungsschritten der Bilddaten (z.B. Skalieren, Bereinigen, Normalisieren) an das ML-Modell überprüft wird. Unter Umständen sind auch weitere Teststufen wie System- oder Abnahmetests im größeren Gesamtsystem notwendig, bevor die Bereitstellung des Modells als abgeschlossen betrachtet werden kann.

Einsatz des Modells

Der operative Betrieb eines bereitgestellten Modells, das meist Teil eines größeren Systems ist, kann auf sehr unterschiedliche Weise erfolgen. Manche Modelle werden in Echtzeit laufen und die Eingabedaten unmittelbar verarbeiten, wie z.B. Bildverarbeitungsalgorithmen in einem Echtzeit-Kamerasystem. Andere Modelle können im Batch-Betrieb[5] laufen und Verarbeitungsaufträge nur zu bestimmten Zeiten ausführen.

Überwachung und Tuning des Modells

In der Praxis werden KI-Modelle oft in sich verändernden Umgebungen eingesetzt. Eine Erkennung von unerwünschten Spam-Mails wird im Laufe der Zeit neue Arten von betrügerischen E-Mails nicht mehr so gut erkennen oder möglicherweise zu viele an sich harmlose E-Mails als Spam aussortieren. Dann erfüllt der KI-basierte Spamfilter nicht mehr die Anforderung an seine Genauigkeit. Mit regelmäßigen Tests und aktuellen Datensätzen können Testerinnen und Tester diese Abweichungen von der eigentlich erwarteten Leistung entdecken. Mithilfe dieses Wissens können die Entwicklerinnen und Entwickler das Modell mit einem erweiterten Training an die veränderte Situation anpassen.

Zur Überwachung des operativen Modells kann man es in regelmäßigen Abständen anhand der geltenden Akzeptanzkriterien evaluieren, ähnlich der Evaluation im Rahmen der Modellgenerierung. Wird eine Verschlechterung der Leistung beobachtet, könnten die Entwicklerinnen und Entwickler je nach verwendetem Algorithmus oder Datenlage verschiedene Tuning-Maßnahmen ergreifen. Das wird im Praxisbeispiel 3-2 gezeigt.

Praxisbeispiel 3–2: Spamfilter für E-Mail-Accounts (Erweiterung)

Seit Kurzem funktioniert unser Spamfilter nicht mehr so gut. Wir werden als KI-Experten von der IT zu einem Meeting eingeladen und besprechen zwei mögliche Maßnahmen:

- Wir lassen die Benutzer für eine gewisse Zeit verdächtige Schlüsselwörter in E-Mails markieren, die nicht als Spam klassifiziert wurden. Auf diese Weise erhalten wir eine Aktualisierung der Liste von Schlüsselwörtern, anhand derer bestimmte Spam-Mails erkannt werden können. Die Tuningmaßnahme ist: Wir aktualisieren folglich die Parameter des Modells oder der Datenpipeline. Diese neue Liste muss dann in das E-Mail-System eingepflegt werden.
- Wir besorgen uns aktuelle Daten für den Spamfilter von einer darauf spezialisierten Firma. Mit diesen trainieren wir das Modell erneut. Das neu entstandene Modell vergleichen wir dann gegen das bisherige, z.B. in einer Art von A/B-Test (siehe Abschnitt 9.4). Die Tuningmaßnahme wäre: erneutes Trainieren des Modells mit aktualisierten Trainings-, Validierungs- und Testdaten.

Den ersten Punkt kann die IT tatsächlich umsetzen. Der zweite Punkt ist leider nicht durchführbar, da wir keinen Einfluss auf das trainierte Modell nehmen können. Wir haben den E-Mail-Service nicht selbst entwickelt, sondern zugekauft.

5. Unter einem Batch-Betrieb verstehen wir eine Paketverarbeitung: Die Verarbeitung eines konkreten Eingabedatensatzes erfolgt nicht sofort, sondern wird als Teil zu einem größeren Auftragspaket hinzugefügt. Dieses wird vom verarbeitenden System zu einem späteren Zeitpunkt abgearbeitet.

3.2.1 Exkurs: Alternative Workflows

Der oben beschriebene Workflow ist nicht die erste Beschreibung von Arbeitsweisen, die es für das maschinelle Lernen und die dazugehörenden Tätigkeiten gibt. Unter Data Scientists ist der CRISP-DM (*CRoss-Industry Standard Process for Data Mining*) [Chapman et al. 2000] bekannt, der bereits im Jahr 2000 in der Version 1.0 durch ein Konsortium mehrerer Firmen herausgegeben wurde.[6] Er sieht sechs Hauptphasen vor, die wir grob mit den von uns oben beschriebenen Aktivitäten in Verbindung bringen können: Business Understanding (Verstehen der Ziele), Data Understanding, Data Preparation (Vorbereitung und Test der Daten), Modeling (Modellgenerierung), Evaluation (Test des Modells), Deployment (Bereitstellung des Modells).

Die Firma IBM nutzte diesen Prozess schon sehr früh und hat 2015 einen weiterführenden Prozess mit der Bezeichnung *ASUM* (*Analytics Solutions Unified Method*) entwickelt.

Eine andere, weniger prozessorientierte Form eines Workflows wurde von der imbus AG entwickelt und ist in Abbildung 3–10 dargestellt.

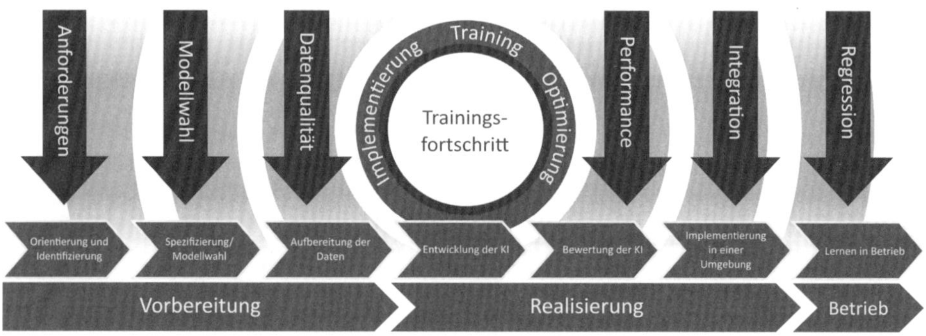

Abb. 3–10 *Schaubild für einen alternativen ML-Workflow der imbus AG und der Buchautoren. Entwicklungsaktivitäten sind mit waagerechten Pfeilen, Testaktivitäten mit senkrechten Pfeilen dargestellt. Der iterative Charakter im Prozess ist durch die konzentrischen Kreise angedeutet.*

3.3 Auswahl einer Art von ML

Nachdem wir dir nun die verschiedenen Arten des ML ausführlich mit Beispielen vorgestellt haben, wollen wir auf die wichtigsten Kriterien für die Auswahl einer passenden ML-Art eingehen. Das liegt in manchen Situationen nicht sofort auf der Hand. Daher ist es wichtig, sich dafür Zeit zu nehmen, denn die Wahl der ML-Art hat einen großen Einfluss darauf, ob das trainierte Modell für die Problemstellung geeignet ist. Dabei kannst du dir eine Reihe von Schlüsselfragen stellen, deren Beantwortung hilft,

6. Siehe Wikipedia-Artikel: *https://en.wikipedia.org/wiki/Cross-industry_standard_process_for_data_mining*.

eine sinnvolle Wahl zu treffen. Zur Übersicht haben wir die zentralen Fragen in einem stark vereinfachten Entscheidungsbaum dargestellt (siehe Abb. 3–11).

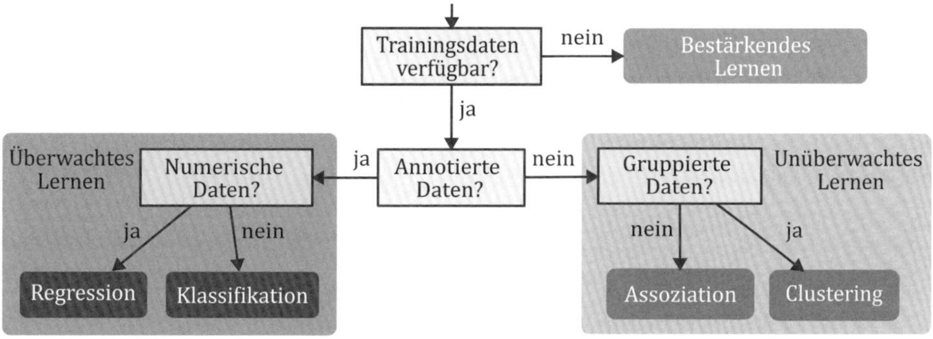

Abb. 3–11 *Zentrale Fragen bei der Auswahl eines passenden KI-Modells*

Wenn es eine konkrete Problemstellung gibt, die man mit einem ML-Ansatz lösen will, muss man sich im ersten Schritt über die zur Verfügung stehenden Trainingsdaten klar werden. Sowohl überwachtes als auch unüberwachtes Lernen brauchen zwingend einen Datensatz für Training und Test. Dieser Datensatz muss ausreichend groß und repräsentativ sein. Das bestärkende Lernen benötigt dagegen eine ganze Trainingsumgebung, mit der das ML-Modell interagieren kann.

Das überwachte Lernen zeichnet sich im Gegensatz zum unüberwachten Lernen dadurch aus, dass es annotierte Daten im Training erfordert. Im Bereich des überwachten Lernens unterscheiden wir im Wesentlichen zwischen den Aufgabenstellungen der Regression und der Klassifikation. Wenn die Zuordnung der Annotationen numerisch und kontinuierlich ist (wie die vorherzusagende Regenmenge in l/m^2 oder der Kaufpreis eines Hauses), kann es sich um eine Regression handeln. Wenn die Zuordnung der Annotationen dagegen diskreter und kategorischer Art ist (wie die vorherzusagende Regenmenge als *trocken*, *Nieselregen*, *Regenschauer* oder die Tierarten *Hund* und *Katze*), kann eine Klassifikation geeignet sein. Unabhängig von der Art des überwachten Lernens müssen korrekt annotierte Daten vorliegen, da sonst die KI falsche Informationen lernt.

Im Gegensatz dazu wird beim unüberwachten Lernen keine Annotation der Daten verwendet. Hier unterscheiden wir zwischen zwei Hauptarten von ML: der Assoziation, bei ungruppierten Daten mit gemeinsam auftretenden Beziehungen/Abhängigkeiten, und dem Clustering, bei nach Ähnlichkeit zu gruppierenden Daten.

Praxistipp

Wenn der Datensatz für einen ML-Ansatz zu klein ist, muss das nicht das Ende des Projekts bedeuten. Datensätze kann man erweitern durch Simulation oder eine künstliche Anreicherung, die sogenannte *Augmentation* (siehe Abschnitt 4.1.2). Dabei können z.B. in der Bildverarbeitung die zur Verfügung stehenden Bilder durch Drehen, Spiegeln oder Zuschneiden verändert werden. Der so angereicherte Datensatz kann dann im Training verwendet werden. Dies ist aber nur möglich, wenn ein repräsentativer Grunddatensatz zur Verfügung steht.

3.3.1 Übung: Wahl der passenden ML-Art

Zu den sieben folgenden Szenarien sind die dazu passenden ML-Arten in der zweiten Tabelle aufgelistet.

Aufgabe: Ordne die ML-Arten ihren Szenarien zu!
Achtung: Manche ML-Arten kommen mehrmals als Lösung vor, aber alle mindestens ein Mal.

Im GitHub-Repository zu diesem Buch findest du im Verzeichnis *Kap03.3_ML-Art_wählen* die Lösungen mit Erklärung.

Szenarien	
(1)	Es soll ein Algorithmus trainiert werden, der verdorbenes Obst erkennt. Dazu steht ein mit den Klassen *verdorben* und *nicht verdorben* (Kennzeichen-Ausgabe) korrekt gekennzeichneter/annotierter Datensatz von Obstbildern zur Verfügung.
(2)	Ein Algorithmus soll in einem strategischen Spiel seine Züge entsprechend der gegnerischen Spielstrategie so anpassen, dass er gewinnt.
(3)	Es soll ein Algorithmus trainiert werden, der aufgrund der Berufserfahrung in Jahren das Gehalt als numerische und kontinuierliche Ausgabe in Euro ermittelt.
(4)	Es soll ein Datensatz mit Informationen zum Inhalt der Warenkörbe von Kunden analysiert werden, ohne dass eine vorformulierte Ausgabe vorgesehen ist. Es sollen anhand von gemeinsam auftretenden Merkmalen Beziehungen und Abhängigkeiten abgeleitet werden.
(5)	Ein Algorithmus soll Zelltypen aus einer Biopsie anhand der Genexpression in die zwei diskreten Kategorien *entartete Zelle* und *nicht entartete Zelle* sortieren.
(6)	Ein Datensatz enthält Kundeninformationen zum Kaufverhalten, die nach Kundentypen gruppiert werden sollen.
(7)	Eine intelligente Raumklimaregulierung in einem Großraumbüro passt durch die Parameter Temperatur, Luftfeuchtigkeit und Jalousien das Raumklima so an, dass möglichst viele Mitarbeiter das Raumklima positiv bewerten.

Tab. 3–1 *Szenarien für die Praxisübung*

ML-Arten	
(a)	Überwachtes Lernen: Regression
(b)	Überwachtes Lernen: Klassifikation
(c)	Unüberwachtes Lernen: Clustering
(d)	Unüberwachtes Lernen: Assoziation
(e)	Bestärkendes Lernen

Tab. 3–2 *ML-Arten für die Praxisübung*

3.4 Faktoren, die bei der Auswahl von ML-Algorithmen eine Rolle spielen

Im vorherigen Abschnitt haben wir zusammengefasst, welche Schlüsselfragen wichtig sind, wenn man sich für einen ML-Ansatz (z.B. Clustering oder Regression) entscheidet. Damit sind die vorbereitenden Überlegungen aber nicht abgeschlossen, denn auch der ML-Algorithmus (auch: Lernalgorithmus), der grundsätzliche Aufbau und die Hyperparameter des ML-Modells müssen zur Problemstellung passend ausgewählt werden. Es gibt keinen universellen Ansatz für die Wahl des optimalen ML-Algorithmus oder der optimalen Hyperparameter. In der Praxis bezieht man daher verschiedene Aspekte mit ein, die man z.B. in einem Brainstorming mit Stakeholdern und Expertinnen sammelt und diskutieren kann.

Einige Aspekte, die unbedingt mit in die Überlegungen einbezogen werden sollen, stellen wir dir im Folgenden vor:

- Was ist die erforderliche **Funktionalität**? Wie in jedem Entwicklungsprojekt müssen zu Beginn mindestens die grundlegenden Anforderungen formuliert sein, damit die Kernfunktionalität u.a. für die Auswahl des ML-Algorithmus definiert ist. Beispielsweise muss für eine Klassifikation die Anzahl der Klassen oder bei einer Regression der Wertebereich definiert sein, um passende Hyperparameter für den Output festlegen zu können.
- Welche **Qualitätsmerkmale** sind gefordert und welche sind von besonderer Bedeutung in der konkreten Problemstellung? Die Auswahl der Qualitätsmerkmale ist projektspezifisch und kann neben den KI-spezifischen Qualitätsmerkmalen auch allgemeingültige nicht KI-spezifische Merkmale beinhalten. Hier ist eine beispielhafte Auswahl von immer wieder relevanten Qualitätsmerkmalen zusammengestellt:
  - **Genauigkeit:** Um eine hohe Genauigkeit zu erreichen, muss oft ein komplexer ML-Algorithmus gewählt werden. Dabei ist zu beachten, dass genauere Modelle auch häufig rechenintensiver und damit langsamer im Training oder späteren Einsatz sind. Man muss abwägen zwischen Komplexität des Modells und den zur Verfügung stehenden Ressourcen.
  - **Ressourcennutzung:** Nicht immer kann beliebig viel Rechen- und Speicherkapazität zur Verfügung gestellt werden, da die KI-Komponente, z.B. als ein Embedded System, Teil einer technischen Anlage ist. Bei der Wahl des Algorithmus muss man immer die zur Verfügung stehenden Ressourcen im Blick behalten.
  - **Geschwindigkeit des Trainings:** Je komplexer das Modell ist, desto länger dauert auch meist das Training. Je nachdem, wie flexibel ein Modell an neue Anforderungen angepasst werden muss, kann ein regelmäßiges *Nachtrainieren* (engl. retraining) des Modells erforderlich sein. Hier können ein weniger rechenintensiver ML-Algorithmus, eine einfachere Modellarchitektur und klug gewählte Hyperparameter die Trainingszeit deutlich verkürzen.

  - **Geschwindigkeit der Vorhersage:** Die Geschwindigkeit der Vorhersage kann sich erheblich von der Geschwindigkeit des Trainings unterscheiden. Die Geschwindigkeit der Vorhersage wird im Wesentlichen durch die Komplexität des Modells und die zur Verfügung stehenden Ressourcen im operativen Betrieb bestimmt. Wenn die fertige KI-Software Teil eines Echtzeitsystems ist, kann es notwendig sein, mit ML-Modellen zu arbeiten, die eine besonders kurze Vorhersagezeit benötigen.
  - Anforderungen an **Transparenz, Interpretierbarkeit und Erklärbarkeit:** Es gibt Algorithmen, die in sich erklärbar sind, wie z.B. Entscheidungsbäume. Will man Algorithmen verwenden, die nicht in sich erklärbar sind, wie z.B. neuronale Netze, können Ansätze aus dem Bereich der erklärbaren KI (XAI) angewendet werden. Dabei ist aber zu beachten, dass die Verwendung von XAI den Aufbau des ML-Modells und die Geschwindigkeit des Trainings beeinflussen kann (siehe Abschnitt 2.7).
- Welche **Art von Daten** steht für das Training des Modells zur Verfügung? Es gibt ML-Algorithmen, die sich besonders gut für bestimmte Arten von Daten eignen. Beispielsweise gibt es ML-Ansätze, die extra für die Verarbeitung von Bilddaten durch *Faltungsnetzwerke* (engl. convolutional neural networks, CNNs) (vgl. [Russell & Norvig 2020, S. 811 ff.]; [Sah 2018]) oder für die Verarbeitung von Zeitreihen mithilfe sogenannter *Long-Short-Term Memory Networks* (LSTM-Netze) (vgl. [Russell & Norvig 2020, S. 826 ff.]; [Dolphin 2020]) optimiert sind.
- **Wie viele Daten** stehen für die Entwicklung des ML-Modells zur Verfügung? Abhängig vom Algorithmus können mehr oder weniger Daten nötig sein. Im Allgemeinen werden für Algorithmen, die viele Details und komplexe Muster lernen müssen, mehr Daten benötigt. Es darf nicht vergessen werden, dass neben den Trainingsdaten auch ein aussagekräftiger Datensatz als Testdaten vorgehalten werden muss (siehe Abschnitt 4.2). Falls die Menge der Daten nicht ausreichend für die Anforderungen des Algorithmus ist, kann es zu einer *Überanpassung* (engl. overfitting) an den zu kleinen Datensatz kommen (siehe Abschnitt 3.5).
- Wie groß sind die **Eingabedaten**? Je größer die Anzahl der *Merkmale* (engl. features) in den Eingabedaten ist, die das Modell verarbeiten soll, desto mehr Rechenleistung muss für das ML-Modell zur Verfügung stehen. Einerseits leidet die Geschwindigkeit des Modells unter detaillierten Eingabedaten mit vielen Merkmalen. Andererseits kann durch detaillierte Eingabedaten eine höhere Genauigkeit erzielt werden, die mit einer geringeren Anzahl an Merkmalen nicht hätte erreicht werden können. Folglich muss man bei der Wahl des Modells dessen Komplexität, Genauigkeit und Geschwindigkeit gegenüber der Anzahl der Merkmale abwägen. Neben den Modellparametern kann auch die Anzahl der Merkmale in den Eingabedaten reduziert werden (z.B. Auflösung von Bildern).

- Welchen **Output** benötigt man? Nicht alle ML-Algorithmen können gleich gut auf einen gewünschten Output trainiert werden. Zum Beispiel müssen bei der Auswahl eines Clustering-Algorithmus auch die erwartete Anzahl von Klassen für die Clusterbildung einbezogen werden, da z.B. einige Modelle für Probleme mit mehr als einer Klasse (also nicht nur einer *ja/nein*-Entscheidung) ungeeignet sein können.
- Gibt es **Erfahrungswerte** aus ähnlichen Problemstellungen? Häufig gibt es bereits Projekte, die sich mit einer ähnlichen Fragestellung beschäftigt haben. Eine Recherche lohnt sich und kann Lösungsansätze aufzeigen, die man noch nicht in Betracht gezogen hat.
- Könnte das klappen (**Versuch und Irrtum**)? Oft gibt es nur eine Vermutung, welches der richtige ML-Ansatz für die Problemstellung sein könnte. Dann kann ein explorativer Ansatz gewählt werden: Getreu dem Ansatz *Versuch und Irrtum* (engl. Trial-and-Error) müssen manche Ideen einfach ausprobiert werden, um herauszufinden, ob sie einen vielversprechenden Lösungsansatz darstellen.

Unserer Erfahrung nach ist es besonders wichtig, Erkenntnisse aus anderen Projekten mit ähnlichen Fragestellungen mit einzubeziehen und mutig zu sein, Ansätze auszuprobieren. Dabei kann ein einfacher Prototyp sehr hilfreich sein, um zu prüfen, ob es sich lohnt, einen Ansatz oder eine Idee weiterzuverfolgen.

3.5 Overfitting und Underfitting

Wenn ein Modell durch maschinelles Lernen trainiert wird, muss während dieses Trainings immer wieder beurteilt werden, ob es ausreichend trainiert wurde. Dazu führen wir die beiden Begriffe *Overfitting* und *Underfitting* ein, die hierbei eine wichtige Rolle spielen. Manchmal werden auch die deutschen Begriffe *Überanpassung* und *Unteranpassung* verwendet.

Abbildung 3–12 skizziert, wie sich ein ML-Modell im Verlauf des Trainings mit jeder Iteration weiter an die Trainingsdaten anpasst und wie die Fehlerrate in der Vorhersage über das Training abnimmt. Zu Beginn ist das Modell noch zu wenig trainiert und nicht an die Trainingsdaten angepasst. Wenn das Training in dieser Phase abgebrochen wird, dann sprechen wir von Underfitting. Mit jeder weiteren Iteration oder Epoche nimmt im Idealfall die Fehlerrate in der Vorhersage ab und das Modell passt sich immer mehr an die Trainingsdaten an. Wenn sich das Modell zu sehr an die Trainingsdaten angepasst hat, wird von Overfitting gesprochen. Zur Beobachtung des Lernfortschritts kann man einen sogenannten *Validierungsdatensatz* verwenden (siehe Abschnitt 4.2). Dieser wird dem Modell im Training vorenthalten und lediglich zur Bestimmung der Fehlerrate in der Vorhersage des Modells verwendet. Dabei kann beobachtet werden, wie sehr sich das Modell bereits an die Trainingsdaten angepasst hat.

In den folgenden Abschnitten gehen wir genauer auf Over- und Underfitting ein, wie du Over- bzw. Underfitting erkennen kannst und welche Modelle besonders gefährdet sind, im Training in den Bereich von Over- bzw. Underfitting zu geraten.

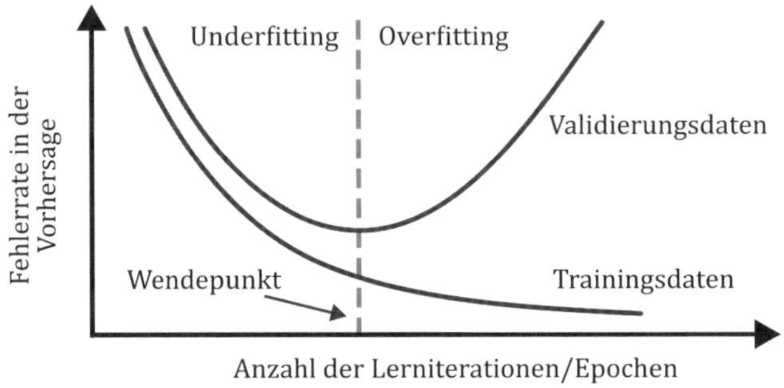

Abb. 3–12 *Under- und Overfitting im Verlauf des ML-Trainings (nach [Belkina et al. 2019, Abb. 1])*

3.5.1 Overfitting

Wir sprechen von Overfitting oder *Überanpassung*, wenn das Modell sich zu sehr an die Trainingsdaten angepasst hat. Dann ist das trainierte Modell nicht in der Lage, den grundlegenden Zusammenhang oder das Muster in den Daten zu erkennen. Dadurch verliert das Modell die Fähigkeit, zu verallgemeinern und später im Einsatz das Gelernte auf neue Daten anzuwenden. Das kannst du dir wie bei uns Menschen vorstellen: Wenn wir uns zu lange und zu detailliert mit einer Quelle zu einem Thema beschäftigen, kann es passieren, dass wir den Fokus auf den relevanten Inhalt des Themas verlieren und uns zu sehr auf diese eine Quelle und ihre Details versteifen. Das ist so, als ob man den Weg von Stadt A nach Stadt B über verschiedene Autobahnkreuze auswendig weiß, aber wenn eine Autobahn gesperrt ist, ist man aufgeschmissen und kennt keine alternative Route.

Besonders anfällig für Overfitting sind Modelle, die mit einem kleinen Datensatz trainiert werden. Dann besteht die Gefahr, dass aus den Trainingsdaten gar nicht das tatsächliche Muster abgeleitet werden kann. Auch komplexe Modelle neigen eher zum Overfitting als Modelle, deren Komplexität dem zu lernenden Zusammenhang angemessen ist. Ist das Modell zu komplex gewählt, besteht die Gefahr, dass sich das Modell sogar an zufällige Schwankungen (Rauschen) in den Daten oder an einzelne Ausreißer anpasst. Wie wir in Abbildung 3–13 c) im Vergleich zu b) sehen, hat das Modell in Abbildung 3–13 c) das Rauschen in den Daten mitgelernt.

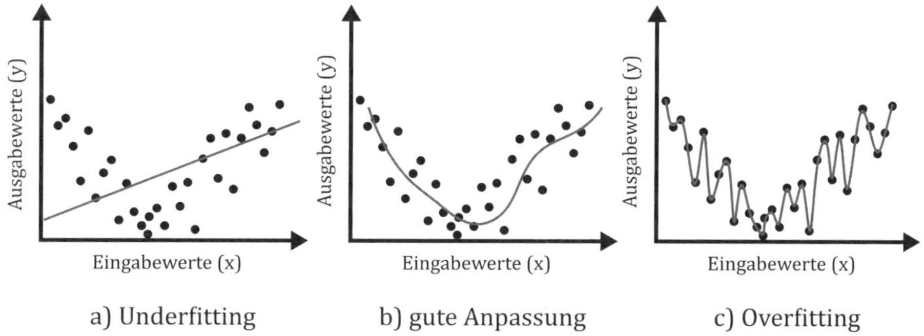

Abb. 3–13 *Under- und Overfitting an die Trainingsdaten durch die Wahl des Modells (Bild angelehnt an [Bhande 2018])*

Ein Overfitting während des Trainings zu erkennen ist manchmal gar nicht so leicht, da man während des Trainings nur eine immer vielversprechendere Genauigkeit beobachtet. Zwar funktioniert das Modell sehr gut mit den Daten, die im Training verwendet wurden, wenn man jedoch dem überangepassten Modell bislang unbekannte Daten mit dem Validierungsdatensatz präsentiert, erzielt das Modell eine vergleichsweise schlechte Genauigkeit.

Um der Gefahr des Overfitting zu begegnen, ist es einerseits wichtig, einen ausreichend großen Datensatz zu verwenden. Wenn dieser nicht vorliegt, kann man durch künstliche Datenerweiterung (Augmentation) einen Datensatz vergrößern. Andererseits ist es wichtig, ein Modell zu wählen, dessen Komplexität der Aufgabenstellung angemessen ist. Mit Methoden der Regularisierung kann die Komplexität des Modells eingeschränkt und so die Gefahr des Overfitting in der Lernphase reduziert werden [Nagpal 2017].

3.5.2 Underfitting

Wir sprechen von *Underfitting* oder *Unteranpassung*, wenn ein Modell nicht ausreichend trainiert wurde. Das Modell ist unausgereift und spiegelt nicht die grundlegenden Zusammenhänge zwischen den Eingabedaten und den Ergebnissen wider. Im Gegensatz zum Overfitting liefert das Modell beim Underfitting sowohl mit den Trainings- als auch mit den Validierungsdaten schlechte Ergebnisse.

Neben einem zu früh abgebrochenen Training (Abb. 3–12) kann auch die Art des gewählten Modells der Grund für ein Underfitting sein. Bei der Auswahl des Modells müssen Entwicklerinnen und Entwickler darauf achten, dass das Modell in der Lage ist, die Muster in den Daten zu erkennen. Bei einem unterangepassten Modell sind in der Regel Modellannahmen getroffen worden, die nicht die Komplexität der Muster in den Daten widerspiegeln (Abb. 3–13 a). Verwendet man beispielsweise ein lineares Modell, um einen nicht linearen Zusammenhang zu trainieren, kann das Modell den grundlegenden Zusammenhang nicht erlernen und liefert unabhängig von der Länge des Trainings unzureichende Ergebnisse.

Eine weitere Ursache für Underfitting kann ein unzureichender Trainingsdatensatz sein, der nicht die Merkmale enthält, um die grundlegenden Zusammenhänge zwischen den Eingabedaten und den Ergebnissen herzustellen. Das kann an der Auswahl der Merkmale oder an einer ungünstigen Auswahl des Trainingsdatensatzes liegen. Das Modell wird dann auch mit den Validierungsdaten keine genauen Vorhersagen treffen.

Wenn Underfitting vorliegt, müssen die Trainingsdaten und die Modellwahl erneut genau bewertet und hinterfragt werden, ob das Modell überhaupt in der Lage ist, anhand der Trainingsdaten die gewünschten Zusammenhänge in den Eingabedaten zu erlernen.

3.5.3 Übung: Demonstration von Overfitting und Underfitting

Im GitHub-Repository zu diesem Buch findest du im Verzeichnis *Kap03.5_Overfitting_Underfitting* ein Jupyter Notebook als Übung sowie eine Musterlösung.

Aufgabe 1: Erstelle zunächst einen Trainingsdatensatz für ein Regressionsmodell (siehe Abschnitt 3.1.1).

Aufgabe 2: Probiere verschiedene Regressionsmodelle aus und stelle fest, ob ein Over- oder Underfitting vorliegt. Dabei kannst du erfahren, welchen Einfluss die Auswahl der Trainingsdaten auf das Over- bzw. Underfitting haben kann.

4 ML-Daten – ein Einstieg

»Garbage In, Garbage Out«
George Fuchs (IBM-Programmierer)

Für maschinelles Lernen sind Daten sehr wichtig. In diesem Kapitel beschäftigen wir uns mit der Bedeutung der Daten im ML-Kontext. Wir befassen uns genauer mit der Datenerfassung und Datenvorbereitung für das Training von ML-Modellen und gehen näher darauf ein, wie wir Problemen und Herausforderungen im Kontext der Datenqualität begegnen.

KI-spezifische Schlüsselbegriffe aus dem Lehrplan:
Annotation (annotation), Anreicherung (augmentation), Klassifikationsmodell (classification model), Datenkennzeichnung (data labelling), Datenvorbereitung (data preparation), ML-Trainingsdaten (ML training data), überwachtes Lernen (supervised learning), Testdatensatz (test dataset), Validierungsdatensatz (validation dataset)

Weitere Schlüsselbegriffe in diesem Kapitel:
keine

4.1 Datenvorbereitung als Teil des ML-Workflows

Eine KI zieht ihr Wissen aus den Trainingsdaten, die man ihr präsentiert. Die Zuverlässigkeit von KI-Ergebnissen hängt wesentlich von der Korrektheit der Daten ab. Sind diese Daten ungültig oder nicht aussagekräftig, wird die KI auch nicht die gewünschte Ausgabe generieren. Die Daten selbst und die Datenvorbereitung sind daher das Herzstück einer KI-Entwicklung. So ist es auch nicht verwunderlich, dass durchschnittlich 43 % des Aufwands im ML-Workflow (siehe Abschnitt 3.2) in die Datenvorbereitung investiert werden. Im Folgenden wird beschrieben, dass die Datenvorbereitung viel manuelle Arbeit und explorative Ansätze beinhaltet. Im Vergleich dazu entfallen lediglich 17 % des Aufwands auf die Modellauswahl und -erstellung [URL: Kaggle-b]. Eine praktische Einführung in Data Science und die Datenvorbereitung findet sich in [Herbold 2022, S. 18 ff].

Die Datenvorbereitung ist der Teil der *Datenpipeline*, in dem die Rohdaten in die Form gebracht werden, die für die nachfolgenden Schritte im ML-Workflow erforderlich ist. Diese Aufbereitung gilt dann für Training, Test und auch Vorhersage in gleicher Weise. Änderungen in der Datenvorbereitung gehen normalerweise mit einem erneuten Training einher, da sich das Modell an die Datenform anpasst. Die Datenvorbereitung setzt sich im Wesentlichen aus drei Hauptaktivitäten zusammen, die jeweils mehrere Aktivitäten beinhalten können (siehe Abb. 4–1):

- Datenbeschaffung
- Vorverarbeitung der Daten
- Merkmalsermittlung

Diese Aktivitäten werden meist durch Methoden der explorativen Datenanalyse (EDA) unterstützt. Häufig sind es Menschen mit großer Expertise in Data Science und Datenanalyse, die diese Aufgaben übernehmen. Doch auch Testerinnen und Tester sollten diese aus der Sicht der Qualitätssicherung betrachten und unterstützen. In den folgenden Abschnitten gehen wir auf die verschiedenen Aktivitäten und die Anwendung der explorativen Datenanalyse ein.

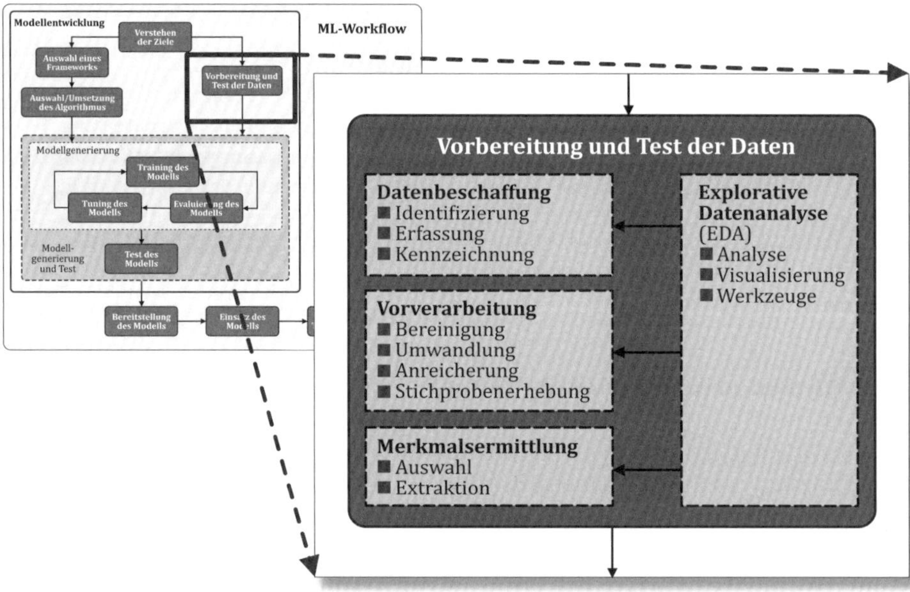

Abb. 4–1 *Die Schritte zu Vorbereitung und Test der Daten innerhalb des ML-Workflows (siehe Abschnitt 3.2) im Detail*

4.1.1 Datenbeschaffung

Die Datenbeschaffung setzt sich im Wesentlichen aus den folgenden Aktivitäten zusammen:

- **Identifizierung** (engl. identification): Im ersten Schritt wird die Art von Daten festgelegt, die von einem ML-Modell zur Vorhersage verwendet werden soll. Für ein selbstfahrendes Auto kann für die Abstandsmessung eine Kombination aus Radar-, Video- und Lidar-Daten (eine Form des dreidimensionalen Laserscannings) notwendig sein. Welche Daten vorliegen, muss für spätere Vorverarbeitungsschritte definiert werden.
- **Erfassung** (engl. gathering): Woher kommen die Daten oder wie kann man sie erheben? Mit diesen zwei Fragen müssen sich die Verantwortlichen beschäftigen, wenn sie die Datenerfassung definieren und durchführen. Bei einem selbstfahrenden Auto haben diese beispielsweise entschieden, Kamerabilder und Radarsensoren zu verwenden, und müssen nun abwägen, ob sie diese Daten selbst erfassen, von einem Drittanbieter kaufen oder von einer öffentlichen Datenquelle beziehen. Wenn es dagegen um die *Vorhersage von Aktienkursen* (engl. stock prediction) geht, könnte auch der Internationale Währungsfonds (IWF) als Quelle für Finanzdaten verwendet werden. Im Zuge dessen müssen die Datenquellen ggf. mit ihren Schnittstellen/Kanälen und Übertragungsarten identifiziert werden, über die das KI-basierte System Daten übermittelt bekommt. Auf diese Weise kann man sicherstellen, dass die Daten zuverlässig und korrekt übermittelt werden.
- **Kennzeichnung** (engl. labelling): Für das überwachte Lernen (siehe Abschnitt 3.1.1) müssen die Daten mit *Kennzeichnungen* (engl. lables) für die erwartete Ausgabe vorliegen. Ist das bei den erfassten Daten noch nicht der Fall, kann es einen hohen manuellen Aufwand bedeuten, dies nachzuholen. Dazu kannst du mehr in Abschnitt 4.5 erfahren.

Die in den Daten enthaltenen Größen können, wie in Tabelle 4–1 gezeigt, unterschiedliche Eigenschaften haben.

Datentyp	Beispiele
numerisch	Temperatur, Alter, Umsatz
kategorisch	Klassen, Boolean – true/false
visuell	Foto- und Video-Kameraaufnahmen
tabellarisch	Datenbankexport
textuell	Forumseinträge, Buchinhalte, Social-Media-Beiträge, Kundenbewertungen
medizinisch	Blutdruck, Blutzuckerwert, Laborergebnisse
geografisch, raumbezogen	Koordinaten, Abstand, Geschwindigkeit
akustisch (audio)	Tonmitschnitte
etc.	etc.

Tab. 4–1 *Auflistung einiger Datentypen mit Beispielen*

Daten können auch ganze Zeitreihen beinhalten, wenn mehrere Datenpunkte über einen gewissen Zeitraum erfasst wurden. Typischerweise ist dies u.a. bei Wetterdaten, Börsenkursen oder Verkaufszahlen im Laufe der Zeit der Fall.

4.1.2 Vorverarbeitung der Daten

An die Datenbeschaffung schließt sich die Vorverarbeitung der Daten an, die im Wesentlichen aus den folgenden Aktivitäten besteht:

- **Bereinigung** (engl. cleaning): Bei der Datenerfassung können durchaus Fehler passieren. Sei es, dass ein Mensch einen falschen Wert in einem Formular erfasst oder dass ein Sensor defekt ist und keine oder falsche Werte misst. Dies kann einen umfangreichen manuellen Aufwand bedeuten, da bewertet werden muss, welche Datenpunkte bereinigt werden müssen. Dazu zählen schlicht fehlerhafte Daten, doppelte Daten oder Ausreißer mit überproportional großen oder kleinen Werten. Bereinigung bedeutet nicht unbedingt das Entfernen von fehlerhaften Daten. Manchmal können die Daten auch korrigiert werden, wenn die korrekten Werte bekannt sind oder eine gute Abschätzung getroffen werden kann. Für eine Abschätzung kann sich der Mittelwert, der Median oder der häufigste Wert in einer Stichprobe (Modus) eignen.

  Zur Bereinigung von Datensätzen kann auch gehören, dass personenbezogene Merkmale in den Daten entfernt oder anonymisiert werden, sodass keine Rückverfolgung auf Informationen einzelner Personen mehr möglich ist.

- **Umwandlung** (engl. transformation): Die Daten sollten in einem einheitlichen Format vorliegen. Wenn einige Temperaturmessungen in Grad Celsius vorliegen und andere in Fahrenheit, dann muss man sich für eine Einheit entscheiden und die anderen Messpunkte in diese umwandeln (siehe Tab. 4–2). Ein anderes Beispiel sind unterschiedliche Datumsformate (britisch: 04/05/2023, amerikanisch: 05/04/2023, deutsch: 04.05.2023). Manche Formate eignen sich beim Training von ML-Modellen besser als andere. Meist ist eine Umwandlung von kategorischen Daten oder Zeichenketten in numerische Daten oder sogar in eine binäre Darstellung sinnvoll (*One-Hot-Codierung*).

  Ein weiteres Beispiel ist eine Zeichenkette, die eine Adresse darstellt. Für ein ML-geeignetes Format ist es sinnvoller, die Zeichenkette in ihre einzelnen Bestandteile wie Straße, Hausnummer, Postleitzahl, Stadt und Land aufzuteilen und in einen Zahlencode zu übersetzen. Zusätzlich sollten so auch Informationen, die für das Modell irrelevant sind, aus der Verarbeitungskette herausgenommen werden. Sie lenken von den relevanten Informationen ab und bringen dem Modell keinen Mehrwert. Dazu zählen auch Attribute oder Bezeichner, die lediglich auf Zufall beruhen oder einfach durchgezählt werden, wie eine Patienten-ID.

  Auch eine Konvertierung des Bildformats (komprimierte Formate wie z.B. JPEG und PNG), die Auswahl eines Bildausschnitts oder die Anpassung der Abmessungen der Bilder in Pixel kann die Leistung eines Modells später erhöhen.

  Eine Transformation von kontinuierlichen Daten durch eine Normierung oder Standardisierung wirkt sich oft positiv auf das spätere Lernverhalten von ML-Algorithmen aus. Bei der *Normierung* skaliert man eine Datenreihe auf einen Wertebereich, beispielsweise zwischen 0 und 1. Im Beispiel in Tabelle 4–2 dividieren wir dazu alle Temperaturwerte durch den Maximalwert *max*. Bevor sinnvoll normiert werden kann, müssen Ausreißer entfernt worden sein. Insbesondere künstliche neuronale Netze profitieren von einer *Standardisierung*, da sie zur Stabilisierung des Trainingsverhaltens beitragen kann [Chng 2022]. Bei der Standardisierung werden die Daten so skaliert, dass sie einen Mittelwert von 0 und eine Standardabweichung von 1 haben. Dafür ziehen wir, wie in Tabelle 4–2 exemplarisch dargestellt, von jedem Wert der Datenreihe den Mittelwert *mean* ab und teilen durch die Standardabweichung *sd* der Datenreihe.

Monat im Jahr 2022	Mittlere Temperatur	Mittlere Temperatur in °C	Normierte Daten (*max* = 20,2)	Standardisierte Daten (*mean* = 10,5 °C; *sd* = 6,3)
Januar	2,8 °C	2,8	0,14	-1,22
Februar	4,5 °C	4,5	0,22	-0,95
März	5,1 °C	5,1	0,25	-0,86
April	46,04 °F	7,8	0,39	-0,43
Mai	14,4 °C	14,4	0,71	0,61
Juni	18,3 °C	18,3	0,91	1,23
Juli	19,1 °C	19,1	0,95	1,35
August	68,36 °F	20,2	1	1,53
September	13,4 °C	13,4	0,66	0,45
Oktober	12,5 °C	12,5	0,62	0,31
November	6,4 °C	6,4	0,32	-0,65
Dezember	1,8 °C	1,8	0,09	-1,38

Tab. 4–2 *Datentransformation am Beispiel der monatlichen Durchschnittstemperaturen in Deutschland im Jahr 2022 [URL: Opendata]*

- **Anreicherung** (engl. augmentation): Bei der Anreicherung werden neue Datenpunkte erstellt und dem ursprünglichen Datensatz hinzugefügt. Dafür verändern die Data Scientists die bestehenden Daten, wobei sie aber den zu lernenden Inhalt beibehalten. Zur Anreicherung eines Datensatzes, der zur Objektklassifikation auf Bildern dienen soll, könnten neue Bilder von Objekten einer Klasse erzeugt werden, indem bereits vorhandene Bilder vergrößert, gedreht oder der Bildausschnitt verschoben wird. Die Anreicherung von Datensätzen hat aber auch Grenzen. Ist der zugrunde liegende Datensatz sehr klein, hat eine Anreicherung nur einen begrenzten Effekt. Ziel ist es, die Datenmenge in einem Datensatz zu erhöhen, und so beim Training des Modells eine höhere Genauigkeit zu erreichen. Eine Ausführung dazu findest du im Praxisbeispiel 4–1 zur Heizungssteuerung.

  Durch eine Anreicherung kann man Modelle zudem auch gegen gegnerische Angriffe robuster machen. Darauf gehen wir genauer in Abschnitt 9.1 ein.

Praxistipp

Wenn nur wenig Daten zur Entwicklung des Modells vorliegen, kannst du schnell und einfach nachhelfen und die Datenbasis vergrößern. Zur Datenanreicherung bieten einige ML-Frameworks Funktionen an, die du einfach auf deine eigenen Datensätze anwenden kannst. Wenn du mehr zu diesem Thema recherchieren möchtest, kannst du unter dem englischen Schlagwort *data augmentation* suchen. Übrigens kann es sich auch bei anderen Themen lohnen, mit dem entsprechenden englischen Schlagwort zu recherchieren. Eine sehr anschauliche Einführung in die Datenanreicherung von Bilddaten findest du in [Madhugiri 2022].

- **Stichprobenerhebung** (engl. sampling): Selten, aber es kommt vor, dass man zu viele Daten hat und den Datensatz nicht erweitern, sondern reduzieren möchte. Ein kleinerer Datensatz kann Kosten und Zeit für die Erstellung des ML-Modells verringern oder reduziert die Daten, die in einen ML-Framework-Service hochgeladen werden müssen. Wenn mit einer Stichprobenerhebung ein kleinerer Datensatz aus dem größeren Datensatz zusammengestellt wird, ist es wichtig, dass dabei die Daten repräsentativ ausgewählt werden. Das bedeutet, dass immer noch alle zu lernenden Eingabegruppen und Eigenschaften in der Stichprobe ausreichend repräsentiert sind. Ein medizinischer Datensatz zu einer Erkrankung sollte also nicht nur positive und negative Diagnosen enthalten, sondern auch alle wesentlichen Eigenschaften der Patientinnen und Patienten realitätsnah repräsentieren.

Bei all den Vorbereitungsaktivitäten solltest du beachten, dass diese das Risiko bergen, dass gültige Daten verfälscht werden, verloren gehen oder sogar ungültige Daten hinzugefügt werden.

Praxisbeispiel 4–1: Heizungssteuerung (Erweiterung)

Im Praxisbeispiel 1–1 haben wir unsere ersten Versuche, das Display einer Heizungssteuerung zu erkennen, beschrieben. Zunächst konnten wir keine gute Genauigkeit erzielen. Die KI hat schlichtweg nicht funktioniert. Als wir herausgefunden hatten, dass wir doch sehr viele doppelte Bilder verwendeten, unternahmen wir einen neuen Versuch.

Nachdem wir den Datensatz im Zuge der Datenvorbereitung bereinigt hatten, sind mit gut 200 Bildern von der Anzeige der Heizungssteuerung vergleichsweise wenig Bilder übriggeblieben. Daher haben wir unseren Datensatz erweitert, indem wir aus den verbliebenen Bildern durch Veränderungen neue erzeugt haben. Die veränderten Bilder haben wir zu dem bestehenden Datensatz hinzugefügt. Dabei veränderten wir die folgenden Eigenschaften der Bilder:

- Helligkeit
- Ausrichtung der Bilder durch Rotation
- Bildausschnitt durch Zuschneiden/Zoomen
- Bildausschnitt durch Verschiebung des Bildes in horizontaler und vertikaler Richtung
- Kontrast
- Farbpalette

4.1.3 Merkmalsermittlung

Bevor die vorverarbeiteten Daten zum Training eines ML-Modells herangezogen werden, werden die relevanten Merkmale ermittelt. Die Merkmalsermittlung besteht im Wesentlichen aus zwei Aktivitäten:

- **Auswahl von Merkmalen** (engl. feature selection): Von einem *Merkmal* sprechen wir, wenn wir ein Attribut/eine Eigenschaft beschreiben wollen, das/die sich in Daten widerspiegelt. Stell dir eine Tabelle vor, in der jede Zeile einen Datenpunkt beschreibt und jeder Datenpunkt durch die Angaben in den einzelnen Spalten näher definiert wird. Dann stellt jede Spalte ein Merkmal dar. Oft sind nicht alle Merkmale, die in einem Datensatz vorhanden sind, für das Lösen einer Aufgabenstellung relevant. Dann ist es sinnvoll, die Merkmale, die nicht zur Modellbildung und -vorhersage beitragen sollen, zu entfernen. Ein Modelltraining mit irrelevanten Merkmalen kann eine verlängerte Gesamttrainingszeit benötigen und zu Overfitting neigen (siehe Abschnitt 3.5.1). Des Weiteren kann durch irrelevante Daten ein unnötiges Rauschen in den Daten entstehen, das zu einer reduzierten Genauigkeit des Modells führen kann. Ein Modell, das nur mit den relevanten Merkmalen trainiert wurde, ist nicht nur kostengünstiger und in der Regel auch genauer, sondern kann leichter auf ähnliche Aufgabenstellungen übertragen werden und ist somit leichter zu verallgemeinern.

  Es gibt auch Merkmale, die zwar im direkten Zusammenhang mit der Ausgabe stehen, die aber explizit keinen Einfluss auf das resultierende Modell nehmen sollen – etwa das Geschlecht einer Person, deren Bewerbungsschreiben in einem Bewerbungsprozess bewertet werden soll. Auch diese Merkmale müssen entfernt werden. Auf Merkmale, die keinen Einfluss auf ein Modell haben sollen und zu versteckter Diskriminierung führen können, wird genauer in Abschnitt 2.4 eingegangen.

- **Extraktion von Merkmalen** (engl. feature extraction): Nicht immer entspricht ein Merkmal genau einem Attribut. Stell dir ein Bild mit vielen Pixeln vor: Hier können Merkmale auch aus einer Kombination mehrerer Pixeleigenschaften zusammengefügt werden. Liegen in einem Datensatz beispielsweise die Koordinaten von zwei Punkten (P_1, P_2) im dreidimensionalen Raum (x, y, z) vor, könnte deren Abstand ein wichtiges Merkmal darstellen. Man kann diesen sehr einfach durch die Abstandsformel $\sqrt{(x_2 - x_1)^2 + (y_2 - y_1)^2 + (z_2 - z_1)^2}$ berechnen und als extrahiertes Merkmal verwenden. Bei der Extraktion von Merkmalen werden also informative und nicht redundante Merkmale aus einer Menge von Merkmalen abgeleitet. So können Informationen zusammengefasst und die Anzahl der Merkmale reduziert werden. Das ermöglicht es, ein ML-Modell schneller und kostengünstiger bei gleichbleibender Genauigkeit zu erstellen.

Die Datenvorbereitung folgt selten einem sequenziellen Ansatz, auch wenn die Datenvorbereitungsaktivitäten hier in einer logischen Reihenfolge dargestellt sind. Die Datenanalysten müssen den Datensatz erst kennenlernen und Tücken sowie Potenziale in Form von Mustern und Trends in den Daten ausfindig machen. Dies wird unter dem Begriff *explorative Datenanalyse* zusammengefasst, kurz EDA (siehe Abb. 4–1). Dazu ist eine visuelle Aufbereitung der Daten durch Histogramme, Boxplots, Streudiagramme, Kuchendiagramme, Heatmaps oder Quantil-Quantil-Diagramme hilfreich. Zwischen den Datenvorbereitungsschritten, begleitet durch explorative Analysen, wird dann häufig vor- oder zurückgesprungen. In manchen Projekten sind Vorbereitungsschritte aufwendiger als in anderen – vielleicht sogar überflüssig, wenn man von einem Serviceanbieter bereits sauber kuratierte und aufbereitete Daten einkauft. Wie sich die EDA gestaltet, ist von Projekt zu Projekt sehr unterschiedlich. Sie ist aber sehr wichtig, um den Datensatz im Sinne der Aufgabenstellung vorzubereiten, und zahlt sich bei der Modellqualität später aus, auch wenn sie mitunter zeitaufwendig ist.

Einige Datenvorbereitungsschritte, wie die Identifizierung der Datenquelle als Teil der Datenbeschaffung, muss man nur einmal durchführen. Eine Automatisierung lohnt sich bei einmalig durchgeführten Schritten im Normalfall nicht. Andere Aufbereitungsschritte, wie Ausreißer entfernen, Merkmale zusammenfassen oder Formate ändern, müssen vielleicht bei veränderten Rohdaten, aber auch auf Daten im operativen System angewandt werden. Dann lohnt es sich, automatisierte Datenpipelines für das Training und die operative Anwendung mit Livedaten zu erstellen.

4.1.4 Herausforderungen bei der Datenvorbereitung

Wie bereits erwähnt, ist die Datenvorbereitung selten einfach und sequenziell. Einigen Herausforderungen wie den folgenden wirst du immer wieder begegnen:

- **Bedarf an Wissen über den Anwendungsbereich:** Im Idealfall ist vor Projektstart der genaue Anwendungsbereich des zu entwickelnden Systems bekannt. Die Realität sieht oft anders aus. Wenn nur wenig Wissen über den Anwendungsbereich vorhanden ist, fällt vor allem die Merkmalsermittlung schwer.
- **Bedarf an Wissen über die Daten und ihre Eigenschaften:** Wenn die zu verwendenden Daten und ihre Eigenschaften nicht bekannt sind, kann über potenzielle Datenvorbereitungsschritte, insbesondere bei der Vorverarbeitung, nur spekuliert werden.
- **Bedarf an Wissen über die verschiedenen Techniken der Datenvorbereitung:** Die Schritte der Datenvorbereitung sind sehr vielschichtig und typischerweise Aufgabe erfahrener Data Scientists. Neben viel Erfahrung in statistischen und anderen mathematischen Verfahren sind Programmierkenntnisse oder der Umgang mit spezialisierten Werkzeugen zur EDA notwendig. Fehlen diese, können fehlerhafte Daten zu schlechten oder gar unbrauchbaren ML-Modellen führen.
- **Qualitativ hochwertige Datenquellen:** In der Zeit der Digitalisierung scheinen Daten leicht zugänglich zu sein. In der Realität begegnen wir aber oft unstrukturierten oder unvollständigen Datensätzen.
- **Automatisierung der Datenpipeline:** Aufbereitungsschritte, die mit Fachwissen manuell durchgeführt werden, zu automatisieren, kann eine herausfordernde Aufgabe sein. Zusätzlich muss sichergestellt werden, dass die Produktionsdatenpipeline nicht nur skalierbar ist, sondern auch die für die Produktivumgebung nötige Performanz aufweist.

- **Kosten für die Datenvorbereitung:** Wie in den vorherigen Abschnitten beschrieben, ist die Datenvorbereitung umfangreich und setzt sich aus den Aktivitäten der Datenbeschaffung, Datenvorverarbeitung und der Merkmalsermittlung zusammen. Das ist zeitaufwendig und kann mitunter kostspielig sein, insbesondere wenn stetig neue oder aktualisierte Daten verwendet werden sollen. Auch der Aufwand für die Automatisierung einer Datenpipeline und deren Wartung darf bei einer Kostenabschätzung nicht vergessen werden.
- **Qualitätssicherung der Datenvorbereitung:** Sowohl bei der manuellen als auch bei der automatisierten Datenvorbereitung können Fehler unbemerkt in Daten eingebracht werden. Wenn man der Überprüfung auf Fehlerzustände nicht genügend Priorität einräumt, kann die Effektivität des Trainings und die Qualität des Endprodukts darunter leiden. Entdeckt und behebt man einen Fehler früh in der Entwicklung, ist das immer günstiger, als wenn dieser erst im Produktivsystem auffällt und später zu Unzufriedenheit bei den Nutzerinnen und Nutzern führt.
- **Unbemerkte Stichprobenverzerrung:** Bei der Merkmalsermittlung kann sich eine Stichprobenverzerrung einschleichen, wenn die ausgewählten Merkmale für die Aufgabenstellung nicht repräsentativ sind oder nicht in ausreichender Anzahl repräsentiert sind. Eine Stichprobenverzerrung erst nach der Modellentwicklung zu entdecken und zu beheben, kann zeit- und kostspielig sein. In Abschnitt 2.4 wird beschrieben, was eine Stichprobenverzerrung bzw. ein Stichprobenbias ist. Wie du auf Stichprobenbias testen kannst, erfährst du in Abschnitt 8.3.

4.1.5 Übung: Datenvorbereitung für ML

Im GitHub-Repository zu diesem Buch findest du im Verzeichnis *Kap04.1_Datenvorbereitung* ein Jupyter Notebook, mit dem du selbst an einem Datensatz einige Schritte der eben beschriebenen Datenvorbereitung vornehmen kannst. Neben den unten skizzierten Aufgaben findest du dort auch eine Anleitung zur Lösung sowie den aufbereiteten Datensatz als Musterlösung.

Aufgabe 1: Lies den Iris-Datensatz aus der CSV-Datei ein und analysiere, ob die eingelesenen Informationen konsistent sind, und korrigiere diese.

Aufgabe 2: Finde fehlerhafte Einträge mit numerischen Ausreißern oder fehlenden Werten und entferne oder korrigiere diese.

Aufgabe 3: Finde und entferne irrelevante Informationen wie Duplikate oder überflüssige Spalten.

Aufgabe 4: Wandle kategorische Merkmale in numerische um, da sich numerische Daten im Allgemeinen besser für ein Training eines ML-Modells eignen als kategorische Daten.

4.2 Trainings-, Validierungs- und Testdatensätze

Im Workflow des maschinellen Lernens, den wir in Abschnitt 3.2 kennengelernt haben, spielen Daten eine zentrale Rolle. Im vorangegangenen Abschnitt haben wir erklärt, wie wir diese Daten auf ihre eigentliche Nutzung hin vorbereiten. Hier beschreiben wir, wie diese Daten für die folgenden Aktivitäten Training, Evaluation und Test in drei jeweils zugeordnete Datensätze aufzuteilen sind (siehe Abb. 4–2):

- Der **Trainingsdatensatz** wird ausschließlich zum Trainieren des ML-Modells genutzt.
- Der **Validierungsdatensatz** ermöglicht bei der Evaluierung des Modells, die funktionalen Leistungsmetriken (z.B. Genauigkeit oder Präzision) unabhängig von den Trainingsdaten zu ermitteln. Das erlaubt ein effektives Tuning des Modells und die Ermittlung von Indikatoren für ein potenzielles Overfitting (siehe Abschnitt 3.5).
- Der **Testdatensatz** wird erst zum Abschluss der Modellgenerierung verwendet. Mit ihm kann man die funktionalen Leistungsmetriken des generierten ML-Modells unabhängig vom Trainings- und Validierungsdatensatz überprüfen. Daher darf der Testdatensatz auf keinen Fall im Training oder in der Evaluierung benutzt werden. Man muss ihn bis zum Schluss zurückhalten und bezeichnet ihn auch als *Holdout-Datensatz*.

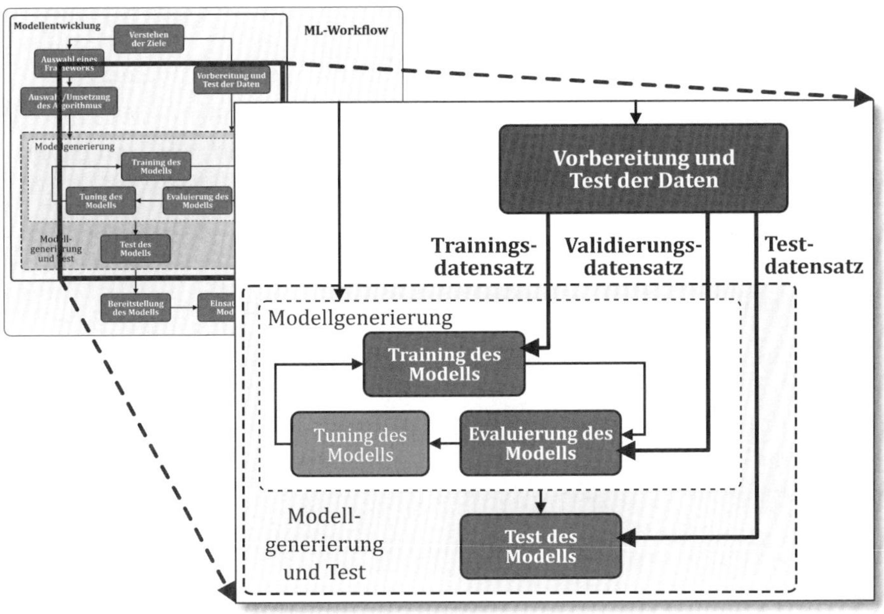

Abb. 4–2 *Ein genauerer Blick auf den ML-Workflow (siehe Abb. 3–9) und die Aufteilung und Nutzung der vorbereiteten Daten in Trainings-, Validierungs- und Testdaten*

Eine Bemerkung zu dem Begriff *Datensatz*: Damit meinen wir in diesem Buch eine bestimmte Menge von Daten, die in sich einheitlich strukturiert sind, z.B. in einem standardisierten Datenformat. Deren Inhalt ist dabei immer für einen bestimmten Zweck (z.B. das Training des Modells) zusammengestellt.[1] Der ISTQB®-Lehrplan definiert diesen etwas einfacher:

> **Datensatz:** Eine Sammlung von Daten, die für das Training, die Evaluierung, das Testen und die Vorhersage in ML verwendet werden.

Viele Projekte – und auch wir in diesem Buch – verwenden hierfür vereinfachend den Begriff *Daten*, wie z.B. in Testdaten oder Trainingsdaten.

Für die drei aufgeteilten Datensätze ist nicht nur wichtig, dass eine klare Trennung zwischen diesen sichergestellt wird, sondern auch, dass diese jeweils für sich eine vergleichbare Verteilung der enthaltenen Daten widerspiegeln, wie z.B. die ermittelten Merkmale oder Labels (siehe Abschnitt 4.1). Wenn die Daten für einen Katze-Hund-Klassifikator jeweils zur Hälfte aus Katzenbildern und zur Hälfte aus Hundebildern bestehen, sollten jeweils auch die aufgeteilten Trainings-, Validierungs- und Testdatensätze etwa zur Hälfte jede der beiden Tierarten enthalten.

Wie werden nun die vorbereiteten Daten in die drei zuvor genannten Datensätze aufgeteilt? Um es gleich vorwegzunehmen: Es gibt hierfür keine feste Vorgabe oder optimale Methode. Auch an dieser Stelle kommt es auf die vorliegende Projektsituation an:

- Wie viele (oder wie wenige) Daten stehen überhaupt zur Verfügung?
- Welcher Algorithmus wird zum Trainieren des ML-Modells verwendet? Ein CNN zur Verarbeitung von Bildern wird viel mehr Daten zum Training benötigen als ein Entscheidungsbaum.
- Gibt es Limitierungen in den Ressourcen, wie der Rechenleistung, der Netzwerkbandbreite, dem Festplattenplatz oder dem Arbeitsspeicher?
- Ist der verfügbare Zeitrahmen im Projekt eng begrenzt?

Stehen in einem Projekt sehr viele Daten, quasi eine unbegrenzte Datenmenge zur Verfügung, so dominieren die Fragen nach dem Zeitrahmen im Projekt sowie den verfügbaren Ressourcen. Um etwa den Zeit- oder Budgetrahmen sowie Hardwarebeschränkungen einhalten zu können, ist es notwendig, nur einen Teil der Datensätze zu verwenden (siehe Abb. 4–3 a).

1. In Anlehnung an die Definition der ISO/IEC 22989 [ISO/IEC 22989].

In den allermeisten Projekten ist jedoch die Situation so, dass nur eine begrenzte Menge an Daten zur Verfügung steht, die für Training, Evaluierung und Test verwendet werden kann. In diesem Fall muss zuerst der Testdatensatz (Holdout-Datensatz) abgetrennt werden. Dessen Daten dürfen keinesfalls in der Modellgenerierung verwendet werden. Nur so kann der abschließende Test mit diesen Daten die Qualität des generierten Modells unabhängig widerspiegeln.

Nach Abtrennung der Testdaten werden die verbleibenden Daten in Trainings- und Validierungsdatensätze aufgeteilt, wie in Abbildung 4–3 b) gezeigt. Die resultierenden Größenverhältnisse (Trainingsdaten:Validierungsdaten:Testdaten) können dabei variieren. Als Richtwert kannst du typische Verhältnisse zwischen 60:20:20 und 80:10:10 verwenden, die wir sehr häufig in Projekten sehen.

Um gerade bei kleinen Datenmengen dennoch ein effektives Training zu ermöglichen, können dafür Aufteilungsmethoden verwendet werden, die nicht nur einen Trainings- und einen Validierungsdatensatz erzeugen, sondern gleich mehrere Kombinationen davon. Mit diesen Trainings-Validierungsdatensatz-Kombinationen werden dann mehrere Modelle generiert. Die Gesamtleistung des resultierenden Modells wird aus dem Durchschnitt der Leistung der einzelnen Modelle ermittelt. Typische Aufteilungsmethoden, die wir im Exkurs »Aufteilungsmethoden für Trainings- und Validierungsdaten« (S. 99) genauer erklären, sind:

- Split-Test (auch %-*Split* oder einfach nur *split*)
- Bootstrap
- k-fache Kreuzvalidierung (*k-fold crossvalidation*)
- Leave-One-Out-Kreuzvalidierung (*leave-one-out crossvalidation*)

Wir betonen hier noch einmal, dass bei allen Aufteilungsmethoden das Zufallsprinzip eine wichtige Rolle spielt (siehe auch den Praxistipp auf der nächsten Seite), um die Repräsentativität der Trainings- und Validierungsdatensätze zu unterstützen.

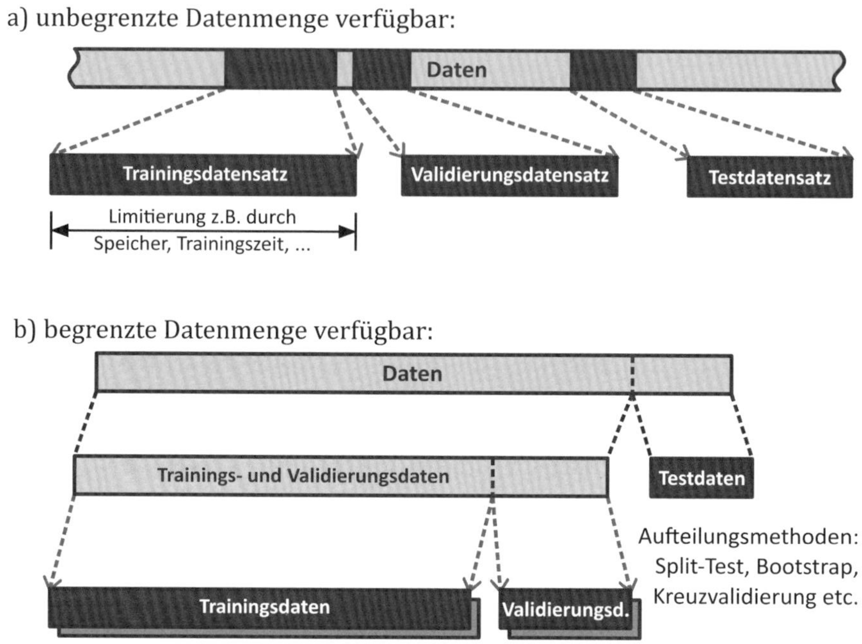

Abb. 4–3 *Die beispielhafte Aufteilung der Daten in Trainings-, Validierungs- und Testdatensätze wird (a) bei unbegrenzter Verfügbarkeit durch Gegebenheiten im Projekt bestimmt, oder es werden bei begrenzter Datenmenge (b) besondere Selektionsmethoden eingesetzt. Die jeweils erzeugten Datensätze, ggf. in mehreren Varianten, sind aber immer disjunkt (teilen sich keine Daten).*

Praxistipp

Die meisten KI-Entwicklungs-Frameworks stellen eine Funktion zur Aufteilung eines Datensatzes in Trainings-, Validierungs- und Testdaten nach dem Zufallsprinzip zur Verfügung. Dennoch solltest du das Ergebnis nochmals überprüfen und beispielsweise die Häufigkeitsverteilung über die verschiedenen Merkmale vergleichen. Nicht jedes Framework teilt die Daten auf genau gleiche Weise auf.

Außerdem ist es hilfreich, den Startwert der *Pseudozufallsgeneratoren*[2] (meist als *random seed* bezeichnet) in den Einstellungen vorzugeben, aber auch zur Dokumentation mit den Ergebnissen festzuhalten. Auf diese Weise ist der Aufteilungsvorgang trotz des Zufallsprinzips reproduzierbar. Das machen wir uns auch in der praktischen Übung zu diesem Kapitel zunutze. Manchmal ist es sogar sinn-

2. Ein Pseudozufallsgenerator erzeugt eine Sequenz von Zahlen, die nur scheinbar zufällig aussieht. Tatsächlich folgt die Sequenz einer deterministischen Abfolge, die sich nach einer bestimmten (sehr langen) Länge wiederholt. Der Startwert bestimmt den Einstiegspunkt in diese Sequenz.

voll, mehrere Startwerte der Zufallsgeneratoren als Hyperparameter durchzuprobieren: Gerade bei kleinen Datenmengen erkennst du so, wie sehr (oder wie wenig) das trainierte Modell von der Aufteilung in die Datensätze abhängt.

4.2.1 Übung: Identifizieren von Trainings- und Testdaten und Erstellen eines ML-Modells

Im GitHub-Repository zu diesem Buch findest du im Verzeichnis *Kap04.2_Datensätze_aufteilen* die notwendigen Daten, eine Anleitung sowie eine Musterlösung.

Aufgabe 1: Teile die in der praktischen Übung in Abschnitt 4.1.5 vorbereiteten Daten mithilfe des bereitgestellten Jupyter Notebook und einiger Python-Befehle in Trainings-, Validierungs- und Testdatensätze auf. Die Daten sollen im Verhältnis 80:10:10 aufgeteilt sein.

Aufgabe 2: Trainiere mit den Trainings- und Validierungsdatensätzen einen Klassifikator mithilfe eines Entscheidungsbaums und ermittle dessen Genauigkeit (siehe Abschnitt 5.1) über alle Ergebnisklassen.

Aufgabe 3: Worin liegt der Unterschied zwischen Validierung und Test? Vergleiche dazu die jeweils erzielten Genauigkeiten.

4.2.2 Exkurs: Aufteilungsmethoden für Trainings- und Validierungsdaten

Nach Abtrennung der Testdaten von allen vorbereiteten Daten verbleibt ein Datensatz, der zum Training und zur Validierung des Modells vorgesehen ist. In Abbildung 4–3 b) haben wir verschiedene Aufteilungsmethoden erwähnt, die aus diesem Datensatz verschiedene Kombinationen von Trainings- und Validierungsdatensätzen (TVD) erzeugen. Eine kleine Auswahl der gängigsten Methoden (siehe auch [Russell & Norvig 2020]) wollen wir über den CT-AI-Lehrplan hinausgehend etwas genauer umreißen.

Split-Test, %-Split, Split

Bei dieser sehr einfachen Methode, die je nach Quelle *Split-Test*, *%-Split* oder auch nur *Split* heißt, wählt man durch einen Zufallsgenerator den Prozentanteil (z.B. 20%) an Validierungsdaten aus dem TVD aus und trennt diesen ab (siehe Abb. 4–4).

Es ist offensichtlich, dass je nach Startwert des Pseudozufallsgenerators unterschiedliche Daten dem Trainings- bzw. Validierungsdatensatz zugeordnet werden. Allerdings ist es schwer vorherzusagen, wie verschieden oder wie ähnlich die Verteilung der Merkmale oder der Labels in der jeweils erzeugten Kombination von Trainings- und Testdatensätzen ist.

Der folgende Python-Code nutzt die von der scikit-learn[3]-Bibliothek bereitgestellte Funktion train_test_split():

```
from sklearn.model_selection import train_test_split
# X enthält alle Eingabedaten als Array
# y enthält alle zugehörigen Ausgabedaten als Array
X_train, X_valid, y_train, y_valid = train_test_split(X, y,
                                                     test_size=0.2,
                                                     random_state=42)
```

Listing 4–1: *Beispielaufruf der* train_test_split*-Funktion*

Die Funktion trennt den Datensatz, dessen Eingabedaten X und Ausgabedaten y separat vorliegen müssen, nach dem gleichen Zufallsmuster in jeweils zwei Teile auf. Je nach Zweck der Aufteilung (vgl. Abb. 4–3 b) bezeichnen wir diese als Trainings-, Test- oder Validierungsdaten. Das Argument test_size der Funktion gibt den Bruchteil der abzutrennenden Testdaten (bzw. Validierungsdaten) an – in diesem Codebeispiel 20 %. Das Argument random_state erlaubt den Startwert des benutzten Pseudozufallsgenerators vorzugeben, sodass die Aufteilung der Daten reproduzierbar ist.

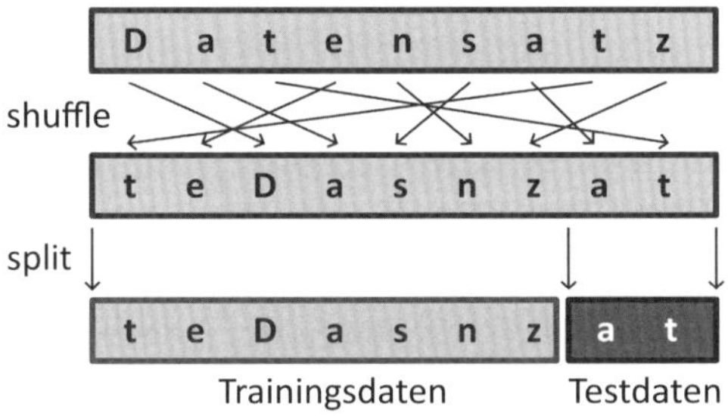

Abb. 4–4 *Die* ***Split****-Methode erlaubt vor dem Aufteilen in Trainings- und Testdaten (split), die Ursprungsdaten zufällig anzuordnen (shuffle).*

k-fache Kreuzvalidierung

Häufig sind nicht genug Daten vorhanden, um im Training des Modells Validierungsdaten zurückhalten zu können. Dann fehlen aber Validierungsdaten zur Evaluierung des Modells. Die *k-fache Kreuzvalidierung* (engl. k-fold crossvalidation) versucht in diesem Fall dennoch die funktionale Leistung des entstandenen Modells abzuschätzen:

Man teilt dazu den Datensatz in *k* in der Regel gleich große Teilstücke (folds) auf. In ebenso vielen Durchläufen trainiert man nun *k* separate Modelle und verwendet jedes der *k* Teilstücke einmal als Validierungsdatensatz und die jeweils anderen *k*-1 zum Trainieren (siehe Abb. 4–5). Das eigentliche Modell kann nun mit

3. *https://scikit-learn.org.*

den gesamten Daten trainiert werden. Für seine Evaluierung verwendet man den Mittelwert aus den k Evaluierungen der k vorab trainierten separaten Modelle.

In Projekten werden häufig Werte für k zwischen 4 und 10 verwendet. Dabei ist jedoch zu bedenken, dass mit der Anzahl k der folds auch der Trainings- und Evaluierungsaufwand steigt. Besonders lohnend ist diese Methode, wenn nur wenige Daten zur Verfügung stehen. Denn durch die kleine Anzahl an Datenpunkten ist letztlich auch der Trainingsaufwand für jeden einzelnen Durchlauf geringer.

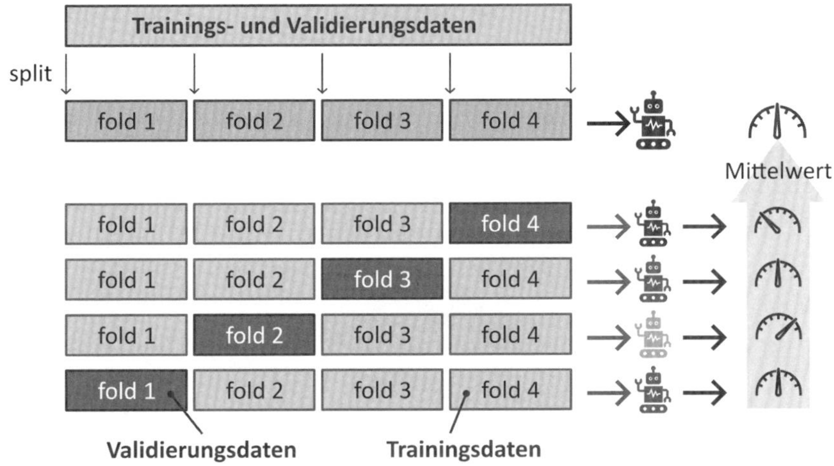

Abb. 4–5 *Die **k-fache Kreuzvalidierung** (mit k=4) – Je einer der vier Datenteile (folds) dient als Validierungsdatensatz, während mit den jeweils drei anderen trainiert wird.*

Der folgende Python-Code zeigt beispielhaft, wie mit einem `KFold`-Objekt für jeden Durchlauf die Indizierungen der Trainings- und der Testdaten erzeugt werden:

```
from sklearn.model_selection import KFold
kfidx = KFold(n_splits=4)
X = range(100,120) # [100, 101, 102, ... , 119]
# X enthält alle Eingabedaten als Array
for i, (train_idx, test_idx) in enumerate(kfidx.split(X)):
    print(f"Fold {i}: Train={train_idx}; Test={train_idx}")
```

Listing 4–2: *Beispielaufruf zur Indizierung von Trainings- und Testdaten zur K-Fold-Validierung*

Der obige Code erzeugt die Ausgabe:

```
Fold 0: Train=[ 5 6 7 8  9 10 11 12 13 14 15 16 17 18 19]; Test=[0 1 2 3 4]
Fold 1: Train=[ 0 1 2 3  4 10 11 12 13 14 15 16 17 18 19]; Test=[5 6 7 8 9]
Fold 2: Train=[ 0 1 2 3  4  5  6  7  8  9 15 16 17 18 19]; Test=[10 11 12 13 14]
Fold 3: Train=[ 0 1 2 3  4  5  6  7  8  9 10 11 12 13 14]; Test=[15 16 17 18 19]
```

Listing 4–3: *Ausgabe der Indizes (siehe Listing 4–2)*

Leave-One-Out-Kreuzvalidierung

Diese Methode ist genau betrachtet ein Extremfall der k-fachen Kreuzvalidierung. Wählt man nämlich k gleich der Anzahl der Datenpunkte, entnimmt man zur Evaluierung immer nur einen einzelnen Datenpunkt. Nur dieser eine wird dann vom Training ausgenommen (engl. leave one out) und zur Validierung verwendet.

4.3 Probleme mit der Datensatzqualität

Wir haben in der vorherigen Übung in Abschnitt 4.2.1 das erste Mal erfolgreich ein Modell trainiert. Nicht immer ist das Training erfolgreich, obwohl die Art des ML-Algorithmus (Abschnitt 3.1) passend gewählt wurde. Häufig sind Probleme in der *Datenqualität* der Grund dafür. In diesem Abschnitt beleuchten wir die Ursachen für schlechte Datenqualität und deren Auswirkung auf die Modelle und das Training. In Abbildung 4–6 haben wir zur Übersicht eine Checkliste mit möglichen Ursachen für mangelnde Datensatzqualität zusammengestellt.

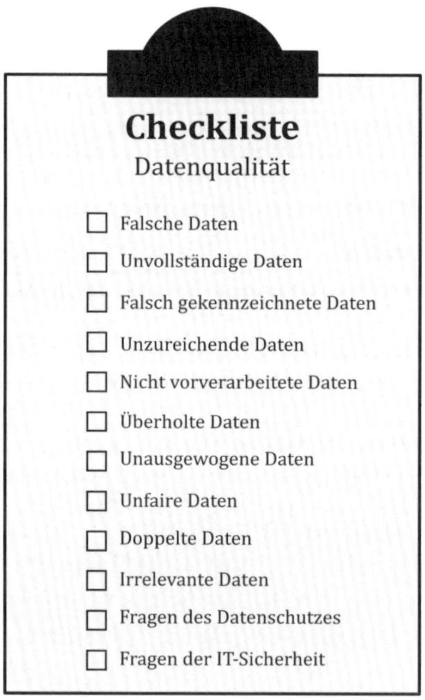

Abb. 4–6 *Checkliste zur Datenqualität*

Im Folgenden gehen wir auf die möglichen Ursachen, die zu den aufgelisteten Qualitätsmängeln führen, genauer ein:

- **Falsche Daten:** Fehler bei der Datenerfassung passieren öfter als gedacht. Die fehlerhafte Erfassung reicht von Inkonsistenzen in den verwendeten Einheiten, defekten Sensoren und Vertauschen von Spalten bis hin zu Unachtsamkeiten bei *Copy-Paste*-Übertragungen. Um solche Fehler zu vermeiden, hilft sorgsames Arbeiten und das Vier-Augen-Prinzip. Wenn dennoch Fehler unwissentlich mit in den Datensatz aufgenommen wurden, kann man manche dieser Fehler möglicherweise finden, indem man sich extreme Werte und die Werteverteilung in den Merkmalen anschaut.

- **Unvollständige Daten:** Unvollständige Daten können auf verschiedene Weisen entstehen. Mögliche Gründe sind IT-Sicherheitsprobleme, Hardwareprobleme oder menschliches Versagen. So können einzelne Datenwerte oder sogar eine ganze Reihe von Datenwerten in einem Datensatz fehlen, wenn die Datenerfassung über einen Zeitraum, beispielsweise aufgrund einer unterbrochenen Verbindung, ausgesetzt war.
- **Falsch gekennzeichnete Daten:** Die Kennzeichnung von Daten für das überwachte Lernen stellt immer wieder große, auch manuelle Aufwände dar. Dabei können Fehler passieren. In Abschnitt 4.5.2 gehen wir genauer auf die möglichen Gründe für eine falsche Kennzeichnung von Daten ein.
- **Unzureichende Daten:** Wie viele Daten sind ausreichend? Da die erforderliche Mindestdatenmenge für verschiedene Algorithmen und Problemstellungen unterschiedlich ist, können wir diese Frage nicht allgemein beantworten. Dennoch können wir uns überlegen, was der Datensatz abdecken muss: Der Datensatz muss repräsentativ sein und die von der KI zu lernenden Szenarien abdecken. Erst dann ist das ML-Modell in der Lage, Muster in den Daten zu erkennen und den Lösungsweg zu abstrahieren.
- **Nicht vorverarbeitete Daten:** Die Vorverarbeitung von Daten kann eine mühsame Fleißarbeit sein (siehe Abschnitt 4.1), dennoch ist sie ein extrem wichtiger Schritt. Wenn Unsauberkeiten in den Daten, wie Inkonsistenzen im Format oder unerwünschte Ausreißer, nicht behoben werden, kann dies zu einem mangelhaften Training führen.
- **Überholte Daten:** Ein KI-basiertes System muss als Lerngrundlage einen Datensatz zur Verfügung gestellt bekommen, der die aktuellen Anforderungen widerspiegelt. Stell dir Finanzdaten vor, die vor mehreren Jahren erhoben wurden. Angewandt auf den heutigen Finanzmarkt führen diese wahrscheinlich zu ungenauen oder sogar falschen Ergebnissen. Ist der Datensatz veraltet, wird das KI-basierte System dementsprechend auch veraltete Vorhersagen machen. Um dem entgegenzuwirken, müssen die Daten sowohl für das Lernen als auch für die Vorhersage so aktuell wie möglich sein.
- **Unausgewogene Daten:** Ein KI-basiertes System kann nur das lernen, was ihm in den Trainingsdaten präsentiert wird. Wenn die Trainingsdaten unausgewogen erhoben worden sind, wird die KI diese Unausgewogenheit in ihren Vorhersagen mit einem Bias widerspiegeln (Abschnitt 2.4). Für unausgewogene Daten gibt es viele Beispiele: Eine Verzerrung im Datensatz kann z.B. aufgrund von Geschlecht oder ethnischer Zugehörigkeit gegeben sein. Auch eine

ungünstige Platzierung von Sensoren (z. B. Gesichtserkennungskameras nur in Deckenhöhe), Schwankungen bei der Verfügbarkeit von Datensätzen und unterschiedliche Motivationen der Datenlieferanten können zu unausgewogenen Daten führen. Hier sollte man beim Bereitstellen eines Datensatzes weniger von dessen Ist-Zustand ausgehen, sondern vielmehr von den Anforderungen, die das System erfüllen muss. Für einen ausgewogenen Datensatz muss man unter Umständen viel Zeit für die Recherche investieren.

- **Unfaire Daten:** Was ist fair? Je nachdem, wen man fragt, bekommt man unterschiedliche Sichtweisen. Fairness ist ein subjektives Qualitätsmerkmal. In der aktuellen gesellschaftlichen Entwicklung kommt es vor, dass beispielsweise die Vielfalt oder die Ausgewogenheit zwischen den Geschlechtern aktiv gefördert und vorangetrieben wird. Dabei kann für ausgewählte Daten eine positive Verzerrung gegenüber benachteiligten Gruppen oder Minderheiten sogar angestrebt werden. Hier ist zu beachten, dass Fairness nicht immer mit Ausgewogenheit von Daten gleichzusetzen ist. Hier gilt es, die Anforderungen im Fokus zu behalten und den Datensatz entsprechend anzupassen.
- **Doppelte Daten:** Wenn sich Daten in einem Datensatz wiederholen, können diese beim Lernen das ML-Modell übermäßig beeinflussen und in diesem Bereich möglicherweise ein Overfitting zur Folge haben.
- **Irrelevante Daten:** Daten, die für die Lösung einer Problemstellung nicht relevant sind, verschwenden möglicherweise unnötige Speicher-, Zeit- und Rechenkapazitäten. Auch das Lernergebnis kann negativ beeinflusst werden. Wenn man irrelevante Merkmale oder irrelevante Daten, beispielsweise in Form von Ausreißern, im Datensatz vorfindet, besteht die Gefahr, dass das Lernergebnis durch Overfitting verfälscht wird.
- **Fragen des Datenschutzes:** Ein noch so guter Datensatz darf nicht verwendet werden, wenn die Datennutzung durch die einschlägigen Datenschutzgesetze verboten ist (z. B. DSGVO in Bezug auf personenbezogene Daten in der Europäischen Union, [URL: Eur-lex-b]) oder organisatorischen Richtlinien nicht entspricht.
- **Fragen der IT-Sicherheit:** Es gibt immer wieder böswilliges Interesse, KI-basierte Systeme zu manipulieren. Betrügerische oder irreführende Daten, die absichtlich in die Trainingsdaten eingefügt wurden, können zur Ungenauigkeit des trainierten Modells führen oder Manipulationsmöglichkeiten eröffnen (siehe Abschnitt 2.6).

4.4 Datenqualität und ihre Auswirkungen auf das ML-Modell

Wenn es Probleme mit der Leistung eines ML-Modells gibt, dann ist eine der ersten Maßnahmen, die Qualität der verwendeten Daten anzuschauen. Eine KI zieht ihr Wissen aus den Trainingsdaten, die ihr präsentiert werden. Sind diese Daten von schlechter Qualität, wird ein Modell trainiert, das sowohl fehlerhaft sein kann als auch unerwartetes Verhalten zeigen kann. Im vorherigen Abschnitt haben wir eine Reihe von Qualitätsproblemen im Zusammenhang mit den Daten in einem Datensatz aufgelistet und beschrieben, wie sie entstehen. Im Folgenden werden diese Qualitätsaspekte aufgegriffen, ihre Auswirkungen auf ein Modell genauer betrachtet und Kategorien von Fehlerwirkungen vorgestellt, die auf solche Probleme zurückgeführt werden können (Abb. 4–7).

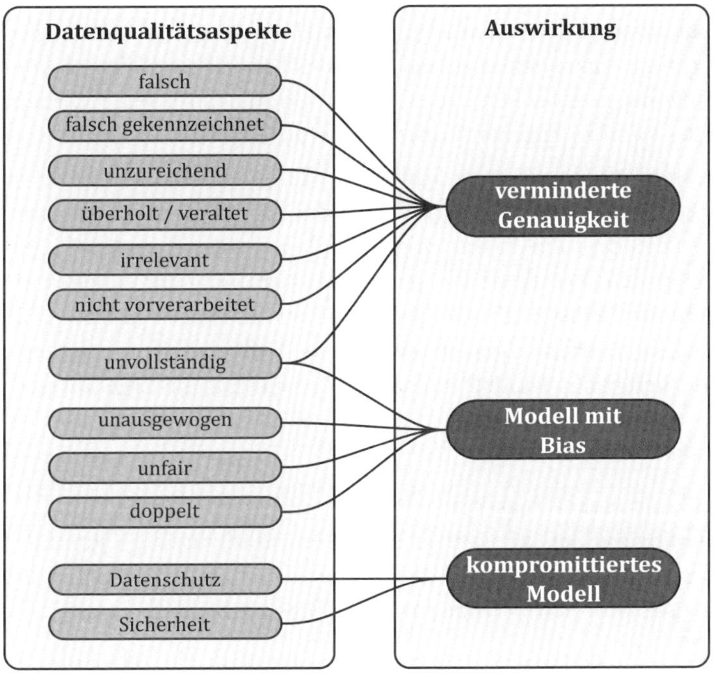

Abb. 4–7 *Übersicht über Datenqualitätsaspekte und deren Auswirkungen*

Verminderte Genauigkeit

Wenn im Training nicht die gewünschte Genauigkeit erzielt wird, kann das verschiedene Gründe haben. In Abschnitt 3.5 ist eine Reihe von Ursachen aufgeführt. Häufig ist eine mangelnde Datenqualität der Grund für Probleme:

- **Falsche, falsch gekennzeichnete und überholte Daten:** Wenn ein Trainingsdatensatz schlicht falsche Daten enthält, lernt das Modell falsche und keine für den späteren Einsatz gültigen Zusammenhänge. Speziell beim überwachten Lernen ist die Kennzeichnung der Daten eine häufige Fehlerquelle. Datensätze, die zum Teil falsche oder überholte Daten enthalten, verwirren das Modell beim Training und verhindern eine effektive Erkennung von Mustern und Trends. Trainiert man ein Modell mit überholten Daten, wird es in aktuellen Situationen voraussichtlich schlechter abschneiden.

- **Unvollständige und unzureichende Daten:** Wenn im Training unvollständige Daten verwendet werden, kann das Modell nicht die tatsächlich vorhandenen Muster oder Zusammenhänge erlernen. Sind beispielsweise für ein Modell zur Vorhersage von Immobilienpreisen in den Trainingsdaten keine Informationen darüber enthalten, ob ein Haus einen Wintergarten hat, dann sind die vorhergesagten Preise für diesen speziellen Haustyp ungenau. Dies gilt nicht nur für die Trainingsdaten, sondern ebenso für die Datenlage im Betrieb.
- **Irrelevante Daten:** Wenn ein Modell mit Daten, die irrelevante Merkmale enthalten, trainiert wird, kann es sein, dass das Modell eigentlich nicht vorhandene Zusammenhänge zwischen irrelevanten Merkmalen für seine Vorhersage hinzuzieht. Dies kann zu falschen Vorhersagen führen.
- **Nicht vorverarbeitete Daten:** Sowohl im Training als auch im Betrieb können nicht vorverarbeitete Daten der Grund für Fehlerzustände sein. Es gibt Modelle, die deutlich besser mit sorgfältig vorverarbeiteten Daten trainiert werden können. Wurden die Daten für das Training auf eine bestimmte Weise vorverarbeitet, müssen einige dieser Vorverarbeitungsschritte (siehe Abschnitt 4.1) auch im Betrieb angewendet werden. Falls eine Vorverarbeitung vergessen wird, liefert das Modell schlechte oder gar falsche Ergebnisse.

Modell mit Bias

Ein Modell mit einem Bias spiegelt nicht die gewünschten, sondern verzerrte Zusammenhänge wider. Meist liegt der Grund dafür in der Qualität der Daten, die zum Training verwendet wurden (siehe Abschnitt 2.4). Folgende Mängel in einem Datensatz können Gründe für einen Bias im Modell sein:

- **Unvollständige Daten:** Enthält ein Datensatz nicht alle relevanten Informationen in Form von Merkmalen, kann das Modell nicht die relevanten Informationen zur Vorhersage einbeziehen. Stell dir bei der Vorhersage von Immobilienpreisen vor, dass die Information zum Alter des Hauses nicht aufgenommen wurde. Das Modell könnte alte Häuser prinzipiell im Preis überschätzen und so einen Bias in seiner Vorhersage enthalten.
- **Unausgewogene Daten:** Die Repräsentation der verschiedenen Szenarien, die von einem Modell erlernt werden sollen, müssen ausgewogen im Datensatz vorliegen. Beispielsweise werden medizinische Studien häufiger an Männern als an Frauen durchgeführt.[4] Wenn man mit Daten aus diesen Studien ein Modell ungewichtet trainiert, passt sich das Modell stärker an die männlichen Probanden an. So wird das Modell später bei Frauen schlechtere Ergebnisse liefern, da die Trainingsdaten das Geschlecht betreffend unausgewogen waren.

4. *https://www.aerztinnenbund.de/Geschlechter-Bias_und_Kuenstliche_Intelligenz.3477.0.2.html*, abgerufen im April 2023.

- **Unfaire Daten:** Auch wenn Daten ausgewogen sind, können sie als unfair bewertet werden, wenn die Daten benachteiligende oder sogar diskriminierende Zustände widerspiegeln. Unsere Gesellschaft befindet sich in einem ständigen Wandel und damit auch unsere Anforderungen an KI-basierte Systeme. So müssen selbst aktuelle Datensätze manchmal angepasst werden, um beispielsweise die Anforderungen an Fairness auch im Datensatz mit aufzunehmen.
- **Wenig vielfältige Daten:** Damit ein KI-basiertes System Muster und Trends erkennen kann, muss eine ausreichende Variation in den Daten vorhanden sein. Wenn ein Hund-Wolf-Klassifikator trainiert wird und alle Wölfe aber nur in einer Schneelandschaft zu sehen sind, dann wird die KI in erster Linie den Hintergrund als Muster und nicht die Unterschiede zwischen Hund und Wolf erkennen (vgl. [Fischer 2018]; [Ribeiro et al. 2016]).
- **Doppelte Daten:** Daten, die mehrfach im Datensatz vorkommen, können das Lernen des KI-basierten Systems durch die Überrepräsentation negativ beeinflussen. Sie können auf diese Weise einen Bias in das Modell einbringen. Unserer Erfahrung nach ist dieser Effekt abhängig vom verwendeten Algorithmus. Aus unserer Sicht ist es außerdem sehr wichtig, zu wissen, dass doppelte Daten die Objektivität der Testdaten reduzieren können. Wenn ein Datensatz mit doppelten Daten in Trainings- und Testdaten aufgeteilt wird, können dieselben Daten einmal im Training und einmal im Test verwendet werden. Da die Testdaten dann nicht mehr unabhängig sind, vermitteln sie eine Genauigkeit des Modells, die nicht wirklich vorhanden ist (siehe Praxisbeispiel 4–1).

Kompromittiertes Modell

Ein weiterer Grund, der zu Fehlerzuständen des Modells führt, der aber nicht direkt mit der Datenqualität zusammenhängt, ist die mutwillige Manipulation durch Angreifer (Abschnitt 2.6). In diesem Fall sprechen wir von einem *kompromittierten Modell*. Angreifer können durch Sicherheitslücken auch Informationen über das Modell zurückgewinnen. Mit diesen Informationen können sie anschließend Eingabedaten gezielt manipulieren, um ein bestimmtes Verhalten des KI-basierten Systems zu provozieren. Daraus resultierende Fehlerwirkungen lassen sich durch einen besseren Datenschutz und eine erhöhte IT-Sicherheit verhindern. Mängel im Datenschutz und bei der IT-Sicherheit können zusätzlich dazu führen, dass die Angreifer einzelne Datenpunkte aus den Trainingsdaten rekonstruieren können und dadurch personenbezogene und schützenswerte Informationen preisgegeben werden.

4.4.1 Übung: Aspekte der Datenqualität

Wenn ein KI-basiertes System mit einem Datensatz trainiert wird, gibt es verschiedene Fehlerquellen, die zu Qualitätsproblemen im Modell führen können. In einer Checkliste, mit der verschiedene Fehlerquellen in einem Datensatz aufgedeckt werden können, sind die verschiedenen Qualitätsaspekte und deren möglichen Auswirkungen auf ein KI-basiertes System durcheinandergeraten.

Aufgabe: Ordne die Fragen zu den verschiedenen Datenqualitätsaspekten den möglichen Auswirkungen *a) Verminderte Genauigkeit* (fünf Mal), *b) Modell mit Bias* (fünf Mal) und *c) Kompromittiertes Modell* (ein Mal) zu! *Achtung*: Einem Qualitätsaspekt sind zwei Auswirkungen zuzuordnen.

- Wurden irrelevante Daten/Merkmale aus den Trainingsdaten entfernt?
- Sind die im Training verwendeten Daten so aufbereitet, dass Angreifer keine sensiblen Daten aus dem Modell ableiten oder zurückgewinnen können?
- Ist eine passende Datenvorverarbeitung für die Trainingsdaten durchgeführt worden?
- Sind meine Daten vollständig und sind alle relevanten Informationen im Datensatz vorhanden?
- Sind im Datensatz alle Szenarien/Fälle/Kategorien ausgewogen repräsentiert?
- Sind die Daten korrekt und aktuell?
- Spiegeln die Daten wider, was die KI lernen soll, oder sind die Daten durch den Zeitpunkt, den Ort oder die Umstände unfair und nicht für das Training repräsentativ?
- Werden dieselben Vorverarbeitungsschritte für die Trainingsdaten auch für den Test und den Betrieb angewendet?
- Hat der Datensatz eine ausreichende Variation in den Daten, sodass das zu erlernende Muster für das KI-basierte System erlernbar ist?
- Sind redundante Daten aus dem Datensatz entfernt?

Diese Aufgabe und auch deren Lösung findest du wieder im GitHub-Repository zum Buch im Verzeichnis *Kap04.4_Checkliste-Datenqualität.*

4.5 Datenkennzeichnung für überwachtes Lernen

Wie bereits in Abschnitt 3.1.1 beschrieben, verwendet das überwachte Lernen in besonderer Weise vorbereitete Datensätze. Diese enthalten neben den *Eingabedaten* (engl. inputs) auch die erwarteten *Ausgabewerte* (engl. outputs). Diese werden oft noch manuell oder halbautomatisiert den Datensätzen hinzugefügt. Diesen Vorgang bezeichnen wir in Projekten als *Datenkennzeichnung* oder *Labelling.*

Die Datenkennzeichnung ist – sicher stark abhängig von der Menge und Art der Daten – meist ein zeitaufwendiger Vorgang. Manche Quellen [URL: Cloudfactory] gehen davon aus, dass durchschnittlich 25 % der Zeit in ML-Projekten mit überwachtem Lernen allein für die Datenkennzeichnung benötigt wird – die anderen in Abschnitt 4.1 vorgestellten Aktivitäten der Datenvorbereitung sind dabei noch gar nicht berücksichtigt.

In der Praxis gibt es sehr viele unterschiedliche Möglichkeiten, Daten zu kennzeichnen. Eine sehr einfache Methode, die oft bei Klassifikationsaufgaben von Bildern oder Dateien angewendet wird, ist, die jeweiligen Dateien (Datenpunkte) in Ordner zu sortieren. Alle Dateien im jeweiligen Ordner gelten als mit dem entsprechenden Label gekennzeichnet. Diese Bilder könnten dann zur Klassifikation von Obstsorten, wie in Abbildung 4–8 (links) gezeigt, verwendet werden oder als Datengrundlage, um gute und fehlerhafte Teile einer Fertigung zu erkennen. Für andere Anwendungen werden vielleicht Textdateien (Spam-Mails und Nicht-Spam-Mails) oder andere Dateiformate auf diese Weise zugeordnet.

Eine andere Form der Kennzeichnung, häufig als *Annotation* bezeichnet, kennen wir aus Projekten der Bild- bzw. Objekterkennung: Hier vergibt man zu einem Bild mehr als nur eine Klasse oder ein Label, wie in Abbildung 4–8 (rechts) zu sehen ist. Mehrere rechteckige Begrenzungsrahmen (Bounding Boxes) annotieren dann sowohl die Kategorien als auch die Positionen der im Bild vorhandenen Objekte.

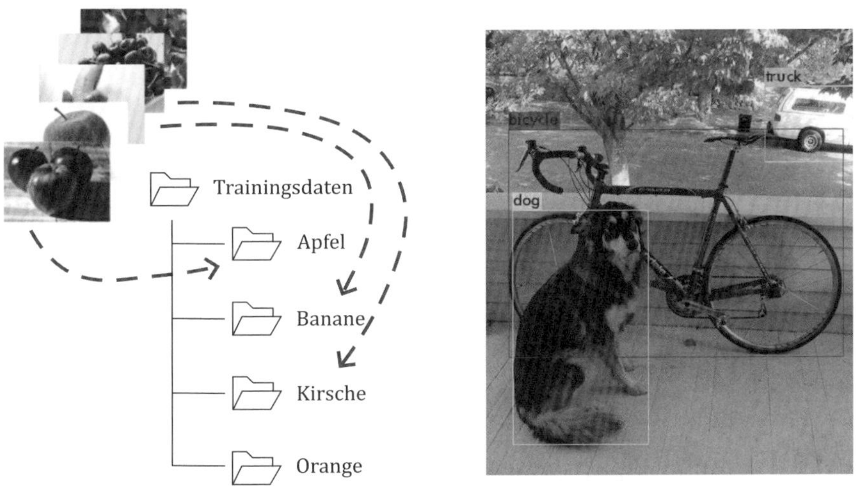

Abb. 4–8 *Datenkennzeichnung z. B. durch Verschieben von Bildern in entsprechende Verzeichnisse (links) oder durch Annotation von Bildbereichen (rechts)*

4.5.1 Ansätze zur Datenkennzeichnung

Wenn Daten in Projekten gekennzeichnet werden sollen, muss man sich auch die Frage stellen, wer für den nicht unerheblichen Aufwand zuständig sein sollte. Dabei spielen nicht nur finanzielle Aspekte eine Rolle, sondern auch das Risiko, das mit möglicherweise falschen Kennzeichnungen einhergeht (siehe Abschnitt 4.5.2). Doch zunächst sehen wir uns an, welche organisatorischen Ansätze unterschieden werden können (siehe auch Abb. 4–9):

- **Intern:** Bei der internen Kennzeichnung werden die Daten durch Personen innerhalb des eigenen Unternehmens gekennzeichnet. Meist sind dies Entwicklerinnen und Tester oder Teams, die sich idealerweise in der Fachdomäne gut auskennen.
- **Ausgelagert:** Hierbei nutzt man die Kompetenz und das Personal eines externen Unternehmens, das mit der Kennzeichnung der Daten beauftragt wird. Dies kann helfen, wenn z.B. im eigenen Unternehmen nicht die notwendigen personellen oder technischen Ressourcen verfügbar sind oder besondere Fähigkeiten von Expertinnen und Experten – etwa in der Bedienung der Annotationswerkzeuge – benötigt werden.
- **Crowdsourced:** Damit bezeichnen wir ein Vorgehen, bei dem eine sehr *große Gruppe* (engl. crowd) von Personen zur Kennzeichnung der Daten beauftragt wird. Diese befinden sich oft außerhalb des eigenen Unternehmens. Meist werden über Internet-Marktplätze große Mengen an anonymer Arbeitskraft als Service zur Datenkennzeichnung angeboten. Die besondere Problematik liegt hierbei in der schwer einzuschätzenden Expertise der Beteiligten und der Qualität ihrer Kennzeichnungsergebnisse. Um dieser Problematik zu begegnen, werden bei der Crowdsourced-Kennzeichnung die gleichen Daten mehreren Personen zur Kennzeichnung zugewiesen. Stimmen deren Kennzeichnungen überein, erhöht das das Vertrauen in die Richtigkeit, während bei Unterschieden oder Ausreißern korrigierend eingegriffen werden kann.
- **KI-unterstützt:** Fast alle ML-Projekte nutzen kommerzielle oder Open-Source-Werkzeuge zur Datenkennzeichnung. Einige dieser Tools verwenden selbst KI-Komponenten, um z.B. große Datenmengen vorab automatisch zu kennzeichnen oder Objekte auf Bildern mit Bounding Boxes zu annotieren. Als Mensch müssen wir im besten Fall nur noch diese Kennzeichnungen bestätigen – oder ggf. korrigieren.
- **Hybrid:** Die oben beschriebenen Ansätze schließen sich gegenseitig nicht aus. Daher sind in der Praxis hybride Formen häufig, wenn nicht sogar der Normalfall. Beispielsweise kann ein Unternehmen in einem Proof of Concept ein ML-Projekt mit interner Kennzeichnung starten und nutzt dann einen Crowdsourced-Dienst, der zudem von einem externen Unternehmen angeboten wird.

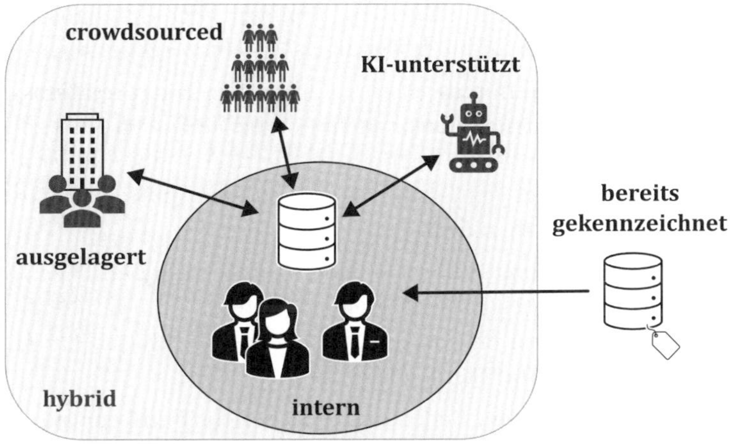

Abb. 4–9 *Ansätze, die Datenkennzeichnungen in Projekten vorzunehmen*

Ein alternativer Ansatz zur Kennzeichnung der Daten für ein explizites ML-Projekt besteht darin, bereits gekennzeichnete und entsprechend verfügbare kommerzielle oder nicht kommerzielle Daten zu verwenden. Dies ist insbesondere dann sinnvoll, wenn die zu trainierenden Eigenschaften allgemeiner Natur sind, wie z. B. die Objekterkennung auf Bildern oder die Spracherkennung in Audiosignalen. Mit etwas Glück findet man vielleicht geeignete Datensätze aus öffentlich verfügbaren Quellen wie Kaggle [URL: Kaggle-a] oder OpenML [URL: OpenML]. In jedem Fall sollte man sich damit auseinandersetzen, aus welcher Quelle die Daten stammen und wie deren Qualität einzuschätzen ist. Fehlerhafte Daten oder deren mangelhafte Vorverarbeitung sind häufig schwer zu erkennen (zu den Auswirkungen siehe die Abschnitte 4.3 und 4.4).

4.5.2 Falsch gekennzeichnete Daten in Datensätzen

Unabhängig davon, wie die Annotationen in den Daten für ein ML-Projekt entstanden sind, besteht immer die Möglichkeit, dass nicht alle Kennzeichnungen korrekt vorgenommen wurden. Menschen, wie auch KI-basierte Werkzeuge, machen Fehler. Die Gründe dafür sind vielfältig:

- Menschen, die Daten annotieren, können durch **Zufall** oder versehentlich falsche Informationen speichern. Eine kleine Fehlhandlung wie z. B. ein falscher Tastendruck kann unter Umständen ausreichen, um ein Bild in einen falschen Ordner zu verschieben.
- Fehlhandlungen können auch **systematisch** passieren. Meist liegt deren Ursache dann in mangelhaften organisatorischen Rahmenbedingungen. Sei es, dass Datenannotatoren falsch instruiert oder für ihre Aufgabe nicht auseichend geschult wurden.

- **Vorsätzliche** Fehler mögen selten sein, könnten aber durchaus von Datenannotatoren wissentlich und in böswilliger Absicht vorgenommen werden.
- Lässt man den Datenannotatoren einen zu großen **Interpretationsspielraum,** kann dies bei verschiedenen Personen zu unterschiedlichen Kennzeichnungen führen. Gibt man etwa die zu knapp formulierte Aufgabe, *Räder* auf Bildern zu markieren, könnte es sein, dass eine Person alle Autoreifen markiert, eine andere Person ganze Fahrräder.
- Fehler durch **Übersetzungen** können manchmal zu völlig falschen Kennzeichnungen führen. Liegt beispielsweise ein in Englisch annotierter Bilderdatensatz vor, kann eine darin markierte *Palme* (engl. palm) falsch mit *Handfläche* übersetzt werden (ebenfalls engl. palm).
- Manchmal ist es von großer Bedeutung, über welche **Fachkenntnisse** die kennzeichnenden Personen verfügen. Fehlt z.B. das entsprechende Detailwissen über Fischarten, die auf Unterwasseraufnahmen zu erkennen sind[5], kann das häufiger zu fehlerhaften Kennzeichnungen führen.
- **Komplexe Klassifikationsaufgaben** sind offensichtlich ein Grund für fehlerhafte Annotationen. Je mehr Aspekte in den Daten zu berücksichtigen sind, desto größer ist die Herausforderung für die annotierende Person und desto häufiger werden fehlerhafte Kennzeichnungen vorkommen.
- Bei der Verwendung von Werkzeugen zur Kennzeichnung von Daten kann nicht ausgeschlossen werden, dass diese **Werkzeuge fehlerhaft** sind und manuell korrekt eingegebene Kennzeichnungen falsch verarbeiten.
- Manche Werkzeuge nutzen **ML-basierte Algorithmen** zur Kennzeichnung von Daten. Aufgrund der probabilistischen Eigenschaft solcher Komponenten führt dies mit einer gewissen Wahrscheinlichkeit zu falschen Kennzeichnungen.

5. *https://www.kaggle.com/datasets/markdaniellampa/fish-dataset.*

5 Funktionale Leistungsmetriken – ein Einstieg

»Durch lange Studien habe ich herausgefunden, dass die einzig relevante Einteilung der Postmoderne lautet: Witzig oder nicht witzig.«
Das Känguru in »Das Känguru-Manifest« von Marc-Uwe Kling

Wie gut ein KI-System eine bestimmte Aufgabe ausführt, ist entscheidend für den Erfolg und die Anwendbarkeit des KI-Systems. Um die funktionale Leistung von KI-Systemen zu messen, bieten sich verschiedene Metriken an. Welche Metriken wann geeignet sind und was bei ihrer Interpretation zu beachten ist, wird in diesem Kapitel beleuchtet.

KI-spezifische Schlüsselbegriffe aus dem Lehrplan:
Genauigkeit (accuracy), Fläche unter der Kurve (area under curve, AUC), Konfusionsmatrix (confusion matrix), F1-Wert (F1 score), clusterübergreifende Metriken (inter-cluster metrics), clusterinterne Metriken (intra-cluster metrics), mittlerer quadratischer Fehler (MQF, mean square error, MSE), ML-Benchmark-Suites (ML benchmark suites), funktionale Leistungsmetriken von ML (ML functional performance metrics), Präzision (precision), Sensitivität (recall), Betriebskennlinie des Beobachters (receiver operating characteristic, ROC), Regressionsmodell (regression model), R-Quadrat (R-squared), Silhouettenkoeffizient (silhoutte coefficient)

Weitere Schlüsselbegriffe in diesem Kapitel:
keine

5.1 Konfusionsmatrix

In diesem Abschnitt erklären wir die wichtigsten Zusammenhänge rund um die sogenannte *Konfusionsmatrix*, die manchmal auch *Fehlermatrix* oder Verwechslungsmatrix genannt wird. Außerdem stellen wir auch die mit ihr verbundenen Metriken *Genauigkeit*, *Präzision*, *Sensitivität* und *F1-Wert* vor.

Die Konfusionsmatrix hilft dabei, die Qualität eines Klassifikationsmodells hinsichtlich seiner funktionalen Leistung zu bewerten. Sie gibt für ein durchgeführtes Experiment die Anzahl der von einem Klassifikationsmodell richtig und falsch klassifizierten Fälle für jede Klasse an. Die Spalten und Reihen sind nicht immer so angeordnet wie in Tabelle 5–1 dargestellt. Es sind jedoch immer die vier möglichen Situationen angegeben:

- *Richtig positiv (RP)*: Anzahl der positiv vorhergesagten und tatsächlich positiven Klassifikationen
- *Richtig negativ (RN)*: Anzahl der negativ vorhergesagten und tatsächlich negativen Klassifikationen
- *Falsch positiv (FP)*: Anzahl der positiv vorhergesagten, aber tatsächlich negativen Klassifikationen
- *Falsch negativ (FN)*: Anzahl der negativ vorhergesagten, aber tatsächlich positiven Klassifikationen

Die Konfusionsmatrix ermöglicht aus diesen Werten eine schnelle Berechnung der Metriken Genauigkeit, Präzision, Sensitivität und F1-Wert.[1] Ein Beispiel findest du in der Übung 5.1.1.

Konfusionsmatrix

	tatsächlich positiv	tatsächlich negativ
positiv vorhergesagt	*richtig positiv (RP)*	*falsch positiv (FP)*
negativ vorhergesagt	*falsch negativ (FN)*	*richtig negativ (RN)*

Tab. 5–1 *Konfusionsmatrix für eine binäre Klassifikation*

Die Genauigkeit beschreibt das Verhältnis der insgesamt richtig klassifizierten Fälle zur Summe aller Klassifikationen *n*.

Genauigkeit: Prozentsatz aller richtig vorhergesagten Klassifikationen.

$$\text{Genauigkeit} = \frac{RP + RN}{n} \cdot 100\,\%$$

1. Es gibt tatsächlich noch mehr Metriken, auf die wir jedoch in diesem Buch nicht näher eingehen. Einen guten Überblick kannst du dir auf *https://de.wikipedia.org/wiki/Beurteilung_eines_binären_Klassifikators* (abgerufen im März 2023) verschaffen.

Die Präzision ist ein Maß dafür, wie sicher man sich bei positiven Vorhersagen sein kann.

Präzision: Prozentsatz der richtig positiv vorhergesagten Klassifikationen unter allen positiv vorhergesagten.

$$\text{Präzision} = \frac{RP}{RP + FP} \cdot 100\,\%$$

Die Sensitivität dagegen ist ein Maß dafür, wie sicher man sein kann, keine positiven Fälle zu übersehen. Die Sensitivität wird auch als *Richtig-positiv-Rate* (RPR) oder *Recall* bezeichnet.

Sensitivität: Prozentsatz der richtig positiv vorhergesagten Klassifikationen unter allen tatsächlich positiven.

$$\text{Sensitivität} = \frac{RP}{RP + FN} \cdot 100\,\%$$

Der F1-Wert ist eine Kombination aus Präzision und Sensitivität und beschreibt deren harmonisches Mittel.

F1-Wert: Harmonisches Mittel aus Präzision und Sensitivität.

$$\text{F1-Wert} = 2 * \frac{\text{Präzision} \cdot \text{Sensitivität}}{\text{Präzision} + \text{Sensitivität}}$$

Der F1-Wert liegt immer zwischen 0 und 1. Ein hoher F1-Wert zeigt an, dass sowohl Präzision als auch Sensitivität hoch sind und somit falsche Klassifikationen nur eine geringe Rolle bei den Ergebnissen des Klassifikationsmodells spielen. Wenn man für ein Modell einen niedrigen F1-Wert ermittelt, dann scheint das Modell bei der Erkennung von positiven Ergebnissen schlecht abzuschneiden.

Die hier vorgestellten Metriken haben jeweils ihre Vor- und Nachteile. Welche von ihnen verwendet werden sollten, hängt stark vom Einsatzszenario des Klassifikators ab. In Abschnitt 5.4 gehen wir genauer darauf ein, welche dieser Metriken für welche Zwecke gut geeignet sind.

Man kann Konfusionsmatrizen und Metriken auch für Experimente mit mehr als zwei Klassen aufstellen und berechnen. Eine Konfusionsmatrix hat dann entsprechend mehr Zeilen und Spalten als in Tabelle 5–1, die ein Beispiel für eine binäre Klassifikation zeigt.

5.1.1 Übung: Metriken einsetzen

In den letzten Jahren haben sich viele von uns unzählige Male mit Corona-Antigen-Tests auf das Coronavirus getestet. In diesem Kontext sind dir sicherlich auch Begriffe wie *Genauigkeit* oder *Sensitivität* begegnet. In dieser Übung sehen wir uns in einem fiktiven Experiment die Zuverlässigkeit eines Corona-Antigen-Tests an. In diesem Experiment wurden 193 Probanden mit dem gleichen Corona-Antigen-Test-Kit getestet (n = 193). Dabei hatten 118 Probanden keine Coronainfektion und 75 Probanden eine Coronainfektion.

Aufgabe: In der Tabelle 5–2 ist eine Konfusionsmatrix für einen Corona-Antigen-Test abgebildet. Bewerte anhand der vier Metriken, wie zuverlässig das Test-Kit ist!

n = 193	tatsächlich positiv	tatsächlich negativ
positiv vorhergesagt	*RP* = 52	*FP* = 8
negativ vorhergesagt	*FN* = 23	*RN* = 110

Tab. 5–2 *Konfusionsmatrix für einen Corona-Antigen-Test*

Du kannst deine Lösung wieder mit dem GitHub-Repository (Verzeichnis *Kap05.1_Metriken* vergleichen. Wir diskutieren und erklären dort auch ausführlich, wie wir den Coronatest einstufen. Wir empfehlen dir, die Übungsaufgaben dort durchzuführen. Dies trägt zu einem besseren Verständnis der Lerninhalte bei und hilft dir auch bei der Vorbereitung auf die Zertifizierungsprüfung.

5.2 Zusätzliche funktionale Leistungsmetriken von ML für Klassifikation, Regression und Clusterbildung

Im vorherigen Abschnitt 5.1 haben wir dir die Leistungsmetriken Genauigkeit, Präzision, Sensitivität und den F1-Wert vorgestellt. Neben diesen sehr verbreiteten Metriken gibt es noch zahlreiche weitere für verschiedene Arten von ML-Problemen. Im Folgenden gehen wir detaillierter auf die Metriken der *überwachten Klassifikation*, der *überwachten Regression* und der *unüberwachten Clusterbildung* ein.

Metriken für überwachte Klassifikation

Die *ROC-Kurve* (engl. receiver operating characteristic curve), zu Deutsch *Betriebskennlinie des Beobachters*, ist eine grafische Darstellung und wurde ursprünglich für militärische Radargeräte entwickelt. Sie veranschaulicht, wie gut ein binärer Klassifikator ist, wenn man den Schwellenwert, der zwei Klassen trennt, variiert.

Je nachdem, wie der Schwellenwert gewählt wird, verändert sich die Richtig-positiv-Rate (RPR, Sensitivität) und die Falsch-positiv-Rate (FPR = FP / (RN + FP)). Ziel ist es, den Schwellenwert so zu wählen, dass der RPR möglichst groß und der FPR möglichst klein ist. Dabei kannst du beispielsweise an einen Katzen-Klassifikator denken, der einen Score berechnet, der die Wahrscheinlichkeit widerspiegelt, ob es sich um eine Katze handelt (siehe Abb. 5–1). Je nachdem, wie wir den Schwellenwert wählen, ändert sich der Anteil der korrekten Klassifikation.

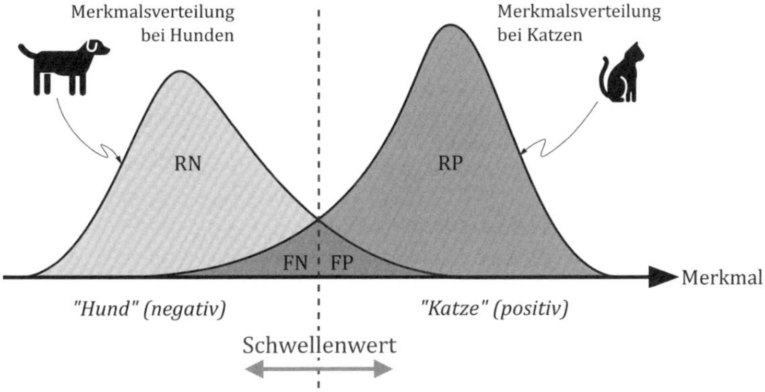

Abb. 5–1 *RPR und FPR verändert sich mit der Wahl des Schwellenwerts.*

Für die ROC-Kurve tragen wir die Richtig-positiv-Rate (RPR, Sensitivität) auf der y-Achse gegen die Falsch-positiv-Rate (FPR = FP / (RN + FP)) auf der x-Achse auf (siehe Abb. 5–2). Abhängig davon, wie wir den Schwellenwert S aus Abbildung 5–1 für den Klassifikator wählen, verändern sich die Richtig-positiv-Rate und die Falsch-positiv-Rate. Ein perfekter Klassifikator hätte eine Richtig-positiv-Rate von 100 % und eine Falsch-positiv-Rate von 0 %. In der Realität gibt es meist keinen perfekten Klassifikator und man muss sich für einen möglichst gut platzierten Schwellenwert entscheiden, der ein gutes Gleichgewicht zwischen einer hohen Richtig-positiv-Rate und einer niedrigen Falsch-positiv-Rate erlaubt. Je weiter die ROC-Kurve sich nach *links oben* erstreckt, desto größer ist der Flächeninhalt unterhalb der Kurve und desto besser scheint die funktionale Performanz des Klassifikators zu sein.

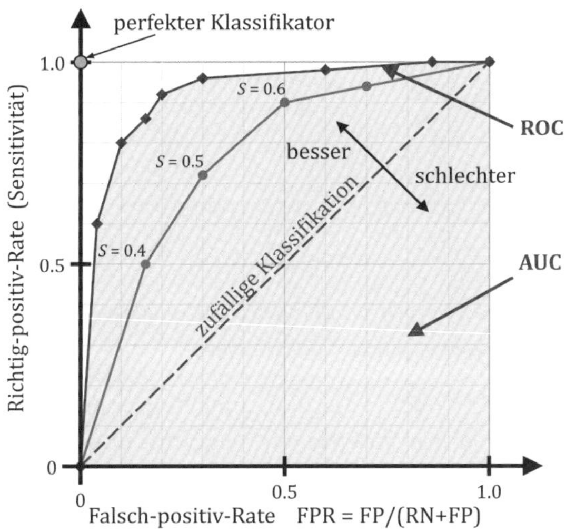

Abb. 5–2 *Die Betriebskennlinie des Beobachters (ROC-Kurve) stellt die FPR und die Sensitivität für variierte Werte der Schwelle S dar. Die Grafik stellt die ROC-Kurve zweier Modelle gegenüber.*

Der *Flächeninhalt unter der ROC-Kurve* wird als *AUC* (engl. area under curve, siehe Abb. 5–2) bezeichnet und ist eine weitere Metrik für überwachtes Lernen bei Klassifikatoren. Je größer diese Fläche ist, desto besser lassen sich die Daten mit dem Klassifikator trennen und desto besser sind die Vorhersagen durch das Modell. Damit gibt die AUC den Grad der Trennbarkeit der Daten durch den Klassifikator an.

Metriken der überwachten Regression

Bei Regressionsmodellen geben die folgenden Metriken an, wie gut das Modell den tatsächlichen Zusammenhang in den Daten darstellt.

Der *mittlere quadratische Fehler (MQF* oder *MSE*, engl. mean square error) ist der Mittelwert der quadrierten Differenzen e_i^2 zwischen den tatsächlichen Werten und dem durch das Modell vorhergesagten Werten. Je weiter die tatsächlichen Daten von der Regressionslinie des Modells abweichen, desto größer ist der MSE (siehe Abb. 5–3). Da alle Differenzen quadriert werden, heben sich positive und negative Abweichungen nicht gegenseitig auf. Außerdem ist durch das Quadrieren der MSE immer größer oder gleich 0. Ein MSE von 0 bedeutet, dass es keine Abweichungen zwischen den tatsächlichen Werten und den Vorhersagen durch das Modell gibt. Allgemein gilt, je kleiner der MSE, desto besser ist das Modell.

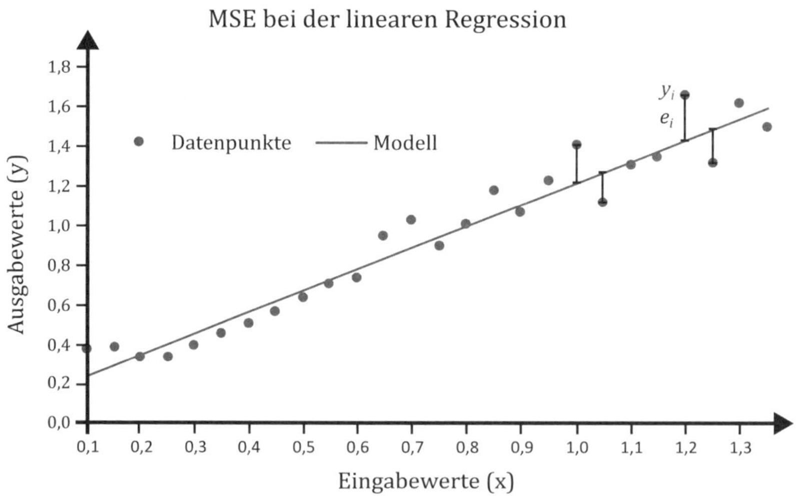

Abb. 5–3 *Differenzen e_i zwischen den tatsächlichen Werten y_i und den durch das Modell vorhergesagten Werten auf der Regressionslinie*

Die Metrik R^2 für das überwachte Lernen einer Regression wird auch *Bestimmtheitsmaß* oder *Determinationskoeffizient* genannt und beurteilt, wie gut ein Regressionsmodell an die Daten angepasst ist. Allgemein gilt, je größer R^2 ist, desto besser ist die Vorhersage durch das Modell. Der Wert liegt immer zwischen

0 und 1. Damit ist der R^2-Wert im Gegensatz zum MSE skalierungsinvariant. Genau andersherum als beim MSE sind größere Werte für den R^2-Wert besser als kleine. Falls du dich genauer damit beschäftigen möchtest, findest du gute Erklärungen im Internet.[2,3,4]

Metriken für unüberwachte Clusterbildung

Die *Clusterbildung*, auch *Clustering* genannt, gehört zu den ML-Arten des unüberwachten Lernens. Daher kann man das Ergebnis einer Clusterbildung nicht gegen Testdaten testen wie beim überwachten Lernen. Dennoch gibt es mehrere Metriken, die bewerten, wie gut sich die Cluster voneinander abgrenzen (siehe Abb. 5–4):

- **Clusterinterne Metriken** (engl. intra-cluster metrics, Inertia) messen die Ähnlichkeit von Datenpunkten innerhalb eines Clusters. Zu den clusterinternen Metriken zählen unter anderem Metriken wie der *maximale Clusterdurchmesser* (engl. complete diameter distance), der *mittlere Clusterdurchmesser (*engl. average diameter distance) oder der *Schwerpunkt des Clusters* (engl. centroid diameter distance).[5]
- **Clusterübergreifende Metriken** (engl. inter-cluster metrics) messen, wie gut die Datenpunkte durch die Cluster voneinander separiert sind. Auch hier gibt es spezifische Metriken, wie den *kleinsten Clusterabstand* (engl. single linkage distance), den *maximalen Clusterabstand* (engl. complete linkage distance), den *mittleren Clusterabstand* (engl. average linkage distance) oder den *Schwerpunkt des Clusterabstands* (engl. centroid linkage distance).
- Der **Silhouettenkoeffizient**, auch *Silhouettenwert* genannt, ist ein Maß für die Zuordnung eines Punkts zu den beiden nächstgelegenen Clustern. Dabei wird sowohl der interne Abstand als auch der clusterübergreifende durchschnittliche Abstand einbezogen. Er liegt zwischen -1 und 1. Werte von 1 bedeuten, dass die Cluster gut voneinander separiert sind, Werte von 0 weisen auf eine eher zufällige Clusterbildung hin, und Werte von -1 bedeuten, dass die Datenpunkte dem falschen Cluster zugeordnet sind.[6]

---

2. *https://www.inwt-statistics.de/blog-artikel-lesen/Bestimmtheitsmass_R2-Teil1.html*, abgerufen im April 2023.
3. *https://statisticsbyjim.com/regression/interpret-r-squared-regression/*, abgerufen im April 2023.
4. *https://www.youtube.com/watch?v=bMccdk8EdGo&t=281s*, abgerufen im April 2023.
5. *https://www.geeksforgeeks.org/ml-intercluster-and-intracluster-distance/*, abgerufen im April 2023.
6. *https://www.wikiwand.com/de/Silhouettenkoeffizient*, abgerufen im April 2023.

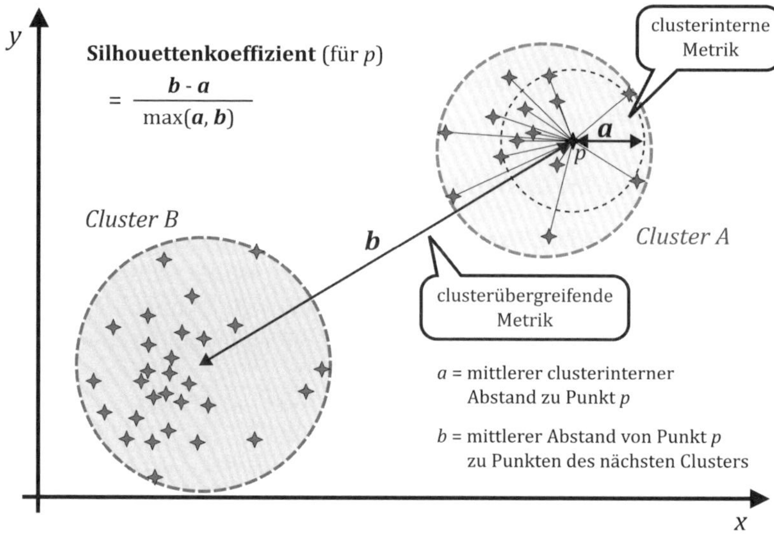

Abb. 5–4 *Metriken für die unüberwachte Clusterbildung*

5.3 Beschränkungen der funktionalen Leistungsmetriken von ML

In den zwei vorherigen Abschnitten hast du einige funktionale Leistungsmetriken kennengelernt. Die genannten Metriken wie Genauigkeit, Präzision, Sensitivität, MSE, AUC oder der Silhouettenkoeffizient beschreiben im Speziellen das Qualitätsmerkmal der Funktionalität, das im Bereich des maschinellen Lernens von besonderer Bedeutung ist. Wir sprechen auch von den *funktionalen Leistungsmetriken von ML*. Diese sollte man klar von den nicht funktionalen Qualitätsmerkmalen unterscheiden, wie z.B. der Performanz, dem Lastverhalten, der Wartbarkeit oder Usability. Die Norm ISO/IEC 25010 [ISO/IEC 25010] führt hier noch mehr Merkmale auf. Auch Erklärbarkeit, Flexibilität oder Autonomie, so wie wir sie in Kapitel 2 beschrieben haben, zählen hierbei zu den nicht funktionalen Qualitätsmerkmalen.

Leistungsmetriken zu erheben ist allerdings nicht immer einfach. Leistungsmetriken können in die Irre führen. Dies haben wir in einem Projekt besonders eindrücklich erlebt. Schau dir dazu gerne das Praxisbeispiel 5-1 am Ende dieses Abschnitts an.

Im Folgenden beschreiben wir einige Faktoren, die die Aussagekraft funktionaler Leistungsmetriken von ML einschränken:

- **Richtigkeit der gekennzeichneten Daten:** Beim überwachten Lernen validiert und testet man ein ML-Modell anhand von Metriken. Man benutzt dabei die gekennzeichneten Testdaten für die Eingaben und erwarteten Ausgaben. Die verwendete Metrik ist folglich nur dann aussagekräftig, wenn auch die Kennzeichnung dieser Daten korrekt ist (siehe Abschnitt 4.5).
- **Repräsentativität der Daten:** Wenn eine Leistungsmetrik berechnet wird und dazu Daten verwendet werden, die nicht repräsentativ sind, weil sie z.B. einen Bias enthalten, dann ist das Ergebnis nicht belastbar (siehe Abschnitt 2.4). Im folgenden Praxisbeispiel gehen wir näher auf eine Projekterfahrung ein, bei der ein Bias in Form einer Stichprobenverzerrung leicht zu falschen Schlüssen hätte führen können.
- **Aussagekraft des Ergebnisses auf das gesamte System:** Häufig ist ein ML-Modell, für das solche Leistungsmetriken ermittelt werden, nur eine Komponente eines größeren Systems. Gibt es weitere Verarbeitungsschritte vor oder nach dem ML-Modell, beeinflussen diese möglicherweise ebenfalls die Leistung des Gesamtsystems. Man darf also nicht aus der Leistung der ML-Komponente auf das Gesamtsystem schließen.
- **Notwendige Testwerkzeuge:** Sehr oft sind die Systeme, deren funktionale Leistung ermittelt werden soll, komplex. Sie haben häufig unübliche Schnittstellen für ihre Ein- und Ausgaben oder man muss eine sehr große Menge an Validierungs- und Testdaten verarbeiten. Unter solchen Bedingungen kann man funktionale Leistungsmetriken realistisch nur mithilfe spezifischer Testwerkzeuge in zugehörigen Testumgebungen ermitteln.

Praxisbeispiel 5-1: Proteinklassifikation

Vor ein paar Jahren durften wir ein universitäres Forschungsprojekt aus der Testperspektive begleiten. Im Projekt ging es darum, Proteine anhand ihrer sogenannten Primärstruktur (Abfolge der Aminosäuren, aus denen das Protein besteht) zu klassifizieren, um zu bestimmen, ob es sich um potenzielle Allergene handelt oder nicht. Schon sehr bald hatten wir unser erstes Aha-Erlebnis: Die ersten Ergebnisse der Klassifikation klangen zwar sehr vielversprechend mit einer Genauigkeit von 95%. Auch die Präzision und die Sensitivität waren hoch. Als wir uns jedoch die Zusammensetzung der Testdaten ansahen, fiel uns auf, dass fast alle der Testdaten Positiv-Fälle (Proteine mit allergieauslösender Wirkung) waren und die Testdaten nur 4% Negativ-Fälle beinhalteten. Als wir die Richtig-negativ-Rate berechnet hatten, stellten wir fest, dass nur weniger als ein Viertel der nicht allergieauslösenden Proteine auch als solche erkannt wurden. Die Testdaten waren nicht repräsentativ, da die vertretenen Kategorien unausgewogen vorkamen (Stichprobenverzerrung). Solange wir nur die Leistungsmetrik – z.B. die Genauigkeit allein – betrachten, kann uns diese in die Irre führen. Auf die passende Auswahl funktionaler Leistungsmetriken gehen wir genauer in Abschnitt 5.4 ein.

5.4 Auswahl funktionaler Leistungsmetriken von ML

In den vorherigen Abschnitten hast du eine ganze Reihe von Leistungsmetriken kennengelernt. Ein perfekt trainiertes ML-Modell würde für alle diese Metriken gleichermaßen höchste Werte liefern und praktisch keine Fehler machen. In realen Situationen sind jedoch falsche Ergebnisse unvermeidbar. Verschiebt man den Schwellenwert einer Klassifikation (siehe Abb. 5–1) hin zu einer niedrigen Falsch-positiv-Rate, steigt die Präzision. Gleichzeitig erhöht man dadurch aber die Falsch-negativ-Rate und die Sensitivität nimmt ab.

Daher muss man die Rahmenbedingungen im Projekt sehr gut verstanden haben, damit die dafür relevanten funktionalen Leistungsmetriken ausgewählt werden können. Die Auswahl kann daher von Projekt zu Projekt sehr unterschiedlich sein und kann gut in Form von Abnahmekriterien festgehalten werden [URL: Glossar].

Unter welchen Bedingungen die verschiedenen Metriken aus den Abschnitten 5.1 und 5.2 ausschlaggebend sind, stellen wir im Folgenden vor:

- **Genauigkeit:** In die Berechnung der Genauigkeit eines Modells geht die Anzahl der richtigen Zuordnungen zu allen Klassen in einem Experiment ein (siehe Abschnitt 5.1). Wenn eine Klasse in einem Experiment häufiger vertreten ist als die anderen Klassen, dann hat diese Klasse in der Berechnung der Genauigkeit auch eine größere Gewichtung (siehe Tab. 5–3). In solchen Fällen ist die Genauigkeit in Richtung der überrepräsentierten Klasse verzerrt. Daher eignet sich die Genauigkeit nur für symmetrische Datensätze, die sich dadurch auszeichnen, dass sie eine ähnliche Anzahl von Fällen in jeder Klasse haben (siehe Praxisbeispiel 5–1).

  Die Genauigkeit differenziert nicht, wie genau ein Modell die verschiedenen Klassen vorhersagt (siehe Tab. 5–4). Wir finden immer wieder Situationen vor, in denen eine Falschklassifikation in der einen Klasse gravierendere Folgen hat als in der anderen. Dann ist es sinnvoll, Metriken wie Präzision oder Sensitivität oder deren harmonisches Mittel, den F1-Wert, zu verwenden.

A) Genauigkeit = 70 %

n = 100	tatsächlich positiv	tatsächlich negativ
positiv vorhergesagt	RP = 45	FP = 25
negativ vorhergesagt	FN = 5	RN = 25
	RPR = 90 %	RNR = 50 %

B) Genauigkeit = 86,4 %

n = 550	tatsächlich positiv	tatsächlich negativ
positiv vorhergesagt	RP = 450	FP = 25
negativ vorhergesagt	FN = 50	RN = 25
	RPR = 90 %	RNR = 50 %

Tab. 5–3 *Zwei Modelle mit der gleichen Richtig-positiv-Rate (RPR) von 90 % und Richtig-negativ-Rate (RNR) von 50 %; A) ein ausgewogener Datensatz (der Datensatz enthält gleich viele tatsächlich positive und negative Fälle) mit einer Genauigkeit von 70 %; B) ein unausgewogener Datensatz mit einer Genauigkeit von 86,4 %.*

A) Genauigkeit = 90 %

n = 100	tatsächlich positiv	tatsächlich negativ
positiv vorhergesagt	RP = 45	FP = 5
negativ vorhergesagt	FN = 5	RN = 45
	RPR = 90%	RNR = 90%

B) Genauigkeit = 90 %

n = 100	tatsächlich positiv	tatsächlich negativ
positiv vorhergesagt	RP = 90	FP = 5
negativ vorhergesagt	FN = 5	RN = 0
	RPR = 94,7%	RNR = 0%

Tab. 5–4 *Zwei Modelle mit der gleichen Genauigkeit von 90 %, aber großen Unterschieden in der Vorhersagegenauigkeit der Klassen; A) ein Modell mit einer hohen RPR und RNR; B) ein Modell mit einer hohen RPR und einer sehr niedrigen RNR.*

- **Präzision:** Die Präzision ist eine Metrik, die angibt, wie sicher man sich sein kann, dass eine positive Vorhersage auch tatsächlich positiv ist. Diese Metrik ist folglich besonders wichtig, wenn ein falsch positives Ergebnis gravierende Folgen hat. Dies ist beispielsweise der Fall bei einer Diagnose von Patienten, die mit einer kostspieligen Therapie oder mit einer Medikation mit lebenseinschränkenden Nebenwirkungen verbunden ist. Dann muss das Vertrauen in ein positives Ergebnis hoch sein, was durch eine hohe Präzision bewirkt werden kann. Obwohl die Modelle in Tabelle 5–5 A) und B) dieselbe Genauigkeit haben, ist das Modell A) mit einer hohen Präzision für das Beispiel mit einer schweren Diagnose besser geeignet als Modell B). Die Präzision schauen wir uns anhand des Praxisbeispiels 5-2 etwas genauer an.

Praxisbeispiel 5–2: Spamfilter für E-Mail-Accounts (Erweiterung)

Dass der Spamfilter nicht mehr so gut funktioniert hat, ist auch immer wieder Gesprächsstoff in der Kaffeeküche. Leider werden E-Mails als Spam gekennzeichnet, die kein Spam sind. Die Kolleginnen und Kollegen schauen, wie du sicherlich auch, aber nicht ständig im Spam-Ordner nach, ob dort E-Mails liegen, die sie eigentlich bräuchten. Man verlässt sich eben auf die Technologie. Eine fälschlicherweise als Spam einsortierte Mail hat für die Benutzerinnen und Benutzer weitaus unangenehmere Folgen als ein paar nicht als Spam erkannte E-Mails. Ein Spamfilter mit einer geringen Präzision ist für die meisten Menschen nicht akzeptabel.

Da die Präzision eine Metrik ist, die lediglich die Zuverlässigkeit der positiv vorhersagten Fälle widerspiegelt, sollte man die Präzision nicht allein zur Bewertung eines Modells verwenden.

A) Genauigkeit = 74 %;
Präzision = 96,2 %;
Sensitivität = 50 %; F1-Wert = 0,66

n = 200	tatsächlich positiv	tatsächlich negativ
positiv vorhergesagt	RP = 50	FP = 2
negativ vorhergesagt	FN = 50	RN = 98
	RPR = 50%	RNR = 98%

B) Genauigkeit = 74 %;
Präzision = 66,2 %;
Sensitivität = 98 %; F1-Wert = 0,79

n = 200	tatsächlich positiv	tatsächlich negativ
positiv vorhergesagt	RP = 98	FP = 50
negativ vorhergesagt	FN = 2	RN = 50
	RPR = 98%	RNR = 50%

Tab. 5–5 *Zwei Modelle mit der gleichen Genauigkeit von 74 %, aber unterschiedlicher Präzision und Sensitivität und unterschiedlichem F1-Wert; A) ein Modell mit einer hohen Präzision und einer niedrigen Sensitivität; B) ein Modell mit einer niedrigen Präzision und einer hohen Sensitivität.*

- **Sensitivität:** Die Sensitivität (eng. Recall) ist eine Art Gegenspieler zur Präzision. Sie gibt an, wie sicher man sich sein kann, keine positiven Fälle zu übersehen. Bei den Corona-Schnelltests war eine hohe Sensitivität wichtig, da man keine Coronafälle übersehen wollte (beispielhaft in Tab. 5–5 B) dargestellt). Lieber nahm man falsch positive Ergebnisse in Kauf (eine geringe Präzision), diese konnten anschließend durch einen PCR-Test aufgedeckt werden.
- **F1-Wert:** In den F1-Wert fließen Präzision und Sensitivität in gleichem Maß ein (siehe Abschnitt 5.1). Sowohl die falsch positiven als auch die falsch negativen Fallzahlen sind dann gleichermaßen von Bedeutung. Daher ist der F1-Wert eine sinnvolle Metrik, wenn es ein Ungleichgewicht in den erwarteten Klassen gibt, die Präzision und die Sensitivität aber von ähnlicher Wichtigkeit sind (siehe Tab. 5–5).

Bei den eben genannten Metriken ist vor allem die Art der Verwendung des Klassifikationsmodells wichtig. Die Wahl der zusätzlichen Leistungsmetriken aus Abschnitt 5.2 hängt dagegen von der Art des Modells selbst ab:

- AUC unter der ROC-Kurve: Die AUC unter der ROC-Kurve wird bei überwachten Klassifikationen verwendet.
- MQF und R^2: Diese Metriken werden bei Modellen eingesetzt, die Regressionsprobleme lösen sollen.
- Clusterübergreifende Metriken, clusterinterne Metriken und der Silhouettenkoeffizient: Diese Metriken sind spezifisch für Modelle, die für das Clustering verwendet werden.

5.4.1 Übung: Evaluieren eines erstellten ML-Modells

In der praktischen Übung zum Abschnitt 4.2 hast du einen Datensatz in Trainings-, Validierungs- und Testdaten aufgeteilt und damit einen Entscheidungsbaum erstellt.

Aufgabe: In dieser Übung sollst du das in der letzten Übung entstandene Modell evaluieren. Dazu ermittelst du die vier funktionalen Leistungsmetriken. Hier musst du beachten, dass vom Entscheidungsbaum drei Klassen ausgegeben werden. Die Konfusionsmatrix besteht daher aus drei Zeilen und drei Spalten!

Im GitHub-Repository zu diesem Buch findest du im Verzeichnis *Kap05.4_Evaluation* die notwendigen Daten, eine Anleitung sowie eine Musterlösung.

5.5 Benchmark-Suiten für ML

KI-Technologien werden kontinuierlich weiterentwickelt. Vielversprechende Datensätze, faszinierende Algorithmen, mächtige Modelle und leistungsstarke Hardware werden regelmäßig neu auf den Markt gebracht. Da ist es schwierig, den Überblick über die Wirksamkeit der neuen Techniken zu behalten und zu bestimmen, welche Ansätze für eine bestimmte Anwendung am besten geeignet sind. Selbst für Fachexpertinnen und -experten ist es schwierig, die Leistungsfähigkeit neuer Techniken richtig einschätzen zu können.

Sogenannte *Benchmark-Suiten* bieten Werkzeuge für einen objektiven Vergleich von verschiedenen Hardwareplattformen, Software-Frameworks und Cloud-Plattformen speziell für KI- und ML-Techniken. Angewendet werden sie vor allem in der Wissenschaft und in der Industrie bei der Sprachverarbeitung oder beim autonomen Fahren, um standardisierte Vergleiche durchzuführen [Knuepffer 2019]. Dazu werden auch Simulationen von realitätsnahen Szenarien angeboten, um die Leistung von verschiedenen ML-Systemen zu bewerten.[7] In der Bewertung kann man Trainingszeit, Genauigkeit und Geschwindigkeit, mit der ein trainiertes Modell Inferenzen durchführt, in Relation setzen. So können z. B. Trainingszeiten im Zusammenhang mit der erreichten Vorhersagegenauigkeit für verschiedene Frameworks ermittelt und verglichen werden. Die Zielmetrik kann je nach Anwendungsfall ausgewählt werden.

Je nach Anwendungsbereich und Art der Aufgabenstellung gibt es ML-Benchmark-Systeme von verschiedenen Anbietern und Organisationen. Im Folgenden stellen wir dir einige vor, die sowohl Verwendung in der ML-Forschung als auch in der Industrie finden:

7. *https://www.nvidia.com/en-us/data-center/resources/mlperf-benchmarks/*, abgerufen im April 2023.

MLCommons [URL: MLCommons] ist eine gemeinnützige Organisation, die auf dem 2018 gegründeten MLPerf™ aufbaut. Die Mission von MLCommons ist es, das maschinelle Lernen von der Forschung zur industriellen Anwendung zu bringen. Dafür stellen sie verschiedene MLPerf-Benchmark-Suiten zur Verfügung, um Software-Frameworks, KI-spezifische Prozessoren und ML-Cloud-Plattformen über verschiedene Anwendungsbereiche hinweg, wie z.B. Bilderkennung, Sprachverarbeitung, Empfehlungssysteme und autonome Fahrzeuge, standardisiert zu bewerten. MLPerf hat sich sowohl mit seinen Training- als auch Inferenz-Benchmark-Suiten als KI-Benchmark etabliert, mit dem sich Hersteller für KI-Produkte und der erforderlichen Hardware wie Nvidia, Intel, Google oder Lenovo messen.

DAWNBench [URL: Dawn] ist eine Benchmark-Suite für Deep-Learning-Systeme, die von der Stanford University entwickelt wurde. DAWNBench hat mitgeholfen, MLPerf als Industriestandard aufzubauen. Daraufhin hat die Stanford University Anfang 2020 die Weiterentwicklung der eigenen Benchmark-Plattform eingestellt, um sich bei weiteren Bemühungen auf den MLPerf-Standard zu konzentrieren.

EEMBC [URL: EEMBC] (Embedded Microprocessor Benchmark Consortium) stellt mit MLMark® Benchmark eine Benchmark-Suite für ML-Systeme bereit. EEMBC wurde schon 1997 mit der Absicht gegründet, eine Standardisierung für die Mikroprozessorindustrie zu entwickeln. MLMark hat zum Ziel, die Vergleichbarkeit von ML-Modellen zu verbessern und Unternehmen bei der Auswahl der am besten geeigneten Modelle für ihre Anwendungsfälle zu unterstützen.

6 Neuronale Netze und Testen

»Wissen kann nicht übertragen werden; es muss im Gehirn eines jeden Lernenden neu geschaffen werden.«
Gerhard Roth, deutscher Philosoph, Zoologe, Biologe und Hirnforscher

Dieses Kapitel befasst sich mit neuronalen Netzen, ihrem Aufbau und den damit verbundenen Stärken und Schwächen. Dazu erklären wir unter anderem die prinzipielle Funktionsweise eines Perzeptrons, des grundlegenden Bausteins künstlicher neuronaler Netze. Wir üben das Training solcher Netze an einem einfachen Beispiel und diskutieren einige Überdeckungsmetriken für deren Test.

KI-spezifische Schlüsselbegriffe aus dem Lehrplan:
Aktivierungswert (activation value), tiefes neuronales Netzwerk (deep neural network, DNN), Perzeptron (perceptron), mehrschichtiges Perzeptron (multi-layer perceptron), neuronales Netzwerk (neural network), Neuronenüberdeckung (neuron coverage), Vorzeichenwechselüberdeckung (sign change coverage), Vorzeichen-Vorzeichen-Überdeckung (sign-sign coverage), überwachtes Lernen (supervised learning), Schwellenwertüberdeckung (threshold coverage), Trainingsdatensatz (training data), Wertänderungsüberdeckung (value change coverage)

Weitere Schlüsselbegriffe in diesem Kapitel:
keine

Hinweis: Im CT-AI-Lehrplan wird meistens der Begriff neuronale *Netzwerke* verwendet. Wir haben uns entschieden, in diesem Buch vorwiegend von neuronalen *Netzen* zu sprechen. Dieser Begriff wird auch meist im Arbeitsalltag verwendet. Unserer Meinung nach können beide Begriffe synonym verwendet werden.

6.1 Neuronale Netze

Künstliche neuronale Netze (kNNs) werden in der Fachwelt wie auch in diesem Buch oft vereinfachend als *neuronale Netze* (NNs, engl. neural networks) bezeichnet. Sie bestehen aus *künstlichen Neuronen*, einer technischen Nachbildung biologischer Neuronen, wie wir sie in vielen Lebewesen finden. Auf ihnen basiert ein nicht unerheblicher Teil der wissenschaftlichen Forschungen auf dem Gebiet der künstlichen Intelligenz (siehe Abschnitt 1.1).

Bereits in den 1940er-Jahren begannen Wissenschaftlerinnen und Wissenschaftler zu untersuchen, wie mit künstlichen Neuronen Algorithmen implementiert und zur räumlichen Mustererkennung eingesetzt werden könnten. Doch es dauerte über zehn Jahre, bis Frank Rosenblatt und Charles Wightman einen ersten aus künstlichen Neuronen bestehenden funktionsfähigen Computer entwarfen, der schon damals einfache Ziffern mit einem Bildsensor klassifizieren konnte [Rosenblatt et al. 1957].

Heute sind neuronale Netze fester Bestandteil der meisten KI-basierten Anwendungen und aus dem Bereich der künstlichen Intelligenz nicht mehr wegzudenken.

Das Perzeptron

Fundamentales Element der ersten kNNs war das sogenannte *einschichtige Perzeptron* (engl. single layer perceptron), das in dieser Form bis heute Bestand hat. Es besteht aus einer Schicht künstlicher Neuronen, von denen jedes einen Ausgabewert erzeugt. Jedes der Neuronen verarbeitet viele Eingabewerte, z.B. Messwerte von Sensoren, indem es diese mit Gewichtungsfaktoren multipliziert und die Produkte dann addiert. Eine auf diese Summe angewendete Aktivierungsfunktion erzeugt den Ausgabewert y des künstlichen Neurons (siehe Abb. 6–1, links).

Bezeichnet man die N Eingabewerte eines einzelnen künstlichen Neurons mit x_i und dessen Ausgabewert mit y, kann man dessen Berechnung mit folgender Formel beschreiben:

$$y = \varphi\left(\sum_{i=1}^{N} x_i \cdot w_i + b\right)$$

Die w_i sind die oben genannten Gewichtungsfaktoren, mit denen das Neuron die Eingabewerte x_i multipliziert und dann addiert. $\varphi(\cdot)$ ist die auf diese Summe angewendete Aktivierungsfunktion. Für das klassische Perzeptron ist diese für positive Argumente konstant *1* und ansonsten *0*:

$$\varphi(v) = \begin{cases} 1, & v > 0 \\ 0, & v \le 0 \end{cases}$$

Zum Argument der Aktivierungsfunktion addiert das Neuron vorher noch einen festen Wert (Offset) b hinzu. Dieser Wert ist für jedes Neuron individuell festgesetzt und wird in der Fachwelt wie auch in diesem Buch als *Bias* bezeichnet. Er ist nicht zu verwechseln mit dem Bias, der die Verzerrung in KI-basierten Systemen bezeichnet (siehe Abschnitt 2.4). Insbesondere in diesem Kapitel hat der Begriff Bias folglich die Bedeutung des oben beschriebenen Offsets am künstlichen Neuron.

Man kann mehrere solcher künstlichen Neuronen parallel zu einer Schicht anordnen. Jedes dieser Neuronen ist mit denselben Eingabewerten verbunden und erzeugt jeweils einen eigenen Ausgabewert. Diese Anordnung wird als *einschichtiges Perzeptron* bezeichnet und ist in Abbildung 6–1 links als Schicht dargestellt. Die Abbildung zeigt zum Vergleich auf der rechten Seite schematisch das biologische Vorbild eines Neurons: Auch dieses empfängt Eingabesignale, meist von anderen Neuronen, gewichtet und summiert diese und erzeugt oberhalb einer gewissen Schwelle ein Ausgabesignal, das über das Axon geleitet an andere Nervenzellen weitergeleitet wird.

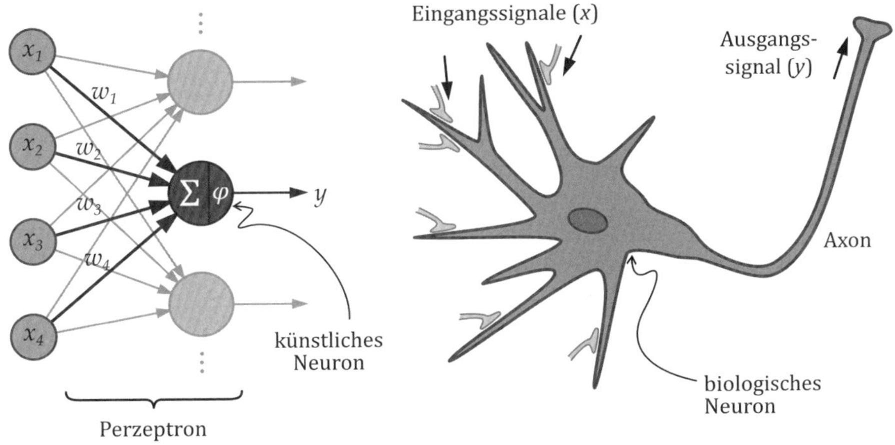

Abb. 6–1 *Schematische Darstellungen eines künstlichen Neurons (links, als Teil des einschichtigen Perzeptrons) und eines sehr vereinfachten biologischen Neurons (rechts). Beide verarbeiten mehrere Eingangssignale (meist Ausgaben anderer Neuronen) zu einem einzigen Ausgabesignal.*

Tiefe neuronale Netze

Für viele praxisrelevante Aufgaben reicht normalerweise eine Schicht Neuronen nicht aus, um die gewünschten Funktionen nachzubilden. Daher erweitert man fast immer das einschichtige Perzeptron um eine, mehrere oder gar sehr viele weitere Schichten, die als Eingabewerte jeweils die Ausgaben der vorhergehenden Schicht erhalten. Diese Struktur nennen wir dann *mehrschichtiges Perzeptron* oder *tiefes neuronales Netz* (engl. multi layer perceptron bzw. deep neural network, DNN). Meistens nutzen wir in unseren Projekten für diese Schichten den englischen Begriff *Layer.* Der Vorgang des Trainings wird bei solchen mehrschichtigen Netzen auch *Tiefes Lernen* (engl. deep learning, DL) genannt.

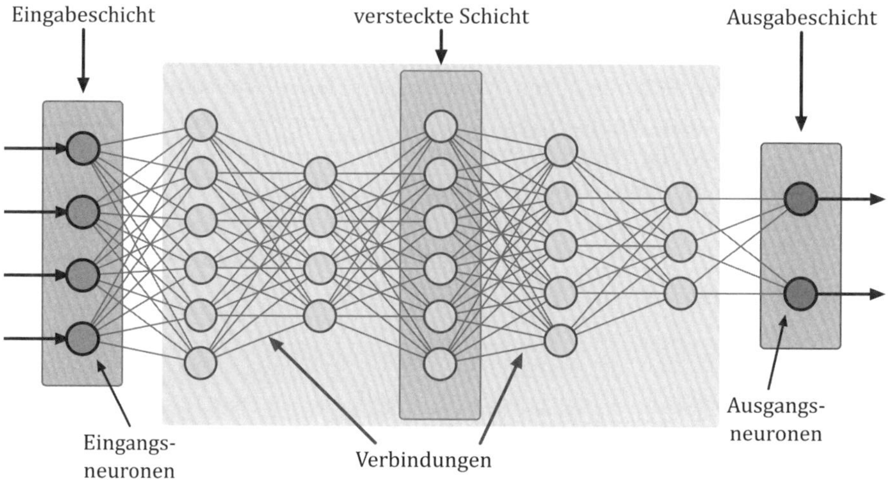

Abb. 6–2 *Schematische Darstellung eines tiefen neuronalen Netzes mit der Eingabe- und der Ausgabeschicht und den mitunter sehr vielen versteckten Schichten dazwischen*

Ein tiefes neuronales Netz (siehe Abb. 6–2) besteht aus drei Arten von Schichten:

- Eine **Eingabeschicht** (engl. input layer): Sie empfängt die Eingabewerte, wie etwa Sensordaten, und gibt diese einzeln und unverarbeitet an die verarbeitenden Neuronen der folgenden Schicht[1] weiter. Bei einer Bildverarbeitung eines Kamerabilds sind dies etwa die Helligkeitswerte jeder Farbkomponente aller Pixel.
- Eine oder mehrere **versteckte Schichten** (engl. hidden layer): Sie verarbeiten die Eingabewerte des vorhergehenden Layers und geben ihre Ausgaben an den folgenden Layer weiter, sie verarbeiten Layer für Layer. In der Bildverarbeitung sind dies in den ersten Layern beispielsweise die Erkennung von Farben, Kanten oder Flächen. Spätere Layer kombinieren diese Informationen, um dadurch komplexere Formen oder Objekte zu detektieren.
- Eine **Ausgabeschicht** (engl. output layer): Sie bildet die abschließende Schicht des neuronalen Netzes und gibt dessen Ausgabewerte aus. Ein Ausgabewert könnte angeben, wie sicher auf dem Bild eine Katze erkannt wurde, ein anderer könnte angeben, wie sicher ein Hund erkannt wurde.

1. Wir verwenden die Begriffe Schicht und Layer im Buch synonym.

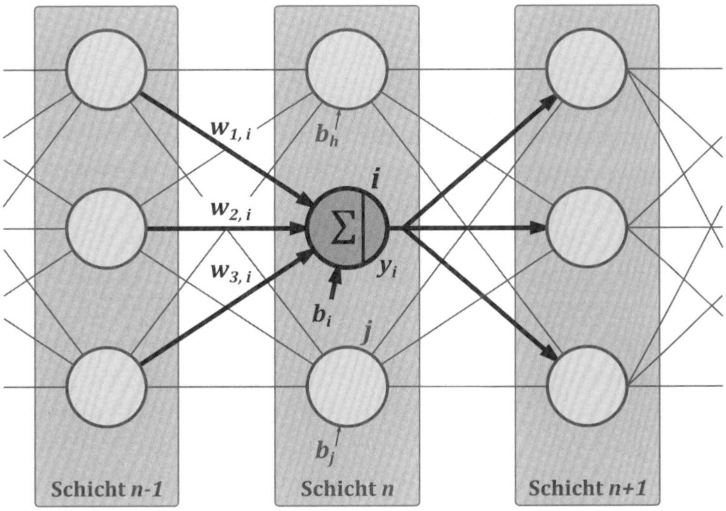

Abb. 6–3 *Ein genauerer Blick auf ein einzelnes Neuron i in einem tiefen neuronalen Netz. Es besitzt jeweils individuelle Gewichte $w_{\ldots,i}$, einen Bias b_i und den Aktivierungswert y_i.*

Abbildung 6–3 wirft einen genaueren Blick auf die Layer eines DNN. Man sieht, dass die Neuronen einer Schicht ihre Eingaben direkt von den Neuronen aus der Schicht zuvor erhalten und ihre Ausgaben nur an die nachfolgende Schicht weitergeben.[2] Die Zahl der Neuronen (Knoten) in jedem Layer kann von Schicht zu Schicht sehr unterschiedlich sein.

Jedes einzelne künstliche Neuron (mit Ausnahme der Neuronen der Eingabeschicht) weist den in Abbildung 6–1 (links) gezeigten Aufbau auf. Außerdem hat es eigene Gewichtungsfaktoren w_i und einen eigenen Bias-Wert b, die eigentlichen Parameter des Netzes. Sie sind es, die durch das Training des Netzes verändert und optimiert werden. Eines der bekanntesten neuronalen Netze in der Bildverarbeitung ist das *YOLO-Netzwerk*.[3] Es besitzt beispielsweise selbst in der kleinen Variante YOLOv5s bereits 7,3 Millionen Parameter. Die Zahl der Parameter des weltweit bekannten Sprachmodells GPT-4 wird auf etwa 1 Billion geschätzt.[4]

---

2. Neben solchen sogenannten *Feedforward-Netzen* gibt es noch viele weitere, u.a. rückwirkende (rekurrente) Strukturen, die wir aber in diesem Buch nicht weiter diskutieren.
3. *https://github.com/ultralytics/yolov5/tree/v5.0.*
4. *https://textcortex.com/de/post/gpt-4-parameters.*

Die Aktivierungsfunktion

Die Neuronen der versteckten Schichten und der Ausgabeschicht verwenden eine Aktivierungsfunktion. Mit der Aktivierungsfunktion erzeugt jedes Neuron seine Ausgaben basierend auf den gewichteten Eingaben und dem Bias. Ein Zweck dieser Funktion ist es, den Wertebereich der Ausgabewerte y auf einen Bereich zu skalieren oder zu normieren.

Meist werden Wertebereiche zwischen -1 und +1 angestrebt. Ein Ausgabewert von +1 zeigt ein angeregtes Neuron an, während eine -1 eine negative Aktivität bzw. hemmende Wirkung des Neurons bedeutet. Abbildung 6–4 zeigt Beispiele solcher Aktivierungsfunktionen. Wenn du dir bei deren Betrachtung den Bias-Wert b aus der obigen Formel in Erinnerung rufst, kannst du nachvollziehen, dass dieser wie ein variabler Schwellenwert für die Aktivierungsfunktion angesehen werden kann. Anders betrachtet: Je größer der Bias-Wert ist, desto weniger muss das Neuron durch Eingabewerte zur Aktivierung angeregt werden.

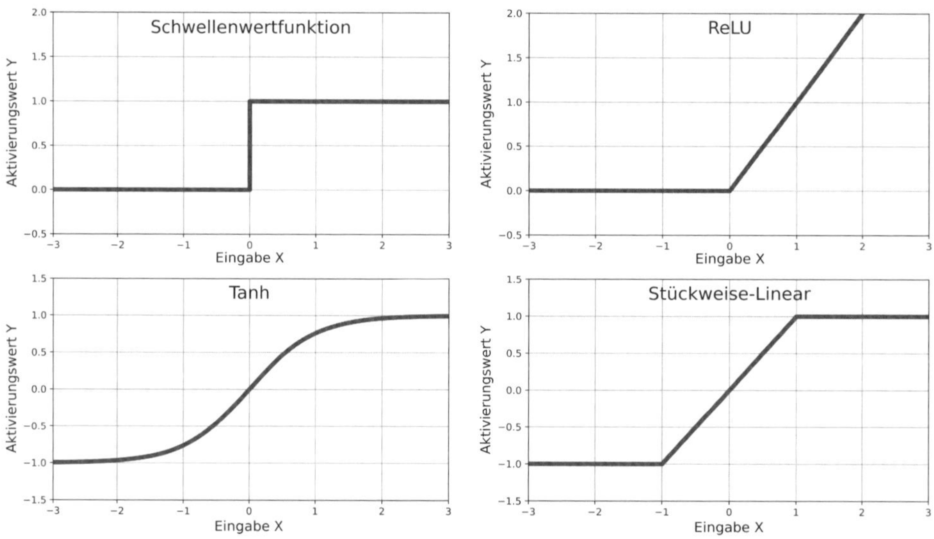

Abb. 6–4 *Beispiele unterschiedlicher Aktivierungsfunktionen. Diese können auf rein positive (oben) oder auf Ausgabewerte, symmetrisch zu null (unten), abgebildet werden.*

Das Training eines neuronalen Netzes

Während des Trainings eines künstlichen neuronalen Netzes verändert und optimiert der Lernalgorithmus dessen Parameter, also die Gewichtsfaktoren und die Bias-Werte jedes einzelnen Neurons. Doch woran orientiert sich diese Optimierung?

Hier kommen die bereits in Abschnitt 4.2 eingehend beschriebenen Trainingsdaten des überwachten Lernens ins Spiel. Diese übergibt man als Eingaben dem noch untrainierten Netz und erzeugt mit diesem die zugehörigen Ausgaben. Diese vergleicht der Lernalgorithmus mit dem jeweils korrekten Ergebnis aus den Trainingsdaten. Insgesamt geht der Algorithmus in den folgenden Schritten vor:

1. Initialisieren der Gewichte und Bias-Werte des Netzes – beispielsweise mit Zufallswerten (oder den Werten eines vortrainierten Netzes).
2. Übergabe eines Datenpunkts des Trainingsdatensatzes (Eingabewerte) an das kNN, das mit den aktuellen Gewichten und Bias-Werten sowie den Aktivierungsfunktionen die Ausgabe (an der Ausgabeschicht) erzeugt. Beispielsweise ein Bild einer Katze, das in der Ausgabeschicht eines noch untrainierten kNN nur schwach als Katze klassifiziert wird (der Wert des Ausgabe-Neurons für *Katze* hat nur einen sehr kleinen Wert).
3. Vergleichen der erzeugten Werte der Ausgabeschicht mit den als korrekt erwarteten Werte aus den Trainingsdaten. Stimmen die Werte nicht überein, korrigiert der Algorithmus die Gewichte und Bias-Werte der Ausgabeschicht so, dass sich die erzeugten Ausgaben leicht in Richtung der korrekten Ausgaben hin verändern. Die Stärke dieser Änderung wird üblicherweise über einen Faktor (Hyperparameter des Algorithmus, siehe Abschnitt 3.2), die sogenannte *Lernrate*, gesteuert. Oft wird sie deutlich kleiner als 1 gewählt (siehe Übung »Trainieren eines neuronalen Netzes«, Aufgabe 1).
4. Der Algorithmus führt diese Korrektur der Gewichte und Bias-Werte dann rückwärts durch die Schichten des Netzes bis zur ersten versteckten Schicht fort (engl. backpropagation).
5. Der Algorithmus führt das Training ab Schritt 2 mit dem nächsten Datenpunkt des Trainingsdatensatzes fort, bis alle Trainingsdaten verarbeitet wurden. Diesen Trainingsabschnitt nennen wir eine *Epoche*.
6. Nach dieser Epoche werden alle Abweichungen dieser Epoche durch den Algorithmus bewertet: Sind die Abweichungen zwischen der Ausgabe des ML-Modells und dem korrekten Wert zu groß, ist beispielsweise die Genauigkeit des Modells noch zu gering, beginnt der Algorithmus mit einer neuen Trainingsepoche und nutzt denselben Trainingsdatensatz erneut.
7. Das Training endet, wenn am Ende der Epoche die Abweichungen klein genug sind oder die zuvor eingestellte maximale Zahl an Epochen erreicht ist.

Bei Betrachtung der eben beschriebenen Schritte kannst du dir gut vorstellen, dass bei jedem Durchlauf des Algorithmus die Parameter des kNN weiter angepasst werden können. Bei mehr Epochen oder einem großen Trainingsdatensatz geschieht dies entsprechend öfter als bei wenigen Epochen oder einem kleineren Trainingsdatensatz.

6.1.1 Übung: Training eines neuronalen Netzes

In dieser Übung kannst du in zwei Aufgaben auf unterschiedliche Weise Schritt für Schritt nachvollziehen, wie der Trainingsalgorithmus für ein neuronales Netz zu einem Trainingsergebnis kommt.

Aufgabe 1: Trainiere ein einfaches Perzeptron, eine logische UND-Funktion mit zwei Eingabewerten zu realisieren. Die Eingabedaten sollen dabei nur die ganzzahligen Werte 0 und 1 sein – ebenso der Ausgabewert. Verwende dazu das Excel-Sheet, das wir im GitHub-Repository zu diesem Buch im Verzeichnis *Kap06.1_Neuronale_Netze* bereitstellen. In der Excel-Datei selbst findest du ausreichend Hilfestellungen, um die Aufgabe zu lösen.

Ziel dieser Aufgabe ist es, dass du den Zyklus einer Lernepoche von den Trainingsdaten bis zur Korrektur der Parameter nachstellen kannst und über mehrere Epochen das Perzeptron trainierst, bis es die UND-Funktion erfolgreich gelernt hat.

Aufgabe 2: Trainiere ein neuronales Netz, die Exklusiv-Oder-Funktion (XOR) zu realisieren. Benutze dazu die Onlineplattform TensorFlow Playground.[5]

Wenn du die Webseite öffnest, siehst du ein Schema eines neuronalen Netzes mit einer Eingabeschicht (dort als FEATURES bezeichnet), versteckten Schichten (HIDDEN LAYER) und einer Ausgabeschicht (OUTPUT). Diese erzeugt nur einen einzigen Ausgabewert, der als zweidimensionale Farbgrafik dargestellt ist. An der Eingabeschicht kann man die dort vorgegebenen Merkmale (FEATURES), die verarbeitet werden sollen, auswählen (siehe Abschnitt 4.1.3).

Gehe durch die folgenden Schritte und beantworte dabei auch die gestellten Fragen. Die Icons helfen dir dabei, die richtige Stelle auf der Webseite zu finden.

1. Wähle die Trainings- und Testdaten (DATA) für das Exklusiv-Oder (engl. exclusive or) aus (durch das Icon am Rand dargestellt). 
2. Starte das Training mit dem Play-Button (Run/Pause) oben links. 
3. Wird das neuronale Netz gut genug auf die Daten trainiert?
   Wenn nicht, versuche die Startwerte für Gewichte und den Bias-Wert mit dem Reset-Button auf andere Zufallswerte zu setzen und starte das Training erneut. 
4. Reduziere nun die Anzahl der versteckten Schichten. Verändere dabei auch die Zahl der Neuronen pro Layer. Wie viele Layer und Neuronen brauchst du mindestens? 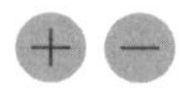
5. Stelle nun den Trainings-Test-Split auf 90:10 ein (engl. ratio of training to test data: 90%) und stelle eine versteckte Schicht mit drei Neuronen ein. Wie gut funktioniert das Training? 
6. Wie verändert sich das Trainingsergebnis, wenn du statt der *Tanh*-Aktivierungsfunktion (engl. activation) die *ReLU*-Funktion auswählst? 

Die Erklärungen und Lösungen zu beiden Aufgaben findest du wieder im GitHub-Repository zu diesem Buch im Verzeichnis *Kap06.1_Neuronale_Netze* (siehe Abschnitt »Notwendige Vorbereitungen für die praktischen Übungen« auf S. viii in der Einleitung).

5. *https://playground.tensorflow.org.*

6.2 Überdeckungsmaße für neuronale Netze

Aus dem Test konventioneller Software kennst du vermutlich bereits Whitebox-Testverfahren mit den zugehörigen Überdeckungskriterien – z.B. die Anweisungsüberdeckung. Diese helfen gerade beim codenahen Komponententest, das Vertrauen in die Software zu erhöhen.

Beim *Anweisungstest* bzw. der *Anweisungsüberdeckung* (engl. statement coverage) führt man verschiedene Tests nacheinander aus, die jeweils weitere, bisher noch nicht ausgeführte Codezeilen (Anweisungen) durchlaufen. So erhöht man schrittweise den prozentual überdeckten Anteil der im Test durchlaufenen Codezeilen, bis dieser maximal 100% erreicht.

Andere bekannte Überdeckungskriterien sind die *Entscheidungsüberdeckung*, die *Bedingungsüberdeckung* oder die *modifizierte Bedingungs-/Entscheidungsüberdeckung*, die dir vielleicht als *MC/DC-Coverage* schon in Projekten begegnet ist.[6] Speziell diese, aber auch andere Maße werden von Standards in besonders sicherheitsrelevanten Bereichen empfohlen oder sogar eingefordert [ISO 26262-6]. Mehr über diese Überdeckungsmaße kannst du in den Lehrplänen des ISTQB® Certified Tester (vgl. [ISTQB 2018]; [ISTQB 2021b] nachlesen.

Aufgrund der großen Bedeutung der Überdeckungskriterien könnte man annehmen, dass diese ebenfalls für neuronale Netze eingesetzt werden können. Doch deren Code ist häufig von verschachtelten Schleifen mit arithmetischen Operationen geprägt, die einfach nur wiederholt durchlaufen werden. Anweisungs- oder Entscheidungsüberdeckungen wären zwar nicht völlig sinnlos, würden aber kaum fehlerhafte Gewichte oder Aktivierungsfunktionen aufdecken.

Ausgehend von diesen Überlegungen haben Wissenschaftlerinnen und Wissenschaftler seit etwa 2017 begonnen, Untersuchungen anzustellen und darüber zu publizieren, welche Kriterien sich als Überdeckungsmaße speziell für neuronale Netze eignen. Wir sind uns bewusst, dass dieses Forschungsgebiet vergleichsweise neu ist. Wir können also nicht davon sprechen, dass die im Folgenden von uns beschriebenen Kriterien in der Fachwelt oder in Projekten bereits etabliert sind. Zu manchen mag es in einigen Jahren sogar neue Erkenntnisse geben. Dennoch ist es wichtig, sie zu kennen und ihren möglichen Nutzen einschätzen zu können.

Unter den verschiedenen Überdeckungskriterien, die in Forschungsarbeiten und Praxisberichten beschrieben werden, tauchen insbesondere die folgenden fünf Kriterien häufiger auf. Diese betrachten die Aktivierungswerte der Neuronen, also die Ausgabewerte der Aktivierungsfunktion. Zur Überdeckungsmessung werden alle Testdaten nacheinander dem Netz präsentiert und das Verhalten der Aktivierungswerte währenddessen beobachtet.

6. In der neuen Version 4.0 des CTFL-Lehrplans wird *Bedingungstest* durch *Zweigtest* ersetzt.

- **Neuronenüberdeckung:** Sie bezieht sich auf den Anteil der Neuronen, deren Aktivierungswerte mindestens einmal einen Wert größer als null erreicht haben. Für eine vollständige Neuronenüberdeckung müssen alle Neuronen im Netz einmal einen Aktivierungswert größer als null erreicht haben.

  Für eine Vielzahl tiefer neuronaler Netze kann man schon mit wenigen Testfällen – hier auch gleichbedeutend mit Testdaten für die Eingabewerte – eine sehr hohe Neuronenüberdeckung erreichen. Überdeckungen, die fast an 100 % reichen, sind hierbei nicht selten [Pei et al. 2017]. In Abbildung 6–5 a) ist der Wertebereich, in dem der Aktivierungswert für ein abgedecktes Neuron mindestens einmal liegen muss, durch einen Balken dargestellt (Wertebereich größer als null).

- **Schwellenwertüberdeckung:** Sie bezieht sich auf den Anteil der Neuronen, deren Aktivierungswerte mindestens einmal einen festgelegten Schwellenwert überschritten haben.

  Diese Überdeckung entspräche der Neuronenüberdeckung, wenn man den Schwellenwert auf 0 setzen würde. Der Schwellenwert wird meist als positive Zahl angegeben. In der Forschungsarbeit zum *DeepXplore*-Framework [Pei et al. 2017] stellen die Autoren nicht nur das Überdeckungskriterium selbst vor (sie selbst nennen es *neuron coverage with threshold*). Sie zeigen auch einen Algorithmus auf, der gezielt zusätzliche Testdaten und damit Testfälle erzeugt, die die Schwellenwertüberdeckung verbessern. Damit konnten sehr effizient Tausende fehlerhafte Grenzfallverhalten aufgezeigt werden. Abbildung 6–5 b) zeigt wieder den Wertebereich, den der Aktivierungswert erreichen muss, damit das Neuron als überdeckt gilt. S1 deutet dabei den Schwellenwert an. Die Autoren hatten in ihrer oben genannten Arbeit diesen mit 0,75 gewählt.

- **Vorzeichenwechselüberdeckung:** Sie bezieht sich auf den Anteil der Neuronen, deren Aktivierungswerte für alle Testdaten mindestens einmal größer als null und einmal kleiner als null waren. Diese Situation ist in Abbildung 6–5 c) durch die beiden Wertebereiche dargestellt.

  Für eine vollständige Vorzeichenwechselüberdeckung muss der Aktivierungswert jedes Neurons einmal größer als null und einmal kleiner als null gewesen sein.

- **Wertänderungsüberdeckung:** Sie bezieht sich auf den Anteil der Neuronen, deren Aktivierungswerte sich über alle Testdaten mindestens um eine Differenz D unterschieden haben.

  Dieses Kriterium ist in Abbildung 6–5 d) angedeutet. Im Unterschied zu den oben beschriebenen Überdeckungen sind hier jedoch keine festen Schwellenwerte für die Aktivierungswerte angegeben. Es geht hier allein um die maximale relative Änderung des Aktivierungswerts y, also $\max(y)-\min(y)$, die größer als D sein muss, damit ein Neuron als abgedeckt gilt.

- **Vorzeichen-Vorzeichen-Überdeckung:** Sie bezieht sich auf den Anteil an Neuronenverbindungen (Paaren von Neuronen) aufeinander folgender Layer, bei denen eine Vorzeichenänderung des Aktivierungswerts eines einzigen Neurons in einer Schicht eine Vorzeichenänderung des verbundenen Neurons in der folgenden Schicht bewirkt.

  Es ist leicht zu erkennen, dass eine 100 %ige Vorzeichen-Vorzeichen-Überdeckung auch eine 100 %ige Vorzeichenwechselüberdeckung beinhaltet. Außerdem sollte dir aufgefallen sein, dass dieses Kriterium auf den Verbindungen zwischen den Neuronen basiert, während die anderen Kriterien jeweils nur ein Neuron betrachten.

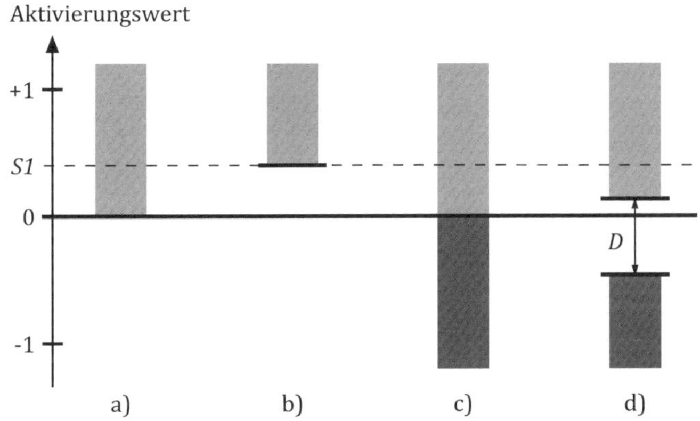

Abb. 6–5 *Bildliche Darstellung der Wertebereiche, die die Aktivierungswerte eines Neurons erreichen müssen, damit es für das jeweilige Abdeckungskriterium als abgedeckt gilt: a) Neuronenüberdeckung, b) Schwellenwertüberdeckung zur Schwelle S1, c) Vorzeichenwechselüberdeckung, d) Wertänderungsüberdeckung. In jedem der dargestellten Wertebereiche (unterschiedlich farbige Boxen) muss mindestens ein Wert vorhanden sein.*

Neben den eben aufgezeigten Kriterien sind noch viele weitere Überdeckungsmaße in Forschungsberichten beschrieben worden oder noch Gegenstand aktueller Forschung. Beispielsweise nutzt das *TensorFuzz*-Tool [Odena & Goodfellow 2018] den *nearest-neighbour* (Nächster-Nachbar-Algorithmen), um sinnvolle Änderungen in nahestehenden Neuronengruppen zu identifizieren. Andere Maße beruhen wiederum auf ganzen Schichten.

Zusammenfassend zeigt Abbildung 6–6, wie die oben beschriebenen Kriterien bei 100 %iger Überdeckung aufeinander aufbauen. Zu deren Effektivität gibt es derzeit nur wenig Forschung und Daten. Beispielsweise schließt eine 100 %ige Schwellenwertüberdeckung eine 100 %ige Neuronenüberdeckung ein. Eine 100 %ige Wertänderungsüberdeckung schließt allerdings nur dann eine 100 %ige Neuronenüberdeckung ein, wenn der Bereich *D* die null enthält. Mit anderen Worten: Die Wertänderung muss auch einen Wechsel des Vorzeichens bedeuten.

Generell findet man mit Kriterien, die mehr Tests (Testdaten) für eine hohe Abdeckung benötigen, mehr Fehler als mit solchen, die weniger Tests dafür benötigen. Beispielsweise findet die Neuronenüberdeckung meist weniger Fehler als die Wertänderungsüberdeckung (siehe Abb. 6–5 a) und d)), da für Neuronenüberdeckung weniger Tests notwendig sind. Liegen andererseits fertige Testdaten vor, geben niedrige Überdeckungskriterien einen Warnhinweis, diese durch mehr Testdaten zu erhöhen. Die richtigen Testdaten zu ergänzen kann je nach Überdeckungskriterium eine große Herausforderung sein.

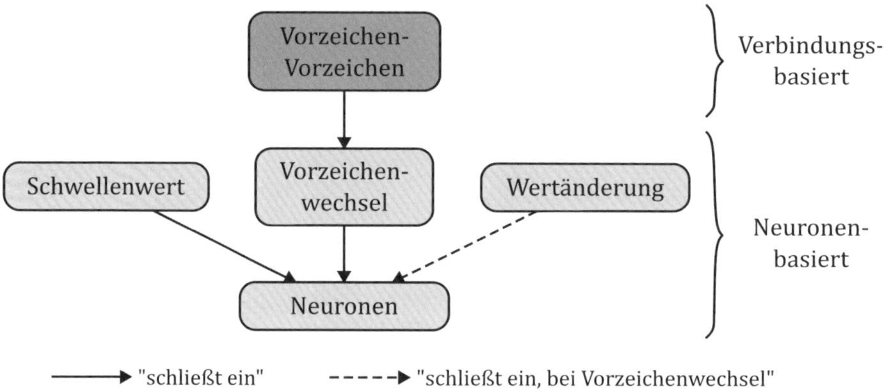

Abb. 6–6 *Grafische Darstellung, wie Überdeckungskriterien neuronaler Netze mit 100 % Abdeckung aufeinander aufbauen. Beispielsweise bedeutet eine 100 %ige Schwellenwertüberdeckung gleichzeitig auch 100 %ige Neuronenüberdeckung.*

7 Testen KI-basierter Systeme im Überblick

»Vorbereitung ist vor allem der Schlüssel zum Erfolg.«
Alexander Graham Bell, britischer Sprachtherapeut,
Erfinder und Großunternehmer

In diesem Kapitel beschäftigen wir uns damit, wie wir KI-basierte Systeme testen und welchen Herausforderungen wir dabei als Testerinnen und Tester gegenüberstehen. Wir gehen dabei auf die Besonderheiten bei der Spezifikation oder Dokumentation solcher Systeme, die Verwendung von Testdaten und die Erweiterung der klassischen Teststufen ein. Genauer betrachtet werden die Effekte des Automatisierungsbias und des Konzeptdrifts. Abschließend widmen wir uns der Frage, mit welchen Risiken speziell ML-Systeme verbunden sind und wie wir ihnen begegnen können.

KI-spezifische Schlüsselbegriffe aus dem Lehrplan:
KI-Komponente (AI component), Automatisierungsverzerrung (automation bias), Big Data (big data), Konzeptdrift (concept drift), Datenpipeline (data pipeline), funktionale Leistungsmetriken von ML (ML functional performance metrics), Trainingsdaten (training data)

Weitere Schlüsselbegriffe in diesem Kapitel:
Eingabedatentest (input data testing), Testen von ML-Modellen (ML model testing)

7.1 Spezifikation KI-basierter Systeme

Wenn Testerinnen und Tester in einem Projekt Aktivitäten planen, ist häufig eine der ersten Tätigkeiten, alle Informationsquellen, aus denen sie später Tests ableiten, also die *Testbasis*, zusammenzustellen. Schon in klassischen Softwareprojekten ist dies manchmal ziemlich herausfordernd: Nicht immer liegen eine saubere Systemspezifikation, Architekturdokumente oder Anforderungsbeschreibungen vor. Ist das der Fall, macht es die Testarbeit deutlich schwieriger – aber nicht unmöglich. Meist finden sich weitere Quellen, aus denen Wissen oder Erwartungen an das korrekte Verhalten des Systems gewonnen werden können: Altsysteme,

Konkurrenzprodukte, Skizzen oder Gespräche mit Mitgliedern des Entwicklungsteams oder Projektverantwortlichen sind nur einige Beispiele, die bei der Testanalyse herangezogen werden können.

Für das Testen sind eindeutige Systemspezifikationen auch für KI-basierte Systeme eine wertvolle Grundlage. Aus unserer Erfahrung liegen diese aber gerade für solche Systeme oder Komponenten noch seltener als bei konventionellen Systemen in einer eindeutigen Form vor.

Doch woran liegt es, dass die Spezifikation KI-basierter Systeme uns vor so große Herausforderungen stellt? Welche Ursachen erschweren es, eine klare Spezifikation oder ein Testorakel zu formulieren? Im Folgenden sollen diese Fragen aus verschiedenen KI-spezifischen Perspektiven beantwortet werden.

Neuartige Qualitätsmerkmale

Die Auswahl der wichtigsten Qualitätsmerkmale und der daraus abgeleiteten Anforderungen ist bereits in der klassischen Systemspezifikation eine der zentralen Aufgaben.

Es ist offensichtlich, dass daher auch die neuen Qualitätsmerkmale, wie etwa Anpassbarkeit, Flexibilität, Evolution oder Autonomie (siehe Kap. 2), in KI-Systemspezifikationen beschrieben und genau – zumindest im Kontext der Projektanforderungen – definiert werden müssen. Gerade wegen ihrer Neuartigkeit gibt es noch wenig Erfahrung oder gar etablierte Schemata, wie diese eindeutig, nachvollziehbar und letztlich messbar beschrieben werden können.

Wenn beispielsweise KI-Komponenten zur Verarbeitung von Eingaben durch Menschen verwendet werden, ist in vielen Fällen eine große Flexibilität gefordert. Diese Eingaben könnten über gesprochene Sprache oder Gestik wie etwa Gebärdensprache, durch Bildverarbeitung oder andere physische Sensoren erfolgen. In allen Varianten erwartet man, dass Sprache, Mimik oder Gestik nicht starr definiert sind, sondern sich von Mensch zu Mensch oder von Kontext zu Kontext unterscheiden, wie etwa Dialekte oder Gestik. Die Herausforderung liegt darin, diese Flexibilität bezüglich der verschiedenen Variationen von Umgebungen und Interaktionen zu identifizieren und möglichst umfangreich zu dokumentieren.

Abbildung 7–1 skizziert, warum es so schwierig ist, KI-Systeme oder auch deren Einsatzumgebung ausreichend zu spezifizieren (Bildmitte). Im unteren Bereich der Abbildung sind die Einflussfaktoren dargestellt, die sich aus den neuen Qualitätsmerkmalen ergeben. Die Abbildung enthält auch die noch im Folgenden aufgeführten Gründe für unzureichende Spezifikationen von KI-basierten Systemen (hellgraue Kästen: durch Pfeile verknüpft).

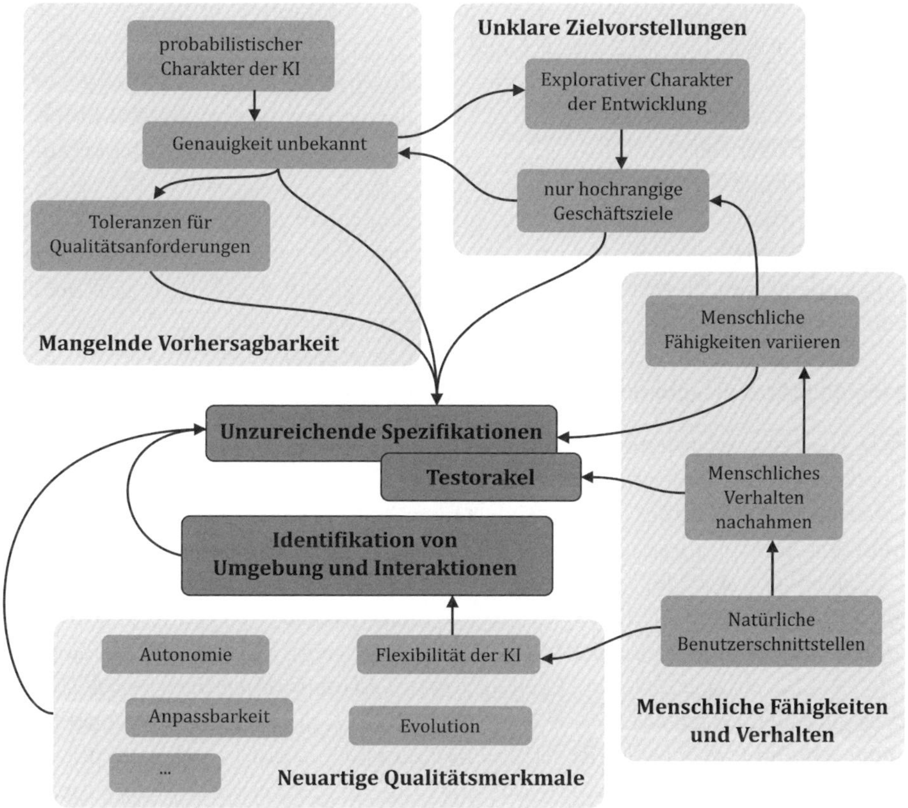

Abb. 7–1 *Die Gründe für unzureichende Spezifikationen von KI-basierten Systemen und die Identifikation ihrer Umgebung (Bildmitte) sind vielfältig und hier durch die umgebenden Kästen beispielhaft angedeutet.*

Menschliche Fähigkeiten und Verhalten

Ein besonderer, wenn nicht gar der wichtigste Anwendungsbereich KI-basierter Systeme ist die Übernahme von Aufgaben, die bislang nur von Menschen ausgeführt werden konnten: beispielsweise das Lesen, Verstehen und Zusammenfassen von komplexen Texten, das Erkennen von potenziellem Krebsgewebe auf Röntgenbildern, das Zeichnen von Bildern oder das Komponieren von Musik. Doch was zeichnet gut komponierte Musik aus? Ist der Inhalt eines Textes treffend wiedergegeben? Wann ist ein generiertes Bild[1] gut genug? Oft begegnen uns dann Formulierungen wie: »*Die KI soll genauso gut wie oder sogar besser als Menschen sein.*« Erschwerend kommt hinzu, dass gerade die menschlichen Fähigkeiten, mit

1. Ein Artikel mit (positiven wie negativen) Beispielen generierender KIs aus der Designerszene findet sich unter: *https://katzlberger.ai/2022/05/04/virtuelle-models-und-ki-musik-fuer-austria-rwanda-fashion-connect*.

denen eine KI verglichen wird, stark variieren. So könntest du dir z.B. schon bei der vermeintlich klaren Aufgabenstellung »Das System soll Krebsgewebe auf einem Röntgenbild mindestens so gut wie ein Arzt erkennen« die Frage stellen, welcher Arzt gemeint ist: ein Facharzt, ein Allgemeinmediziner oder ein Onkologe mit langjähriger Berufserfahrung? Dies führt uns zum Testorakelproblem, auf das wir in Abschnitt 8.7 noch näher eingehen werden.

Die Antworten auf diese Fragen, mit denen man im Projektteam das System präziser spezifizieren will, lassen sich meist nur durch eine schrittweise Annäherung finden. Dies fordert auch den steten Vergleich mit den Fähigkeiten menschlicher Expertinnen und Experten im jeweiligen Kontext.

Mangelnde Vorhersagbarkeit des erwarteten Verhaltens

Viele KI-basierte Systeme verhalten sich probabilistisch und werden daher mit statistischen Maßen, wie z.B. funktionale Leistungsmetriken (siehe Kap. 5), bewertet. Mehr über die Herausforderungen beim Testen solcher Systeme kannst du in Abschnitt 8.4 lesen.

Auch wenn wir Menschen uns für die Realität perfekte KIs mit einer Genauigkeit von 100 % wünschen, sind diese meist nicht realisierbar. Die Herausforderung besteht nun darin, ausreichend hohe Akzeptanzkriterien, etwa eine Genauigkeit von 99,8 %, zu spezifizieren. Gleichzeitig sollen diese aber die Realisierbarkeit eines gut angepassten ML-Modells durch zu hohe Anforderungen nicht gefährden (siehe Abschnitt 3.5.1). Meist ist das nur möglich, wenn in einem explorativen Entwicklungsansatz – noch ohne oder nur mit vagen Spezifikationen – die Möglichkeiten des KI-basierten Systems iterativ erforscht werden. Erst nach und nach wird sich herausstellen, was erreichbar erscheint, und es können passende Akzeptanzkriterien festgelegt werden.

Aufgrund des probabilistischen Charakters der meisten KI-basierten Systeme können selbst statistische Maße, wie die oben genannte Genauigkeit, nie präzise ermittelt werden. Je nach Art und Umfang der zur Bestimmung verwendeten Testdaten lassen sich unterschiedliche Werte messen. Daher liegt es nahe, dass man auch bei solchen statistischen Werten Toleranzen zulassen oder Ober- und Untergrenzen festlegen muss. Wie eng oder wie nahe diese sein sollten, ist eine weitere Herausforderung bei der Spezifikation.

Unklare Zielvorstellungen

Die bislang geschilderten Gründe zeigen bereits, warum die Formulierung klarer Spezifikationen und Anforderungen für KI-basierte Systeme eine große Herausforderung ist. Aus dieser Problematik heraus bleiben in vielen Projekten auch die initial vorgegebenen Geschäftsziele eher auf abstraktem und wenig detailliertem Niveau. Ein Grund für solche wenig konkreten Geschäftsziele mag dem explorativen Charakter einer KI-Entwicklung geschuldet sein, der meist initial die technischen Möglichkeiten durch Versuch und Irrtum auslotet.

KI-Projekte beginnen daher häufig mit vorhandenen Datensätzen und dem allerersten Ziel, deren Potenzial für Vorhersagen zu verstehen. Klassische Softwareprojekte starten hingegen eher mit klaren Vorgaben und der geforderten Logik.

7.2 Teststufen für KI-basierte Systeme

Erfahrene Testerinnen und Tester kennen Teststufen bereits aus dem klassischen Softwaretest [ISTQB 2018]. In gut organisierten Testprojekten orientieren sich diese Stufen an den Entwicklungsschritten der Software. Typischerweise finden sich die Teststufen Komponententest, Integrationstest, Systemtest und Abnahmetest.[2] Je nach Art der Softwareentwicklung können weitere Teststufen hinzukommen – oder auch wegfallen.

KI-basierte Systeme enthalten meist neben KI-Komponenten auch viele klassische Softwarekomponenten. Es ist naheliegend, diese auch mit den klassischen Methoden des Komponententests zu prüfen [ISTQB 2018]. Abbildung 7–2 zeigt schematisch in zwei Testpyramiden sowohl die klassischen Teststufen (links) als auch eine neue Betrachtung von Teststufen für KI-basierte Systeme (rechts). Du kannst darin zwei neue Teststufen erkennen, den *Eingabedatentest* und den *ML-Modelltest* [Riccio et al. 2020]. Für diese beiden, aber auch für die danach folgenden Stufen spielen die enthaltenen KI-Komponenten eine wichtige Rolle: Sowohl Dateningenieure und Data Scientists als auch Menschen mit Fachexpertise in der Anwendungsdomäne sollten daher in allen Stufen, die KI-Komponenten enthalten, involviert sein.

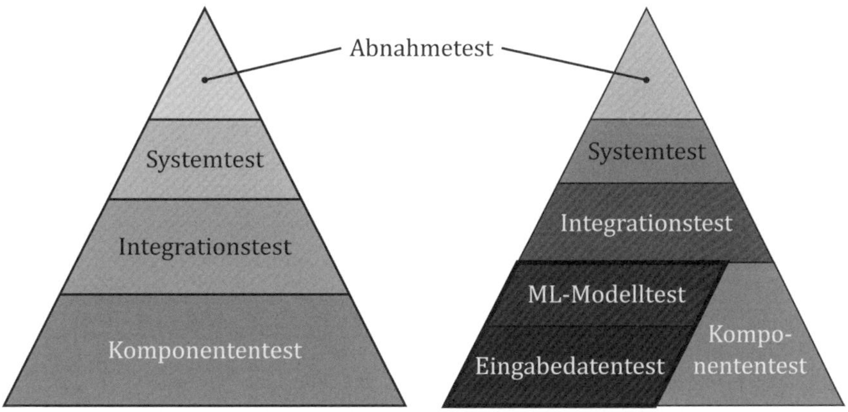

Abb. 7–2 *Typische Teststufen eines klassischen Softwaresystems (links) und eines KI-basierten Systems (rechts) als Testpyramide dargestellt.*

2. Hinweis: In der neuen Version 4.0 des CTFL-Lehrplans gibt es fünf Stufen (nicht relevant für die CT-AI-Prüfung): Komponententests, Komponentenintegrationstests, Systemtests, Systemintegrationstests, Abnahmetests.

Übrigens: In diesem Buch beziehen wir uns häufig auf ML-Systeme, also KI-basierte Systeme, die durch Methoden des maschinellen Lernens (siehe Abschnitt 1.4) entstehen. Die meisten der im Folgenden genauer beschriebenen Teststufen können aber durchaus auf alle KI-basierten Systeme angewendet werden.

7.2.1 Eingabedatentest

Für ML-Systeme sind qualitativ hochwertige Daten von besonderer Bedeutung. In Abschnitt 4.3 haben wir uns eingehend damit beschäftigt, welche Probleme bei Datensätzen vorliegen können, und im folgenden Abschnitt 4.4, welche Auswirkungen diese auf ML-Modelle haben können. Daher ist es das Ziel des Eingabedatentests, sicherzustellen, dass die Datensätze für das Training, die Evaluierung, den Test und den Betrieb des Systems eine möglichst hohe Qualität haben.

Die Daten durchlaufen während der Datenvorbereitung eine ganze Reihe von Verarbeitungsschritten (siehe Abschnitt 4.1), die Data Scientists meist mit einer explorativen Datenanalyse begleiten. Fast immer kommen dabei Werkzeuge zum Einsatz, die diese Schritte automatisieren. Daher liegt es nahe, zu prüfen, ob die Verarbeitungsschritte geeignet und korrekt sind und in der richtigen Reihenfolge verwendet werden. Man führt also im klassischen Sinne Komponenten- und Integrationstests der Datenpipeline durch.

Für den Betrieb des ML-Systems ist häufig eine vergleichbare Pipeline von Verarbeitungsschritten notwendig, möglicherweise sogar dieselbe (siehe Abb. 7–3). Es kann sein, dass sich diese *Betriebsdatenpipeline* auch stark von der Datenvorverarbeitung unterscheidet. In allen Fällen ist es wichtig, dass die Gleichwertigkeit der Betriebsdatenpipeline mit der Datenvorbereitung überprüft wird, selbst wenn die Tests für beide Ketten sehr unterschiedlich aussehen. Beispielsweise könnte die Datenvorbereitung in der Programmiersprache Python geschrieben sein und direkt mit einer Datenbank interagieren, während die Betriebsdatenpipeline aus Gründen der Performanz in der Programmiersprache C++ geschrieben ist und mit Echtzeitdaten eines hardwarenahen Betriebssystems arbeitet. Für einen Vergleich beider Pipelines könnte man die Datenvorbereitung als Pseudo-Orakel heranziehen und mit der Betriebsdatenpipeline testen, wobei leichte Abweichungen toleriert werden können.

Typische Testarten können hierbei sein:

- **Reviews**, um etwa die Vollständigkeit der Verarbeitungsschritte zu überprüfen oder die Auswahl der Merkmale, die auf einen Stichprobenbias getestet wurden.
- **Statistische Techniken**, um die Eingabedaten selbst zu untersuchen, z.B. auf einen Stichprobenbias oder Ausreißer.
- Die **EDA** selbst, um die signifikanten Trends oder Probleme in den Daten zu finden und die wesentlichen Merkmale zu extrahieren und zu visualisieren.

- **Statische und dynamische Tests** der Betriebsdatenpipeline, aber auch der Datenvorbereitung, um deren Eignung und Gleichwertigkeit sicherzustellen.

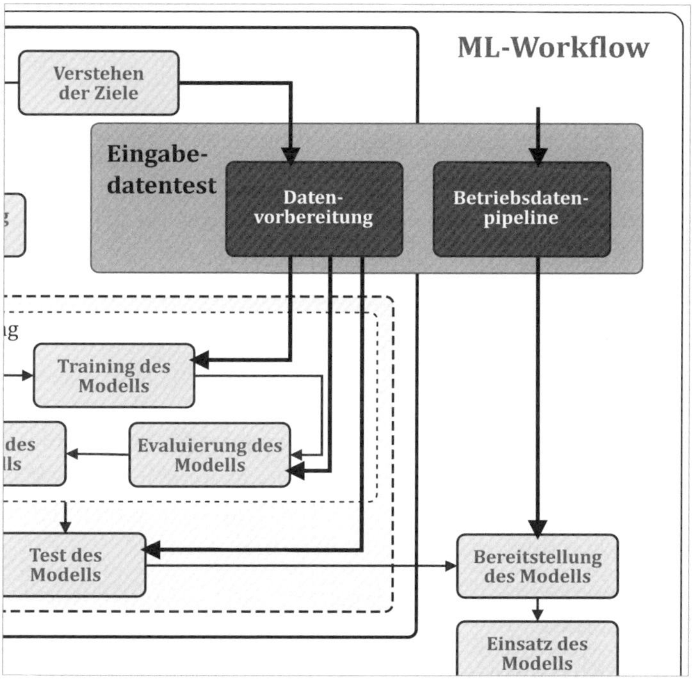

Abb. 7–3 *Die Teststufe des Eingabedatentests als Ausschnitt des ML-Workflows zielt sowohl auf die (Eingabe-)Daten und deren Vorbereitung als auch auf die Verarbeitung der Eingabedaten durch die Betriebsdatenpipeline ab (siehe Abb. 3–9).*

7.2.2 ML-Modelltest

Einen Teil des ML-Modelltests haben wir bereits bei der Beschreibung des ML-Workflows in Abschnitt 3.2 als Aktivität *Test des Modells* kennengelernt. Ziel dieser Teststufe ist aber auch die Absicherung der Aktivitäten, die das Training vorbereiten: Auswahl des ML-Frameworks und Auswahl/Umsetzung des Algorithmus (siehe Abb. 7–4).

Wenn man diese Vorbedingungen für das Training betrachtet, läuft dies normalerweise auf Reviews hinaus. Dabei soll sichergestellt werden, dass die zu Beginn des ML-Workflows festgelegten Ziele, Prioritäten und Akzeptanzkriterien (siehe Abschnitt 3.2) beispielsweise bei den getroffenen Framework-, Design- und Implementierungsentscheidungen berücksichtigt wurden. Beispielsweise werden die folgenden Design- und Implementierungsentscheidungen überprüft:

- **ML-Framework:** Ist es geeignet, die erforderlichen Datenmengen zu verarbeiten, und erlaubt es eine Skalierung der Rechenleistung bei Engpässen?

- **Algorithmus:** Ist der gewählte Algorithmus, beispielsweise ein neuronales Netz, für die zu implementierende Aufgabe geeignet?
- **Modell:** Wenn ein Modell mit einer bestimmten Architektur oder ein vortrainiertes Modell verwendet wird, ist es ein etabliertes Modell, das in vergleichbaren Anwendungen erfolgreich eingesetzt wurde? Liegt seine aktuelle Version[3] vor?
- **Modelleinstellungen:** Ist die Größe des neuronalen Netzes groß genug, um alle erforderlichen Klassifikationen treffen zu können?
- **Hyperparameter:** Wurden das Training und die Anzahl der Epochen so parametrisiert, dass ein optimales Trainingsergebnis erreicht wird (kein Underfit), und wurde darauf geachtet, dass ein Overfitting erkannt wird (kein Overfit)?

Hast du das trainierte Modell vorliegen, kannst du es durch dynamische Tests auf die festgelegten funktionalen Leistungskriterien prüfen. Dies können Werte wie die Genauigkeit, Präzision oder der F1-Wert sein. Auch andere Leistungsmetriken wie AUC oder MSE können hier gefordert sein (siehe die Abschnitte 5.1 und 5.2).

Zudem gibt es eine Reihe weiterer, meist nicht funktionaler Akzeptanzkriterien, die du ebenfalls betrachten kannst. Diese umfassen manchmal sogar Eigenschaften, die den Trainingsprozess selbst betreffen, z. B.:

- **Trainingsgeschwindigkeit:** Wie schnell konnte das Modell mit den aktuellen Trainingsdaten trainiert werden? Ist das Training damit schnell genug, in beispielsweise wöchentlichen Zyklen mit neuen Trainingsdaten aktualisiert zu werden?
- **Vorhersagegeschwindigkeit:** Wie schnell kann das Sprachmodell auf einer definierten Einsatzumgebung eine Antwort geben?
- **Genutzte Rechnerressourcen:** Wie viel GPU-Speicher, CPU-Speicher, Rechenleistung in TOPS[4] oder Datentransferraten über eine Netzwerkverbindung werden benötigt?
- **Anpassbarkeit:** Wie einfach kann das ML-Modell auf eine neue Aufgabe angepasst werden?
- **Transparenz:** Wie viel und welche Informationen sind über das trainierte ML-Modell verfügbar, und für welche Nutzerinnen und Nutzer sind diese zugänglich?

Ebenso können **Überdeckungskriterien** für neuronale Netze (siehe Abschnitt 6.2) helfen, das Vertrauen in das ML-Modell zu erhöhen: Welche Neuronenüberdeckung wurde bei einem für die funktionale Sicherheit relevanten neuronalen Netz mit den verwendeten Testdaten erreicht?

---

3. Bereitgestellte Modelle, wie beispielsweise das YOLO-Netzwerk zur Bildverarbeitung (*https://github.com/ultralytics/ultralytics*), werden von deren Anbietern häufig aktualisiert.
4. TOPS = Billionen Rechenoperationen pro Sekunde (engl. tera operations per second).

Praxistipp

Aus unserer Erfahrung wissen wir, dass gerade die nicht funktionalen Akzeptanzkriterien in einigen Projekten wenig Beachtung finden. Meist werden die oben angedeuteten Fragen erst spät im Projekt gestellt. Dann kann es sein, dass große Aufwände entstehen, um z.B. die Vorhersagegeschwindigkeit genau zu messen oder die geeigneten Werkzeuge zur Bestimmung des Überdeckungsgrads neuronaler Netze zu integrieren. In Abschnitt 7.1 haben wir zwar beschrieben, dass diese nicht funktionalen Akzeptanzkriterien möglicherweise erst im Laufe des Projekts genauer festgelegt werden können, trotzdem ist es entscheidend, sie so früh wie möglich zu berücksichtigen.

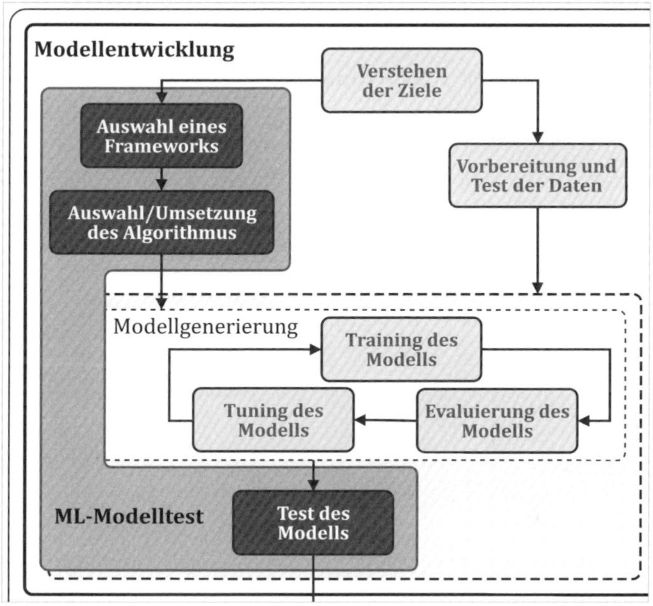

Abb. 7–4 *Die Teststufe ML-Modelltest bewertet das generierte ML-Modell. Sie entspricht dem Komponententest der klassischen Softwareentwicklung, bezogen auf die erzeugte KI-Komponente.*

Wir fassen die Testziele in der Teststufe ML-Modelltest im Folgenden kurz zusammen:

- Das ML-Modell erfüllt die zur Abnahme geforderten funktionalen Leistungskriterien von ML.
- Das ML-Modell erfüllt die nicht funktionalen Abnahmekriterien.
- Das Design und die Implementierung des ML-Modells bzw. die getroffene Wahl von ML-Framework, Algorithmus und Hyperparametern ist möglichst optimal, d. h., die verbleibenden Risiken wurden minimiert.

Dazu nutzt man die folgenden Testarten:

- Statische Tests z.B. Reviews von ML-Framework, Algorithmus, Modell, Modellparameter, Hyperparameter
- Dynamische Tests des ML-Modells, vorzugsweise in einer isolierten Testumgebung

7.2.3 Komponententest

Der *Komponententest* wird ausführlich im CTFL-Lehrplan [ISTQB 2018] behandelt. Er konzentriert sich auf alle konventionellen Softwarekomponenten, also diejenigen ohne KI. Diese Komponenten zeichnet aus, dass sie für sich allein testbar sind – ggf. in einer für sie zugeschnittenen Testumgebung.

Typische Beispiele könnten hier Softwarekomponenten einer Datenverarbeitungskette sein, Komponenten zur Kommunikation mit anderen Services oder Benutzungsschnittstellen wie z.B. grafische Benutzeroberflächen (engl. graphical user interface, GUI). Abbildung 7–5 zeigt schematisch ein System, das aus einer Verarbeitungskette mehrerer Komponenten besteht. Für die konventionellen Softwarekomponenten (Nicht-KI) sind Komponententests vorgesehen. Für die KI-Komponente (das ML-Modell) ist der ML-Modelltest anzuwenden.

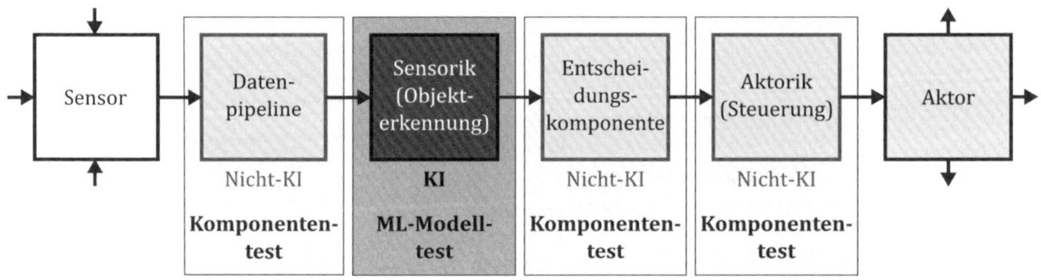

Abb. 7–5 *Beispiel eines Systems mit konventionellen (Nicht-KI) und KI-Komponenten und den für sie vorgesehenen Teststufen. Das gezeigte Schema lehnt sich an die Darstellung autonomer Systeme aus der ISO/IEC TR 29119-11 [ISO/IEC TR 29119-11] an.*

7.2.4 Komponentenintegrationstest

Ebenso wie der Komponententest ist der *Komponentenintegrationstest* eine konventionelle Teststufe, die im CTFL-Lehrplan beschrieben wird. Man konzentriert sich dabei auf die Schnittstellen zwischen den integrierten Komponenten und darauf, dass diese wie erwartet zusammenwirken.

Bei Betrachtung von Abbildung 7–6 kannst du dir vorstellen, dass einerseits die beiden Nicht-KI-Komponenten (Entscheidungskomponente und Aktorik) integriert werden und man sich auf deren gemeinsame Schnittstelle konzentriert, ganz wie im konventionellen Test.

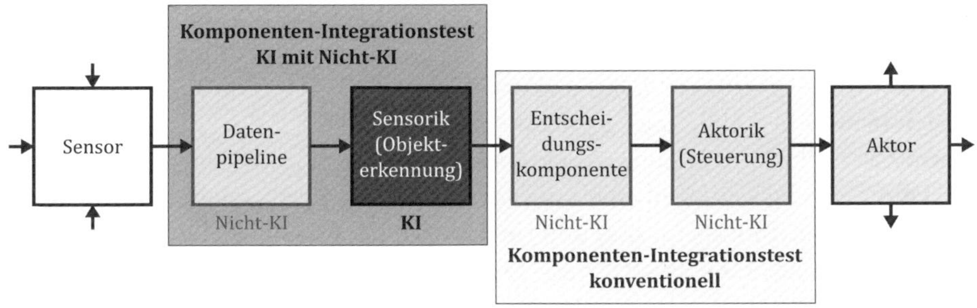

Abb. 7–6 *Beispiele für den Zuschnitt von Komponentenintegrationstests, aufbauend auf den Komponententests aus Abbildung 7–5.*

Betrachtet man andererseits die Integration einer KI- mit einer Nicht-KI-Komponente (Datenpipeline und Sensorik oder Sensorik und Entscheidungskomponente), so ist die Situation sehr ähnlich. Hier prüfst du zum einen, ob die Ausgaben der Datenpipeline korrekt als Eingabedaten in der Sensorik empfangen und verarbeitet werden. Zum anderen prüfst du, ob die Ausgaben der Sensorik (Objekterkennung) korrekt von der Entscheidungskomponente empfangen und richtig interpretiert werden. Ein Beispiel wäre, ob die Koordinaten der erkannten Objekte im korrekten Koordinatensystem angegeben sind (in Pixeln, x- und y-Achsen, Orientierung der Achsen). Wenn eine KI-Komponente als Dienst implementiert ist (AI as a Service (AIaaS), siehe Abschnitt 1.7), werden die Tests der API (engl. application programming interface) ebenfalls im Rahmen der Komponentenintegrationstests durchgeführt. Diese Teststufe unterscheidet sich bei KI-basierten Systemen vom konventionellen Integrationstest darin, dass hier die Testumgebung und die Testdaten teilweise schwieriger zu erstellen sind und die Testergebnisse wegen des probabilistischen Charakters der KI möglicherweise anders zu bewerten sind.

7.2.5 Systemtest

Sind in einem Projekt schrittweise alle Komponenten eines Systems integriert, kannst du dieses im *Systemtest* in seiner Gesamtheit prüfen (siehe Abb. 7–7). In dieser konventionellen Teststufe geht es darum, funktionale wie nicht funktionale Eigenschaften so nahe wie möglich an der eigentlichen Einsatzumgebung zu testen. Du verifizierst dabei nicht nur Akzeptanzkriterien, sondern validierst beispielsweise auch, ob das System aus Sicht des Menschen für den angedachten Einsatz geeignet ist.

Neben Feldversuchen eignen sich auch realistische Laboraufbauten, um möglichst nahe an der Zielumgebung zu sein. Für manche Systeme, etwa eine Fahrfunktion eines autonomen Autos, könnte der Aufbau einer realen Situation viel zu gefährlich sein. Solche Szenarien, aber auch Situationen, die schwer nachzustellen sind, werden dann über eine simulierte Testumgebung realisiert (siehe auch Abschnitt 10.2).

Da das Gesamtsystem sowohl aus konventionellen SW-Komponenten als auch aus KI-Komponenten besteht, testet man im Systemtest erneut die Eigenschaften der ML-Modelle, z.B. die funktionalen Leistungskriterien. Im Falle des autonomen Systems von Abbildung 7–7 würde man beispielsweise die Präzision und Sensitivität der Objekterkennung im Gesamtsystem erneut ermitteln. Das kann deswegen notwendig sein, weil einerseits vor- oder nachverarbeitende Komponenten Teil der Verarbeitungskette sind und sie dadurch die Ergebnisse beeinflussen können. Andererseits kann es sein, dass das KI-Modell zur Integration auf der Zielhardware angepasst werden musste. Beispielsweise werden tiefe neuronale Netze in manchen Fällen komprimiert, d. h., die Zahl der Neuronen wird reduziert, um mit den vorhandenen Speicher- und Rechenressourcen auszukommen.

Neben den funktionalen werden aber auch viele nicht funktionale Eigenschaften getestet. Dies können neben den klassischen Performanz-, Effizienz- oder Kompatibilitätsanforderungen auch KI-spezifische Anforderungen sein, beispielsweise die Robustheit der Objekterkennung gegen verschiedenste Störungseinflüsse, die Transparenz durch die Dokumentationsdetails des Gesamtsystems oder die Erklärbarkeit einzelner Entscheidungen der Systemkomponenten inklusive ML-Modell.

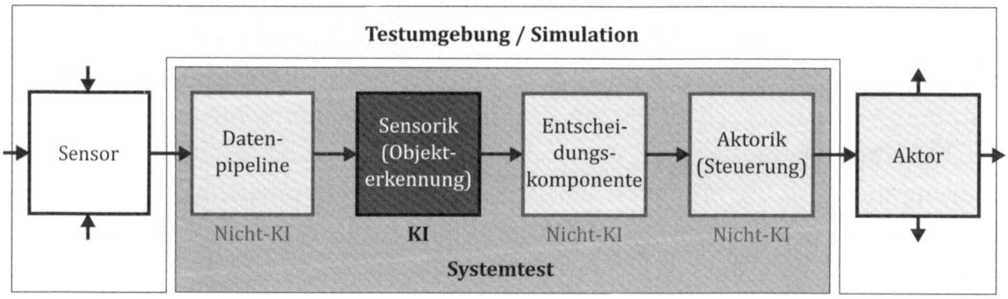

Abb. 7–7 *Beispiel für den Fokus der Teststufe des Softwaresystemtests. Hier wird davon ausgegangen, dass die Sensoren und Aktoren nicht Teil des eigentlichen Systems sind (vgl. Abb. 7–5).*

Ist das Gesamtsystem so definiert, dass Sensoren oder Aktoren nicht dazu gehören, ist typischerweise auch der Test dieser Schnittstellen Aufgabe des Systemtests. Je nach Situation oder Projekt kann dies bedeuten, dass beispielsweise nicht nur eine Kamera als Sensor getestet werden muss, sondern viele verschiedene (z.B. verschiedene Auflösungen, Bildformate, Bildraten), für die das Gesamtsystem in seinen Anforderungen definiert wurde.[5]

5. In der neuen Version 4.0 des CTFL-Lehrplans wird auch explizit der Systemintegrationstest definiert.

7.2.6 Abnahmetest

Testerinnen und Tester betrachten den *Abnahmetest* meist als letzte Teststufe. Du kennst das vielleicht aus dem klassischen Softwaretest: Hier prüfen in der Regel Kunden, Abnehmer oder andere Stakeholder das Gesamtsystem, ob sie es für ihren Einsatzzweck akzeptieren. In Abschnitt 8.8 gehen wir genauer auf typische Akzeptanzkriterien mit ihren Herausforderungen ein.

Je nachdem, für welche Verwendung das betrachtete System konzipiert wurde, können sich die Abnahmekriterien stark unterscheiden. Für ein autonomes Bremssystem in einem Fahrzeug stellt die Vielzahl möglicher Straßen- und Umweltbedingungen sowie Verkehrsszenarien eine große Herausforderung dar und kann zu einer großen Menge an Abnahmetests führen. Für ein System, das einen AIaaS realisiert (siehe Abschnitt 1.7), sind möglicherweise die Abnahmekriterien des zu nutzenden Systems noch gar nicht bekannt. Ein Personenerkennungssystem für Kamerabilder könnte je nach Einsatzszenario entweder eine besonders hohe Präzision oder aber eine hohe Sensitivität zu erbringen haben (siehe Abschnitt 5.4). Dann ist eine explizite Prüfung dieser Kriterien zur Abnahme notwendig, um festzustellen, ob der Service des Personenerkennungssystems für das geplante Einsatzszenario geeignet ist.

7.3 Testdaten zum Testen KI-basierter Systeme

Schon aus dem klassischen Softwaretest ist bekannt, dass neben der reinen Abfolge von Testschritten zu einem konkreten Testfall auch immer Testdaten gehören. Beim Testen der KI-Komponente verwenden wir zwar den gleichen Begriff, meinen aber damit eine andere Art von Daten. Sie werden anders erhoben, vorbereitet und bei der Testdurchführung auch anders verwendet (siehe Kap. 4). Man kann also nicht den Umgang mit Testdaten aus dem konventionellen Softwaretest einfach auf den Test KI-basierter Systeme übertragen. Beim Testen KI-basierter Systeme steht man in Bezug auf Testdaten besonderen Herausforderungen gegenüber, z.B.:

- Große Datenmengen (Big Data)
- Aktualität der Daten
- Vertraulichkeit der Daten
- Unabhängigkeit der Daten

Im Folgenden sehen wir uns diese Herausforderungen genauer an.

Große Datenmengen (Big Data)

Es ist eine offensichtliche Tatsache im maschinellen Lernen, dass für das Training von ML-Systemen große Datenmengen benötigt werden. Für den Test gilt dies aber analog. Meist hast du es mit probabilistischen Systemen zu tun, die zudem in sehr vielen unterschiedlichen Szenarien funktionieren sollen. Für statistisch sichere Aussagen brauchst du daher auch für den Test eine ausreichend große Menge an Daten.

Neben dem reinen Datenvolumen kann ebenso herausfordernd sein, eine repräsentative Abdeckung aller wichtigen Merkmale in den Daten sicherzustellen. Du brauchst also zur Objekterkennung von Obstsorten nicht nur genügend Bilder an sich, sondern auch genügend Bilder von jeder Obstsorte sowie den unterschiedlichen Reifegraden des Obstes oder Bilder aus verschiedenen Blickwinkeln.

Mit großen Datenmengen umgehen (also Big Data), bedeutet nicht nur ein hohes Datenvolumen oder eine große Vielfalt, sondern ggf. auch eine hohe Datenrate. Sehr viele Daten sind oft nur mit entsprechend hohen Transferraten, beispielsweise beim Lesen oder Schreiben in Datenbanken, praktikabel verarbeitbar. Wenn man zudem bedenkt, dass nicht selten jeder einzelne Datenpunkt als Bild-, Video- oder Audiodatei mit entsprechender Größe vorliegt, verschärft dies noch die Anforderung, hohe Datenraten verarbeiten zu können. Daher muss die Infrastruktur wie Netzwerkverbindungen oder Datenspeicher die entsprechenden Kapazitäten anbieten. Auch die verarbeitenden Systeme müssen beispielsweise für die Datenaufbereitung, das Training oder den Test für entsprechend hohe Datenraten ausgelegt sein.

Aktualität der Daten

Eine andere Art der Herausforderung stellt die Aktualität der Testdaten dar. Gerade KI-basierte Systeme sind prädestiniert dafür, Daten der realen Welt zu verarbeiten oder in dieser Umgebung Entscheidungen zu treffen. Unsere Welt ist aber einem stetigen Wandel unterworfen: Unwetterprognosen für Versicherungen sind nicht mehr die gleichen wie vor einigen Jahren, sodass zugrunde liegende Versicherungsmodelle stetig mit neuen Daten aktualisiert werden müssen. Die Vorlieben oder das Kaufverhalten von Menschen ändern sich, sodass Systeme zur Kaufempfehlung vielleicht schon nach wenigen Wochen veraltet sein können. Auch das eigene Aussehen verändert sich, wenn man älter wird. Die zugehörigen Daten für eine Gesichtserkennung von Personen könnten dann entsprechend angepasst werden, indem die Gesichter auf den Aufnahmen künstlich gealtert werden.

Es ist manchmal mit großem Aufwand verbunden, solche Veränderungen überhaupt zu erkennen und daraufhin aktualisierte Trainings- und Testdaten zu ermitteln. Ändert sich die Einsatzumgebung und entspricht das Modell nicht mehr der veränderten realen Umgebung, sprechen wir von einem *Konzeptdrift*. In Abschnitt 7.6 gehen wir genauer darauf ein, wie man diesen erkennen und darauf reagieren kann.

Vertraulichkeit der Daten

In bestimmten ML-Anwendungen, beispielsweise im Finanz- oder Versicherungswesen, sind viele Testdaten vertraulicher Natur oder personenbezogen. Diese Daten müssen auf besondere Weise behandelt werden, um zu verhindern, dass sie nicht autorisierten Personen zugänglich gemacht werden. Eine besondere Herausforderung kann sein, dass du – insbesondere in Bezug auf die europäische Datenschutz-Grundverordnung – eine Zustimmung zur Verarbeitung dieser Daten benötigst. Wenn du über diese Daten und die Zustimmung verfügst, musst du trotzdem sehr sorgfältig mit ihnen umgehen. Du musst diese Daten …

- ggf. anonymisieren,
- möglicherweise verschlüsselt speichern, übertragen und eventuell auch verschlüsselt verarbeiten sowie
- ggf. bereinigen, indem du besonders schützenswerte Merkmale, wie etwa Geschlecht, Herkunft oder Religion, entfernst (siehe auch Abschnitt 4.1.2).

Praxistipp

Die Anonymisierung von personenbezogenen Daten ist keine leichte Aufgabe. Dabei ist wichtig zu verstehen, dass ein Ersetzen von Namen oder Telefonnummern durch zufällige Einträge meist nicht ausreicht, da dies nur eine Pseudonymisierung darstellt. Dadurch könnten einerseits die Eigenschaften der Daten verzerrt werden, z.B. die Häufung bestimmter Vornamen. Andererseits kann es sein, dass eine Person allein durch eine seltene Kombination unkritischer Daten (z.B. Wohnbezirk, Alter, Bildungsabschluss) indirekt wieder identifizierbar wird. Hier können statistische Analysen helfen, die Effektivität einer Anonymisierung abzuschätzen.

In vergleichbarer Weise kann dich auch die Bereinigung von Datensätzen von schützenswerten Merkmalen vor große Herausforderungen stellen. Dir muss bewusst sein, dass trotz der Entfernung eines Merkmals, diese Information immer noch indirekt in anderen Merkmalen versteckt sein kann.

Unabhängigkeit der Daten

In unserem Projektalltag erleben wir es oft: Je unabhängiger man als Testerin oder Tester gegenüber der Entwicklung bzw. dem Testobjekt ist, desto eher werden Fehler oder Abweichungen entdeckt.

Diese Tatsache gilt in vergleichbarer Weise für die verwendeten Testdaten beim Testen von KI-basierten Systemen. Verwendest du Testdaten aus der gleichen Datenquelle oder nutzt du die gleichen Schritte in der Datenvorbereitung, entsteht ein Risiko. Es könnte sein, dass du mit dem gleichen Stichprobenbias in deinen Tests das Modell bewertest, mit dem es auch trainiert wurde, und du diesen Bias daher nicht erkennst. Oder du benutzt im Betrieb die gleiche Datenvorbereitungskette wie die Data Scientists und maskierst damit möglicherweise einen darin enthaltenen Fehlerzustand.

Wenn du diese Risiken mithilfe einer gänzlich unabhängigen Datenquelle reduzieren möchtest, kann dies einen deutlichen Mehraufwand bedeuten. Du musst zunächst eine solche Datenquelle finden und dann die Expertise haben, sie fachgerecht zum Test deines KI-basierten Systems einzusetzen.

7.4 Testen auf Automatisierungsbias in KI-basierten Systemen

Du hast bestimmt diese oder eine ähnliche Nachricht schon einmal gelesen: *»Im Juni 2018 nahm eine Autofahrerin eine falsche Autobahnauffahrt und erhielt von ihrem Navi die Anweisung zu wenden: mitten auf der A8. Dies tat sie prompt und wurde damit zur Geisterfahrerin. Letztendlich durchbrach sie einen Zaun und fuhr ins Gebüsch.«*[6]

Was hier geschah, steht so oder so ähnlich für eine Reihe von Beispielen mit schwerwiegenden Folgen, bei denen Menschen einem technischen System blind vertrauten. Navigationssysteme sind immer besser geworden, aber eine Vielzahl von KI-basierten Systemen gibt in immer mehr Bereichen unseres Lebens Entscheidungen vor. Da ist es oft einfacher, diesen zu folgen, als sie infrage zu stellen. Akzeptieren wir blindlings solche Vorgaben und übernehmen diese kritiklos in unsere Handlungen, sprechen wir von einem *Automatisierungsbias* (engl. automation bias) oder *Bequemlichkeitsbias* (engl. complacency bias) – das Handeln wird durch die Vorgabe eines Automaten bzw. durch eigene Bequemlichkeit verzerrt. Der CT-AI-Lehrplan definiert diesen Bias folgendermaßen:

> **Automatisierungsbias[a]:** Eine Art von Verzerrung, die dadurch entsteht, dass eine Person die Empfehlungen eines automatisierten Entscheidungssystems gegenüber anderen Quellen bevorzugt.

a. Automatisierungsverzerrung nach CT-AI-Lehrplan.

Bei dieser Art des Bias unterscheiden wir außerdem zwischen den folgenden etwas unterschiedliche Situationen.

Übersehen von Fehlfunktionen des Systems

Betrachten wir die oben beschriebene Situation, in der die Fahrerin des Pkw aufgefordert wurde, auf der Autobahn zu wenden, etwas genauer. Hier war mutmaßlich die vom Navigationssystem gegebene Information falsch. Wir können nur spekulieren, ob es am fehlerhaften Kartenmaterial lag oder vielleicht der gesprochene Text missverständlich formuliert war. Das Vertrauen der Fahrerin war jedoch groß genug, um der falschen Empfehlung des Systems zu folgen.

6. Aus *https://www.bussgeldkataloge.de/wenn-das-navi-fehler-macht-unfaelle-irrfahrten-und-andere-kuriositaeten*, abgerufen am 09.07.2023.

Als Entwicklerin oder Tester eines KI-basierten Systems, das Entscheidungsfindungen unterstützt, muss man daher ein solches Gewöhnungsverhalten der Nutzerinnen und Nutzer berücksichtigen. Für den Fall, dass ein hochautomatisiertes Fahrzeug beispielsweise in einer Ausnahmesituation die Lenkfunktion an den Fahrer zurückgibt, kann nicht erwartet werden, dass dieser jederzeit aufmerksam ist und adäquat reagiert.

Ignorieren anderer Informationsquellen

Stell dir vor, du füllst als Bankangestellter für einen Bankkunden ein digitales Formular eines Kreditantrags aus, das durch einen digitalen Assistenten für diesen Kunden bereits vorbefüllt wurde. Dabei könnte vielleicht das falsche Geschlecht des Kunden oder eine veraltete Adresse eingetragen worden sein. Obwohl du aus anderen Quellen eigentlich wissen müsstest, dass die angegebene Adresse oder das Geschlecht nicht stimmen kann, könnte es sein, dass du die vorausgefüllten Daten nicht hinterfragst und einfach übernimmst.

Untersuchungen [Baudel et al. 2020] haben gezeigt, dass solche vorschlagenden Systeme bei korrekten Vorschlägen zu besseren Ergebnissen führen. Allerdings führen fehlerhafte Vorschläge zu einer Verschlechterung von etwa 5 % oder sogar mehr.

Als Testerin oder Tester ist es wichtig, dass du den Mechanismus des Automatisierungs- oder Bequemlichkeitsbias kennst und verstehst. Ist es für eine Anwendung entscheidend, dass dieser Effekt die getroffenen Entscheidungen nicht nachteilig beeinflusst, solltest du dies durch entsprechende Maßnahmen absichern:

- Die Qualität des vorschlagenden Systems muss beispielsweise eine besonders hohe Präzision oder Sensitivität erreichen, damit möglichst wenig fehlerhafte Vorschläge gemacht werden.
- Um den Anteil dieser Art von Verzerrung abzuschätzen, solltest du z.B. in Form von A/B-Testing (siehe Abschnitt 9.4) die tatsächlichen Eingaben durch typische Nutzerinnen und Nutzer evaluieren.

7.5 Dokumentieren einer KI-Komponente

An verschiedenen Stellen in unserem Buch haben wir bereits auf die Bedeutung der Dokumentation von KI-Komponenten und Modellen hingewiesen. Eine gute Dokumentation vortrainierter ML-Modelle (siehe Abschnitt 1.8) kann beispielsweise das Risiko verringern, dass man ein für den geplanten Zweck möglicherweise ungeeignetes Modell heranzieht. Dokumentiert man im Projektteam das ML-Modell oder das KI-basierte System auf geeignete Weise, kann man dessen Transparenz und Interpretierbarkeit erhöhen und die Erklärbarkeit des Systems unterstützen (XAI, siehe Abschnitt 2.7).

Derzeit gibt es noch kein allgemein anerkanntes oder gar standardisiertes Schema für eine Dokumentation von ML-Systemen. Dokumentationen zu ML-Modellen findest du aber dennoch beispielsweise auf den bekannten Portalen *Huggingface* oder *OpenML*[7] – mal mehr, mal weniger ausführlich.

Typische Dokumentationsinhalte

Im Folgenden umschreiben wir die Dokumentation zu verschiedenen Aspekten mit jeweils typischen Inhalten durch Schlagworte. Um diese Schlagworte besser einordnen zu können, geben wir ergänzend zum Lehrplan einige kurze Erläuterungen dazu.

- **Allgemeine Informationen:**

Bezeichner	An dieser ID bzw. diesen Namen kannst du das Modell oder die Komponente identifizieren und wiederfinden.
Version	Modelle entwickeln sich weiter. Eine Versionsinformation ist daher essenziell zur exakten Identifikation.
Datum	Das Datum hilft dir, die Aktualität der Komponente schneller einzuschätzen.
Beschreibung	Hier findest du grundlegende Informationen wie z.B. die ML-Art oder Modalität der Eingabedaten.
Entwicklerangaben	Die Firma oder Personen, die z.B. für den Entwurf und das Training verantwortlich sind.
Kontaktinformationen	Kontaktdaten, um z.B. den Entwickler nach zusätzlichen Informationen zu fragen oder grundsätzlich den Urheber/Verantwortlichen zu benennen.
Hardware-anforderungen	Möglicherweise stellt die KI-Komponente spezifische Rechen-, Speicher- oder Ein-Ausgabe-Anforderungen an die Hardware.
Lizenzangaben	Angaben, unter welchen Bedingungen die Komponente genutzt oder weiterentwickelt werden darf.

- **Entwurf:**

Annahmen und Entscheidungen	Wesentliche Annahmen und getroffene Entscheidungen festzuhalten, hilft nachzuvollziehen, warum beispielsweise ein bestimmtes ML-Framework, eine Programmiersprache oder eine bestimme Art von ML für die Komponente gewählt wurde.

7. *https://huggingface.co/models, https://docs.openml.org.*

- **Nutzung:**

Anwendungsfälle	Die primären und sekundären Use Cases[a], für die die Komponente entwickelt wurde.
Typische Nutzende	Eine Beschreibung für welchen Nutzerkreis (Laie, Fachpersonal, Expertin) die KI-Komponente vorgesehen ist.
Art des Selbstlernens	Für ein selbstlernendes System kann hier die Art und Weise des Selbstlernens genauer beschrieben sein (siehe Abschnitt 2.3).
Bekannte Verzerrungen	Angaben, welcher Bias bereits bekannt ist und welche Auswirkungen diesen kennzeichnen (siehe Abschnitt 2.4).
Ethische Aspekte	Für Komponenten in Entscheidungssystemen kann beschrieben sein, welche ethischen Aspekte ggf. bei dessen Entwurf berücksichtigt wurden (siehe Abschnitt 2.5).
Sicherheitsaspekte	Für sicherheitsrelevante Systeme kann die Art und Weise der Berücksichtigung besonders einflussreicher Aspekte beschrieben sein (siehe Abschnitt 2.8).
Transparenz	Informationen oder Hinweise zu den verwendeten Algorithmen und Trainingsdaten (siehe Abschnitt 2.7), um die Erstellung und die Funktionsweise der Komponente transparenter zu machen.
Entscheidungsschwellenwerte	Beschreibung von Entscheidungsschwellen, z. B. für Klassifikationsergebnisse, und wie diese ggf. angepasst werden können.
Plattform	Angaben, für welche Art der Nutzung oder Betriebsumgebung, z. B. als Service-API, Batch-Betrieb oder als eingebettete Edge-Komponente, die KI-Komponente geeignet ist.
Konzeptdrift	Informationen für den Betrieb der Komponente, um auf Konzeptdrift zu testen (siehe Abschnitt 7.6).

a. Damit sind das grundlegende Verhalten in einem Anwendungsfall sowie dessen Varianten gemeint [ISTQB 2018].

- **Datensätze:** Informationen, welche Datensätze zum Training, zur Validierung und zum Test herangezogen wurden und was sie beispielsweise in Bezug auf die folgenden Aspekte kennzeichnet (siehe auch die Abschnitte 4.3 und 4.4).

Sammlung	Wie wurden die Daten erhoben?
Verfügbarkeit	Unter welchen Lizenz- oder Nutzungsbedingungen sind die Daten und ggf. Aktualisierungen verfügbar?
Merkmale	Welche Attribute wurden als entscheidende Merkmale ausgewählt?
Anforderungen an die Vorverarbeitung	Welche Aspekte wurden bei der Vorverarbeitung beachtet (Konvertierung, Formate, Datenvolumen u. a. – siehe Abschnitt 4.1)?
Verwendung	Zu welchem Zweck dürfen welche Daten verwendet werden? Sind manche Daten z. B. ausschließlich zum Test vorgesehen?
Inhalt	Welcher Art und Modalität sind die Daten (Text, Bild, Sprache o. Ä.)?
Kennzeichnung	Welche Kennzeichnungen (engl. labels) und Annotationen sind mit den Daten verknüpft und wie wurden diese vorgenommen?
Größe	Welche Menge an Daten wurde berücksichtigt?

→

Datenschutz	Waren oder sind personenbezogene Informationen in den Daten enthalten oder wie wurden diese bereinigt?
IT-Sicherheit	Wurden die Daten vorher auf Verunreinigungen geprüft? Wenn ja, mit welchen Methoden (siehe Abschnitt 9.1)?
Verzerrung/Fairness	Unter welchen Aspekten wurde die Ausgewogenheit der Daten geprüft und wurden Verzerrungen festgestellt? Welche Gruppen oder Minderheiten wurden aus Gründen der Fairness geprüft und wurde diese ggf. hergestellt (siehe Abschnitt 2.4)?
Einschränkungen/ Beschränkungen	Welchen Beschränkungen unterliegen die Daten (z.B. Nutzung nach Urheberrecht)? Welche Einschränkungen sollten beachtet werden (Aktualität, Anwendungsbereiche o. Ä.)?

- **Testen:** Informationen, die die Organisation, das Vorgehen und die Ergebnisse des Testens dokumentieren.

Testdatensatz	Beschreibung der zum Testen verwendeten Daten und deren Erhebung und Verfügbarkeit (siehe Datensätze oben).
Unabhängigkeit der Tests	Beschreibung, durch welche Maßnahmen die Unabhängigkeit der Tests sichergestellt wurde (siehe Abschnitt 7.3).
Ist-Ergebnisse	Umfängliche textuelle und grafische Darstellung der Ist-Ergebnisse der Tests zu allen getesteten Aspekten.
Testvorgehensweisen	Beschreibung, nach welchem Vorgehen verschiedene Qualitätsmerkmale geprüft wurden, wie z.B. ▪ Robustheit ▪ Erklärbarkeit ▪ Konzeptdrift ▪ Übertragbarkeit

- **Training und funktionale Leistung von ML:** Informationen, die charakterisieren, wie das ML-Modell trainiert wurde, welche Leistungskriterien erwartet und welche erzielt wurden.

ML-Algorithmus	Welcher Algorithmus wurde mit welchen Hyperparametern verwendet?
Gewichtung	Wurden z.B. im Training besondere Gewichtungen bestimmter Merkmale vorgenommen? Wurden die Gewichte aus einem vortrainierten Modell verwendet?
Validierungsdatensatz	Welchen Anteil haben die Validierungsdaten am gesamten Datensatz? Mit welcher Methode wurden die Validierungsdaten ausgewählt (siehe Abschnitt 4.2)?
Auswahl	Welche funktionalen Leistungsmetriken wurden ausgewählt (siehe Abschnitt 5.4)?
Schwellenwerte	Welche Kriterien wurden als Zielwerte (z.B. Präzision >95%) für die funktionalen Leistungsmetriken von ML vorgegeben?
Ergebnisse	Welche funktionalen Leistungsmetriken wurden tatsächlich gemessen? Wurden ggf. Benchmark-Datensätze verwendet (siehe Abschnitt 5.5)?

Für den Test wichtige Bereiche der Dokumentation

Nicht alle Informationen aus einer Dokumentation, wie wir sie oben beschrieben haben, sind für Testerinnen oder Tester von zentraler Bedeutung. Eine gute und transparente Dokumentation bestimmter Aspekte hilft aber, das richtige Testvorgehen festzulegen, damit geeignete Tests gewählt oder diese verbessert werden können. Die folgenden Bereiche einer Dokumentation sind dabei besonders wichtig und ergänzen in Teilen die bereits beschriebene Dokumentation:

- **Zweck des Systems und spezifizierte Anforderungen**
  Als Anforderungen wirst du es meist mit Spezifikationen der funktionalen Leistungskriterien zu tun haben. Auch andere Vorgaben zu nicht funktionalen Merkmalen, wie etwa dem Zeitverhalten oder der Verarbeitungsmenge der KI-Komponente, können Anforderungen an dein *System unter Test* (engl. system under test, SUT) sein. Sowohl diese als auch Anwendungsfälle oder Angaben zum Zweck des Systems bilden daher einen großen Teil deiner Testbasis.
- **Architektur und Design**
  Wie beim konventionellen Test sind Architektur- oder Designdokumente eine weitere Informationsquelle. Du kannst aus ihnen sowohl KI- als auch Nicht-KI-Komponenten und deren Zusammenwirken identifizieren. Damit bilden diese Informationen die Basis für Whitebox-Tests in der Integrationsteststufe.
- **Spezifikation der Einsatzumgebung**
  Betrachtest du die Dokumentation der spezifizierten Einsatzumgebungen, hilft dir dieser Blickwinkel, möglicherweise weitere Testbedingungen abzuleiten, beispielsweise in den folgenden Bereichen:
  - Autonomie
  - Flexibilität
  - Anpassbarkeit
- **Eingabedaten**
  Eine klare Dokumentation der Eingabedaten, die du für Training, Validierung, Test oder Betrieb verwendest, ist von Vorteil. So kann nachvollzogen werden, aus welchen Quellen sie stammen und mit welchen Metadaten (z.B. Merkmale und Kennzeichnungen) sie vorliegen. Dies ist insbesondere die Grundlage für Tests zu folgenden Aspekten:
  - Funktionale Korrektheit (Kannst du den Quellen und Kennzeichnungen vertrauen?)
  - Stichprobenverzerrung (Liegt eine implizite oder explizite Verzerrung der Stichprobe vor?)
  - Flexibilität (Wie umfassend und umfangreich sind die Daten? Könnte das System bei unzureichenden Daten nicht flexibel genug sein oder als selbstlernendes System das Falsche lernen?)

- **Anpassbarkeit**
  Manche Systeme sind für unterschiedliche Einsatzumgebungen geeignet. Systeme können durch eine unter Umständen große Anzahl an Parametern an verschiedene Einsatzumgebungen angepasst werden. Die Dokumentation dieser Parameter kann als Testbasis für Tests zur Anpassbarkeit dienen. Wie schnell kann etwa ein Modell auf neue Eingabedaten trainiert werden? Wie effektiv ist ein Modell, das auf eine neue Hardware-Betriebsumgebung angepasst wurde (z.B. durch Komprimierung des Modells aufgrund verringerter Speicher- oder Rechenkapazität)?
- **Nutzerinnen und Nutzer des Systems**
  Eine ausreichende Dokumentation zum erwarteten Nutzerkreis des SUT ist eine wichtige Grundlage für Tests. Einige Akzeptanzkriterien beziehen die Nutzerinnen und Nutzer des Systems mit ein (z.B. für die Erklärbarkeit). Die Kenntnis des Nutzerkreises ist daher Voraussetzung, damit solche Tests repräsentativ durchgeführt werden können.

7.6 Testen auf Konzeptdrift

Unsere Welt befindet sich in einem ständigen Wandel – manchmal schnell und offensichtlich, manchmal langsam und kaum von uns bemerkt. Mit diesem Wandel ändert sich auch die Einsatzumgebung für KI-basierte Systeme. Wird dann das System nicht entsprechend angepasst, kann dies zu einem *Konzeptdrift* führen. Mit dem Konzeptdrift wird das System ungenauer und weniger nützlich. Der CT-AI-Lehrplan definiert diese Situation wie folgt:

> **Konzeptdrift:** Eine Veränderung in der wahrgenommenen Genauigkeit der Vorhersagen eines ML-Modells im Laufe der Zeit, die durch Veränderungen in den Erwartungen und im Verhalten der Nutzerinnen und Nutzer sowie in der betrieblichen Einsatzumgebung verursacht wird.

Die Einsatzumgebung kann etwa durch einschneidende Ereignisse einen abrupten Wandel erfahren. Ein Beispiel dafür ist die Ausbreitung des Coronavirus, die zu großen Veränderungen in vielen Bereichen unserer Gesellschaft geführt hat, z.B. beim Kaufverhalten, der Mobilität und den Aktienmärkten. Andere Veränderungen können saisonal und wiederkehrend sein, wie Modetrends, oder sich über mehrere Generationen hinweg entwickeln, wie unser Konsumverhalten. Die Gründe für einen Konzeptdrift liegen außerhalb des Systems und können sehr vielfältig sein und auf kulturellen, moralischen oder gesellschaftlichen Entwicklungen beruhen oder sogar bewusst angestrebt werden, z.B. durch Marketingkampagnen.

Diese Veränderungen haben zur Folge, dass die wahrgenommene Genauigkeit der Vorhersagen eines ML-Modells abnimmt oder das System sogar unbrauchbar wird, da sich Folgendes verschoben hat:

- Die Erwartungen der Nutzerinnen und Nutzer
- Das Nutzerverhalten
- Die betriebliche Einsatzumgebung

Stell dir ein Unternehmen vor, das eine Onlineshopping-Plattform für Heimtierbedarf mit dem Schwerpunkt Hunde betreibt. Durch personalisierte Kaufempfehlungen wird der Umsatz gesteigert. Die Kaufempfehlung wird von einem KI-basierten System übernommen, das auf dem bisherigen Kaufverhalten der Kunden beruht. Wenn nun beobachtet wird, dass der zusätzliche Umsatz durch die KI-basierte Kaufempfehlung zurückgeht, kann dies aus folgenden Gründen auf einen Konzeptdrift zurückzuführen sein:

- Die Nutzererwartungen ändern sich. Während früher besonders Standardprodukte gekauft wurden, sind nun aufgrund von Social-Media-Trends personalisierte und ausgefallene Produkte gefragt.
- Das Nutzerverhalten ändert sich. Zu Beginn konnten Kunden durch günstige Preise und Rabatte gewonnen werden. Heute werden vor allem hochwertige Produkte nachgefragt, aber in Summe weniger Produkte gekauft.
- Die betriebliche Einsatzumgebung ändert sich. Das Unternehmen eröffnet neben dem Onlinehandel Geschäfte, in denen die Kunden die Produkte direkt kaufen können. Das Kaufverhalten der Kunden, die direkt in einem Geschäft kaufen, kann somit nicht mehr von der Onlineshopping-Plattform erfasst werden. Um diesem Konzeptdrift zu begegnen, muss das Kaufverhalten der Kunden im Geschäft zusätzlich erfasst werden.

Wie kannst du Konzeptdrift erkennen?

Systeme in schnelllebigen Einsatzumgebungen, die beispielsweise von Trends abhängen, sind besonders anfällig für einen Konzeptdrift. Gerade für diese Systeme müssen die vereinbarten funktionalen Leistungskriterien regelmäßig überprüft werden. Tests mit Testdaten, die auf den ursprünglichen Szenarien beruhen, sind dann jedoch wenig aussagekräftig für die aktuelle Verwendung des Systems. Stattdessen müssen die Metriken in der Betriebsumgebung mit den tatsächlichen Anforderungen der Nutzerinnen und Nutzer erhoben werden. Die Beobachtung des SUT anhand der Leistungsmetriken während des Betriebs ermöglicht die frühzeitige Erkennung von Konzeptdrift.

Welche Maßnahmen kannst du bei einem Konzeptdrift ergreifen?

Eine offensichtliche Abhilfemaßnahme bei einem vorliegenden Konzeptdrift besteht darin, das ML-Modell des SUT mit aktuellen Trainingsdaten erneut zu trainieren. Dabei kann auch auf Transfer-Lernen zurückgegriffen und das ursprüngliche Modell als das vortrainierte Modell betrachtet werden (siehe Abschnitt 1.8). Wenn das System erneut trainiert wird, müssen die Trainings- und Testdaten die aktuellen Anforderungen, die neue Einsatzumgebung und das neue Nutzerverhalten widerspiegeln. Um den Erfolg des angepassten Systems zu bewerten, kannst du beispielsweise auf A/B-Tests (siehe Abschnitt 9.4) zurückgreifen. Um die Robustheit des Systems zu gewährleisten, dürfen Fehlernachtests und Regressionstests nicht vergessen werden. Ist der Konzeptdrift aber zu groß, musst du sogar die Stilllegung des Systems als Abhilfemaßnahme (Mitigation) in Erwägung ziehen.

7.7 Auswahl einer Testvorgehensweise für ein ML-System

Als Testmanagerin oder Testmanager eines Projekts sollte man sich bei der Planung seiner Testaktivitäten der Risiken bewusst sein, die man für das Produkt und das Projekt identifiziert hat. Aus dem CTFL-Lehrplan [ISTQB 2018] ist bekannt, dass man aus diesen Risiken eine Teststrategie ableiten sollte, wie man bei Tests vorgehen will. Dabei sind ggf. auch strategische Vorgaben des Unternehmens und weitere Faktoren wie die Verfügbarkeit technischer oder personeller Ressourcen, die sich aus den unternehmerischen Prozessen ergeben, zu berücksichtigen (siehe Abb. 7–8).

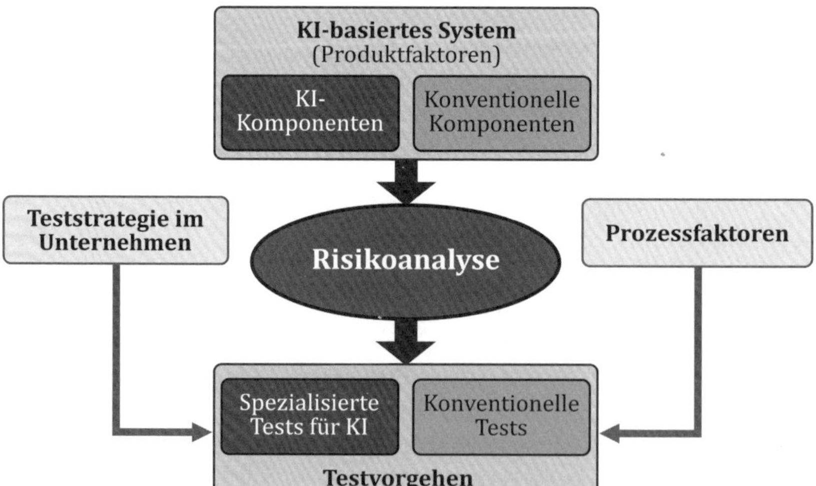

Abb. 7–8 *Die Risikoanalyse als Basis für das Testvorgehen hängt bei KI-basierten Systemen sowohl von konventionellen wie auch von KI-Komponenten ab. Seitlich sind weitere Einflüsse nach dem CTFL-Lehrplan [ISTQB 2018] skizziert.*

Da KI-basierte Systeme auch aus konventionellen Komponenten bestehen, werden in der Testvorgehensweise sowohl konventionelle wie auch für KI-Komponenten spezialisierte Tests berücksichtigt (siehe Abschnitt 7.2).

Im Folgenden betrachten wir verschiedene Risikobereiche, die bei der Entwicklung oder dem Einsatz eines ML-Systems eine Rolle spielen. In diesen Bereichen zeigen wir beispielhaft einige der typischen Risiken von ML-Systemen auf. Anschließend werden Vorgehensweisen beschrieben, wie diese Risiken mithilfe von Tests reduziert werden können.

Risiko mangelnder Datenqualität

In Abschnitt 4.3 haben wir bereits typische Probleme im Zusammenhang mit mangelnder Datenqualität beschrieben und in Abschnitt 4.4 deren Auswirkung auf die Qualität eines ML-Modells gezeigt.

Wenn du ein Risiko darin vermutest, dass die **Datenqualität schlechter als erwartet** ist, kannst du zu dessen Abmilderung beispielsweise Folgendes einsetzen:

- Reviews
- EDA
- Dynamische Tests

Du kannst auf diese Weise die Herkunft deiner Daten und deren Zuverlässigkeit prüfen, Kennzeichnungsfehler über Stichproben oder Analysen ermitteln oder unerwünschte Verzerrungen visualisieren.

Probleme mit der Betriebsdatenpipeline

Die Eingabedaten für ein ML-Modell im Betrieb (z. B. als Sensordaten oder Felder einer Datenbank) liegen selten in genau dem vom trainierten Modell erwarteten Format vor. Die Vorverarbeitung durch die Betriebsdatenpipeline ist daher ein wichtiger Teil der Verarbeitungskette und kann potenziell fehlerhaft sein.

Einer fehlerhaften Betriebsdatenpipeline kannst du folgendermaßen begegnen:

- Durch dynamische Tests der Pipelinekomponenten und deren Integration

Zur Erinnerung: Die Prüfung der Betriebsdatenpipeline haben wir bereits in der Teststufe des Eingabedatentests in Abschnitt 7.2.1 beschrieben.

Probleme mit dem ML-Workflow

Der ML-Workflow hat, wie in Abschnitt 3.2 aufgezeigt, viele Aktivitäten, die einerseits ineinandergreifen, andererseits aber von unterschiedlichen Expertinnen und Experten verantwortet werden. Dies birgt das Risiko, dass es hier zu Missverständnissen kommen kann.

Ein suboptimaler ML-Workflow kann unterschiedliche Ursachen haben:

- Die Beteiligten haben sich nicht oder nur unzureichend über den umzusetzenden Workflow geeinigt.
- Dateningenieure halten sich nicht an den Arbeitsablauf.
- Der gewählte Arbeitsablauf zwischen den Beteiligten ist nicht optimal.

Du kannst das Risiko eines suboptimalen ML-Workflows wie folgt verringern:

- Durch praxisorientiertes Management (engl. hands-on management) oder Audits, um Missverständnisse im oder Abweichungen vom Arbeitsablauf zu entdecken.
- Durch einen Review des ML-Workflows durch Expertinnen und Experten, um einen falsch gewählten Arbeitsablauf zu entdecken

Wenn der ML-Workflow selbst gut gewählt und befolgt wird, besteht dennoch das Risiko von Fehlern in den Arbeitsschritten selbst, beispielsweise bei der Werkzeugwahl.

Es könnten später Probleme auftreten durch **eine schlechte Auswahl von Werkzeugen, Komponenten oder Einstellungen,** wie:

- ML-Framework
- Algorithmus
- Modell
- Modelleinstellungen
- Hyperparameter

Ursache für eine falsche Auswahl könnte dabei mangelndes Fachwissen von Verantwortlichen sein oder die Modellgenerierung durch Evaluierung und Tuning (und Test) wurde mangelhaft durchgeführt.

Dem Risiko einer fehlerhaften Auswahl begegnest du durch folgende Maßnahmen:

- Reviews der Auswahl von den Werkzeugen, Komponenten oder Einstellungen durch Experten
- Besseres Management (z.B. hands-on), um zumindest sicherzustellen, dass der geforderte Arbeitsablauf eingehalten wird

Funktionale Leistungskriterien von ML sind unzureichend

Ein zentrales Qualitätsmerkmal sind die funktionalen Leistungsmetriken von ML, z.B. die Präzision eines Klassifikators (siehe Abschnitt 5.4). Hat man als Anforderungen konkrete Vorgaben für diese, spricht man von *funktionalen Leistungskriterien* von ML, also z.B. die Vorgabe, eine Präzision von mindestens 98,5 % zu erreichen.

Im Folgenden gehen wir davon aus, dass diese Anforderungen vom trainierten ML-Modell auch tatsächlich erfüllt werden. Was könnte also noch schiefgehen?

Das KI-basierte System erfüllt die funktionalen Leistungskriterien nicht, obwohl die KI-Komponente dies tut.

Ursache dafür könnte sein, dass die für Training, Evaluierung und den Test verwendeten Daten nicht repräsentativ für die realen Situationen im Betrieb sind.

Praxisbeispiel 7–1: Autonomes Transportfahrzeug in einer Werkshalle

Wir waren an der Entwicklung eines autonomen Transportfahrzeugs beteiligt, das die benötigten Teile, wie Schrauben, Muttern oder Nieten, zu den Maschinen an einzelnen Montageinseln bringt. Die Maschine meldet an eine zentrale Stelle, dass dieses und jenes innerhalb der nächsten halben Stunde nachgeliefert werden muss. Das Fahrzeug bringt diesen Nachschub zu der anfordernden Maschine.

Das autonome Transportfahrzeug wurde bislang nur mit Daten aus einer simulierten Umgebung trainiert und getestet. Da in der Simulation reale Beleuchtungssituationen oder ein realistischer Werksbetrieb nicht ausreichend modelliert wurden, waren die funktionalen Leistungskriterien in der Betriebsumgebung unbefriedigend.

Erst nachdem die Modellierung vor allem für die Lichtverhältnisse angepasst wurde, verbesserte sich die Fahrweise des Transportfahrzeugs.

Das Risiko nicht repräsentativer Daten in Training und Test wird durch Reviews der Datensätze und ihrer Eigenschaften unter Einbeziehung von Experten und Nutzerinnen mit Erfahrung aus dem Betrieb verringert.

Die Nutzerinnen und Nutzer des Systems sind mit dem Ergebnis unzufrieden, obwohl die KI-Komponente die funktionalen Leistungskriterien erfüllt.

Als Ursachen könnten infrage kommen:

- die Wahl der falschen funktionalen Leistungsmerkmale oder
- ein Konzeptdrift (siehe Abschnitt 7.6)

Praxisbeispiel 7–2: Autonomes Transportfahrzeug in einer Werkshalle (Erweiterung)

Nicht nur bei der Modellierung wurden Fehler gemacht. Auch bei der Auswahl der Leistungsmerkmale musste nachgebessert werden.

Für das autonome Transportfahrzeug wurde nur eine hohe Sensitivität gefordert, um Personen im Fahrweg sehr sicher zu erkennen und Unfälle zu vermeiden. Bei der Wahl der Leistungsmerkmale wurde aber übersehen, auch eine gute Präzision zu fordern, damit nicht zu oft ein falscher Notstopp für eine vermeintliche Person eingelegt wird. Das Fahrzeug hielt schlichtweg zu oft an und verweigerte die Weiterfahrt.

Der F1-Wert wäre hier möglicherweise die bessere Leistungsmetrik gewesen (siehe Abschnitt 5.4).

Dem Risiko, dass Nutzende des Systems mit dessen Leistung unzufrieden sind, kann durch folgende Maßnahmen begegnet werden:

- Reviews der gewählten funktionalen Leistungsmetriken von ML durch Expertinnen und Experten
- Erfahrungsbasierte Tests in einer betriebsnahen Umgebung, um ungeeignete Kriterien zu erkennen
- Häufige bzw. regelmäßige Tests, um Verschlechterungen der Systemeigenschaften z.B. durch den Konzeptdrift zu erkennen

Das Modell liefert schlechte Ergebnisse bei vom Training abweichenden Daten, obwohl das Modell im Training hervorragende Ergebnisse gezeigt hatte.

Ursache könnte hier sein, dass das Modell z.B. durch zu langes Training ein Overfitting aufweist. In Abschnitt 3.5.1 haben wir diesen Effekt genauer beschrieben. Hat man bei der Auswahl und Aufteilung der Daten in Trainings-, Validierungs- und Testdaten nicht sorgfältig gearbeitet, kann es sein, dass man Overfitting sogar im Test nicht gut genug erkennen kann.

Diesem Risiko kann durch folgende Maßnahmen begegnet werden:

- Auswahl eines völlig unabhängigen Testdatensatzes, der ein übertrainiertes ML-Modell entdecken kann.
- Erfahrungsbasiertes Testen, das meist ebenfalls einen hohen Grad an Unabhängigkeit bei Daten und Szenarien bietet, um ein Overfitting zu erkennen.

Nutzerinnen und Nutzer sind mit dem Dienst an sich unzufrieden

Selbst wenn die funktionalen Leistungskriterien in allen Aspekten erfüllt sind, könnten die Nutzerinnen und Nutzer des Systems mit dem erbrachten Dienst unzufrieden sein.

Praxisbeispiel 7-3: Autonomes Transportfahrzeug in einer Werkshalle (Erweiterung)

Ein letzter Punkt, der korrigiert werden musste, war die Einschätzung, wie wichtig ein besonders effizientes Modell im Betrieb ist. Dieses nicht funktionale Qualitätsmerkmal wurde dann in seiner Bedeutung unterschätzt.

Das Fahrzeug konnte zwar nach der verbesserten Modellierung Personen und andere Objekte genau unterscheiden, die Bildverarbeitung war aber so langsam geworden, dass das Fahrzeug selbst unbefriedigend langsam wurde. Es fuhr so langsam durch die Werkshalle, dass der benötigte Nachschub für die Maschinen immer zu spät kam und die Maschinen Pausen einlegen mussten.

Es gibt noch viele weitere nicht funktionale Qualitätsmerkmale, die wir für konventionelle Systeme z.B. in der ISO/IEC 25010 [ISO/IEC 25010] finden. Darüber hinaus haben wir die für KI-basierte Systeme spezifischen Qualitätsmerkmale in Kapitel 2 beschrieben.

Das Risiko, dass **Nutzerinnen und Nutzer mit dem Dienst und seiner (nicht funktionalen) Qualität unzufrieden** sind, kannst du wie folgt abmildern:

- Durch risikobasiertes Vorgehen, das die Palette der Qualitätsmerkmale priorisiert und Tests zur Absicherung vorsieht.
- Durch erfahrungsbasiertes Testen des Systems mit Methoden, wie sie in Kapitel 9 beschrieben sind (z.B. A/B-Testen).

Selbstlernende Systeme mit unbefriedigendem Verhalten

Selbstlernende Systeme können aus der Beobachtung ihrer Umgebung oder durch aktive Interaktion mit dieser lernen. In den Abschnitten 2.3 und 8.1 werden das Qualitätsmerkmal der Evolution und die Herausforderungen beschrieben, selbstlernende Systeme zu testen.

Als Beispiel kannst du dir wieder das autonome Transportfahrzeug in der Werkshalle vorstellen. Dieses könnte etwa selbst lernen, welche Wege durch die Lagerhalle derzeit gut befahrbar sind und welche nicht. So könnte sich die Entscheidung, welches die jeweils schnellste Route zu einem Lagerplatz ist, mit den gemachten Erfahrungen verändern.

Wenn du ein Risiko darin siehst, dass die **von den Nutzerinnen und Nutzern erwartete Leistung des Systems zu lernen, nicht erbracht wird**, kann dies verschiedene Ursachen haben. Diesen kannst du mit den folgenden Maßnahmen begegnen:

- Reviews der Lerndaten durch Expertinnen und Experten, wenn du vermutest, dass diese Daten zum Lernen ungeeignet sein könnten.

  Das autonome Transportfahrzeug könnte z.B. die falschen Sensordaten zum Lernen berücksichtigen, wenn die Abstandssensoren in der falschen Höhe über dem Boden angebracht sind.
- Automatisierte Regressionstests mit Leistungsvergleich zur Vorgängerversion, wenn der Verdacht besteht, dass das erlernte Verhalten ungeeignet ist.

  In unserem Beispiel lernt das autonome Transportfahrzeug beispielsweise nicht schnell genug die richtigen Ausweichrouten zum Ziellagerplatz.
- Erfahrungsbasiertes Testen ist hilfreich, wenn du vermutest, dass das System unerwartetes oder sogar unerwünschtes Verhalten lernen könnte.

  Im Beispiel könnte das Transportfahrzeug lernen, dass es schneller zum Ziel kommt, wenn es Hindernisse aus dem Weg räumt, anstatt sie zu umfahren.

Nicht nachvollziehbares Verhalten

Wenn KI-basierte Systeme an Entscheidungsfindungen beteiligt sind, spielt aus Sicht der Nutzerinnen und Nutzer, aber auch aus regulatorischer Sicht, eine große Rolle, wie das System seine Entscheidungen trifft. Die damit verbundenen Qualitätsmerkmale der Transparenz, Interpretierbarkeit und Erklärbarkeit sind in Abschnitt 2.7 beschrieben.

Dem Risiko, dass **Nutzerinnen und Nutzer verärgert oder frustriert sind, weil sie nicht verstehen, wie ein System seine Entscheidungen trifft**, wird durch folgende Maßnahmen begegnet:

- Reviews der Dokumentation durch Expertinnen und Experten, wenn angenommen wird, dass die Entwicklung nicht transparent genug festgehalten wurde.
- Reviews und Umfragen bei Benutzerinnen- und Benutzern, wenn du dir nicht sicher bist, ob du die richtigen Personengruppen identifiziert hast, die die Funktionsweise des Systems interpretieren müssen, oder diese Personen die Beschreibungen zur Funktionsweise auch tatsächlich verstehen.
- Dynamisches Testen bzw. exploratives Testen, wenn der Verdacht besteht, dass die Nutzerinnen und Nutzer unzufrieden sein könnten, weil sie für das Zustandekommen konkreter Entscheidungen keine Erklärung haben.

Die konkreten Methoden zur Sicherstellung von Transparenz, Interpretierbarkeit und Erklärbarkeit durch Testen werden in Abschnitt 8.6 beschrieben.

8 Testen KI-spezifischer Qualitätsmerkmale – ein Einstieg

»Not everything that can be counted counts and not everything that counts can be counted.«
Albert Einstein zugeschrieben

Nachdem das vorhergehende Kapitel einen Überblick über das Testen KI-basierter Systeme gegeben hat, werden wir in diesem Kapitel darauf eingehen, wie du ganz konkret KI-spezifische Qualitätsmerkmale testen oder die damit verbundenen Herausforderungen meistern kannst. In einer Übung wirst du selbst ein Werkzeug zur Erklärbarkeit für den Test eines KI-basierten Systems nutzen.

KI-spezifische Schlüsselbegriffe aus dem Lehrplan:
Algorithmische Verzerrung (algorithmic bias), autonomes System (autonomous system), Autonomie (autonomy), Expertensystem (expert system), Erklärbarkeit (explainability), unangemessene Verzerrung (inappropriate bias), Interpretierbarkeit (interpretability), LIME-Methode (LIME method, local interpretable model-agnostic explanations), ML-Trainingsdaten (ML training data), nicht-deterministisches System (non-deterministic system), probabilistisches System (probabilistic system), Stichprobenverzerrung (sample bias), selbstlernendes System (self-learning system), Transparenz (transparency)

Weitere Schlüsselbegriffe in diesem Kapitel:
Testorakel (test oracle)

8.1 Herausforderungen beim Testen selbstlernender Systeme

Bevor wir in den folgenden Kapiteln verschiedene Testmethoden für KI-basierte Systeme vorstellen, wollen wir einige Herausforderungen, die beim Testen von selbstlernenden Systemen auftreten können, genauer betrachten. Einige Punkte werden dir aus Kapitel 2 bekannt vorkommen. Das liegt daran, dass die Eigenschaften von KI-basierten Systemen einerseits als Qualitätsmerkmale betrachtet werden und andererseits genau diese Eigenschaften uns beim Testen vor Herausforderungen stellen.

Unerwartete Änderungen

Meistens sind am Anfang eines Projekts die Erwartungen und Anforderungen an das System und dessen Beschränkungen bekannt. Im besten Fall sind diese Erwartungen in Form eines Anforderungsdokuments schriftlich festgehalten. Aus unserer Erfahrung liegen wohldefinierte Anforderungsdokumente aber gerade für KI-basierte Systeme noch seltener als bei konventionellen Systemen vor. Zusätzlich zeichnen sich selbstlernende Systeme dadurch aus, dass sie sich als Reaktion auf veränderte Rahmenbedingungen anpassen und verbessern können (siehe Abschnitt 2.3). Über diese manchmal auch unerwarteten Änderungen, die das System selbst vornimmt, gibt es oft nur wenige oder gar keine Informationen. Auch wenn die ursprünglichen Anforderungen dem ursprünglichen Design entsprechen, passen diese nicht mehr zu dem sich an veränderte äußere Gegebenheiten angepassten System.

Hinzu kommt, dass wenn das System durch seine selbstlernende Fähigkeit eine veränderte Konfiguration der Implementierung enthält, diese für uns aufgrund des Blackbox-Charakters von KI-basierten Systemen schwer bis gar nicht zugänglich sind. Darüber hinaus passen sich selbstlernende Systeme nicht unbedingt so an, wie Menschen es als logisch erachten würden. Nach dem *Trial-and-Error*-Prinzip versucht das lernende Modell experimentierend eine Lösung zu realisieren. Es kann eine große Herausforderung darstellen, passende Tests im Vorhinein zu entwickeln, die auch auf neue Realisierungen passen. So ist es auch möglich, dass schon bestehende Testergebnisse nicht mehr für das aktuelle System gültig sind, da sich das aktuelle System bei erneuter Testdurchführung anders verhält und es zu anderen Testergebnissen kommt. Das kann auch zu späteren Problemen bei den Regressionstests führen.

Um diesen Herausforderungen zu begegnen, müssen Testerinnen und Tester bei der Testanalyse und beim Testentwurf in besonderer Weise darauf achten, dass Tests formuliert werden, die auch dann noch relevant sind, wenn das System sein Verhalten ändert. Wenn sich Systeme stark oder in grundlegender Art und Weise ändern, kann es sein, dass neue Tests auf Grundlage des veränderten Systemverhaltens entwickelt werden müssen.

Komplexe Abnahmekriterien

Tests müssen nicht ausschließlich die Richtigkeit des Verhaltens überprüfen, sie können auch die Verhaltensänderung des selbstlernenden Systems in den Fokus nehmen: »*In einer bestimmten Zeit soll sich das System zur Kaufempfehlung an die neue Kundengruppe anpassen und durch Warenkorb-Vorschläge so den Umsatz in dieser Kundengruppe um X% erhöhen.*« Oder: »*Nach Eröffnung einer neuen Autobahnanschlussstelle soll das selbstlernende Straßenleitsystem die durchschnittliche Fahrzeit der Autos um Y% reduzieren.*«

Es kann also notwendig sein, dass die Erwartungen an das selbstlernende System über dessen Verbesserung definiert werden. Eine immer gültige Annahme in diesem Kontext ist, dass sich das System in seiner funktionalen Leistung zum Besseren verändern soll. Jedoch kann es eine besondere Herausforderung sein, Verbesserungen konkret und messbar zu spezifizieren. Es ist nicht immer trivial zu bestimmen, was eine Verbesserung des Verhaltens ist. Eine Verbesserung kann kontextabhängig sein: Im Straßenverkehr ist eine kürzere Fahrzeit für die verschiedenen Verkehrsteilnehmenden von Vorteil, während in der Einkaufzone eine längere Verweildauer der Laufkundschaft positiv zu bewerten ist.

Auch ist nicht immer offensichtlich, wie viel Prozent Verbesserung realistisch ist. Helfen kann uns hierbei, dass wir eine erwartete Mindestverbesserung formulieren oder eine Verbesserung mit den davon abhängigen Umweltfaktoren als Testbedingung angeben. Dann könnte ein mögliches Abnahmekriterium sein, dass eine Mindestverbesserung der Funktionalität von X% erwartet wird, wenn sich ein bestimmter Umweltfaktor um einen festen Betrag oder auf eine festgelegte Art und Weise ändert. Auch wenn das in der Realität oft zu komplexen Abnahmekriterien führt, können wir daraus Tests ableiten, die die aktuelle funktionale Leistung des Systems überwachen und die Veränderung des Systems bewerten.

Zu wenig Zeit zum Testen

Besonders wenn sich ein System schnell anpasst, kann die Testzeit unzureichend sein, um kontinuierlich nach jeder Systemänderung alle Tests ausführen zu können. Wir kommen mit dem Testen nicht nach. Nicht ausreichende Testzeit bei aufwendigen manuellen Tests ist der Hauptgrund, eine Testautomatisierung anzustreben.

Denken wir an ein KI-basiertes System zur Erstellung von Kaufempfehlungen. Dort finden Updates des Systems beispielsweise so häufig statt, dass die Zeit bis zum nächsten Update nicht für das manuelle Testen ausreicht. Wir könnten manuelle Tests, die mehrere Updates umfassen, vorsehen. Hilfreicher könnte aber ein automatisierter Qualitätscheck sein, der zu jedem Update oder sogar kontinuierlich durchgeführt wird.

In manchen Projektsituationen sind manuelle Tests gar nicht realisierbar. Das schauen wir uns an unserem erweiterten Praxisbeispiel des Rasenmähroboters noch einmal an.

Praxisbeispiel 8–1: Rasenmähroboter (Erweiterung)

Der Roboter wird nach der Auslieferung für regelmäßige Tests nicht mehr an den Hersteller zurückgeschickt. Um gerade nach Updates mit neu Erlerntem die Funktionalität des Mähroboters zu gewährleisten, sind regelmäßige Tests dennoch nötig. Da der Mähroboter nicht mehr vom Hersteller selbst getestet werden kann, können diese Tests nur vor Ort und automatisiert durchgeführt werden, z.B. nachts, wenn der Roboter nicht verwendet wird.

Es muss sichergestellt sein, dass sich die KI-Komponente selbst auf eine ältere Version zurücksetzen kann. Das ist nötig, falls die vor Ort durchgeführten Regressionstests ergeben, dass die Realisierung der letzten Lerniteration die gesetzten Akzeptanzkriterien nicht erreicht.

Der Mähroboter lernt also in seiner Betriebsumgebung dazu und nur wenn die Akzeptanzkriterien erreicht werden, übernimmt er das neu Dazugelernte.

Damit wir den Umfang der Testautomatisierung und den Zeitpunkt der Testdurchführung sinnvoll planen können, ist es für Testerinnen und Tester wichtig zu wissen, wann und in welchem Umfang Systemupdates stattfinden. Nur so können die Tests effektiv eingesetzt werden, um bestmöglich die Funktionalität des Systems sicherzustellen. Im besten Fall ist in den Akzeptanzkriterien angegeben, wie schnell das System lernt, auch wenn dies oft schwer zu spezifizieren ist. Wie du Akzeptanzkriterien gut auswählst, erfährst du in Abschnitt 8.8. Auf diese Weise können wir einer knapp bemessenen Testzeit durch automatisierte Tests und gut formulierte Akzeptanzkriterien begegnen.

Anforderungen an die Ressourcennutzung

Bei den Systemanforderungen können wir auch auf Akzeptanzkriterien stoßen, die die Anforderungen an die Ressourcen betreffen, die das selbstlernende System nutzen darf. Die Zeit- und Rechenressourcen, die ein selbstlernendes System bei Anpassungsprozessen verbraucht, sind nicht zu vernachlässigen und können je nach Wahl der Hyperparameter sehr groß sein. Anforderungen können z.B. die Lernzeit oder den zur Verfügung stehenden Arbeitsspeicher betreffen, auf den das selbstlernende System zugreifen kann. Die zur Verfügung stehenden Ressourcen bedingen beispielsweise, wie effektiv sich ein System anpassen kann. Daher kann es sinnvoll sein, dass die Anforderungen an die Ressourcennutzung mit der Funktionalität oder der Genauigkeit des selbstlernenden Systems in Verbindung gebracht werden.

Unzureichende Spezifikation der Einsatzumgebung

Die Stärke von selbstlernenden Systemen liegt darin, dass sie sich verändern und sich an neue Gegebenheiten anpassen. So können sie auch unter Bedingungen eingesetzt werden, die bei der Entwicklung noch nicht abschätzbar waren. Daraus resultiert auch, dass die späteren Einsatzumgebungen bei der Formulierung der Anforderungen an das selbstlernende System noch nicht definiert werden müssen oder können. Dies kann uns Testerinnen und Tester vor die Herausforderung von unzureichenden Spezifikationen der Einsatzumgebung stellen. Darüber hinaus stellt das Fehlen von detaillierten Spezifikationen und die Tatsache, dass sich selbstlernende Systeme verändern können, gleichzeitig ein Einfallstor für böswillige Angriffe dar. Angreifer können Eingabedaten gezielt verunreinigen, um so das System beim Lernen zu manipulieren (siehe Abschnitt 9.1.2).

Im Idealfall sind alle möglichen Änderungen in der Einsatzumgebung und das gewünschte Verhalten des Systems in Form von Akzeptanzkriterien abgedeckt. Mit daraus abgeleiteten Tests könnten auch Auffälligkeiten, die durch Angriffe auf die Daten (Datenverunreinigungen) verursacht wurden, früh aufgedeckt werden. Jedoch ist es in der Realität oft unmöglich, allumfassende Spezifikationen anzufertigen, da die Vielfalt der späteren Einsatzszenarien mit allen Anpassungsmöglichkeiten des selbstlernenden Systems nur schwer vorhersagbar ist. Es kann sein, dass es einfach nicht möglich ist, einen vollständigen Satz repräsentativer Testfälle und Umgebungsanforderungen zusammenzustellen.

Komplexe Testumgebungen

Für eine Testdurchführung muss neben einer Testspezifikation und den Testdaten auch eine Testumgebung bereitgestellt werden. Diese kann bei selbstlernenden Systemen eine unüberschaubar große Anzahl an zu kontrollierenden Umweltparametern beinhalten. Stellen wir uns KI-gestützte Assistenten im Straßenverkehr, in der Pflege oder als Teil einer Produktionskette vor: Die Testumgebungen werden schnell unüberschaubar und komplex.

Das Bereitstellen und die Verwaltung von komplexen Testumgebungen, die potenziell hochriskante Änderungen der Einsatzumgebung nachahmen, kann sehr herausfordernd sein. Stell dir ein Projekt mit einer Drohne vor, die in verschiedenen Wäldern bestimmte Flugmanöver autonom durchführen kann. Nun soll diese Drohne aufgrund neuer Anforderungen auch in Städten fliegen können. Das wäre eine hochriskante Änderung für das gesamte Projekt und den Hersteller. Diese Neuerung in die Testumgebung einzubauen, ist mehr als herausfordernd.

Manchmal können Testumgebungen auch nur durch den Einsatz von zusätzlichen Testwerkzeugen zur *Fehlerinjektion* (engl. fault injection oder error injection) realisiert werden. Die passenden Testumgebungen müssen manchmal in aufwendigen Testlaboren aufgebaut werden. Je nach Art des selbstlernenden Systems und der Testumgebung können wir Umgebungen auch simulieren, indem Dateneingänge an Schnittstellen und Sensoren manipuliert werden. In Kapitel 10 gehen wir noch einmal genauer darauf ein, wie sich die Testumgebungen für KI-basierte Systeme von denen für konventionelle Systeme unterscheiden.

Unerwünschte Verhaltensänderung durch Tests

Wenn selbstlernende Systeme ihr Verhalten an neue Umgebungsbedingungen anpassen können, ist es genauso möglich, dass sich das System an die Tests anpasst. Wenn wir beispielsweise in Testläufen dieselben Tests ständig wiederholen, wir stets eine feste Testreihenfolge einhalten oder die Tests immer wieder auf das gleiche Verhalten des Systems abzielen, dann können durch unsere Tests unbeabsichtigt unerwünschte Verhaltensänderungen herbeigeführt werden. Da sich die Folgen dieser Verhaltensänderungen oft nur schwer abschätzen lassen, gilt es, diese Veränderungen durch den Test zu vermeiden.

Mit umfangreichem Wissen über das zu testende System können wir Testentwurf und Testmanagement so abstimmen, dass wir das System durch unseren Test nicht verfälschen. Es gibt aber auch Situationen, in denen Testerinnen und Tester nicht verhindern können, dass sich das System während des Tests verändert, da die Tests am stetig selbstlernenden Produktivsystem durchgeführt werden müssen. Das ist beispielsweise der Fall, wenn das System von einem Drittanbieter zur Verfügung gestellt wird oder wenn gezielt das Produktivsystem getestet werden soll.

8.2 Test von autonomen KI-basierten Systemen

Autonomie haben wir in Abschnitt 2.2 als die Fähigkeit eines Systems definiert, über einen längeren Zeitraum ohne menschliches Eingreifen zu funktionieren. Wir haben dabei zwischen verschiedenen Stufen des automatisierten Fahrens unterschieden. Diese lassen sich auch auf andere hoch automatisierte bzw. autonome Systeme (siehe Abschnitt 2.2) außerhalb des Straßenverkehrs übertragen, wie kollaborative Roboter, Drohnen, Operationsroboter oder autonome Energiemanagementsysteme [Adler 2021]. Autonome Systeme haben Grenzen, an denen sie die Kontrolle an den Menschen zurückgeben müssen (siehe Abb. 8–1).

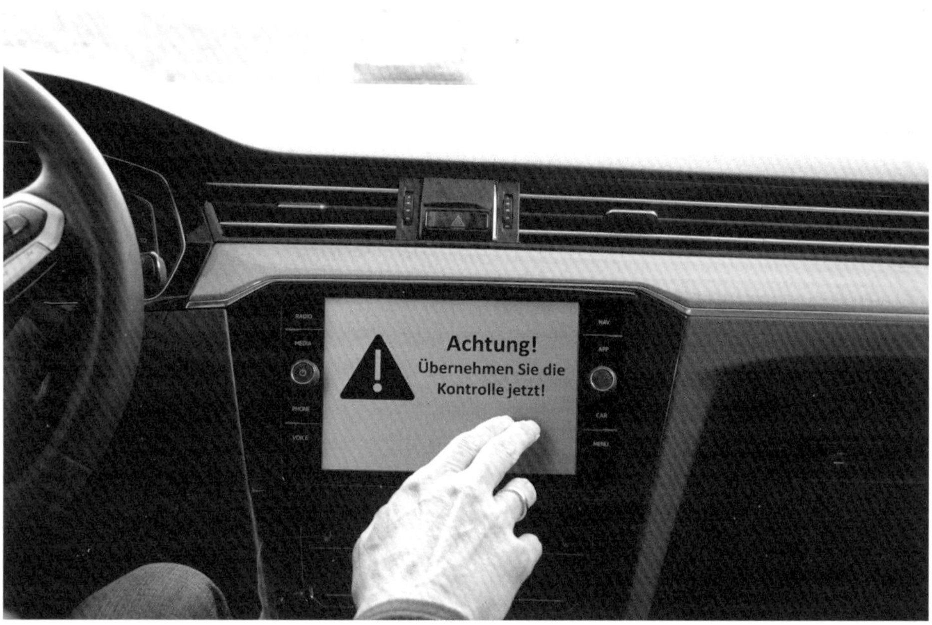

Abb. 8–1 *KI-basiertes System gibt Kontrolle an Fahrer ab (nachgestellte Situation).*

Autonome Systeme müssen entscheiden können, wann ein menschliches Eingreifen nötig ist. Dies impliziert, dass die Grenzen des autonomen Systems definiert sind und dass das autonome System in der Lage ist, die Nutzerin oder den Nutzer des Systems dazu aufzufordern, die Kontrolle über das System zu übernehmen. Damit wir dieses Verhalten testen können, müssen die Anforderungen und im Speziellen diejenigen an die Systemgrenzen gut definiert sein. Das ist eine echte Herausforderung, besonders wenn wir es mit einer komplexen Einsatzumgebung zu tun haben. Beim Testen autonomer KI-basierter Systeme sollten wir die im Folgenden beschriebenen Aspekte in unsere Tests einbeziehen.

Testen, ob das menschliche Eingreifen bei bestimmten Szenarien eingefordert wird

Wenn in einem Szenario das System die Kontrolle an einen Menschen abgeben soll, muss das System auch tatsächlich die Nutzerin oder den Nutzer des Systems, z.B. durch eine Anzeige oder einen Warnton, dazu auffordern, die Kontrolle zu übernehmen. Beispiele für solche Szenarien sind Situationen, in denen Autonomiegrenzen überschritten werden. Das können Situationen sein, die außerhalb der trainierten Einsatzumgebung liegen, oder Situationen, in denen eine Anforderung die Kontrolle durch einen Menschen vorschreibt (z.B. aus Sicherheitsgründen oder aufgrund technischer Grenzen des Systems). Bezogen auf das automatisierte Fahren könnten dies Szenarien sein, die enge Straßen mit vielen Verkehrsteilnehmenden mit schwer abschätzbarem Verhalten beinhalten (z.B. in einer Spielstraße oder in einer belebten Einkaufsstraße).

Testen, ob das menschliche Eingreifen eingefordert wird, obwohl es nicht nötig ist

Das System sollte nicht vorschnell das menschliche Eingreifen einfordern, wenn die Situation in einem Szenario als noch beherrschbar spezifiziert ist. Auch wenn es als geringeres Übel im Vergleich zu einem zu späten Einfordern der menschlichen Kontrolle erscheint, sollte das System im Rahmen der Anforderungen seine Aufgabe erfüllen. Unsere Tests könnten beispielsweise einen Lenkassistenten, der in einem klar definierten Bereich von Kurvenradien seine Funktion der Lenkradkontrolle erfüllen soll, so testen, dass der Kurvenradius stetig innerhalb des definierten Bereichs verändert wird. Der Lenkassistent darf dabei trotz wechselnder Kurvenradien die Kontrolle nicht an den Menschen abgeben.

Testen, ob das menschliche Eingreifen nach einer bestimmten Zeit eingefordert wird

Manche Systeme müssen nach einer bestimmten Zeit die Kontrolle wieder an den Menschen zurückgeben. Hier muss getestet werden, ob das System den Menschen dazu auffordert, die Kontrolle wieder zu übernehmen, wenn eine definierte Zeit verstrichen ist.

Für Tests, die das beschriebene Verhalten abdecken sollen, bieten sich Grenzwertanalysen an. Dafür werden Tests sowohl innerhalb als auch außerhalb der Grenzen und genau an den Grenzen durchgeführt.

Unabhängig vom Testzweck ist es wichtig, dass die Tests möglichst realitätsnah durchgeführt werden, am besten in der späteren Einsatzumgebung, damit alle notwendigen Bedingungen für die Tests gegeben sind. Trotzdem müssen wir beim Testen, genauso wie während des Trainings eines KI-basiertes Systems, für sichere Bedingungen sorgen, die ohne Risiko auch ein Fehlverhalten zulassen. Wenn dies nicht möglich ist, eignen sich simulierte Testumgebungen.

Praxistipp

Behalte auch im Blick, wie sich das System verhalten soll, wenn es eine Autonomiegrenze erreicht hat und sich in der Übergabephase befindet, bis ein Mensch die Kontrolle übernommen hat. In dieser Zeit muss das System in einen sicheren und risikoarmen Zustand übergehen. In manchen Situationen ist dies ein Zustand, in dem alle Motoren ausgeschaltet werden, bis ein Mensch die Kontrolle übernommen hat. Das kann beispielsweise bei einem autonomen Roboter in einer Produktionskette der Fall sein. In anderen Situationen hätte dieses Verhalten fatale Folgen. Ein autonom fahrendes Auto im fließenden Straßenverkehr muss so lange einen defensiven und unfallvermeidenden Fahrstil verfolgen, bis die Kontrolle vom Fahrer übernommen wird.

8.3 Testen auf algorithmischen, stichprobenartigen und unangemessenen Bias

In Abschnitt 2.4 haben wir bereits verschiedene Formen des Bias kennengelernt. In diesem Abschnitt wird beschrieben, wie Bias durch gezielte Tests in einem Modell aufgedeckt werden können.

Die Testdaten, die zur Entwicklung des Modells verwendet wurden, eignen sich nicht für diese Art von Tests. Mit Daten, die aus der gleichen Verteilung stammen wie die Daten, die für die Entwicklung verwendet wurden, kann nur bestätigt werden, was in den Daten vorhanden ist. Mit den folgenden Tests wollen wir aber testen, ob die Annahmen, die das Modell aus den Daten abgeleitet hat, korrekt sind. Dafür benötigen wir unabhängige Daten, die nicht aus den gleichen Datenquellen stammen wie die Trainings- und Validierungsdaten. Wir beginnen mit einem allgemeingültigen Ansatz zum Testen auf einen Bias durch einen externen Datensatz (externe Validierung). Danach gehen wir auf die algorithmischen, stichprobenartigen und unangemessenen Bias genauer ein: Wie sie entstehen, wie wir sie rechtzeitig erkennen und wie wir sie beheben können.

Testen mit unabhängigen (externen) Daten

Unabhängig von den verschiedenen Formen des Bias kann ein externer Datensatz verwendet werden, um einen Bias in einem System aufzudecken.

Bei einer Validierung durch externe Daten ist es wichtig, dass ein Datensatz verwendet wird, der gänzlich unabhängig von den Daten erhoben wurde, die zur Entwicklung des Modells verwendet wurden. Hat ein Unternehmen beispielsweise ein ML-Modell anhand der eigenen Kundendaten trainiert, könnten externe Daten aus einer völlig anderen Quelle, etwa die Ergebnisse einer öffentlich zugänglichen Kundenumfrage, stammen. Bei der Zusammenstellung eines externen Datensatzes müssen wir darauf achten, dass alle für unsere Anwendung möglicherweise relevanten Merkmale in den Eingaben (z.B. Farbe, Geschmack, Form, Größe, Zuckergehalt) ausreichend repräsentiert sind, sodass wir für die einzelnen Eingabegruppen (z.B. Apfelsorten) aussagekräftige Metriken anwenden können. Wenn ein Bias vorliegt, wird ersichtlich, dass das Modell für bestimmte Eingabegruppen schlechtere Ergebnisse in Bezug auf die Anforderungen (z.B. Genauigkeit) erzielt, als wenn es mit Daten aus der gleichen Quelle wie die Trainingsdaten getestet wird. Dies kann darauf hindeuten, dass der Datensatz, der bei der Entwicklung verwendet wurde, nicht repräsentativ war, beispielsweise aufgrund eines algorithmischen, stichprobenartigen oder unangemessenen Bias. Es kann auch eine Kombination von mehreren Bias vorliegen. Im Folgenden wird beschrieben, wie man herausfinden kann, um welche Form von Bias es sich handelt. Einige Testmethoden zu den verschiedenen Arten des Bias sind in Tabelle 8–1 zusammengefasst.

Biasart	Testmethode
Algorithmischer Bias	■ Analyse des Modells durch Metriken während der Trainings-, Evaluierungs- und Optimierungsaktivitäten.
Stichprobenbias	■ Review der Quelle der Trainingsdaten und der Datengewinnung, ■ Review der Datenvorverarbeitung.
Unangemessener Bias	■ Messung, wie sich Änderungen der Systemeingaben auf die Systemausgaben über eine große Anzahl von Interaktionen auswirken, ■ Untersuchung der Ergebnisse auf der Grundlage der Gruppen von Personen oder Objekten, für oder gegen die das System möglicherweise unangemessen verzerrt ist, ■ Beschaffung zusätzlicher Informationen über die Attribute der Eingabedaten, die möglicherweise mit dem Bias zusammenhängen, und deren Korrelation mit den Ergebnissen.

Tab. 8–1 *Haupttestmethoden für algorithmischen, stichprobenartigen und unangemessenen Bias*

Testen auf Stichprobenbias

Ein Stichprobenbias bzw. eine Stichprobenverzerrung ist in der Auswahl der Daten begründet, die zur Modellgenerierung verwendet wurden. Wenn diese Auswahl nicht repräsentativ ist, sondern einen Bias enthält, dann besteht die Gefahr, dass das Modell auch diesen Bias übernimmt. Eine ungünstige Auswahl kann beispielsweise entstehen, wenn zur Entwicklung des Modells eine Teilmenge eines größeren Datensatz verwendet wird, wenn die Erhebung der Daten schon länger zurückliegt oder wenn die Daten an einem Ort unter bestimmten Bedingungen erfasst wurden, die nicht repräsentativ sind.[1] In der Produktivumgebung wird dieses Modell dann nicht den Anforderungen entsprechen. Um diesen Stichprobenbias in den Trainingsdaten, möglichst vor dem Modelltraining, zu erkennen, muss der verwendete Datensatz im Zuge der explorativen Datenanalyse untersucht und dessen Repräsentativität bewertet werden (siehe die Abschnitte 4.1 und 4.3). Neben statistischen Analysen, ob die verschiedenen zu lernenden Szenarien ausgewogen in den Daten repräsentiert sind, gehört ein Review der ausgewählten Datenquelle:

1. *https://www.pbs.org/newshour/show/how-racial-biases-in-medical-algorithms-lead-to-inequities-in-care*, abgerufen im April 2023.

- Wer hat die Daten wann, wo und wie erhoben?
- Wurde nur ein Teil eines größeren Datensatzes verwendet?
- Wenn ja, wie wurde diese Teilmenge ausgewählt?
- Etc.

Aber auch bei der Vorverarbeitung der Daten kann durch eine ungünstige Veränderung der Eingabedaten ein Stichprobenbias eingebracht werden, wenn z.B. Merkmale herausgenommen, zusammengefasst oder verändert werden. Auch hier hilft das Vier-Augen-Prinzip: Wir können in einem Review durch unseren prüfenden Blick von außen auf die Vorverarbeitungsschritte potenzielle Ursachen für einen Bias in der Stichprobe aufdecken. Wenn ein Stichprobenbias schon vor der Entwicklung des Modells erkannt wird, kann dieser durch eine Überarbeitung des Datensatzes, der zur Entwicklung des Modells verwendet wird, beseitigt werden. Ist es dafür schon zu spät, kann ein Modell auch nachträglich durch gezieltes zusätzliches Training mit den unterrepräsentierten Eingabegruppen trainiert werden.

Testen auf algorithmischen Bias

Diese Art von Bias entsteht, wenn der Lernalgorithmus mit den Hyperparametern nicht korrekt konfiguriert ist (siehe Abschnitt 3.2). Dann kann das Modell trotz vieler Trainingsepochen nicht die gewünschten Erfolge erzielen. Diese Art von Bias können wir während des Trainings erkennen, wenn wir die Modellgenerierung überwachen, indem wir die Leistung des Modells in den Trainings-, Evaluierungs- und Tuningaktivitäten beobachten. Dafür bieten sich verschiedene funktionale Leistungsmetriken an (siehe die Abschnitte 5.1 und 5.2). Wenn dabei festgestellt wird, dass sich das Modell beim Training nicht ausreichend verbessert, muss die Auswahl der Hyperparameter überdacht werden. Dazu gehören Faktoren wie die Lernrate, die Ausgangsgewichte zu Beginn des Trainings eines kNN oder die Komplexität des Modells.

Testen auf unangemessenen Bias

In Modellen mit einem unangemessenen Bias haben einzelne Merkmale einen unangemessenen bzw. nicht gewollten Effekt auf die Ausgabe und beeinflussen die Ausgabe für einzelne Eingabegruppen (z.B. Personengruppen) systematisch. Der Grund dafür ist, dass bestimmte Gruppen innerhalb eines Datensatzes nicht ausgewogen dargestellt werden (siehe Abschnitt 2.4). Um diese Art von Bias aufzudecken, müssen wir mit einer großen Anzahl an Eingabedaten bewerten, wie sich Änderungen in der Eingabe auf die Ausgabe auswirken, im Speziellen auf verschiedene Gruppen von Menschen oder Objekten, die von einem Bias betroffen sein können. So können wir identifizieren, welche Merkmale für die Ausgabe ausschlaggebend sind. Dabei können uns auch Methoden wie z.B. *LIME* (engl.

local interpretable model-agnostic explanations) unterstützen, die erklären, welche Merkmale einer Eingabe für eine Ausgabe ausschlaggebend waren (siehe auch Erklärbarkeit in Abschnitt 8.6). Diese Werkzeuge können nicht nur in der Produktivumgebung zur Erklärung von Systemausgaben eingesetzt werden, sondern auch im Test, um ein System freizugeben.

Es ist sinnvoll, zusätzlich gezielt Informationen über die Merkmale im Datensatz einzuholen, die möglicherweise aufgrund von Merkmalkorrelationen einen unangemessenen Bias auslösen (siehe Exkurs zu Korrelation und Kausalität auf Seite 67). Bei Menschen sind es oft demografische Daten (Alter, Geschlecht, Wohnort, Einkommen, Beruf, Familienstand, Herkunft etc.), die einen unangemessenen Bias bewirken. Dabei ist zu beachten, dass ein Bias nicht immer direkt ersichtlich ist, sondern sich auch hinter einer Kombination von Merkmalen verstecken kann. Beispielsweise können auf sensible Informationen wie die politische Orientierung Rückschlüsse gezogen werden, wenn wir die Merkmale Wohnort, Zeitungsabonnements und Kleidungsstil kombinieren. Dann ist dieses Merkmal zwar nicht explizit in den Daten enthalten, der Algorithmus kann es aber anhand anderer Merkmale ableiten (siehe Abschnitt 2.4).

Wie kann man unangemessenen Bias begegnen?

Diskriminierung ist nach Artikel 3 unseres Grundgesetzes verboten. Es kommt vor, dass für ein Training nur ein Datensatz zur Verfügung steht, über den wir wissen, dass er einen unangemessenen Bias enthält. Das ist der Fall, wenn nur veraltete Daten abrufbar sind oder der Datensatz zwar die Realität repräsentiert, wir aber andere Anforderungen an die Systemausgabe haben, die noch nicht im Datensatz abgebildet sind. Es ist besonders darauf zu achten, dass keine Diskriminierung durch Merkmale wie Geschlecht, ethnische Zugehörigkeit, soziale Stellung, Herkunft oder Religionszugehörigkeit auftritt.[2] Der Datensatz muss so aufbereitet werden, dass er zum Training des Modells geeignet ist. Dazu kann ein positiver Bias eingefügt werden, um die Daten so zu verzerren, dass sie unseren Anforderungen entsprechen. Das kann bedeuten, dass bestimmte Merkmale oder ganze Datenpunkte weggelassen oder zusätzliche Merkmale oder Datenpunkte künstlich hinzugefügt werden müssen (engl. data augmentation). Ähnlich wie beim Stichprobenbias muss ein Modell mit einem unangemessenen Bias erneut mit ausgewogenen Daten trainiert werden. Im Idealfall wird der Bias schon vor dem Training bei der Zusammenstellung des Datensatzes erkannt.

---

2. Art. 3 des Grundgesetzes für die Bundesrepublik Deutschland, *https://www.gesetze-im-internet.de/gg/art_3.html*, abgerufen am 09.08.2023.

Praxistipp

Das Thema der Diskriminierung durch einen Bias in den Daten wird wissenschaftlich beleuchtet und in unserer Gesellschaft diskutiert. Es gibt Expertinnen und Experten aus verschiedenen Bereichen, die sich umfänglich mit dieser Thematik beschäftigen und aufschlussreiche Veröffentlichungen zur Verfügung stellen [URL: Algorules]. Es lohnt sich, sich mit dieser Thematik auseinanderzusetzen und Expertenmeinungen zu hören. Insbesondere wenn dieses Thema in deinem Projekt eine Rolle spielt, ist es hilfreich, Expertenmeinungen für deinen konkreten Anwendungsfall einzuholen.

8.4 Herausforderungen beim Testen probabilistischer und nichtdeterministischer KI-basierter Systeme

In Abschnitt 2.8 haben wir einige charakteristische Eigenschaften von KI-basierten Systemen sowie den probabilistischen und nichtdeterministischen Charakter von KI-basierten Systemen vorgestellt. Da wir uns bisher mit den wichtigsten technischen Hintergründen von KI-basierten Systemen beschäftigt haben, soll hier eine technischere Definition gegeben werden.

Nichtdeterministisches System: Ein System, das trotz derselben Eingaben bei einem definierten Ausgangszustand nicht immer dieselben Ausgaben oder denselben Endzustand erzeugt.[a]

Probabilistisches System: Ein System, dessen Verhalten in Form von Wahrscheinlichkeiten beschrieben wird und dessen Ergebnisse daher nicht genau vorhergesagt werden können.

a. Diese Formulierung weicht von der Formulierung im CT-AI-Lehrplan ab. Wir haben uns aus Gründen der Verständlichkeit für diese Formulierung entschieden.

In den meisten Fällen folgt aus einem probabilistischen Verhalten auch ein nichtdeterministisches Verhalten. Diese probabilistischen und nichtdeterministischen Eigenschaften überschneiden sich häufig oder lassen sich nicht eindeutig voneinander abgrenzen. Damit stellen uns probabilistische und nichtdeterministische Systeme vor ähnliche Herausforderungen. Die folgenden Herausforderungen beim Test gelten daher meist unabhängig davon, um welches der beiden Systeme es sich handelt.

Mehrere gültige Ausgaben eines Systems, die richtig sind

Es gibt Anwendungen, in denen ein KI-basiertes System mehr als eine Möglichkeit hat, korrekt zu reagieren. Ein Beispiel hierfür ist ein Chatbot, der Kundenfragen beantworten soll. Der Chatbot hat mehrere Formulierungsmöglichkeiten, um dieselben Kundenfragen zu beantworten. Für die Testerinnen und Tester ist es schwierig, das erwartete Ergebnis zu definieren, wenn es bei gleichen Vorbedingungen und Eingaben mehrere gültige Ausgaben gibt. Wir stehen vor besonderen Herausforderungen, wenn Tests

- für Fehlernachtests wiederverwendet werden sollen,
- für Regressionstests wiederverwendet werden sollen,
- reproduzierbar sein sollen oder
- automatisiert werden sollen und somit die Ausgabe des Systems automatisiert bewertet werden soll.

Um diesen Herausforderungen zu begegnen, gibt es keine allgemeingültigen Ansätze. Hier ist unsere Kreativität gefragt, um solche Tests trotz probabilistischer oder nichtdeterministischer Systeme zu ermöglichen. Oder wir müssen uns darüber klar werden, dass Testansätze, die auf identischer Reproduktion von Ergebnissen beruhen, für KI-basierte Systeme nicht realisierbar sind.

Umfassende Kenntnis über das geforderte Systemverhalten

Um sinnvolle Bedingungen für Tests formulieren zu können, brauchen wir ein umfassendes Verständnis über das Verhalten des Systems. Wenn es eine Bandbreite von Verhaltensmöglichkeiten gibt, z.B. wenn eine KI zur Objekterkennung auf Bildern sogenannte Bounding Boxes um ein Objekt setzt, dann macht es wenig Sinn, nur genau eine Lösung zu akzeptieren. Es ist daher sinnvoller, eine Toleranz zuzulassen. Der Test einer Bounding Box könnte beispielsweise dann als bestanden gelten, wenn die optimale Bounding Box und die vom System gesetzte Bounding Box eine Überschneidung in der Fläche von mindestens 90 % haben.

Mehrfache Testdurchführung

Bei probabilistischen Systemen haben einzelne Ausgaben eines Systems nur wenig bis keine Aussagekraft über die Qualität des Systems. Damit ist auch das Ergebnis eines einzelnen Tests allein noch nicht repräsentativ. Tests müssen dann mehrfach oder gar viele Male wiederholt werden, um eine statistisch signifikante Aussage zu erhalten. Wenn wir beispielsweise ein Modell auf eine Falsch-positiv-Rate von weniger als 10 % testen müssen, sind viele Tests nötig, um eine aus statistischer Sicht signifikante Aussage treffen zu können.

8.5 Herausforderungen beim Testen komplexer KI-basierter Systeme

Seitdem bekannt wurde, dass *AlphaGo* 2015 den mehrfachen Europameister Fan Hui und dann 2016 den als stärksten Go-Spieler der Welt geltenden Lee Sedol im Brettspiel Go besiegt hatte (siehe Abschnitt 3.1.3), ist klar, dass KI-basierte Systeme nicht nur komplexe Aufgaben lösen können. Damit zeichnete sich auch ab, dass künstliche Intelligenzen sogar besser sein können als der Mensch. KI-basierte Systeme können sehr viele Parameter in Form von Eingaben einbeziehen und Wahrscheinlichkeiten in sehr viel kürzerer Zeit berechnen als wir Menschen. Dadurch sind sie sehr gut geeignet, um Muster in großen Datenmengen zu erkennen, die der Mensch nicht mehr überblicken kann. Mittlerweile gibt es eine Reihe von Beispielen, in denen KI-basierte Systeme den Menschen übertreffen. Dies zeigt sich in der Medizin[3], bei der Bestimmung zur Echtheit von Kunstwerken[4] und im Bereich der Programmierung[5]. Beispielsweise hat *AutoML*[6] das automatisierte Programmieren revolutioniert, und *ChatGPT*[7] setzt neue Maßstäbe in der Erstellung von Texten. Wir können langsam erahnen, was mit KI noch alles zu erreichen ist.

Wenn KIs nun aber besser sind und Aufgaben mit einer höheren Genauigkeit erledigen können als wir, führt das zum Testorakelproblem: Wer kann bewerten, ob die KI richtig liegt? Welche Möglichkeiten es gibt, um diesem Problem zu begegnen, beschreiben wir in Abschnitt 8.7.

Nicht nur die zu lösenden Aufgaben werden komplexer, auch die KI-basierten Systeme selbst werden immer komplexer. Mittlerweile sind die Softwarestrukturen von ML-Modellen und den dazugehörigen Algorithmen, auch als Architektur bezeichnet, so komplex geworden, dass nur noch wenige Menschen die Vorgänge im Modell verstehen können. Wenn die interne Struktur des KI-basierten Systems durch Software generiert wurde, vielleicht sogar durch eine andere KI, wird es für uns Menschen immer schwerer bzw. sogar unmöglich, die Algorithmen zu verstehen. Selbst wenn die internen Strukturen transparent sind, können wir aufgrund der Komplexität der verwendeten Algorithmen nur begrenzt klassische Whitebox-Tests verwenden (siehe die Abschnitte 1.3 und 6.2) und sind auf aussagekräftige Blackbox-Tests angewiesen. Dazu werden in Kapitel 9 einige Methoden vorgestellt.

Oft besteht ein KI-basiertes System nicht nur aus einer KI-Komponente, sondern es sind mehrere KI-Komponenten nötig, um eine Aufgabe zu lösen. Das macht das zu testende KI-basierte System aufgrund von zusätzlichen Abhängigkeiten noch komplexer. Stellen wir uns ein System zur Gesichtserkennung vor. Dieses besteht beispielsweise aus zwei Komponenten: Die eine KI-Komponente identifiziert im ersten Schritt alle im Bild vorhandenen Gesichter. Ein zweites Modell erkennt im zweiten Schritt, um wen es sich beim jeweiligen Gesicht handelt. Wenn die Komponenten zusätzlich probabilistische Ergebnisse liefern und einen nichtdeterministischen Charakter haben, erschwert dies zusätzlich, die Vorgänge im KI-basierten System zu verstehen.

---

3. *https://www.bbc.com/news/health-42357257*, abgerufen im Mai 2023.
4. *https://www.technologyreview.com/2017/11/21/105077/this-ai-can-spot-art-forgeries-by-looking-at-one-brushstroke/*, abgerufen im Mai 2023.
5. *https://www.deutschlandfunk.de/kuenstliche-intelligenz-kann-so-gut-programmieren-wie-ein-mensch-100.html*, abgerufen im Mai 2023.
6. *https://datasolut.com/automl/*, abgerufen im Mai 2023.
7. *https://chat.openai.com/*, abgerufen im Oktober 2023.

8.5.1 Übung: Herausforderungen bei der Verwendung eines künstlichen neuronalen Netzes

Erinnere dich an das Praxisbeispiel 1–4 mit der KI-basierten Wetterprognose zur Regenvorhersage für den nächsten Tag. Diese Wetterprognose beruht auf dem naiven Bayes-Klassifikator und verwendet lediglich die Daten vom Vortag. Damit ist es ein vergleichsweise einfaches Modell. Nun wollen wir ein tiefes neuronales Netzwerk mit mehr Eingabevariablen als Modell trainieren, das komplexere Zusammenhänge lernen kann. Als zusätzliche Eingabevariablen nehmen wir die Wetterdaten der vergangenen Woche und die Informationen aus umliegenden Wetterstationen mit auf.

Aufgabe: Welche Herausforderungen, die du in diesem Kapitel kennengelernt hast, treffen auch auf die Wetterprognose mit einem kNN zu?

Diese Aufgabe sowie eine Diskussion der Herausforderungen als Lösungsansätze findest du wieder im Begleitmaterial zu diesem Buch im Verzeichnis
Kap08.5_Herausforderungen_im_Test auf GitHub.

8.6 Testen der Transparenz, Interpretierbarkeit und Erklärbarkeit KI-basierter Systeme

Wir Menschen haben das Bedürfnis, zu verstehen, wie eine KI funktioniert und wie sie ihre Entscheidungen trifft. Um korrektes Verhalten einer KI zu gewährleisten, ist das Verständnis über ein KI-basiertes System ein wichtiges Qualitätsmerkmal, das wir in Transparenz, Interpretierbarkeit und Erklärbarkeit aufteilen (siehe Abschnitt 2.7). Je genauer wir verstehen, welche Faktoren die Entscheidung einer KI beeinflussen, umso besser können wir bewerten, ob ein SUT in der Lage ist, die richtigen Ausgaben zu generieren.

Transparenz

Grundvoraussetzung dafür ist, dass Informationen über die Entwicklung des SUT zur Verfügung stehen. Zu den Informationsquellen, die die Systementwickler zur Verfügung stellen, können folgende gehören:

- Die Trainingsdaten
- Die Art und Weise, wie die Kennzeichnung durchgeführt wurde
- Die Art und Weise, wie die Systemkomponenten konzipiert wurden, z.B. verwendete Lernalgorithmen, Modellarchitekturen, Hyperparameter

Im ersten Schritt des Testens können wir diese dokumentierten Informationen auf ihre Richtigkeit prüfen, indem wir sie mit der tatsächlichen Implementierung vergleichen. Diese Art von Information ist sehr wertvoll, um beispielsweise die Qualität des Datensatzes in Bezug auf Herkunft, Verzerrung oder Vollständigkeit zu testen. Dabei können wir auf explorative, statische und dynamische Tests und Reviews (siehe Abschnitt 7.2.1) zurückgreifen, vergleichbar mit einem Whitebox-Ansatz. Wenn diese Informationen nicht zugänglich sind, dann ist es für Testerinnen und Tester schwer, Tests zu erstellen, die über Blackbox-Tests hinausgehen.

Erklärbarkeit

Besonders bei KI-basierten Systemen ist oft nicht offensichtlich, wie das SUT zu seinen Entscheidungen kommt, oder ganz konkret, welche Zusammenhänge das SUT zwischen den Eingaben und Ausgaben hergestellt hat. Diese geringe Erklärbarkeit liegt darin begründet, dass ein KI-basiertes System nicht in der Art und Weise Entscheidungen trifft, wie wir Menschen es tun würden. Die Informationen, die für die Entscheidung des SUT ausschlaggebend sind, sind in der Programmierung des Systems versteckt.

Aber auch je nach Art des ML-Modells kann der Grad der Erklärbarkeit sehr unterschiedlich sein. Im Allgemeinen gilt, je komplexer das Modell ist, desto schwerer ist es zu erklären. Je nach Anforderung an das System in Bezug auf Erklärbarkeit und Testbarkeit kann es also auch von Vorteil sein, auf komplexere Modelle wie tiefe neuronale Netzwerke zu verzichten und beispielsweise auf einen Entscheidungsbaum oder auf einen naiven Bayes-Klassifikator zurückzugreifen.

Eine wertvolle Methode, um das Verständnis über die gegebene Erklärbarkeit zu erhöhen, ist das gezielte Stören der Eingabedaten im Test. Eine EDA kann Testerinnen und Tester schon mit wenig Aufwand Klarheit über die Beziehung zwischen den Ein- und Ausgaben bringen und Auffälligkeiten aufdecken. Es gibt aber auch etablierte Werkzeuge, die dabei unterstützen, die Erklärbarkeit eines Systems zu quantifizieren, und visuelle Erklärungen dafür liefern.

Werkzeuge zur Erklärbarkeit, die unabhängig vom verwendeten Modell eingesetzt werden können, bezeichnen wir auch als *Modell-agnostisch*. Deren Vorteil ist, dass sie nicht auf spezifische Modelle zugeschnitten sind und somit flexibel zur Erklärung verschiedener Modelle verwendet werden können. Machen wir eine KI schon zur Trainingszeit erklärbar, sprechen wir von einem *Ante-hoc-Ansatz*. Dem gegenüber steht der *Post-hoc-Ansatz*. Dieser Ansatz kann Blackbox-Modelle nach einem abgeschlossenen Training und anhand von Einzelfällen erklärbar machen.

Eine weitverbreitete Erklärmethode ist *LIME*.[8] LIME ist ein Modell-agnostischer Post-hoc-Ansatz und kann daher auf fertig entwickelte Modelle angewandt werden. Die LIME-Methode beruht auf dynamisch eingefügten Störungen der

---

8. *https://homes.cs.washington.edu/~marcotcr/blog/lime/.*

Eingaben und analysiert die dazugehörigen Ausgaben. Durch die Verwendung solcher Werkzeuge kann die Erklärbarkeit eines Modells auch für Nutzerinnen und Nutzer mit wenig Fachwissen gewährleistet werden. Allerdings müssen wir, wie bei allen Werkzeugen, auch bei der Erklärmethode LIME die Grenzen beachten: Die Methode kann keine eindeutigen Kausalitäten herstellen, sondern liefert vielmehr mögliche Gründe, warum das Modell genau diese Ausgabe gegeben hat. Außerdem ist LIME zwar besonders gut für komplexe Klassifikationsmodelle wie tiefe neuronale Netzwerke geeignet, hat aber bei vergleichsweise einfachen Modellen wie der lineare Regression Schwierigkeiten. Für diese Modelle eignen sich andere Ansätze wie *SHAP* (engl. shapley additive explanations).[9] Viele dieser Werkzeuge lassen sich inzwischen leicht über Bibliotheken in die Testumgebung einbinden (siehe nachfolgende Übung).

Interpretierbarkeit

Ob jemand ein System als interpretierbar bezeichnet oder nicht, hängt wesentlich vom technischen Vorwissen der Personen ab. Außerdem haben unterschiedliche Personengruppen unterschiedliche Interessen und Anforderungen in Bezug auf die Interpretierbarkeit der zugrunde liegenden Technik des SUT.

Noch mehr als bei der Erklärbarkeit hängt die Interpretierbarkeit vom Blickwinkel der Personengruppen ab. Das kann beim Messen und Testen der Interpretierbarkeit eine Herausforderung darstellen. Personen unterscheiden sich in ihren/ihrem

- Interessen,
- Vorwissen,
- Fähigkeiten,
- Erfahrungen und
- Erwartungen.

Es ist nicht immer im Vorhinein klar, welche Personen welchen Bedarf an Interpretierbarkeit haben. Damit Testerinnen und Tester sich einen Überblick verschaffen können, eignen sich Benutzerumfragen und Fragebögen, um Personengruppen und Anforderungen an das SUT in Bezug auf Interpretierbarkeit und auch Erklärbarkeit zu ermitteln.

---

9. *https://pacmedhealth.medium.com/explainability-for-tree-based-models-which-shap-approximation-is-best-6df78bc5d086*, abgerufen im Juli 2023.

8.6.1 Übung: Erklärbare KI

Im GitHub-Repository zu diesem Buch findest du im Verzeichnis *Kap08.6_Erklärbare_KI* die notwendigen Daten sowie eine Musterlösung.

Aufgabe 1: Importiere das in der praktischen Übung 4.2.1 erstellte Modell eines Entscheidungsbaums, um die Schwertlilien-Art anhand verschiedener Merkmale vorherzusagen. Visualisiere das Ergebnis mit Methoden aus der *sklearn*-Bibliothek.

Aufgabe 2: Auch wenn ein Entscheidungsbaum ein von sich aus erklärbares Modell ist, wollen wir die Erklärmethode LIME beispielhaft daran zeigen. Wende auf unser Modell die Erklärmethode LIME an, um die Ausgaben des Modells für einzelne Beispiele zu erläutern (*https://github.com/marcotcr/lime*).

Zusatzaufgabe: Verwende den SHAP-Ansatz, um das Modell zu erklären (*https://shap.readthedocs.io/en/latest*). Wie unterscheidet sich der SHAP-Ansatz vom LIME-Ansatz?

8.7 Testorakel[10] für KI-basierte Systeme

In diesem Buch ist bis jetzt immer wieder der Begriff des *Testorakelproblems* aufgetaucht. In diesem Abschnitt wollen wir uns ausführlich diesem Problem widmen. Wir beschreiben im Folgenden, was sich hinter dem Begriff verbirgt, warum wir gerade bei KI-basierten Systemen dem Testorakelproblem begegnen und welche Möglichkeiten es gibt, trotz des Problems Tests zu entwickeln.

Als *Testorakel* bezeichnen wir eine Informationsquelle, die uns die erwarteten Ergebnisse vorgibt [ISTQB 2018]. Ein solches Testorakel kann beispielsweise aus dem in einer Spezifikation definierten Verhalten oder aus einer Simulation stammen. Wenn wir mit dem Testorakel das erwartete Ergebnis ermittelt haben, dann können wir dies mit dem tatsächlichen Ergebnis eines SUT vergleichen und den dazugehörigen Test als *bestanden* oder *fehlgeschlagen* bewerten. Wenn wir keine Quelle haben, durch die wir das erwartete Ergebnis spezifizieren können, stehen wir vor dem Testorakelproblem.

Testorakelproblem: Die Herausforderung, festzustellen, ob ein Test bei einer bestimmten Anzahl von Testeingaben und einem bestimmten Zustand (des SUT) bestanden oder nicht bestanden wurde.

Wenn wir eine KI entwickeln, müssen wir im Gegensatz zur klassischen Softwareentwicklung nicht die dahinterstehende Logik definieren. Das spart auf der einen Seite Arbeit und erlaubt uns, komplexe Aufgaben zu lösen, ohne jeden Verarbeitungsschritt definieren zu müssen. Das ist Fluch und Segen zugleich. Auf der

10. In der Version 4.0 des CTFL-Lehrplans ist der Begriff des »Testorakels« nicht mehr enthalten.

anderen Seite fehlt uns nämlich dann das Wissen über das Folgeverhalten, wenn wir die KI testen. Oft ist in den Anforderungen nur sehr vage beschrieben, wie sich die KI verhalten soll: »*Mindestens genauso gut wie ein Experte*«, »*Es müssen einfach alle Regeln eingehalten werden*«, »*So wie es ein Mensch auch machen würde*« oder »*Es darf kein Beteiligter gefährdet werden*«.

Bei KI-basierten Systemen stehen Testerinnen und Tester immer wieder vor dem Testorakelproblem. Das liegt nicht nur an den beschriebenen komplexen Eigenschaften einer KI. Auch die nichtdeterministischen oder probabilistischen Eigenschaften der KI-basierten Systeme (siehe Abschnitt 8.4) haben zur Folge, dass wir für einen konkreten Testfall nicht das erwartete Verhalten festlegen können. Wir sprechen dann davon, dass wir die *Grundwahrheit* (engl. ground truth) nicht kennen, also das tatsächliche Ergebnis in der realen Welt, das das KI-basierte System vorhersagen soll. Wenn die Grundwahrheit bekannt ist, ist das ideal. Wenn das nicht möglich ist, dann kann es schwierig sein, ein Testorakel zu beschreiben. Dabei muss ein Testorakel nicht immer die Grundwahrheit kennen, es reicht aus, wenn es einen Mechanismus gibt, mit dem festgestellt werden kann, ob sich das SUT korrekt verhält oder das richtige Ergebnis liefert. Das kann z.B. anhand eines Regelwerks oder übergeordneten Ziels geschehen, wie z.B. keinen Schaden anrichten, ein Spiel gewinnen und ähnliche Kriterien.

Gerade selbstlernende Systeme (siehe Abschnitt 2.3) stellen uns vor Herausforderungen. Wenn sich selbstlernende Systeme weiterentwickeln, wissen wir nicht unbedingt im Vorhinein, was das System beeinflussen wird, welche funktionalen Anforderungen sich durch Aktualisierungen des Systems ändern oder hinzukommen, die wir während der Entwicklung noch gar nicht überblicken können. Besonders herausfordernd wird es, wenn wir ein System testen sollen, bei dem die Gefahr besteht, dass sich das SUT an unsere Tests anpasst und das Testorakel auswendig lernt (siehe den Abschnitt »Unerwünschte Verhaltensänderung durch Tests« auf S. 173). Auch dann sprechen wir von einem Testorakelproblem.

Manchmal gibt es nicht nur mehrere Möglichkeiten, wie sich das System richtig verhalten kann, sondern es liegt sogar im Auge des Betrachters, ob ein Verhalten richtig oder falsch ist. Dann ist eine objektive Beurteilung schwierig. Man denke nur an virtuelle Assistenten wie Siri oder Alexa. Abhängig von der Wortwahl und Deutlichkeit der Sprache erwarten Nutzerinnen und Nutzer ein unterschiedliches Verhalten des Assistenzsystems. Entsprechend unterschiedlich kann das Verhalten des SUT bewertet werden. Insbesondere bei subjektiven Bewertungen von Softwareverhalten ist es eine Herausforderung, ein effektives Testorakel zu erstellen.

Das Testorakel wird durch eine Toleranz oder einen Grenzwert definiert

Wie bereits beschrieben, kann es sein, dass es nicht nur ein richtiges Verhalten gibt. Es gibt Situationen, in denen eine ganze Bandbreite von korrektem Verhalten möglich ist. Wenn wir an die Haltelinie vor einer Ampel denken, an der ein autonomes Fahrzeug anhalten soll, dann gibt es nicht nur die eine Position, an der das Fahrzeug auf korrekte Weise hält. Wir können eine maximale Entfernung von der Haltelinie mit einem maximalen Abstand in Form eines Grenzwerts oder einer Toleranz definieren.

Konsultation von Expertinnen und Experten

Bei einem Expertensystem liegt es nahe, dass man eine Expertin oder einen Experten konsultiert, um das erwartete Ergebnis zu formulieren oder die Ausgaben des SUT zu bewerten. Es ist jedoch zu bedenken, dass ein einzelner Mensch trotz Expertise auch falsch liegen kann. Dann ist es vielleicht möglich, mehrere Expertisen einzuholen und die am häufigsten vertretene Meinung als erwartetes Ergebnis zu definieren. Je nach Domäne kann es sich aber schwierig gestalten, überhaupt mehrere Expertenmeinungen einzuholen. Im Kontext dieser Konsultierungen gibt es einige wichtige Faktoren, die zu berücksichtigen sind:

- **Grad der Expertise:** Um ein Testorakel durch eine oder mehrere Personen mit Expertenwissen zusammenstellen zu können, müssen diese mindestens so viel Wissen und Erfahrung mitbringen wie diejenigen, die durch das System ersetzt werden sollen. Da Expertinnen und Experten meist unterschiedliche Erfahrungen haben und eigene Schwerpunkte setzen, ist es wichtig, diese wohlüberlegt auszuwählen.
- **Unstimmigkeiten in Expertengruppen:** Selbst wenn alle Mitglieder der Gruppe ähnliche Kompetenzen mitbringen, können diese unterschiedliche Meinungen haben, obwohl ihnen dieselben Informationen zur Verfügung stehen. Welche der Meinungen dient als Testorakel? Dann kann man z.B. die Meinungen der einzelnen Mitglieder unterschiedlich gewichten, eine ungerade Anzahl an Mitgliedern in ein Gremium aufnehmen oder alle ihre Überzeugungen für das richtige Ergebnis selbst gewichten lassen.
- **Automatisierungsbias:** Es gibt Expertinnen und Experten, die Automatisierungen durch KI-basierte Systeme gutheißen und unbewusst bevorzugen. Andere stehen KI kritisch gegenüber und bewerten KIs aufgrund ihrer Voreingenommenheit prinzipiell schlechter. Wenn bekannt ist, dass sie als Testorakel dienen sollen, kann das ihre Aussagen beeinflussen. Auch Menschen, die die Ergebnisse eines Testorakels mit den Ergebnissen des SUT abgleichen sollen, können voreingenommen sein. Um einen Automatisierungsbias zu unterbinden, sollten die Bewertungen der potenziellen Ergebnisse doppelblind erfolgen. Doppelblind bedeutet, dass weder die Befragten noch die Evaluierenden der Ergebnisse wissen, welche Bewertung durch eine KI automatisiert wurde und welche durch einen Menschen erfolgt ist.

- **Menschliche Ausdrucksweise:** Während Maschinen häufig absolute Antworten, sehr genaue Werte oder Wahrscheinlichkeiten angeben, tendieren wir Menschen dazu, unsere Antworten bei Unsicherheiten vage zu formulieren oder mit einem Vorbehalt zu versehen, z. B. mit Einleitungen wie, »*Ich bin mir nicht sicher, aber …*«, »*Wenn Sie mich fragen, …*«, »*Dazu kenne ich verschiedene Meinungen, aber ich würde ja sagen*« oder »*Ich habe es schon anders erlebt, aber meistens …*«. Wenn diese Art der Ausdruckweise vom SUT nicht erwartet werden kann, muss man für einen direkten Vergleich die Ausdrucksweisen in den Antworten nachträglich anpassen.

Es gibt Möglichkeiten, auch ganz ohne explizites Testorakel erwartete Ergebnisse zu definieren. In Kapitel 9 wird beschrieben, wie Testerinnen und Tester beispielsweise durch vergleichendes Testen (Abschnitt 9.3), A/B-Testen (Abschnitt 9.4) oder metamorphes Testen (Abschnitt 9.5) das Testorakelproblem geschickt umgehen können.

8.8 Testziele und Akzeptanzkriterien

Testziele resultieren häufig aus der Betrachtung von Qualitätsmerkmalen und Produktrisiken, die je nach Produkt sehr unterschiedlich sein können. Bei der Entwicklung und dem Testen von KI-basierten Systemen sind wir mit neuen Risiken konfrontiert. Daher sollten wir zusätzlich zu den aus der ISO/IEC 25010 [ISO/IEC 25010] bekannten Qualitätsmerkmalen wie funktionale Eignung, Performanz, Kompatibilität, Gebrauchstauglichkeit, Zuverlässigkeit, IT-Sicherheit, Wartbarkeit und Übertragbarkeit auch KI-spezifische Qualitätsmerkmale betrachten.[11] Einige dieser Qualitätsmerkmale, die in Tabelle 8–2 dargestellt sind, haben wir bereits in Kapitel 2 eingeführt.

11. Der im Juni 2023 veröffentlichte Standard ISO/IEC 25059:2023 zu KI-spezifischen Qualitätsmerkmalen ist in der Version 1.0 des CT-AI-Lehrplans noch nicht berücksichtigt [ISO/IEC 25059] .

Checkliste für die Erstellung von Akzeptanzkriterien	
Anpassbarkeit	■ Funktioniert das SUT noch korrekt und erfüllt es auch die nicht funktionalen Anforderungen, nachdem es an Änderungen in seiner Umgebung angepasst wurde? (Dies können wir durch automatisierte Regressionstests beobachten.) ■ Wie viele Ressourcen (Zeit, Rechenkapazität, manueller Programmieraufwand, Testaufwand, personelle Ressourcen o. Ä.) müssen aufgewendet werden, um das SUT an eine Veränderung in seiner Umgebung anzupassen?
Flexibilität	■ Wie viele Ressourcen (Zeit, Rechenkapazität, Testaufwand) braucht das SUT, um sich an eine Veränderung in seiner Umgebung anzupassen? ■ Wie funktioniert das SUT in Kontexten außerhalb der ursprünglichen Spezifikation? (Dies können wir durch automatisierte Regressionstests überprüfen.)
Evolution	■ Wie gut lernt das SUT aus seinen eigenen Erfahrungen? ■ Wie gut kommt das SUT mit der Veränderung des Datenprofils zurecht (Konzeptdrift, siehe Abschnitt 7.6)?
Autonomie	■ Wie reagiert das SUT, wenn es sich in einem Bereich außerhalb der ursprünglichen Einsatzumgebung befindet, in der es völlig autonom agieren muss? ■ Kann das SUT so beeinflusst werden, dass es einen menschlichen Eingriff einfordert, obwohl es völlig autonom sein sollte?
Transparenz, Interpretierbarkeit und Erklärbarkeit	■ Wie einfach können wir die Arbeitsweise des Algorithmus vom SUT und des während der Entwicklung verwendeten Datensatzes einsehen? (Review zur Transparenz) ■ In welchem Umfang ist das SUT interpretierbar und erklärbar? Um das herauszufinden, können wir die Systembenutzer befragen oder Personen mit einem ähnlichen Hintergrund, falls die tatsächlichen Nutzerinnen nicht erreichbar sind.
Unangemessener Bias (Verzerrung)	■ Besteht die Möglichkeit, dass im SUT ein unangemessener Bias vorliegt? Falls diese Gefahr besteht, können wir dies durch Expertinnen und Experten oder mit einer unabhängigen Testsuite prüfen. Eine unabhängige Testsuite muss von einer anderen unabhängigen Quelle stammen als derjenigen, von der die Trainingsdaten zusammengestellt wurden. ■ Können die Testergebnisse aus anderen, meist offenen Datenquellen bestätigt werden (externe Validierung)? Externe Daten, wie etwa aus Volkszählungen, können helfen, abgeleitete Variablen, wie Alter oder Einkommensgruppen, auf unerwünschte Verzerrungen zu überprüfen.
Ethik	Besteht die Möglichkeit, dass die Benutzung des SUT zu einem ethischen Konflikt führt? Falls dies der Fall ist, können wir externe Quellen hinzuziehen. Zum Beispiel eignet sich die aus sieben Schlüsselanforderungen bestehende Bewertungsliste der Europäischen Kommission für vertrauenswürdige KI (ALTAI) [URL: Digital-Strategy-a], um die wichtigsten Anforderungen der Ethikrichtlinien für vertrauenswürdige KI [URL: Digital-Strategy-b] zu betrachten.
Probabilistische und nichtdeterministische Systeme	Kommt das SUT bei denselben Tests zu leicht unterschiedlichen Ergebnissen? Falls die Akzeptanzkriterien zu genau formuliert sind, sollten diese möglicherweise durch Toleranzen entsprechend angepasst werden (Abschnitt 8.7).

→

Checkliste für die Erstellung von Akzeptanzkriterien *(Fortsetzung)*	
Seiteneffekte (Nebenwirkungen)	Kann das SUT ungewollte Seiteneffekte haben? Wenn ja, sind diese positiv oder negativ oder sogar mit einem Sicherheitsrisiko verbunden? Um dies herauszufinden, können wir Tests formulieren, die potenzielle Seiteneffekte provozieren.
Reward Hacking (Belohnungs-Hacking)	Kann das SUT durch Reward Hacking ungewolltes Verhalten entwickeln? Dabei können uns unabhängige Tests helfen, die ein anderes Belohnungsmaß als der Agent des SUT anlegen, um den Erfolg des SUT zu messen.
Funktionale Sicherheit	Ist die funktionale Sicherheit in allen Situationen gegeben? Um dies umfänglich zu prüfen, müssen wir nicht nur Szenarien in Betracht ziehen, in denen das SUT Schaden in der Umgebung anrichten kann, sondern auch Szenarien, in denen das SUT sich selbst Schaden zufügt. Um diese Tests sicher durchzuführen, bieten sich virtuelle Testumgebungen an (siehe Abschnitt 10.2).

Tab. 8–2 *Checkliste für Aspekte bei der Erstellung von Akzeptanzkriterien zu verschiedenen Qualitätsmerkmalen*

Wenn es sich beim SUT um ein ML-Modell handelt, sollten wir auch die passenden funktionalen Leistungsmetriken von ML (siehe Kap. 5) als Akzeptanzkriterien nutzen.

8.8.1 Übung: Akzeptanzkriterien

In dieser Übung sollst du in der Rolle einer Testerin oder eines Testers bei der Erstellung von Akzeptanzkriterien für einen Mähroboter helfen und dir grundlegende Gedanken zu den nötigen Akzeptanzkriterien machen.

Aufgabe: Wende die Checkliste aus Tabelle 8–2 an, um Akzeptanzkriterien abzuleiten. Welche Überlegungen würdest du anstellen, welche Punkte dürfen wir nicht vergessen, wo brauchen wir mehr Wissen über das System oder von Stakeholderinnen und Stakeholdern? Überlege dir konkrete Situationen, in denen die jeweiligen Qualitätsmerkmale wichtig sind und wie man sie anhand geeigneter Akzeptanzkriterien testen kann.

Im Begleitmaterial zu diesem Buch auf GitHub findest du im Verzeichnis *Kap08.8_Akzeptanzkriterien* eine Beispielliste von Akzeptanzkriterien, wie sie aus der Checkliste entstehen könnte.

9 Methoden und Verfahren für das Testen KI-basierter Systeme

»Any technique, however worthy and desirable, becomes a disease when the mind is obsessed with it.«
Bruce Lee, Bruce Lee: Artist of Life

Es gibt viele Testmethoden und -verfahren, die wir in verschiedenen Anwendungsfeldern erfolgreich einsetzen. In diesem Kapitel beschreiben wir diejenigen Methoden und Verfahren, die für das Testen von KI-basierten Systemen besonders geeignet sind oder im KI-Kontext sogar eingesetzt werden müssen. Manche sind perfekt dafür geeignet, andere funktionieren nicht in jedem KI-Projekt. Viele der Methoden und Verfahren sind vielleicht schon aus anderen ISTQB®-Kursen bekannt. Dennoch lohnt es sich, das Kapitel ausführlich zu lesen, da es aufzeigt, wie man sie einsetzen kann. Insbesondere die Übungen helfen beim Verständnis, welche Methoden und Verfahren für die verschiedenen KI-Projekte geeignet sind.

KI-spezifische Schlüsselbegriffe aus dem Lehrplan:
gegnerischer Angriff (adversarial attack), gegnerisches Beispiel (adversarial example), Datenverunreinigung (data poisoning), ML-System (ML system), trainiertes Modell (trained model)

Weitere Schlüsselbegriffe in diesem Kapitel:
Testtour (test tours), Datentour (data tours), A/B-Testen (A/B testing), gegnerisches Testen (adversarial testing), vergleichendes Testen (back-to-back testing), intuitive Testfallermittlung (error guessing), erfahrungsbasiertes Testen (experience-based testing), exploratives Testen (exploratory testing), metamorphe Relation (MR, metamorphic relation), metamorphes Testen (MT, metamorphic testing), paarweises Testen (pairwise testing), Pseudo-Orakel (pseudo-oracle), Testorakelproblem (test oracle problem), Tour (tours)

9.1 Gegnerische Angriffe und Datenverunreinigung

In diesem Kapitel wird beschrieben, wie man sich in die Rolle des Hackers hineinversetzt und aus dieser Perspektive Tests erstellt und durchführt. Dazu stellen wir in Abschnitt 9.1.1 vor, wie man Tests entwickelt, Schwachstellen entdeckt und die Robustheit KI-basierter Systeme erhöht. Testerinnen und Tester untersuchen die zu testenden KI-basierten Systeme, indem sie wie echte Hacker einen Angriff mit manipulierten Daten nachstellen. Wer viel explorativ testet, wird Teile dieser Herangehensweise aus Nicht-KI-Projekten wiederkennen.

Außerdem erklären wir in Abschnitt 9.1.2, was Datenverunreinigung ist und wie sie in einem KI-basierten System entdeckt bzw. verhindert werden kann.

9.1.1 Gegnerische Angriffe

Im Prinzip versucht man, das trainierte Modell in die Irre zu führen. Dazu veränderst du bei einem sogenannten *gegnerischen Angriff* (engl. adversarial attack) die Daten für die Eingabe. Du veränderst die Eingabedaten so, dass das Modell vermutlich eine falsche Vorhersage treffen wird.

Solche als *gegnerische Beispiele* (engl. adversarial examples) bezeichneten Eingaben wurden zum ersten Mal im Zusammenhang mit Spamfiltern benutzt. Damals wurden die Klassifikationen der Spam-Mails so verändert, dass deren Werbebotschaft oder schadhafte Links zwar immer noch enthalten waren, der Spamfilter die E-Mail aber nicht als Spam erkannt hat. Wie das genau passierte, schauen wir uns in unserem Praxisbeispiel 9-1 an.

Praxisbeispiel 9-1: Spamfilter für E-Mail-Accounts (fiktive Erweiterung)

Da unser Spamfilter nun wieder sehr gut funktioniert, ist die Gegenseite am Zug. Der Spamfilter in unserem Beispiel basiert auf gelabelten Schlüsselwörtern von öffentlich zugänglichen Listen. Diese Listen können durch einen gezielten gegnerischen Angriff manipuliert werden. Dazu kennzeichnen die Hacker Spam-Mails als Nicht-Spam-Mails. So landen besagte E-Mails wieder im normalen Posteingang und nicht im Spam-Ordner.

Aktuell werden solche echten Angriffe etwa bei Bildklassifikatoren angewendet. Im Bild werden beispielsweise wenige Pixel so verändert, dass das menschliche Auge die Veränderung des Bilds gar nicht bemerkt. Der Klassifikator jedoch klassifiziert das Bild falsch und erkennt statt eines Pandas einen Affen (vgl. [Goodfellow et al. 2015]; [Szegedy et al. 2014]; [Goodfellow 2015]). Dabei ist es sogar möglich, dass sich die KI, wie in Abbildung 9–1 gezeigt, eindeutig für die falsche Klasse entscheidet und ein hohes Vertrauen in die Klassifikation suggeriert.

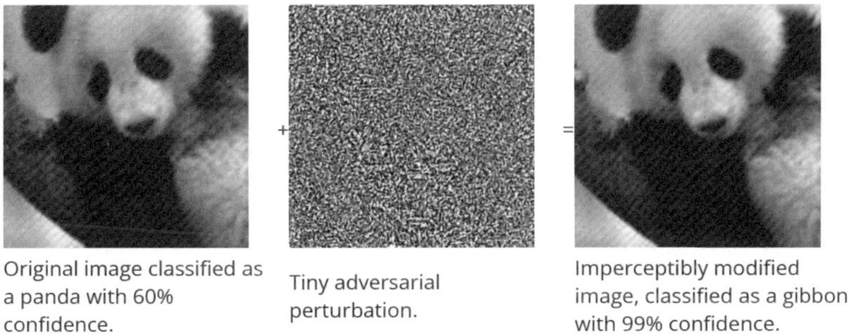

Abb. 9–1 *Gegnerischer Angriff durch kleinste Änderungen an den Eingaben (Farbwerte der Bildpixel um 1 Bit verändert). Aus [Goodfellow 2015] entnommen.*

Neben solchen Angriffen auf Bilder wurden ähnliche Manipulationen auch schon für Audio-Sprachdateien nachgewiesen [Gong & Poellabauer 2019].

Tester und Testerinnen als Hacker?

Warum ist es wichtig, solche Angriffe im Test nachzustellen? Im Straßenverkehr werden Schilder manchmal mutwillig verändert. Es werden Aufkleber auf die Schilder geklebt [Anger 2021] oder im Winter kann sich Eis auf einem Schild bilden, sodass sich das Erscheinungsbild verändert, wie in Abbildung 9–2 zu sehen.

Abb. 9–2 *Verkehrsschild im Frost*[1]

Gegnerische Angriffe werden also nicht nur benutzt, um Schaden anzurichten oder irgendeinen Profit zu machen, sondern können auch durch ungünstige Umstände entstehen. Im Test stellt man solche Situationen nach, um eine hohe Qualität sicherzustellen. Man will Schwachstellen finden, um präventiv gegen diese vorgehen zu können und die Systeme so robuster zu machen. In Projekten wird das häufig mit dem englischen Begriff *hardening* bezeichnet. Dabei werden mögliche Auswirkun-

1. Quelle: *https://pixabay.com/de/photos/eisig-winter-verkehrsschild-frost-3658816*.

gen von Fehlern untersucht. Diese sollen nach Möglichkeit abgemildert oder gar verhindert werden.

Wenn ein ML-System für eine bestimmte Art von Angriff anfällig ist, dann sind oft auch andere ML-Systeme mit gleichen Aufgaben auf dieselbe Art angreifbar. Bei einem Angriff ist es folglich einfach, gleich mehrere ML-Systeme dazu zu verleiten, falsche Aussagen zu treffen, sofern diese ML-Systeme für dieselbe Aufgabe trainiert wurden. Selbst wenn für solche Systeme unterschiedliche Daten im Training und unterschiedliche Architekturen verwendet werden, können diese anfällig für gegnerische Beispiele sein. Klappt es bei einem, dann klappt es meist auch bei einem anderen für dieselben Aufgaben. Wir nennen das: Ein gegnerisches Beispiel ist übertragbar [Papernot et al. 2016]. Wir unterscheiden zwischen gegnerischen Whitebox- und Blackbox-Angriffen:

Gegnerische Whitebox-Angriffe

Bei solchen Szenarien kennen die Hacker den Trainingsalgorithmus des Modells und die gewählten Parameter. Das ist dann der Fall, wenn transparent genug gemacht wird, wie das Modell trainiert wurde, oder der Sourcecode einsehbar ist, beispielsweise um Vertrauen zu schaffen. Testerinnen und Tester können dieses Wissen nutzen. Sie erstellen dann selbst gegnerische Beispiele, die zu einem Fehlverhalten des Modells führen. Dabei ändern sie leicht die Eingaben und beobachten dann das Ergebnis. Oft reichen schon kleine Veränderungen, um ein verfälschtes Ergebnis zu erzielen. Da man bei Whitebox-Angriffen das Struktur- bzw. das Parameter-Wissen des Systems kennt und ausnutzen kann, sind solche Veränderungen leicht möglich. Ändert sich die Ausgabe nicht, versucht man es mit anderen Eingaben. Ändert sich hingegen die Ausgabe, wird der Ansatz verfolgt, weitere Schwachstellen in der direkten Umgebung zu finden. So geht man schrittweise vor, bis man wirklich gute gegnerische Beispiele gefunden hat, die große Auswirkungen auf die Ausgaben haben. Für manche Modelle können ML-Expertinnen und -Experten solche gegnerischen Beispiele sogar automatisch aus den Modellparametern konstruieren [Goodfellow et al. 2015].

Gegnerische Blackbox-Angriffe

Wenn wir ein ML-System als Blackbox bezeichnen, meinen wir, dass man nicht genau weiß, was im Inneren des ML-Systems passiert. Beispielsweise sind seine Modellparameter oder die Zahl und Art der Schichten eines neuronalen Netzes nicht bekannt. Dennoch kann man anhand seines Verhaltens ein neues Modell mit einer ähnlichen Funktionalität, quasi ein Duplikat, erstellen. Nun ist es möglich, den bereits bekannten Whitebox-Angriff auf das Duplikatmodell durchzuführen. Wie beschrieben, sind die gegnerischen Beispiele von einem Modell auf ein vergleichbares Modell übertragbar. Findet man also wirksame Angriffe für das erstellte Modell, kann man damit auch sehr wahrscheinlich das Modell in der Blackbox angreifen.

Ist es nicht möglich, das Blackbox-Modell durch eine Kopie zu imitieren, muss man mit großem Aufwand zufällige Veränderungen vornehmen. Man geht wie beim beschriebenen Whitebox-Ansatz vor, nur dass man weder Struktur- noch Parameter-Wissen haben muss:

1. Du generierst zufällige Eingaben.
2. Du übergibst dem Modell diese Eingaben.
3. Du beobachtest die Ausgaben. Kommst du dahinter, welche Parameter eine Rolle spielen?
4. Du veränderst die Eingaben erneut.

So setzt sich der Prozess fort: verändern, beobachten, verändern, beobachten und so weiter. Das ist sehr aufwendig, da man den benutzten Algorithmus für das Training und auch die verwendeten Parameter nicht kennt. Man stochert im Nebel herum und kann sich nur ganz langsam an das Blackbox-Modell herantasten. Dieses Vorgehen ist nur dann sinnvoll, wenn es in irgendeiner Form automatisiert werden kann, um gute gegnerische Beispiele zu entdecken.

Gegnerisches Testen

Gegnerischen Angriffen werden abgewehrt, indem die Testerin oder der Tester selbst Angriffe durchführt. Wir sprechen dann von *gegnerischem Testen*. Wenn du Schwachstellen durch deine Tests ausfindig gemacht hast, kannst du präventiv vorgehen. Zum Beispiel kannst du durch eine gezielte Erweiterung der Trainingsdaten mit den gefundenen gegnerischen Beispielen die Angriffsszenarien abdecken und somit solche Angriffsoptionen für die Zukunft verhindern. Oft reicht das aus, um das Modell gegen diese Angriffe immun zu machen.

9.1.2 Datenverunreinigung

Wenn es um die *Datenverunreinigung* (engl. data poisoning) geht, ist es nicht notwendig, sich in die Rolle eines Hackers zu versetzen. Vielmehr versuchen wir aufzudecken, ob die Daten kompromittiert wurden. Wir nennen das dann eine Datenverunreinigung.

Es gibt Angriffe von Hackern, die Profit machen oder Schaden anrichten wollen. Dies gilt es zu verhindern. Die folgenden Methoden können dabei helfen:

- EDA
- Regressionstests
- A/B-Tests
- Reviews

Vorgehen der Hacker

Zunächst schauen wir uns aber an, wie mögliche Hacker vorgehen und die Daten verunreinigen. Dabei wollen sie eines der folgenden Ziele erreichen:

- Sie bauen Backdoors oder Trojaner in die neuronalen Netze ein. Das erleichtert ihnen zukünftige Einbrüche.[2]
- Sie wollen das Modell mit manipulierten Trainingsdaten zu falschen Vorhersagen verleiten.[3]

Mit solchen Verunreinigungsangriffen wird versucht, das ML-System in bestimmten Situationen zu Fehlklassifikationen zu verleiten. Sie können aber auch wahllos erfolgen, wie bei einem Denial-of-Service-Angriff. Dabei hoffen die Hacker, dass das System kompromittiert wird.

Kennst du den Chatbot Tay von Microsoft? Er ist ein sehr bekanntes Beispiel für einen gezielten Angriff durch Trolle. Innerhalb kürzester Zeit waren die vom Chatbot geführten Konversationen auf Twitter (heute X) sehr diskriminierend und unangemessen. Microsoft sah sich dadurch gezwungen, das Projekt zu beenden. Hierbei handelte es sich um einen Verunreinigungsangriff. Der Chatbot hat im Einsatz, also damals auf Twitter, weiter gelernt. Das positive Feedback an den Lernalgorithmus war umso besser, je anstößiger der Inhalt war. Er lernte also, anstößig zu werden. Dies gelang damals, weil gerade bei solchen anstößigen Konversationen entsprechendes belohnendes Feedback durch Trolle gegeben wurde, beispielsweise durch *Likes* auf Twitter selbst [Sokolov 2016].

Ein weiteres uns allen bekanntes Beispiel sind auch hier Spam-Mails.

Praxisbeispiel 9–2: Spamfilter für E-Mail-Accounts (fiktive Erweiterung)

Die Hacker können unseren Spamfilter auch im laufenden Betrieb beeinflussen. Wenn dem System durch die Hacker unzählige Spam-Mails als Nicht-Spam-Mail gemeldet werden, wird die Spam-Software beeinflusst. Wegen der vielen Millionen nicht negativ bewerteter Spam-Mails klassifiziert das System ähnliche Mails ebenfalls als Nicht-Spam-Mails.

Nun werden wieder etliche Spam-Mails in unserem Posteingang landen und die Gespräche in der Kaffeeküche erneut befeuert.

---

2. *https://portswigger.net/daily-swig/trojannet-a-simple-yet-effective-attack-on-machine-learning-models.*
3. *https://towardsdatascience.com/neural-trojan-attacks-and-how-you-can-help-df56c8a3fcdc.*

Was kannst du gegen Datenverunreinigung tun?

Ein großes Problem in KI-Projekten ist, dass auch auf vortrainierte Netze oder auf öffentliche Datensätze zurückgegriffen wird. Denn ein solches vortrainiertes Netz kann mit einem verunreinigten Datensatz trainiert worden sein oder die öffentlichen Datensätze können absichtlich verunreinigt worden sein.

Falls in deinem Projekt auf öffentliche Datensätze, z.B. bei Kaggle, zurückgegriffen wird, solltest du diese Datensätze genauer unter die Lupe nehmen (siehe Abschnitt 4.1). Wenn ein solcher Datensatz verunreinigt ist, kann sich das negativ auf dein Projekt auswirken und ein großes Risiko darstellen.

Wie bereits erwähnt, helfen dir Methoden, wie EDA, A/B-Tests, Regressionstests und Reviews dabei, Datenverunreinigungen zu entdecken oder zu vermeiden.

EDA

Mithilfe der EDA (siehe Abschnitt 9.6) kannst du verunreinigte Daten im Vergleich zu den ursprünglichen Daten ausfindig machen. Sie können bei einer statistischen Analyse der Daten beispielsweise in Form von Ausreißern auffallen.

A/B-Tests

A/B-Tests (siehe Abschnitt 9.4) können in diesem Kontext ebenfalls sehr hilfreich sein, um zu überprüfen, ob sich die mit neuen Daten aktualisierte Variante des ML-Systems weiterhin so verhält wie die alte. Dabei geht man davon aus, dass bei verunreinigten Daten die neue Variante des ML-Systems in unerwarteten Bereichen ein deutlich verändertes Verhalten zeigen wird.

Regressionstests

In vergleichbarer Weise kannst du auch Regressionstests einsetzen. Sie können abweichendes Verhalten bei an sich gleich gebliebener Funktion entdecken und so auf mögliche Datenverunreinigungen hinweisen.

Praxistipp

Auch Reviews können auch bei der Suche nach Datenverunreinigungen helfen. Reviews sollten bereits zu Beginn eines Projekts durchgeführt werden:

- Woher kommen die Daten für das Projekt?
- Werden vortrainierte Netze benutzt?
- Lernt das KI-System während des Betriebs weiter?
- Welches Feedback erhält der Algorithmus und von wem?

Gerade Testerinnen oder Tester sollten dann immer wieder auf die Möglichkeit der Datenverunreinigung hinweisen und bei festgestellten Problemen insbesondere darauf aufmerksam machen, die Datenbeschaffungsrichtlinien zu überprüfen und zu verbessern.

9.2 Paarweises Testen

Ein weiteres Verfahren, das für das Testen KI-basierter Systeme sehr hilfreich ist, ist das *paarweise Testen*. Sowohl im Kontext von KI-basierten Systemen als auch in Projekten mit konventionellen Systemen wird paarweises Testen eingesetzt. Besonders eignet sich das Verfahren bei Systemen, in denen du mit vielen Parametern im Test umgehen musst. Nils hat zusammen mit seinem Kollegen Michael Heller im Kontext von mobilen Anwendungen einen anschaulichen Artikel dazu veröffentlicht [Röttger & Heller 2015].

Typischerweise gibt es viele Parameter in KI-basierten Systemen. Insbesondere dann, wenn große Datenmengen verarbeitet werden müssen. Beispielsweise müssen bei selbstfahrenden Autos die Informationen vieler Sensoren verarbeiten werden. Oder auch bei Systemen, die mit der Außenwelt interagieren, wie Industrieroboter in einer Fabrikhalle, in der auch Menschen arbeiten. Wollte man alle Parameterkombinationen umfassend testen, müsste man für alle Parameter jeden ihrer Werte mit allen Werten der anderen Parameter in einzelnen Testfällen kombinieren. Dies kann zu einer praktisch unendlichen Anzahl von Testfällen führen. In solchen Fällen kann das paarweise Testen dabei helfen, eine Teilmenge von möglichen Testfällen auszuwählen, die in der zur Verfügung stehenden Zeit durchgeführt werden können.

In der Praxis hat sich immer wieder gezeigt, dass die meisten Fehlerwirkungen auf bestimmte Werte eines einzigen Parameters oder auf eine Kombination bestimmter Werte von zwei Parametern zurückzuführen sind. Auch in der Forschung konnte diese Beobachtung gemacht werden [Kuhn et al. 2004]. Das bedeutet für dich, dass du durch das Testen aller möglichen Parameterkombinationen vergleichsweise wenig zusätzliche Fehlerwirkungen entdecken wirst. Der Mehrwert vieler Tests ist also gering. Durch paarweises Testen werden bereits mit wenigen Tests die meisten Fehler gefunden, die auch mit vielen Tests von allen Kombinationen gefunden worden wären.

Dennoch solltest du beachten, dass in der aktuellen Forschung oder auch in Normierungsgremien weiterhin Unklarheit darüber herrscht, welches Maß an Strenge erforderlich ist, also wie viele Kombinationen benötigt werden, um ein sicherheitskritisches KI-System, wie beispielsweise ein selbstfahrendes Auto, ausreichend zu testen. Paarweises Testen kann hier ggf. nicht ausreichen, auch wenn es erfahrungsgemäß viele Fehler findet.

Sofern der Standard ISO/IEC/IEEE 29119-4:2021 [ISO/IEC/IEEE 29119-4] oder der ISTQB® Test Analyst [ISTQB 2021b] bekannt ist, sollte das paarweise Testen, das zu den Verfahren des kombinatorischen Testens gehört, nicht unbekannt sein. Du kannst kombinatorisches Testen anwenden, um die Anzahl der erforderlichen Testfälle zu reduzieren. Paarweises Testen ist jedoch nur dann sinnvoll, wenn jeder Parameter nur eine moderate Anzahl diskreter Werte annehmen kann. 20 Parameter mit jeweils 50 Werten wären zu viel. Für fünf Parameter mit jeweils bis zu 13 Werten und einem sechsten Parameter mit 50 Werten empfehlen wir die Eingabe in ein Tool, darüber hinaus in jedem Fall.

Die Anzahl der möglichen Wertekombinationen steigt exponentiell mit der Anzahl der Parameter – je mehr Werte, desto mehr Kombinationen müssten für alle möglichen Paarungen getestet werden.

In unseren Projekten setzen wir gerne das paarweise Testen ein, da es nicht nur weit verbreitet ist, um mit wenig Testaufwand viele Fehler aufzudecken, sondern auch einfach zu verstehen ist und unterstützende Werkzeuge zur Verfügung stehen [URL: Pairwise].

Praxisbeispiel 9–3: Szenariobasiertes Testen für autonomes Fahren

Die imbus AG ist am Forschungsprojekt *HolmeS*[3] beteiligt [URL: imbus-b]. In diesem Projekt geht es um die Absicherung autonomer Fahrzeuge. Mithilfe einer »Kausalen Inferenz-Engine« soll eine herstellerübergreifende Vorgehensweise inklusive geeigneter Werkzeuge für *szenariobasiertes Testen* und zur KI-basierten Analyse von Fahrszenarien entworfen werden. Beim autonomen Fahren müssen viele Vor- und Nachbedingungen erfüllt sein. Außerdem müssen sehr viele Testschritte durchgeführt werden, um in Kombination mit den Vor- und Nachbedingungen bestimmte Situationen darzustellen. Hier hilft das szenariobasierte Testen. Es werden Szenarien erstellt, die viele Parameter enthalten können:

- Umgebung: Straßenkreuzung, Ampel, Abbiegespuren usw.
- Verkehrsteilnehmende: mehrere Autos, ein Lkw, Schulbus, Fußgängerinnen und Fußgänger, Kinder, Tiere usw.
- Aktuelle Bewegungen: Stoppen, Fahren, Gehen usw.
- Ggf. Witterungsverhältnisse
- Etc.

Alle Parameter zusammen beschreiben genau ein Szenario, in dem das SUT entsprechend reagieren muss.

Am Praxisbeispiel 9–3 siehst du den Einsatz von szenariobasiertem Testen im Kontext des Straßenverkehrs. Für autonome Fahrzeuge werden oftmals die variierenden Faktoren vorgegeben, in denen diese Fahrzeuge später zum Einsatz kommen dürfen. Diesen Bereich bzw. Rahmen nennt man *ODD*[4] (*Operational Design Domain*). Gemäß der ISO 21448 [ISO/PAS 21448] gehören folgende Faktoren zu diesem Rahmen:

- Klimabedingungen (climate)
- Tageszeit (time of the day)
- Fahrbahn (road shape)

4. »Operational Design Domain – Enger Rahmen sorgt für Sicherheit« [Salvi 2022].

- Straßenmerkmal, z. B. Tunnel oder Schranke (road feature)
- Straßenbedingung (condition of the road)
- Licht (lighting)
- Zustand des Fahrzeugs, z.B. Sensor durch Staub bedeckt (condition of the ego vehicle)
- Betriebszustand des Fahrzeugs, z.B. stehend, fahrend u.a. (operation of the ego vehicle)
- Umgebende Fahrzeuge, z.B. ein Fahrzeug links neben dem zu untersuchenden Fahrzeug (surrounding vehicles)
- Verkehrsteilnehmer, z. B. Fußgänger (road participants)
- Umgebende Objekte, z. B. Ampel (surrounding objects off roadway)
- Objekte auf der Fahrbahn, z.B. Fahrbahnmarkierung (objects on the roadway)

Jeder dieser Faktoren kann mehrere Werte haben. Die Tageszeit kann z. B. frühmorgens, tagsüber, abends und nachts sein. Auf dieser Grundlage gibt es, nach Maßgabe der ISO 21448, für alle Kombinationen der ODD-Faktoren 169.554.739.200 Möglichkeiten [ISO/PAS 21448]. Diese kann und will man nicht testen.

Um dies zu verdeutlichen, betrachten wir ein stark vereinfachtes Szenario (im Vergleich zur obigen ISO-Liste) an, in dem wir die Parameter wie in Listing 9–1 beschreiben. Würden wir alle möglichen Kombinationen darstellen, würden wir 128 Testfälle erhalten. Das Tool *PICT*[5] (pairwise independent combinatorial testing tool) erlaubt es uns, automatisch aus diesen Angaben alle paarweisen Parameterkombinationen als Testfalldaten zu berechnen. Das Ergebnis ist in Listing 9–2 dargestellt.

```
############################################################
# Check the documents for more details.
# https://github.com/Microsoft/pict/blob/master/doc/pict.md
############################################################

Strassentyp:     Autobahn, Landstrasse
Oberflaeche:     Teer, Beton
Wetter:          Sonne, Regen
Verkehr:         voll, leer
Sicht:           neblig, klar
Tempomat:        V2.1, V3.4
SH-Ass:          V0.1
SW-Ass:          V2.3, V2.3.3
```

Listing 9–1: *PICT-Kontrolldatei für das Straßenbeispiel – SH-Ass = Spurhalteassistent und SW-Ass = Spurwechselassistent*

5. Siehe *https://github.com/microsoft/pict.*

```
Strassentyp Oberflaeche Wetter Verkehr Sicht Tempomat SH-Ass SW-Ass
Landstrasse Beton       Regen  voll    neblig V3.4     V0.1   V2.3.3
Autobahn    Teer        Sonne  leer    klar   V3.4     V0.1   V2.3
Landstrasse Beton       Sonne  voll    klar   V2.1     V0.1   V2.3
Landstrasse Teer        Regen  leer    neblig V2.1     V0.1   V2.3.3
Autobahn    Teer        Regen  voll    klar   V2.1     V0.1   V2.3.3
Autobahn    Beton       Regen  leer    neblig V3.4     V0.1   V2.3
Landstrasse Teer        Sonne  leer    neblig V3.4     V0.1   V2.3.3
```

Listing 9–2: *Ausgabe der Wertekombinationen aller Parameter, die jede Wertekombination von zwei beliebigen Parametern enthält.*

Um zu verstehen, was das Tool gemacht hat, nehmen wir uns die Parameter Stück für Stück vor und kombinieren zunächst nur zwei Parameter und ergänzen danach schrittweise weitere.

Der CT-AI-Lehrplan beschreibt den Begriff *Parameter-Wert-Paar* wie folgt: Nimmt ein Parameter (manchmal auch Variable oder Faktor genannt) einen bestimmten Wert an, bezeichnen wir das als Parameter-Wert-Paar. Für den Parameter *Wetter* gibt es in unserem Beispiel die Werte Sonne und Regen. Dann wäre *Wetter=Regen* ein Parameter-Wert-Paar.

Weiterhin werden Parameter unabhängig genannt, wenn jeder Wert für einen beliebigen Parameter mit jedem Wert eines anderen Parameters kombiniert werden kann. In unserem Beispiel ist der Parameter *Wetter* unabhängig. Er kann mit jedem beliebigen Wert der anderen Parameter kombiniert werden.

In manchen Fällen gibt es aber auch Einschränkungen. Wir müssen beim Kombinieren also aufpassen, was wir kombinieren. Würden wir in unserem Beispiel als Oberfläche auch Schotter definieren, würde dieser Wert nicht logisch mit dem Wert Autobahn kombinierbar sein, wohl aber mit einem neuen Straßentyp Waldweg.

Wir gehen vom einfachen Fall aus, bei dem nur unabhängige Parameter vorhanden sind. Wir wählen zuerst zwei Parameter: z.B. *Oberfläche* und *Wetter*. Nun kombinieren wir jeden Wert dieser Parameter miteinander und erhalten die vier möglichen Kombinationen in Tabelle 9–1:

Testfall-(TF-)Nr.	Oberfläche	Wetter
1	Teer	Sonne
2	Beton	Regen
3	Teer	Regen
4	Beton	Sonne

Tab. 9–1 *Parameter Oberfläche und Wetter in Kombination*

Wir ergänzen nun den Parameter *Straßentyp*. Schau dir die Paare Oberfläche–Straßentyp und Wetter–Straßentyp an. Benötigen wir nun mehr Testfälle (TF) (siehe Tab. 9–2)?

TF-Nr.	Oberfläche	Wetter	Straßentyp
1	Teer	Sonne	Landstraße
2	Beton	Regen	Landstraße
3	Teer	Regen	Autobahn
4	Beton	Sonne	Autobahn

Tab. 9–2 *Parameter Oberfläche, Wetter und Straßentyp in Kombination*

Durch das geschickte Verteilen der Werte des Straßentyps auf die Testfälle sind alle neuen Kombinationen von Parameter-Werte-Paaren bereits in den Testfällen abgedeckt und es ist kein weiterer Testfall hinzugekommen. Das ist der Vorteil des paarweisen Testens. Nun schauen wir uns an, wie sich das weiterentwickelt, und ergänzen den Parameter *Verkehr*.

TF-Nr.	Oberfläche	Wetter	Straßentyp	Verkehr
1	Teer	Sonne	Landstraße	voll
2	Beton	Regen	Landstraße	voll
3	Teer	Regen	Autobahn	leer
4	Beton	Sonne	Autobahn	leer
5	*»Joker«*	*»Joker«*	Landstraße	leer
6	*»Joker«*	*»Joker«*	Autobahn	voll

Tab. 9–3 *Parameter Oberfläche, Wetter, Straßentyp und Verkehr in Kombination*

Beim vierten Parameter benötigen wir weitere Testfälle, weil in den ersten vier Testfällen die paarweise Kombination von Oberfläche–Verkehr und Wetter–Verkehr zwar vorhanden ist, aber zwei Testfälle aus der Kombination von Straßentyp und Verkehr fehlen. Diese haben wir in TF 5 und 6 ergänzt. Da es aber nur um diese Kombination geht, können wir deswegen für Oberfläche und Wetter beliebige Werte wählen – was wir mit *»Joker«* angedeutet haben. Das ist für später wichtig. Wir ergänzen nun noch den Parameter *Sicht* (siehe Tab. 9–4).

TF Nr.	Oberfläche	Wetter	Straßentyp	Verkehr	Sicht
1	Teer	Sonne	Landstraße	voll	klar
2	Beton	Regen	Landstraße	voll	neblig
3	Teer	Regen	Autobahn	leer	klar

→

TF Nr.	Oberfläche	Wetter	Straßentyp	Verkehr	Sicht
4	Beton	Sonne	Autobahn	leer	neblig
5	Beton	*»Joker«*	Landstraße	leer	klar
6	Teer	*»Joker«*	Autobahn	voll	neblig

Tab. 9–4 *Parameter Oberflächen, Wetter, Straßentyp, Verkehr und Sicht in Kombination*

Wir haben nur zwei der Joker für die Kombination Oberfläche–Sicht aufgelöst und sind dadurch bei sechs Testfällen geblieben. So geht es immer weiter (siehe dazu auch die nachfolgende Übung).

Sollte es sich bei einem Parameter um einen abhängigen Parameter handeln, müssen wir das beim Herleiten berücksichtigen. Zum Glück können viele Tools mit Abhängigkeiten umgehen.

Praxistipp

Bei sehr umfangreichen Systemen kannst du in der Praxis trotz paarweisen Testens zu sehr großen Testsuiten kommen. Um die erforderliche Anzahl von Tests trotzdem durchführen zu können, empfehlen wir, frühzeitig eine Automatisierung und ggf. virtuelle Testumgebungen einzusetzen (siehe Abschnitt 10.2).

9.2.1 Übung: Paarweises Testen

Aufgabe 1: Führe zunächst manuell die Tabellen fort. Ergänze die folgenden Parameter wie in Listing 9–1: Tempomat, SH-Assistent und SW-Assistent. Vergleiche dann dein Ergebnis mit dem aus dem Listing 9–2. Erkennst du den Trick mit den Jokern?

Aufgabe 2: Ergänze dann die Parameter um die folgenden Werte:

- Wetter: Sonne, Regen, ***Schnee, Hagel***
- Oberfläche: Beton, Teer, ***Glatteis, Schotter, Kopfsteinpflaster***
- Straßentyp: Landstraße, Autobahn, ***Stadtstraße, Feldweg, Fahrradweg***
- SW-Ass: 2.3, 2.3.3, 3.0, 3.1, 3.1.1, 3.5

Wenn du feststellst, dass die Tabelle schnell unübersichtlich wird, benutze nun ein Tool[6], um die paarweisen Kombinationen der Parameter-Wert-Paare zu bestimmen.

Vergleiche die Anzahl der paarweisen Kombinationen und alle Kombinationsmöglichkeiten.

Diese Übung sowie eine Beispiellösung findest du wieder im Begleitmaterial zu diesem Buch im Verzeichnis *Kap09.2_Paarweises_Testen* auf GitHub.

6. Pairwise Pict Online (*https://pairwise.yuuniworks.com*) oder PairwiseTool (*https://pairwise.teremokgames.com)* oder das bereits im Text erwähnte Tool PICT von Microsoft.

9.3 Vergleichendes Testen

In Abschnitt 8.7 wurde das Testorakelproblem beim Testen von KI-basierten Systemen behandelt. Das *vergleichende Testen*, auch *Back-to-Back Testing* genannt, ist eine Möglichkeit, diesem Problem zu begegnen. Weniger im Projektalltag, aber im Forschungskontext wird dieses Verfahren auch als *differenzieller Test* [Noller 2020] bezeichnet.

Das Prinzip des vergleichenden Testens ist einfach: Du verwendest eine alternative Variante des SUT als Pseudo-Orakel und vergleichst dessen Ausgaben mit den vom SUT erzeugten Ausgaben. Das Pseudo-Orakel kann ein bestehendes Produktivsystem oder ein System sein, das von einem anderen Team entwickelt wurde, was in der Praxis jedoch seltener der Fall ist. Normalerweise würde es zu viele Ressourcen kosten, zwei Produktivsysteme zu entwickeln, nur um am Ende das bessere System zu veröffentlichen. Es kann aber auch gute Gründe geben, genau dies so zu tun. Beispielsweise ist Samsung bei der Mobiltelefonentwicklung so vorgegangen. Bei der NASA oder in der Luftfahrt wird dies aus Sicherheitsgründen ebenfalls so gehandhabt.

Meist verwenden wir in unseren Projekten das aktuelle Produktivsystem als Pseudo-Orakel und testen dessen neu entwickelte und noch nicht veröffentlichte Variante.

In manchen Projekten, insbesondere mit Mobile Apps, werden für die beiden Betriebssysteme Android und iOS unterschiedliche Varianten in Produktion vorgehalten. In den meisten Projekten mit Mobile Apps ist das fast unumgänglich, da in der Regel sowohl für Android- als auch für iOS-Geräte entwickelt wird. Auch im Betrieb gibt es dann eine Android-Variante und eine iOS-Variante.

Praxisbeispiel 9–4: ChatR2P2-App

Im Projekt wurde ein Chatbot für Microsoft Teams entwickelt, der Krankmeldungen entgegennehmen und in den entsprechenden Datenbanken ablegen bzw. den Krankmeldungsprozess anstoßen sollte. Damit die Mitarbeitenden möglichst jederzeit auf diesen Chatbot zugreifen können, wurden dessen Kernfunktionalitäten auch in einer App umgesetzt:

- Erste Krankmeldung durch die jeweilige Person mithilfe des Chatbots
- Krankmeldung mit *gelbem Schein* vom Arzt ab dem dritten Tag
- Verlängerung der Krankmeldung

Die Beschäftigten des Unternehmens haben sowohl Android- als auch iOS-Geräte. Die eigentliche Chatbot-KI wurde zunächst für Android gebaut. In der iOS-App wurde aus den Eingaben lediglich eine E-Mail generiert und diese dann an die Personalabteilung geschickt. Aus verschiedenen Gründen konnte der Android-Bot nicht in beide mobile Frameworks eingebunden werden. Deswegen wurde später auch ein Chatbot für iOS entwickelt und in das iOS-Framework eingebunden.

Wie im Beispiel existieren in Mobile-App-Projekten häufig mindestens zwei Varianten für Android und iOS. Hier laufen auch im Betrieb zwei Systeme auf unterschiedlichen Plattformen mit anderer Architektur, die meist mit einer anderen Programmiersprache erstellt wurden. In solchen Projekten können wir sehr einfach immer auf das andere System als Pseudo-Orakel zurückgreifen. Berechnete Ergebnisse einer Kalkulation oder der kürzeste Weg von A nach B müssen auf beiden Systemen unabhängig von Plattform, Architektur und Programmiersprache immer gleich sein. Die Antworten des Chatbots sollten sowohl bei Android als auch bei iOS bei gleichen Eingaben mindestens ähnlich, wenn nicht sogar identisch oder besser sein (siehe Abb. 9–3). Das ist übrigens der feine, aber wichtige Unterschied zum A/B-Test. Hier sind die Eingaben gleich. Beim A/B-Test variieren die Eingaben in der Regel (siehe Abschnitt 9.4).

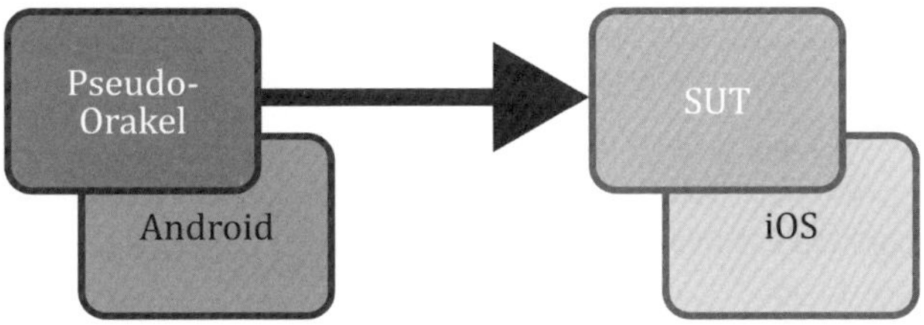

Abb. 9–3 *Zum vergleichenden Test des SUT (auf iOS) dient als Pseudo-Orakel die gleichwertige Anwendung auf Android.*

Bei der Überprüfung der funktionalen Anforderungen im SUT anhand des Pseudo-Orakels spielen die nicht funktionalen Aspekte, wie z.B. die Performanz, nur eine untergeordnete Rolle. Im Beispiel oben, bei dem wir Kalkulationsergebnisse in den beiden Systemen vergleichen, ist es unerheblich, ob das Pseudo-Orakel für die Berechnung eine Sekunde länger benötigt. Da das Pseudo-Orakel nicht die gleichen nicht funktionalen Anforderungen erfüllen muss, ist ein möglicher Mock[7] des Systems vermutlich viel kostengünstiger zu erstellen. Diesen kannst du dann im Test verwenden.

Wenn du hingegen nicht funktionale Anforderungen überprüfst, ist das anders. Das Pseudo-Orakel sollte hier immer mindestens genauso gut sein wie das SUT. Das kannst du dir sehr schnell klarmachen, wenn das Testziel darin besteht, die Performanz zu bewerten. Würde hier der Mock deutlich schlechter sein, macht es keinen Sinn, diesen als Pseudo-Orakel zu nutzen.

Willst du für dein ML-Projekt ein *Mock-System* erstellen, um es als Pseudo-Orakel zu nutzen, muss du abwägen, ob sich der Aufwand (Zeit, Budget, Rechenpower usw.) wirklich lohnt. Ist das der Fall, kannst du das ML-Pseudo-Orakel mit verschiedenen Frameworks, Algorithmen und unterschiedlichen Modelleinstellungen entwickeln, um so ein wirklich anderes, aber im Output vergleichbares System

7. Ein Mock ist eine nachgeahmte oder simulierte Variante eines Systems oder einer Komponente.

zur Verfügung zu haben. Manches Mal ist es noch einfacher, auf herkömmliche Software ohne KI zurückzugreifen, die das gleiche Problem ohne KI lösen kann. Das Pseudo-Orakel muss bei der Ergebnisfindung nicht zwingend KI einsetzen.

Nehmen wir z.B. eine Armbanduhr mit Zeigern. Angenommen, du willst mit einer Software automatisiert die Uhrzeit erkennen, dann ist für KI-Enthusiasten sofort klar, dass man das mit einer Bilderkennungs-KI macht. Es gibt sehr viele Bilder von Uhren mit Zeigern im Internet. Es liegt also nahe, eine Bilderkennungs-KI zu erstellen. Schau dir mal den Aufwand an, der dafür betrieben werden muss. Du musst sehr viele Bilder aus dem Internet laden und labeln, ein neuronales Netz erstellen und trainieren. Du musst validieren und Tests machen. Es ist also einiges zu tun.

Die mathematisch begabten Leserinnen und Leser erkennen natürlich, dass es auch viel einfacher geht: Man berechnet den Winkel zwischen dem großen und dem kleinen Zeiger und leitet daraus die Uhrzeit ab.[8] Diese Herleitung mit einem sehr einfachen Algorithmus kann auch als Pseudo-Orakel für ein KI-basiertes System dienen. Dies ist ein weiteres Beispiel dafür, dass nicht immer zwingend eine KI als Lösung in Betracht gezogen werden muss, aber auch ein Beispiel dafür, dass *normale* Software durchaus auch in einem KI-Projekt als Pseudo-Orakel zur Verfügung stehen kann.

Das Pseudo-Orakel und das SUT sollten möglichst unabhängig sein und sich nicht die gleiche Software teilen, die gerade Einfluss auf das SUT im Sinne des Testziels hat. Nur dann ist die Fehlerfindung effektiv. Wenn im Pseudo-Orakel und im SUT der gleiche fehlerhafte Kalkulationsalgorithmus benutzt werden würde, wird dieser Fehler nicht gefunden, da das Ergebnis in beiden Systemen gleichermaßen falsch berechnet wurde. Für KI-basierte Systeme gibt es sehr viel wiederverwendbare und quelloffene Software, die gerne in der Entwicklung benutzt wird, aber leider oft noch unausgereift ist. Es kommt dann sehr oft vor, dass die Wiederverwendung von Code zwischen dem Pseudo-Orakel und dem SUT die absichernde Wirkung des Pseudo-Orakels kompromittiert. Der Zweck des Pseudo-Orakels als unabhängige *Delphi-Instanz*[9] ist nicht mehr gegeben.

Testerinnen und Tester müssen darauf hoffen, dass es eine umfangreiche Dokumentation gibt bzw. diese von den Entwicklerinnen und Entwicklern erstellt wird. Das ist bei quelloffenen und aus dem Netz geladenen Bibliotheken nicht automatisch gegeben, was sowohl das Testen als auch die Entwicklung in Projek-

---

8. Grobe Ideenskizze:
   - Mit Hough-Transformation oder Canny-Kantenerkennung und anderen Bilderkennungsmethoden die Uhrzeiger identifizieren (großer, dünner Zeiger; kleiner, dicker Zeiger).
   - Berechnen der Positionen der Stunden- und Minutenzeiger in Bezug auf das Ziffernblatt.
   - Bestimmen der Zeit anhand der Winkel zwischen den Zeigern mithilfe der trigonometrischen Arkustangens-Funktion.
9. In Anlehnung an das Orakel von Delphi, das sich auch als unabhängig bezeichnet hätte, benutzen wir hier den Begriff unabhängige Delphi-Instanz.

ten erschwert. Hier müssen die Beteiligten zusammen viel recherchieren und die eingesetzten Mittel, wie heruntergeladene Bibliotheken, Kaggle-Daten etc., hinterfragen.

9.4 A/B-Testen

Was A/B-Testen bedeutet, wollen wir zunächst aus unserem eigenen Erleben bei der Anwendung von Software beschreiben. Vielen ist das Folgende so oder so ähnlich schon einmal passiert: Vor einiger Zeit nutzten wir drei gemeinsam das Tool Microsoft Teams, hatten aber jeweils unterschiedliche Bedienungselemente, die wir anklicken konnten. Wir nutzten also unterschiedliche Varianten, obwohl wir glaubten, alle das gleiche Tool in der aktuellen Variante installiert zu haben.

Eine Softwarefirma liefert ein Tool bewusst in unterschiedlichen Varianten A und B aus, um z.B. zu überprüfen, welche Neuerungen von den Nutzerinnen und Nutzern angenommen werden und welche nicht. Sofern noch Fehler in der neueren Variante B existieren, werden diese nur einem kleinen Nutzerkreis zuteil.

Heute, im Jahr 2023, ist es nicht mehr die Ausnahme, dass verschiedene Mitglieder im Team in einem Tool neue Features vorfinden, andere nicht. Wir alle sind hin und wieder quasi Bestandteil eines A/B-Tests.

Beim A/B-Testen gibt es immer zwei Varianten des SUT (A und B). An beiden Varianten werden Eingaben vorgenommen und die Testerinnen und Tester vergleichen die Reaktion des SUT. So kann das Verhalten der beiden Varianten direkt verglichen und die bessere Variante ermittelt werden. Wie im einleitenden Beispiel beschrieben, geht es dabei nicht um den Vergleich in einzelnen Testfällen und eine Bewertung der Testergebnisse mit *Pass* oder *Fail*. Das A/B-Testen ist eine statistische Testvorgehensweise, bei dem in der Regel mehrere Testläufe mit unterschiedlichen Varianten miteinander verglichen werden.

Beispielsweise kannst du dir ein KI-basiertes System vorstellen, das Kunden auf einer Webseite für Onlineshopping Verkaufsangebote unterbreitet. Für die Kunden nicht direkt ersichtlich existieren zwei unterschiedliche KI-basierte Systeme, zu denen sie nach dem Zufallsprinzip weitergeleitet werden. Beim A/B-Testen soll herausgefunden werden, welches System mehr Umsatz generiert. Das System, das am Ende des Tages mehr Umsatz erzielt, hat sich als besser erwiesen. Viele E-Commerce-Unternehmen und Unternehmen mit einem Webauftritt setzen A/B-Tests im Produktivbetrieb ein, um das System zu bestimmen, das von den Nutzerinnen und Nutzern besser angenommen wird.

A/B-Testen wird, wie im beschriebenen Szenario, immer häufiger in der Produktionsumgebung eingesetzt, aber natürlich kannst du die Methode auch schon früher im Systemtest nutzen. Du untersuchst eine Applikation, von der es zwei Varianten A und B mit einer unterschiedlichen Komponente gibt. Nun nimmst du Eingaben vor und siehst dir die Resultate an (siehe Abb. 9–4).

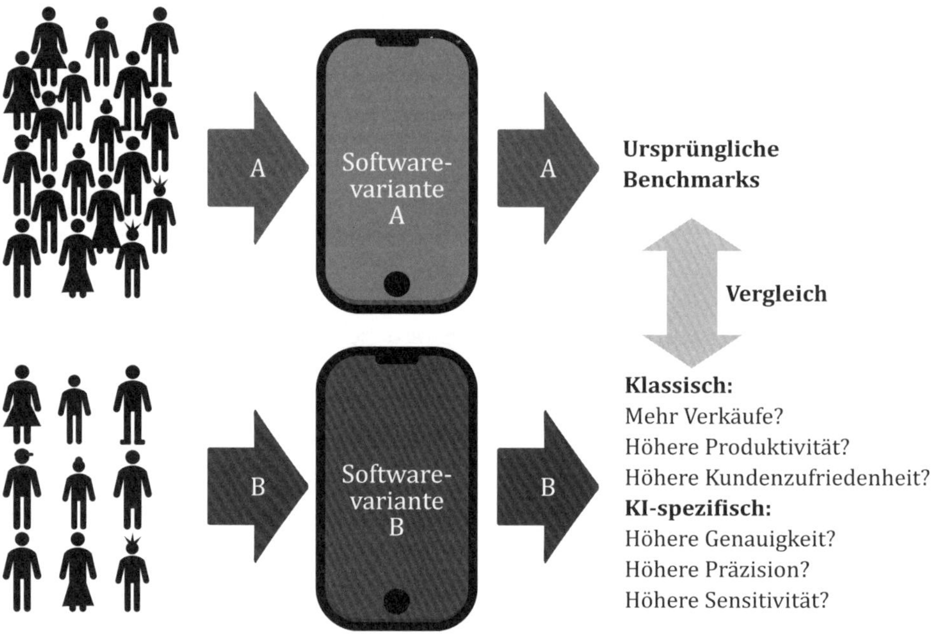

Abb. 9–4 *Variante A vs. Variante B*

Schauen wir uns unser Testorakelproblem aus Abschnitt 8.7 an. A/B-Testen ist eine gute Möglichkeit, dem Testorakelproblem zu begegnen, wenn vorab nicht bekannt ist, wie sich das System genau verhalten soll. Du hast dann eher ein abstraktes Testziel (z.B. den generierten Umsatz durch die Kaufempfehlungen zu steigern) beim Vergleich der Lösungsvarianten.

Du verwendest einfach das bestehende System als Orakel. Beim Benutzen dieser Methode werden keine Testfälle generiert oder vorgegeben. Oft wird auf bekannte Eingaben der Nutzerinnen und Nutzer zurückgegriffen oder direkt im Betrieb getestet, wie im Beispiel beschrieben.

Unserer Meinung nach ist A/B-Testen gerade beim Testen von KI-basierten Systemen besonders hilfreich. Du kannst es sehr gut einsetzen, wenn du Aktualisierungen eines KI-basierten Systems testest, für das es vereinbarte Akzeptanzkriterien gibt. Das können z.B. die in Abschnitt 5.2 erwähnten funktionalen Leistungsmetriken von ML sein.

Betrachten wir noch einmal das Praxisbeispiel 5–2 »Spamfilter für E-Mail-Accounts« aus Abschnitt 5.4 (S. 123). Du kannst beispielsweise eine Variante A des KI-basierten Spamfilters mit einem ML-Modell A' und eine Variante B mit einem ML-Modell B' gegenüberstellen. Dann schaust du dir die Genauigkeit und Präzision aus der Konfusionsmatrix für beide Varianten an und wählst die bessere Variante für den Spamfilter aus – so kannst du bei jedem Update prüfen, ob die neue Variante besser, schlechter oder genauso gut ist wie die alte. A/B-Testen ist unabhängig von der Komplexität der Modelle verwendbar, und es lassen sich einfache Klassifikatoren und komplexe Systeme miteinander im Betrieb vergleichen. Es ist sehr schnell und einfach in der Praxis anzuwenden, ohne tief in das System einsteigen oder von Vornherein viel über das System wissen zu müssen.

Im Praxisbeispiel 9–3 »Szenariobasiertes Testen für autonomes Fahren« (S. 201) ist eine Straßenverkehrssituation dargestellt. Dort wird das szenariobasierte Testen beschrieben. Du kannst mehrere Szenarien einmal mit System A (alt) und dann mit System B (neu) laufen lassen und die Ergebnisse beobachten, auch mehrere Szenarien als Ensemble. Am Ende entscheidest du, welches System dir *besser gefällt*. Auf diese Weise könntest du auch die Effektivität eines gesamten intelligenten städtischen Verkehrsleitsystems mit A/B-Testen untersuchen (z.B. indem du die durchschnittlichen Pendelzeiten für Variante A und Variante B nacheinander an fünf verschiedenen Tagen vergleichst).

Auf ähnliche Weise kannst du A/B-Tests nutzen, wenn es sich um ein selbstlernendes KI-basiertes System handelt, für dessen Qualitätssicherung du verantwortlich bist. Immer wenn das System etwas Neues gelernt hat, werden nach dieser Änderung die Systemeigenschaften vor und nach der Änderung mithilfe von automatisierten Tests verglichen. Ist das System nach der Änderung besser, werden die Änderungen in den Betrieb übernommen. Ist es schlechter, werden die Änderungen verworfen.

Hinweis: Es gibt einen wesentlichen Unterschied zwischen A/B-Testen und vergleichendem Testen: Beim A/B-Testen vergleicht man mindestens zwei Varianten desselben SUT miteinander. Ziel ist, das bessere System nach einer bestimmten Metrik zu ermitteln. Vergleichende Tests setzt man eher ein, um Fehlerwirkungen aufzudecken. Dabei gilt ein System, z.B. das Altsystem, als Pseudo-Orakel (siehe Abschnitt 5.3)[10].

9.5 Metamorphes Testen

Beim *metamorphen Testen* (MT) [Chen & Kuo 2018] werden neue Testfälle erstellt, die auf einem anderen bereits existierenden Testfall, dem sogenannten *Ausgangstestfall*, basieren. Dieser Ausgangstestfall wird abgewandelt, indem sowohl die Eingabedaten als auch die Ausgabedaten so verändert (metamorphisiert) werden, dass der neu entstandene Testfall weiterhin gültig ist. Die Grundlage für diese Abwandlung ist eine *metamorphe Relation* (MR), die beschreibt, welche Änderungen an Eingabe- und Ausgabedaten zu neuen gültigen Kombinationen führen. Zur Veranschaulichung erweitern wir unser Praxisbeispiel 1–1 aus Abschnitt 1.3 (S. 7).

10. Weiterführende Informationen zu einem ähnlichen Vorgehen namens *Canary Release* findest du unter *martinfowler.com*.

Praxisbeispiel 9–5: Testframework für eine Heizungssteuerung (Erweiterung)

Auf dem Touchscreen ist es möglich, sich die Durchschnittstemperaturen der letzten sieben Tage innerhalb und außerhalb des Gebäudes anzeigen zu lassen. Dazu werden die Tagesmitteltemperaturen addiert und durch sieben geteilt. Dafür erstellten wir Testfälle. Der Ausgangstestfall für Innen hatte die sieben Tagesmitteltemperaturen aus Tabelle 9–5.

Zunächst führten wir diesen Testfall aus. Das Ergebnis auf der Anzeige war 15,6 °C. Der Testfall wurde korrekt ausgeführt und somit bestanden.

Die MR beruhte in diesem Fall auf der Tatsache, wie die Tagesmitteltemperatur berechnet wird: Bei der Berechnung des Durchschnitts darf die Reihenfolge der Tagestemperaturen keinen Einfluss haben. Die Durchschnittsfunktion wird unabhängig von der Reihenfolge das gleiche erwartete Ergebnis liefern. Wir konnten folglich einen zweiten Testfall erstellen, der das gleiche erwartete Ergebnis liefert (siehe Tab. 9–6).

Auf diese Art und Weise hätten wir weitere Folgetestfälle erzeugen können, indem wir die Reihenfolge der Messwerte weiter änderten.

Wäre die Durchschnittstemperatur des ganzen Jahres berechnet worden, hätten wir es mit sehr vielen Messwerten zu tun gehabt und hätten sehr viele Folgetestfälle erstellen können. Alle Testfälle hätten auf demselben Ausgangtestfall basiert und das gleiche erwartete Ergebnis gehabt.

Weitere MR waren: Die Messwerte und die Durchschnittstemperatur des Ausgangstestfalls durch zwei zu teilen bzw. mit drei zu multiplizieren. Wir suchten vorzugsweise solche MR, die in Folgetestfällen bei Änderungen an den Eingaben auch Änderungen an den Ausgaben erwarteten. Das erwartete Ergebnis war dann im ersten Fall die Hälfte des Ergebnisses des Ausgangstestfalls und im zweiten Fall das Dreifache. Auf dieser Grundlage der MR konnten wir beliebig viele Folgetestfälle erzeugen.

Tag 1	Tag 2	Tag 3	Tag 4	Tag 5	Tag 6	Tag 7	Σ	Ø
16 °C	15 °C	17 °C	14 °C	18 °C	15 °C	14 °C	109 °C	15,6 °C

Tab. 9–5 *TF1 (Ausgangstestfall) – Durchschnitt der Tagesmitteltemperaturen in der Anzeige der Heizungssteuerung*

Tag 1	Tag 2	Tag 3	Tag 4	Tag 5	Tag 6	Tag 7	Σ	Ø
17 °C	16 °C	15 °C	18 °C	14 °C	14 °C	15 °C	109 °C	15,6 °C

Tab. 9–6 *TF2 (Folgetestfall) – Durchschnitt der Tagesmitteltemperaturen in der Anzeige der Heizungssteuerung*

In deinen Projekten kannst du MT sehr oft auf den Testobjekten anwenden, egal ob du funktionale oder nicht funktionale Testfälle erstellst. Beim klassischen Installationstest[11] greifen wir beispielsweise regelmäßig auf MT zurück. Du kannst die Installationsparameter für die unterschiedlichen Zielkonfigurationen in unterschiedlicher Reihenfolge auswählen und somit weitere Folgetestfälle generieren.

Wie hilft eine MR beim Testen von KI-basierten Systemen?

Wenn es in KI-Projekten kein Testorakel gibt, weiß man nicht, welches Ergebnis zu erwarten ist. Das hängt zum einen damit zusammen, dass im KI-basierten System für uns Menschen unüberschaubar große Datenmengen analysiert werden. Zum anderen ist oft nicht klar, wie der ML-Algorithmus genau seine Vorhersagen generiert.

MT wird im Bereich KI u. a. zum Testen von Bilderkennung, Suchmaschinen, Routenoptimierung und Spracherkennung eingesetzt.

Wie wir einleitend beschrieben haben, basieren die Folgetestfälle beim MT auf einem Ausgangstestfall, bei dem das erwartete Ergebnis bekannt ist. MT ist aber ebenfalls nützlich, wenn man das erwartete Ergebnis nicht konkret wissen und überprüfen kann. Das ist der Fall, wenn eine Funktion implementiert wurde, die zu komplex ist, um sie nachzubilden und als Testorakel zu benutzen. KI wird häufig eingesetzt, um genau solche komplexen Zusammenhänge zu erkennen, was zu dem Testorakelproblem führt. Dann weiß man meist nicht das genaue Ergebnis, aber kann eine Aussage über die Ergebnisse im Vergleich machen – das Ergebnis des Ausgangstestfalls ist folglich uninteressant, solange die MR passt. Schauen wir uns das folgende Beispiel an:

Ein versicherungsmathematisches Programm berechnet das voraussichtliche Sterbealter mithilfe eines großen Datensatzes. Dabei ist bekannt, dass das vorhergesagte Sterbealter sinken (oder zumindest gleich bleiben) sollte, wenn die Versicherten mehr Zigaretten rauchen als andere Versicherte. Diesen Zusammenhang können Testerinnen und Tester anhand mehrerer Tests überprüfen: Sie erstellen mehrere Testfälle, die sich in der Anzahl der gerauchten Zigaretten unterscheiden. Dann gilt die MR, je kleiner die Anzahl der gerauchten Zigaretten in einem Testfall gewählt wird, desto höher ist das voraussichtliche Sterbealter.

Die Idee von MT ist noch nicht so alt, sie wurde das erste Mal 1998 [Chen & Kuo 2018] vorgeschlagen. Der wesentliche Unterschied zu anderen traditionellen Testverfahren besteht darin, dass die erwarteten Ergebnisse der Folgetestfälle nur in Relation zu dem Ergebnis des Ausgangstestfalls formuliert werden können.

Ein Vorteil ist, dass MT leicht verständlich ist und daher auch von Testerinnen und Testern angewendet werden kann, die keine oder nur wenig Erfahrung mit der Anwendung selbst haben, aber dafür die Anwendungsdomäne verstehen. Das macht es für den Test von KI-basierten System so interessant: Egal, wie kom-

11. Das sind Testfälle, die eine erfolgreiche Installation von Software sicherstellen sollen (siehe den Eintrag »Installierbarkeit« im ISTQB®-Glossar [URL: Glossar]).

plex die Berechnungen in der Blackbox KI sind, mit MT hast du ein Mittel an der Hand, um dieser Komplexität zu begegnen.

Es gibt verschiedene Untersuchungen zu MT. In diesen wurde gezeigt, dass drei bis sechs MRs ausreichen, um mehr als 90 % der Fehler zu finden, die mit einem klassischen Testverfahren und einem klassischen Testorakel gefunden worden wären [Liu et al. 2014].

Google hat beispielsweise automatisiertes MT eingesetzt, um Android-Grafikkartentreiber zu testen. Dabei kam das Open-Source-Tool *GraphicsFuzz* zum Einsatz [URL: GFuzz]. Kommerzielle Tools, die mithilfe guter MRs automatisiert Folgetestfälle erstellen können, gibt es unseres Wissens derzeit noch nicht.

9.5.1 Übung: Metamorphes Testen

Für diese Übung benötigst du einen Browser und eine angeschlossene Kamera, die vom Browser aus zugreifbar ist. Ziel ist es, mit *Teachable Machine*[12] eine Klassifikation für die geometrischen Formen Dreieck, Rechteck, Kreis und Quadrat vorzunehmen.

Aufgabe 1: Male jede dieser Formen auf Papier und trainiere damit den Klassifikator in Teachable Machine:

1. Teachable Machine starten
2. Auf *Bildprojekt* klicken
3. Auf *Modell mit Standardbildern* klicken
4. Bei Class 1 *Webcam* anklicken (ggf. richtige Kamera auswählen)
5. Gemalte Figuren vor die Kamera halten und auf *Zum Aufnehmen halten* klicken
6. Das Blatt mit der Figur drehen, kippen etc., um viele Bilder zu bekommen

Ebenso verfährst du auch mit den anderen Figuren für *Class 2*, *Class 3* und *Class 4*.

Du kannst den Klassifikator testen, indem du die gemalten Figuren wieder vor die Kamera hältst. Es ist natürlich besser, wenn du neue Figuren malst, die ein klein wenig anders aussehen, da der Test nicht mit den Trainingsdaten durchgeführt wird.

Aufgabe 2: Überlege dir nun metamorphe Relationen für die Bilder, um den Klassifikator zu testen. Spiele vielleicht auch mit verschiedenen Farben. Ein mögliches Lösungsvorgehen findest du im Verzeichnis *Kap09.5_Metamorphes_Testen* auf GitHub.

12. Teachable Machine ist ein webbasiertes Tool von Google, mit dem du Modelle des maschinellen Lernens einfach und schnell erstellen kannst: *https://teachablemachine.withgoogle.com/train*.

9.6 Erfahrungsbasiertes Testen von KI-basierten Systemen

In diesem Abschnitt greifen wir wieder auf uns bekannte Testverfahren aus dem ISTQB®-CTFL-Lehrplan zurück, um KI-basierte Systeme zu testen. Die bekanntesten Verfahren im erfahrungsbasierten Testen sind (nach [ISTQB 2018]; [Whittaker 2009]):

- Die intuitive Testfallermittlung (engl. error guessing)
- Das explorative Testen
- Das checklistenbasierte Testen

Auch beim Testen von KI-basierten Systemen kannst du diese Verfahren einsetzen. Unserer Erfahrung nach sind in manchen Projekten die Übergänge eher fließend. Manchmal reden wir vom explorativen Testen und verwenden trotzdem Checklisten. In anderen Projekten sprechen Testerinnen und Tester von intuitiver Testfallermittlung und meinen aber das explorative Testen. Selbst in Vorträgen zum explorativen Testen werden gegnerische Angriffe als Teil des explorativen Testens genannt. Meistens wissen aber alle sofort, was gemeint ist, wenn vom erfahrungsbasierten Testen gesprochen wird.

Die intuitive Testfallermittlung

In der Regel greift man bei der intuitiven Testfallermittlung auf die eigene und die Erfahrung von Kolleginnen und Kollegen zurück. Alle haben ein bestimmtes Wissen über typische Entwicklungsfehler, haben in der Kaffeeküche etwas aufgeschnappt oder kennen Fehlerwirkungen aus ähnlichen Systemen oder früheren Versionen. Mithilfe dieses (intuitiven) Wissens, zusätzlichen Heuristiken und Checklisten versucht man, im SUT Fehlerwirkungen aufzudecken.

Wenn du z. B. weißt, dass die Trainingsdaten in der Vergangenheit einen Bias enthielten und dadurch das ML-System keine korrekten Aussagen getroffen hat, kannst du dir dieses Wissen auch beim Test der neuen Version des ML-Systems zunutze machen.

Die Grundzüge des explorativen Tests

Wenn du dein SUT im explorativen Test mit Neugier erkundest (Testidee) und schrittweise testest, realisierst du in stetiger Abfolge neue Testfälle und führst diese aus. Wir sprechen dann gerne vom *Flow*. Je nach Ergebnis und Verhalten des SUT generierst du die nächste Testidee, entwickelst einen Testfall dazu und führst diesen aus. Diese iterative Schleife kannst du mehrmals durchlaufen. Du bist im Flow!

Für dieses Vorgehen benötigst du nicht zwingend Anforderungen, Testspezifikationen oder ein explizit formuliertes Testorakel, wenngleich alle diese Dinge, sofern vorhanden, zur Entwicklung von Testideen genutzt werden können. Das explorative Testen hat genau dann seine Stärken, wenn nichts Derartiges zur Verfügung steht: Mit der Erfahrung und den erfolgreichen Vorgehensweisen aus der Vergangenheit entwickelt man intuitiv die erste Testidee, dann die nächste usw.

Das explorative Testen wurde erstmals von Cem Karner 1987 in seinem Buch »Testing Computer Software« erwähnt: »*No matter how many test cases of how many types you've created, you will run out of formally planned tests. You can keep testing. Run new tests as you think of them, without spending much time preparing or explaining the tests. Trust your instincts*« [Kaner et al. 1999]. Und genau dieses Vorgehen kann unser Vertrauen in das KI-basierte System erhöhen.

Da gerade KI-basierte Systeme unter dem Testorakelproblem leiden (siehe Abschnitt 8.7), sind explorative Tests hier hilfreich. Natürlich reicht es nicht aus, nur explorativ zu testen. Es ist eine sehr sinnvolle und effektive Ergänzung zu den systematischen Tests, die z.B. auf Basis des MT erstellt wurden (siehe Abschnitt 9.5).

Testtouren

Beim explorativen Testen wird häufig die Metapher der *Testtour* verwendet, um die Erkundung des SUT als eine abstrakte Tour durch die Software zu beschreiben. Auf dieser Tour werden Testideen entwickelt. Eine Testtour ist eine Orientierungshilfe, um im Kontext eines Themenschwerpunkts durch verschiedene Testziele und Teststrategien konkrete Testfälle zu entwickeln, die direkt während der Testsitzung entworfen und ausgeführt werden [Whittaker 2009]. Man verwendet diese Touren, um bestimmte Teststrategien durchzuspielen oder bestimmte Testziele zu erreichen, z.B.:

- **Supermodel-Tour:** Das *Aussehen* des SUT anschauen
- **Keine-Lust-es-regnet-Tour:** Arbeitsvorgänge immer wieder abbrechen *und zurück ins Hotel gehen*
- **Die Faulenzer-Tour:** Mit *möglichst wenig* Eingaben versuchen, ans Ziel zu kommen

Im Kontext KI-basierter Systeme kann man jeweils auf Testtouren zurückgreifen, um die Konzepte des Bias, des Overfitting und des Underfitting zu untersuchen. Du kannst eine *Datentour* benutzen, um das Modell zu testen. Dazu kannst du verschiedene Arten von Daten, die bereits im Training verwendet wurden, untersuchen und ihre Verteilung, ihre Variationen, ihr Format oder andere Eigenschaften identifizieren. Mit dieser Erkenntnis benutzt du ähnliche oder eben explizit andere Daten, um das Modell zu testen.

Die explorative Datenanalyse (EDA)

Die Qualität der Trainingsdaten spielt für die ML-Systeme eine große Rolle. Die EDA ist dem Ansatz des explorativen Testens sehr ähnlich. Mithilfe der EDA untersucht man die Daten auf Muster, Beziehungen, Trends und Ausreißer. Die EDA enthält die interaktive, hypothesengesteuerte Untersuchung von Daten:

»Wir untersuchen Daten mit Erwartungen. Wir revidieren unsere Erwartungen auf der Grundlage dessen, was wir in den Daten sehen. Und wir iterieren diesen Prozess« [Wilkinson et al. 2006].

In KI-Projekten benutzt man Tools, um einerseits die Daten interaktiv zu analysieren und andererseits zu visualisieren. Dabei will man die Daten besser verstehen und Zusammenhänge erkennen und diese für das bessere Verständnis darstellen. Man kann durch eine gelungene Visualisierung die explorativen Methoden verbessern und so die Ergebnisse verständlich darstellen. Das hilft, den ML-Algorithmus selbst zu validieren und Änderungen gegenüber der vorherigen Version zu identifizieren. Mit der EDA kann man sowohl als Data Scientist als auch als Testerin und Tester mit dem jeweiligen Fachwissen helfen, effizientere Modelle zu erstellen [Hafen & Critchlow 2013].

9.6.1 Checklisten für den Test von KI-basierten Systemen

Der CT-AI-Lehrplan enthält eine Liste mit 28 ML-Tests, die von Google veröffentlicht wurden. Darin werden in Form einer Checkliste Testideen für die Bereiche Daten, Modellentwicklung, Infrastruktur und Überwachung skizziert [Breck et al. 2017]. Wie der Lehrplan stellen auch wir die *ML-Test-Checkliste* in der von Google veröffentlichten Form vor:

Tests zu Merkmalen und ML-Daten:

- Die Erwartungen an ein Merkmal werden in einem Schema festgehalten.
- Alle Merkmale sind vorteilhaft.
- Kein Merkmal ist zu teuer.
- Die Merkmale erfüllen die Anforderungen auf einer Metaebene.
- Die Datenpipeline verfügt über angemessene Datenschutzkontrollen.
- Neue Merkmale können schnell hinzugefügt werden.
- Der gesamte Code zur Merkmalsermittlung wird getestet.

Tests zur Modellentwicklung:

- Die Modellspezifikationen werden geprüft und vorgelegt.
- Die Offline- und Onlinemetriken korrelieren.
- Alle Hyperparameter wurden abgestimmt.
- Die Auswirkungen unzureichender Aktualität des Modells sind bekannt.
- Ein einfacheres Modell ist nicht besser.
- Die Qualität des Modells ist in wichtigen Datenbereichen ausreichend.
- Das Modell wird auf Inklusionsaspekte geprüft.

Tests zur ML-Infrastruktur:

- Das Training ist reproduzierbar.
- Die Modellspezifikationen sind mit Unit Tests geprüft.
- Die ML-Pipeline wird einem Integrationstest unterzogen.
- Die Qualität des Modells wird vor seinem Einsatz überprüft.
- Das Modell kann auf Fehlerzustände untersucht werden.
- Die Modelle werden vor dem Einsatz validiert.
- Eingesetzte Modelle können in den Ausgangszustand gebracht werden.

Überwachungstests:

- Änderungen der Abhängigkeiten führen zu einer Benachrichtigung.
- Die Dateninvarianzen gelten für die Eingaben.
- Das Training und der Einsatz sind nicht verzerrt.
- Die Modelle sind nicht zu alt.
- Die Modelle sind numerisch stabil.
- Die Rechenleistung hat sich nicht verschlechtert.
- Die Qualität der Vorhersagen hat sich nicht verschlechtert.

Praxistipp

Neben der von Google erwähnten Checkliste und den anderen bereits beschriebenen erfahrungsbasierten Testverfahren gibt es weitere sehr hilfreiche Vorgehensweisen:

Heuristiken: Sofern im Projekt vorhanden, setze Heuristiken im explorativen Test ein. So kannst du auch mit begrenztem Wissen zu richtigen Schlussfolgerungen kommen, auf denen du Tests aufbauen kannst.

User Stories: Sofern im Projekt vorhanden, kannst du die User Stories hernehmen, um daraus Testideen zu generieren.

User-Szenarien/Szenariobasiertes Testen: Auch mit Anwendungsfallszenarien oder dem szenariobasierten Testen kannst du Testideen entwickeln.

Beim erfahrungsbasierten Testen kannst du einfach alles verwenden, was du bekommen kannst, um Testideen zu erstellen, und gehst dann u.a. systematisch vor, um im Flow weiter zu testen.

9.6.2 Übung: Exploratives Testen und explorative Datenanalyse (EDA)

In dieser Übung soll eine KI-basierte Anwendung explorativ getestet werden. Es handelt sich dabei um eine eigens zu Testzwecken entwickelte Webanwendung, den Virtual Showroom II (VSR)[13]. Die Anwendung kann zwischen deutscher und englischer Sprache umgestellt werden. Wir benutzen hier die deutsche Einstellung.

Öffne die Seite des VSR in deinem Browser und melde dich ohne Registrierung *Als Händler* mit einem Klick an. War die Anmeldung erfolgreich, siehst du eine Menüleiste mit den Einträgen *Kundenverzeichnis, Kundenstammdaten, Werkstatt, Kreditwürdigkeit* und *Kaufverträge*. Wähle *Kreditwürdigkeit* aus.

Du siehst nun eine Eingabemaske für Personenmerkmale (Geschlecht bis Kreditlaufzeit), anhand derer eine KI-Komponente die Kreditwürdigkeit der angegebenen Person berechnet.

Aufgabe 1: Prüfe nun die Berechnung der Kreditwürdigkeit auf Verzerrungen durch explorative Tests. Gib dafür alle Personenmerkmale in unterschiedlichen Variationen an. Mit *Prüfen* wird die Kreditwürdigkeit berechnet und im Feld *Kreditwürdigkeit des Kunden* angezeigt.

Sind die Ausgaben konsistent? Kannst du Verzerrungen beobachten?

Im GitHub-Repository zu diesem Buch findest du im Verzeichnis *Kap09.6_Exploratives_Testen* diese und weitere Aufgaben zusammen mit einer Beschreibung der Lösungen.

9.7 Übersicht und Auswahl von Testverfahren für KI-basierte Systeme

In einem KI-basierten System gibt es typischerweise sowohl KI- als auch Nicht-KI-Komponenten. Bei der Qualitätssicherung eines solchen Systems können die Nicht-KI-Komponenten wie bisher getestet werden. Man bedient sich aller Methoden und Verfahren, die aus dem Test klassischer Software nützlich erscheinen (im Folgenden sprechen wir nur noch von Verfahren).

Für die KI-Komponenten kommen jedoch nicht alle Verfahren infrage. Es muss eine Auswahl getroffen werden. Eine der wichtigsten Vorgehensweisen ist dabei das risikobasierte Testen (siehe Abschnitt 7.7).

Dies trifft zu, wenn im Projekt ein Testorakelproblem vorhanden ist. Kennt man also das erwartete Ergebnis nicht bzw. nicht genau, kann man die eingeschätzten Risiken dennoch über vergleichendes Testen, A/B-Testen oder metamorphes Testen abmildern.

13. *https://vsr.testbench.com/login*.

9.7.1 Übersicht der Verfahren

Im Folgenden werden alle Verfahren (siehe die Abschnitte 9.1 bis 9.6) noch einmal kurz zusammengefasst und die Faktoren beschrieben, die bei ihrer Auswahl eine besondere Rolle spielen.

Vergleichendes Testen

Hier kannst du auf bereits vorhandene Testfälle zurückgreifen, beispielsweise Regressionstestfälle, oder neue und für beide Systeme gültige Testfälle generieren. Ein gleichwertiges System dient dir als Pseudo-Orakel. Das kann eine frühere Variante des Systems sein. Oft ist ein unabhängig entwickeltes System von Vorteil, manchmal sogar notwendig, um Fehlerwirkungen effektiv zu erkennen.

Vergleichendes Testen eignet sich aus unserer Erfahrung nach besonders gut, wenn bereits ein gleichwertiges System vorhanden ist und leicht in den Test einbezogen werden kann (siehe Abschnitt 9.3).

A/B-Testen

Das A/B-Testen ist ein statistisches Verfahren. Du vergleichst zwei Varianten desselben Systems und analysierst statistisch die Ergebnisse, wie z.B. das Kaufverhalten der Nutzerinnen und Nutzer in einem Onlineshop. Die Eingaben für die einzelnen Testfälle beziehst du in der Regel aus dem eigentlichen Produktivbetrieb. Die Eingaben für die beiden Varianten können sich unterscheiden. Du musst nicht zwingend genau die gleichen Eingabedaten verwenden, wie es beim vergleichenden Testen der Fall ist.

Beim A/B-Test kannst du z.B. prüfen, ob die neue Variante eines ML-Modells datenverunreinigt ist oder einen Bias enthält. Um festzustellen, ob sich ein selbstlernendes System tatsächlich verbessert, eignen sich A/B-Tests auch als Regressionstests. Dabei werden die Ergebnisse des neu gelernten Systems B mit denen des alten Systems A verglichen.

Metamorphes Testen

Wenn Testerinnen und Tester nicht so erfahren im Bereich KI sind, dafür aber etwas von der Anwendungsdomäne verstehen, können sie metamorphes Testen (MT) benutzen. Es ist ein sehr kostengünstiges Verfahren, um Fehlerzustände zu finden. Wichtig: Mit MT wird nur die Einhaltung der metamorphen Relation überprüft. Das Ergebnis ist relativ zum Ausgangstestfall korrekt oder nicht korrekt, aber eben nicht absolut. Soweit uns bekannt ist, gibt es derzeit noch keine kommerziell erhältlichen Tools für das MT. Im Bereich der Forschung finden sich jedoch einige unterstützende Open-Source-Tools[14]. Testfälle können auch sehr gut manuell erstellt werden, sofern ein geeigneter Ausgangstestfall vorhanden ist.

Gegnerisches Testen, Testen auf Datenverunreinigungen

Man testet mit gegnerischen Beispielen, um Schwachstellen zu finden und das System dadurch robuster zu gestalten.

Insbesondere bei einer Fehlklassifikation mit großen Auswirkungen für die Nutzerinnen und Nutzer oder für die Umgebung des KI-basierten Systems ist es sinnvoll, gegnerisches Testen einzusetzen. Es muss sichergestellt sein, dass das System keine gravierenden Fehlentscheidungen trifft oder leicht angegriffen werden kann.

Das Testen auf Datenverunreinigungen hilft, Angriffe auf das System oder die Trainingsdaten zu erkennen.

Paarweises Testen

Wenn du mit vielen Parametern umgehen musst und eine Testfallexplosion vermeiden willst, dann eignet sich paarweises Testen. Es ist sogar wissenschaftlich belegt, dass der Mehrwert einer vollständigen Testfallabdeckung minimal ist und die meisten Fehler bereits mit dem paarweisen Testen gefunden werden können, und das in viel kürzerer Zeit.

Erfahrungsbasiertes Testen

Wie in vielen Bereichen in der Qualitätssicherung ist auch das explorative Testen bei KI-basierten System sehr hilfreich, um Vorwissen und Erfahrung sehr effektiv einzusetzen. Mit einer explorativen Datenanalyse kannst du dich beim Testen besonders auf die Trainingsdaten und die Daten aus der Produktion konzentrieren. Eine EDA ermöglicht Folgendes:

- Validierung des ML-Algorithmus
- Ermittlung von Effizienzsteigerungen
- Verwendung von Fachwissen

Fehlt eigene Erfahrung im Testen von KI-Systemen, dann helfen Checklisten dabei, Wissen aus Vorläuferprojekten, anderen Abteilungen oder Unternehmen strukturiert nutzbar zu machen. Auch Google hat eine effektive Test-Checkliste für ML-Systeme zur Verfügung gestellt.

---

14. »SMRL: A Metamorphic Security Testing Tool for Web Systems« [Mai et al. 2020]; »Software Tool to Perform Metamorphic Testing on RESTful Web APIs« [Manikantan et al. 2022]; »Open Source Tool GraphicsFuzz« [URL: GFuzz].

Überdeckungsmaße für neuronale Netze

Manchmal spielen Softwaresysteme, die ein kNN als KI-Komponente enthalten, für ein Unternehmen eine hochkritische Rolle. In einem solchen Fall will man sichergehen, dass das neuronale Netz so gut getestet wurde wie nur möglich. Je nach Kritikalität kannst du verschiedene neuronale Überdeckungsmaße anwenden. Diese geben einen guten Hinweis darauf, ob ausreichend Trainings- und Testdaten verwendet wurden (siehe Abschnitt 6.2).

9.7.2 Übung: Verfahren für das Testen KI-basierter Systeme

Im vorangehenden Abschnitt haben wir die Testverfahren für KI-basierte Systeme zusammengefasst. In dieser Übung sollst du geeignete Testverfahren auswählen.

Aufgabe: Wähle für die folgenden Projektsituationen jeweils mindestens eines der Testverfahren (siehe Abschnitt 9.7.1) aus, das besonders geeignet ist:

1. Die bestehende KI-Komponente des Gesamtsystems wird gegen eine neuere Variante ersetzt.
2. Im Projekt gibt es Kolleginnen und Kollegen, die fachlich sehr gut, aber im Testen unerfahren sind. Es gibt leider nur wenige Testfälle.
3. Im Projekt mit dem autonomen Roboter ist nicht sichergestellt, dass widersprüchliche Sensorwerte korrekt verarbeitet werden.
4. Eine andere Abteilung hat parallel ein sehr ähnliches System entwickelt.
5. Untersuchungen des öffentlichen Datensatzes haben darin Widersprüche festgestellt. Wurde er ggf. angegriffen?
6. Die Trainingsdaten sind eher schlecht und man hat kein Vertrauen in die vorhandenen Daten. Manche Teammitglieder kennen sich fachlich sehr gut im Projekt aus.
7. Die KI-Komponente für das Produktvorschlagssystem auf der Verkaufsplattform wurde angepasst und soll mehr Umsatz generieren.
8. Der Mähroboter hat eine sehr effektive Steuerungssoftware. Der Konkurrenz gefällt das nicht.

Die Lösung zu dieser Aufgabe findet sich auch wieder im GitHub-Repository zu diesem Buch im Verzeichnis *Kap09.7_Testverfahren_auswählen*.

10 Testumgebungen für KI-basierte Systeme

»Umgebung macht erst das Umgebne klar […].«
Leopold Schefer deutscher Dichter und Komponist 1784–1862

In diesem Kapitel erläutern wir allgemein den Umgang mit Testumgebungen im Kontext KI-basierter Systeme. Wir gehen darauf ein, was Testumgebungen für KI-basierte Systeme auszeichnet, wie sie beschaffen sein müssen und welche Herausforderungen sie mit sich bringen. Außerdem diskutieren wir die Vor- und Nachteile virtueller Testumgebungen und warum sie gerade für KI-basierte Systeme so wichtig sind.

KI-spezifische Schlüsselbegriffe aus dem Lehrplan:
KI-spezifischer Prozessor (AI-specific processor), autonomes System (autonomous system), Big Data (big data), Erklärbarkeit (explainability), Multiagentensystem (multi-agent system), selbstlernendes System (self-learning system)

Weitere Schlüsselbegriffe in diesem Kapitel:
virtuelle Testumgebung (virtual test environment)

10.1 Besonderheiten von Testumgebungen für KI-basierte Systeme

Als Testerin oder Tester sollte dir längst bewusst sein: Grundsätzlich braucht man für Tests wohldurchdachte und ausreichend kontrollierbare Testumgebungen. KI-basierte Systeme werden mittlerweile in unzähligen Projekten für unterschiedlichste Anwendungen genutzt. Diese Anwendungen laufen wiederum in verschiedensten Einsatzumgebungen. Folglich sind Testumgebungen für KI-basierte System enorm vielfältig.

Aus dieser Vielfältigkeit heraus definiert der CT-AI-Lehrplan die folgenden Merkmale von KI-basierten Systemen, die es ermöglichen, die Erstellung von Testumgebungen für KI-basierte Systeme von Testumgebungen für konventionelle Systeme zu unterscheiden:

- **Selbstlernend:** Wie in Abschnitt 2.1 beschrieben, wird von selbstlernenden Systemen erwartet, dass sie sich selbstständig an veränderte Einsatzumgebungen anpassen. Häufig sind diese Veränderungen zu Projektbeginn noch nicht bekannt. Testumgebungen müssen folglich die in der Realität sich verändernde Umgebung nachbilden können. Es ist für Testerinnen und Tester ein schwieriges Unterfangen, eine solche Testumgebung zur Verfügung zu stellen bzw. die Anforderungen an eine solche Testumgebung umfassend zu definieren (vgl. dazu das Praxisbeispiel 2–3 »Vorausplanende Wartung«, S. 51). Hier wird sehr schnell klar, dass das Bereitstellen einer Testumgebung sehr schwierig bis nahezu unmöglich ist.

Praxistipp

Hier hilft u.a. szenariobasiertes Testen [URL: imbus-a]. Die Szenarien helfen dir dabei, bestimmte Situationen als *Snapshots* in der Testumgebung abzubilden und immer wieder herzustellen. Szenarien können untereinander verknüpft werden, sodass andere Situationen erzeugt werden können, ohne beispielsweise neue Daten generieren zu müssen.

- **Autonomie:** In Abschnitt 2.2 wurde beschrieben, dass autonome Systeme auf Veränderungen in der realen Umgebung reagieren, ohne dass ein Eingreifen des Menschen erforderlich ist. Des Weiteren sollen sie erkennen, wenn sie menschliche Hilfe brauchen und der Mensch in die Situation eingreifen muss. Bei näherer Betrachtung wird sofort klar, dass man hier im Test vor großen Herausforderungen steht: In der Testumgebung braucht man viele nachbildbare Situationen, in denen das autonome System autonom und korrekt reagieren muss, und ebenso viele Situationen, in denen das Bedienpersonal des Systems hinzugezogen werden muss und das System die Kontrolle zurückgibt. Man benötigt also eine Testumgebung, die das autonome System mit solchen Situationen stresst. Aus unserer Erfahrung ist es besonders herausfordernd, dies alles in einem angemessenen Zeit- und Kostenrahmen hinzubekommen.

Praxistipp

Wir haben die Erfahrung gemacht, dass das vollständige Definieren von Testumgebungen in KI-Projekten meist nicht möglich ist. Versuche die Testumgebung so variabel und konfigurierbar wie möglich zu gestalten.

- **Multiagenten:** Ein *Multiagentensystem* (MAS) besteht aus mehreren Softwareagenten, die gemeinsam ein Problem lösen. Multiagentensysteme sind derzeit Gegenstand der Forschung. Sie sind ein Forschungsgebiet der sogenannten *verteilten künstlichen Intelligenz*. Forscherinnen und Forscher versuchen herauszufinden, wie intelligente, autonome und verteilte Systeme als Einheit Probleme lösen können. Dabei können sie unterschiedliche Spezialisierungen aufweisen.

Will man eine Testumgebung für solche KI-basierten Multiagentensysteme betreiben, muss man sie so gestalten, dass sie in Teilen auch nichtdeterministisches Verhalten anderer Agenten nachbilden kann. Einflüsse oder Faktoren, wie beispielsweise die Verkehrsteilnehmenden oder Wetterverhältnisse eines Straßenverkehrskreuzungsszenarios, brauchen eine Variationsbreite, damit nicht alles vorhersehbar abläuft. Hier muss der Nichtdeterminismus der KI-basierten Systeme nachgeahmt werden.

Die Gefahr bei deterministischen Testumgebungen ist, dass ein KI-basiertes System die Eigenschaften der Testumgebung erlernt und der Test damit wertlos wird. Um dieses Problem zu umgehen, helfen dir nichtdeterministische Komponenten einer Testumgebung.

Praxistipp

Du könntest dem SUT einen echten KI-basierten Agenten gegenüberstellen, der nur für diesen Zweck erstellt wurde. Das ist allerdings sehr aufwendig und kann zu einem Projekt im Projekt werden. Oder: Du verwendest statt des KI-basierten Agenten einen deterministischen Agenten und baust nur an definierter Stelle zufallsbasierte Reaktionen ein, um ein nichtdeterministisches Verhalten zu *simulieren*.

- **Erklärbarkeit:** Wie in Abschnitt 2.7 bereits beschrieben, ist es nicht immer nachvollziehbar, wie das KI-basierte System seine Entscheidungen getroffen hat. Liegt der Fokus auf Erklärbarkeit, muss man in der Testumgebung ggf. Werkzeuge einsetzen, die
  - Daten,
  - Situationen und
  - Ereignisse

  überwachen, protokollieren, aufzeichnen etc.

  Außerdem können Algorithmen wie SHAP oder LIME zur Erklärbarkeit eingesetzt werden (siehe Abschnitt 8.6 unter Erklärbarkeit). Dafür muss die Testumgebung ggf. entsprechend konfiguriert werden. Immer mehr Anbieter von Testumgebungen und Werkzeugen (z.B. Google, Microsoft, IBM, datarobot) haben diesen Bedarf erkannt und bieten für bestimmte Anwendungsgebiete bereits umfangreiche Lösungen an.
- **Hardware:** Es gibt speziell für KI-basierte Systeme konzipierte Hardware. Ein Beispiel sind KI-spezifische Prozessoren, wie Googles Coral Edge TPUs, oder auch besondere Grafikkarten, wie NVIDIAs CUDA-Karten, auf denen besonders gut mit TensorFlow gearbeitet werden kann (siehe Abschnitt 1.6). Auch Testumgebungen müssen dafür entsprechend ausgerüstet sein. Wir haben relativ früh zu Beginn unserer internen Forschung in unserem Unternehmen einen sehr leistungsfähigen Rechner mit CUDA-Karten angeschafft, auf dem wir TensorFlow installiert und allen Projektbeteiligten zur Verfügung gestellt

haben. Letztendlich handelt es sich dabei um einen *normalen* Desktop-PC mit besonderen Grafikkarten.

- **Big Data:** Wie wir in Abschnitt 7.3 beschrieben haben, verarbeiten manche KI-Systeme sehr große Datenmengen (z.B. Daten mit hohem Volumen, hoher Datenrate und/oder großer Variation). In diesem Fall müssen die Testumgebungen auch in der Lage sein, mit solchen Daten umzugehen. Das bedeutet, dass geeignete Testumgebungen nicht nur hohe Datenraten ermöglichen müssen, sondern dass unter Umständen auch sehr viele und variantenreiche Daten von der Testumgebung zur Verfügung gestellt werden müssen. Eine sorgfältige Planung ist hierfür unerlässlich.

10.2 Virtuelle Testumgebungen zum Testen KI-basierter Systeme

In vielen unserer KI-Projekte setzen wir *virtuelle Testumgebungen* oder zumindest einzelne virtualisierte Komponenten ein. Der Einsatz von virtuellen Umgebungen hat einige Vorteile, die wir auch im Test klassischer Software in unseren Projekten sehen. Wir sprechen von einer virtuellen Testumgebung, wenn insbesondere die physikalische Umgebung eines zu testenden Systems technisch simuliert wird. Im Folgenden gehen wir auf die vielen Vorteile ein, die wir anhand unseres Praxisbeispiel 9–3 »Szenariobasiertes Testen für autonomes Fahren« (S. 201) erläutern. In einer virtuellen Testumgebung können z.B. folgende Situationen mit szenariobasiertem Testen geprüft werden:

- **Gefährliche Szenarien:** Es gibt viele KI-basierte Systeme, die auch in einer Testumgebung erheblichen Schaden anrichten könnten. Denke beispielsweise an ein autonomes Auto. Würde das in einer Testumgebung ständig Unfälle bauen, hätte das Folgen für das SUT selbst und auch für die Testumgebung. So entsteht bei Testfällen, die beispielsweise eine Kollision beinhalten, ein mehr oder weniger großer finanzieller Schaden. In anderen Szenarien könnten in einer echten Testumgebung Menschen, andere interagierende Systeme oder auch die Einsatzumgebung (die Umwelt, wie Natur oder Gebäude) zu Schaden kommen. In einer virtuellen Testumgebung können gefährlichen Szenarien ohne physischen oder (geringen) finanziellen Schaden simuliert werden.
- **Ungewöhnliche Szenarien:** Um das Beispiel aus dem vorherigen Punkt aufzugreifen: Wenn das KI-basierte Auto durch ein seltenes Zusammenspiel von Ereignissen in einen Unfall verwickelt wird, würden hohe finanzielle Kosten auf das Projekt zukommen. Auch die Herstellung einer lediglich betriebsnahen Testumgebung wäre bereits sehr zeit- und kostenintensiv. Eine Stadt müsste nachgebaut werden, Busse und Bahnen müssten fahren, Crashtest-Dummys müssten platziert und ggf. sogar bewegt werden etc.

Bestimmte Ereignisse, wie beispielsweise eine Mondfinsternis oder Blitzeis mit Sturm und Hagel bei dem bereits erwähnten Straßenverkehrskreuzungsszenario, sind so gut wie nicht nachstellbar bzw. nur mit sehr großem Aufwand. In einer virtuellen und hinreichend konfigurierbaren Testumgebung ist dies vergleichsweise einfach nachzubilden.

Manche Grenzfälle lassen sich nur oder zumindest wesentlich einfacher in einer virtuellen Testumgebung abbilden. Daher sind sie dort auch leichter wiederholbar und reproduzierbar. Auch hier können wir auf unser vorangegangenes Beispiel zurückgreifen. Man stelle sich vor, dass in einem Testfall die Grenzwerte für den Einsatz eines Antiblockiersystems (ABS) festgelegt werden müssen. In einer echten Umgebung wäre die Kombination aus Temperatur, Witterungsverhältnissen, Reifenabnutzung, Geschwindigkeit, Fahrbahnbelag etc. nur sehr schwer so herzustellen, dass das ABS gerade noch einsetzt oder eben gerade noch nicht einsetzt. In einer virtuellen Umgebung kannst du hier viel einfacher die einzelnen Parameter variieren.

- **Extreme Szenarien:** Virtuelle Testumgebungen können dabei helfen, KI-basierte Systeme in besonderen Ausnahmesituationen zu testen. Beispielsweise Natur- oder Nuklearkatastrophen oder die Bedingungen im Weltall sind virtuell nachstellbar. In der Realität wäre diese Testumgebung schlicht unmöglich.
- **Zeitintensive Szenarien:** In einer virtuellen Umgebung kann auf Knopfdruck in viel kürzeren Zeitabständen getestet werden – durchaus mehrmals pro Sekunde. Wenn in der Realität ein Testaufbau sehr umständlich und somit zeitlich aufwendiger hergestellt werden muss, lohnt sich der Aufwand, eine virtuelle Umgebung bereitzustellen. Man denke an eine Straßenkreuzung mit mehreren verschiedenen Verkehrsteilnehmenden. Den Startzustand einer bestimmten Verkehrssituation herzustellen, dauert eine gewisse Zeit. Neben der vereinfachten Bereitstellung zeitaufwendiger Szenerien kann auch durch Parallelisierung der virtuellen Umgebungen Zeit eingespart werden. Parallelisierung findet meistens in der Cloud statt. Hier können ggf. auch mehrere Szenarien gleichzeitig durchgeführt werden. Auf echter, nicht virtualisierter Zielhardware als Teil der Testumgebung ist häufig keine Parallelisierung möglich.
- **Szenarien mit hoher Beobachtbarkeit und Steuerbarkeit:** Alle Bestandteile einer virtuellen Umgebung werden digital bereitgestellt. Hier lassen sich wesentlich einfacher sogenannte »Beobachter« einbinden. Mithilfe dieser Beobachter kann der jeweilige Zustand der virtuellen Testumgebung und das Geschehen darin einfacher überwacht und ggf. auch automatisiert protokolliert werden. Virtuelle Testumgebungen lassen sich einfacher steuern. Nehmen wir das Beispiel der Straßenkreuzung (siehe Abb. 10–1): Virtuell kannst du hier direkt eingreifen und beispielsweise Verkehrsteilnehmende einfach verschwinden oder wieder erscheinen lassen.

Abb. 10–1 *Szenariobasiertes Testen erlaubt eine umfangreiche Kontrolle über alle Objekte einer dynamischen und realitätsnahen Szene, hier schematisch angedeutet.*

- **Szenarien mit erschwerter Verfügbarkeit:** In die (virtuelle) Testumgebung können Komponenten einbaut werden, die in Wirklichkeit noch nicht existieren oder beispielsweise aus Kostengründen noch nicht gebaut oder entwickelt wurden. In Testumgebungen werden zum Teil simulierte Hardwarekomponenten eingesetzt. Manche Komponenten sind auch schlichtweg zu teuer, um sie in einer Testumgebung zu verwenden, insbesondere wenn diese Komponenten Schaden nehmen könnten, verschleißen oder einfach teuer bezahlt werden müssen. Bemühen wir wieder das Straßenkreuzungsszenario und nehmen an, dass auf der Kreuzung sind Fahrzeuge oder beispielsweise Ampelsysteme im Einsatz sind, die noch gar nicht wirklich existieren. Es gibt nur Prototypen. Diese stehen aber noch nicht in ausreichender Zahl zur Verfügung, sodass du sie nicht in den Szenarien einsetzen kannst.

Testerinnen und Tester können in Projekten verschiedene Arten virtueller Testumgebungen benutzen. Es gibt Tools, die für genau einen Kontext, z.B. das autonome Fahren (z.B. DRIVE Constellation), infrage kommen. Andere Tools sind generisch und können z.B. sowohl für das autonome Fahren als auch für das Strömungsverhalten von Partikeln in einem Tornado verwendet werden (z.B. MATLAB). Zum Testen KI-basierter Systeme stehen sowohl kommerzielle als auch quelloffene virtuelle Testumgebungen zur Verfügung:

- **Morse:** Die Blender Game Engine ist dir vielleicht ein Begriff. Auf dieser basiert die *Modular Open Robots Engine* [URL: Openrobots]. Hierbei handelt es sich um einen Simulator für die generische Modellierung von einzelnen oder mehreren mobilen Robotern.

  Hinweis: Morse[1] ist im CT-AI-Lehrplan als aktuelles Framework genannt. Seit 2020 wird es aber nicht mehr aktualisiert und gewartet.
- **AI Habitat:** Facebook AI hat eine Simulationsplattform entwickelt. In ihr können virtuelle Roboter oder andere Agenten verkörpert und für ihren Einsatz in fotorealistischen 3D-Umgebungen trainiert werden [URL: Facebook].
- **DRIVE Constellation:** Auch NVIDIA hat virtuelle Testumgebungen entwickelt. Bei DRIVE Constellation handelt es sich um eine skalierbare und offene Plattform für selbstfahrende Autos. Sie ist Cloud-basiert und in der Lage, Milliarden an virtuellen Kilometern für Tests von selbstfahrenden Autos zu generieren [URL: Nvidia-b].
- **MATLAB und Simulink:** Viele kennen MATLAB und Simulink aus dem Studium oder aus Projekten. Du kannst mit diesen Tools die Trainingsdaten aufbereiten, ML-Modelle erstellen und die Ausführung von KI-basierten Systemen simulieren [URL: Mathworks].

Praxistipp

Es ist sinnvoll, die virtuellen Testumgebungen so auszuwählen, dass sie einfach an Entwicklungs- und echte Testumgebungen angedockt werden können. Auf diese Weise lassen sich Tests erstellen, deren einzelne Testschritte für mehrere Testumgebungen wiederverwendet werden können. In der Praxis ist das leider gar nicht so einfach. Dazu muss ein umfangreicher Anforderungskatalog erstellt und ggf. eine Evaluierung durchgeführt werden.

Kurz gesagt: Bitte frühzeitig daran denken, dass die verschiedenen Umgebungen auch zueinander passen (müssen)!

1. *https://github.com/morse-simulator/morse.*

11 Einsatz von KI für Tests

»Ein Mann, der recht zu wirken denkt,
Muss auf das beste Werkzeug halten.«
Johann Wolfgang von Goethe

Bislang ging es in diesem Buch vor allem darum, wie wir KI testen und wie wir die Qualität in KI-Projekten sichern. KI kann aber auch als Werkzeug Testerinnen und Tester unterstützen. Wie wir KI für unsere tägliche Arbeit nutzen können, welche KI-gestützten Tools uns dabei helfen und was es beim Einsatz von KI in der Qualitätssicherung zu beachten gilt, erläutern wir in diesem Kapitel.

KI-spezifische Schlüsselbegriffe aus dem Lehrplan:
Bayessches Verfahren (bayesian techniques), Klassifikation (classification), Clusterbildungsalgorithmus (clustering algorithm), Fehlervorhersage (defect prediction), grafische Benutzungsschnittstelle (graphical user interface, GUI)

Weitere Schlüsselbegriffe in diesem Kapitel:
visuelles Testen (visual testing)

11.1 KI-Techniken fürs Testen

In Abschnitt 1.4 wurden bereits KI-Techniken wie maschinelles Lernen, Fuzzy-Logik oder auch Suchalgorithmen diskutiert. Alle diese Techniken können auch für bestimmte Aspekte der Qualitätssicherung eingesetzt werden. Einige dieser Techniken sind in kommerziellen Tools enthalten. So manches Mal entpuppt sich die KI in einem Tool aber auch nur als ein besonders guter Algorithmus, der streng genommen aber nicht dem Feld der künstlichen Intelligenz zugeordnet werden kann. Gerhard und Nils waren Ende 2019 auf der EuroStar-Konferenz in Prag. Aus einem Vortrag von Chris McKillop stammt das folgende etwas provokante Zitat, dass sich hinter mancher plakativ angekündigten künstlichen Intelligenz doch nur konventionelle Softwarealgorithmen verbergen:

> *»If it's written in Python it's an algorithm,*
> *if it's written in Power Point it's an AI.«*
> Dr. Chris McKillop

KI-Unterstützung im Testprozess

Man kann die Fähigkeiten von KI in vielen Aktivitäten des Testprozesses, wie ihn das ISTQB® beschreibt [ISTQB 2018], einsetzen (siehe Abb. 11–1):

- Die **Planung** umfasst vielfältige Aufgaben, bei denen z.B. Sprachassistenten oder andere KIs helfen können. ChatGPT könnte, wenn es individuell weiter trainiert wird, dabei helfen, die entsprechenden Personen in einer großen Firma zu finden, die für dieses Projekt benötigt werden.
- In der **Analyse** kann eine KI helfen zu bestimmen, ob die Anforderungen konsistent, vollständig und/oder eindeutig sind. Auch bei der Arbeit an Testbedingungen gibt es bereits Anwendungen, die große Anforderungen entsprechend aufbereiten und in kleinere Teile zerlegen.
- Im **Entwurf** kann eine KI bei der Erstellung von Testfällen helfen und Varianten erzeugen oder doppelt erstellte Testfälle finden. KI kann beim modellbasierten Testen, bei der Testfallüberdeckung oder bei der Erzeugung von Testdaten unterstützen.
- Bei der **Implementierung** kann KI eingesetzt werden, um Testskripte oder Testumgebungen zu erzeugen bzw. zu verwalten.

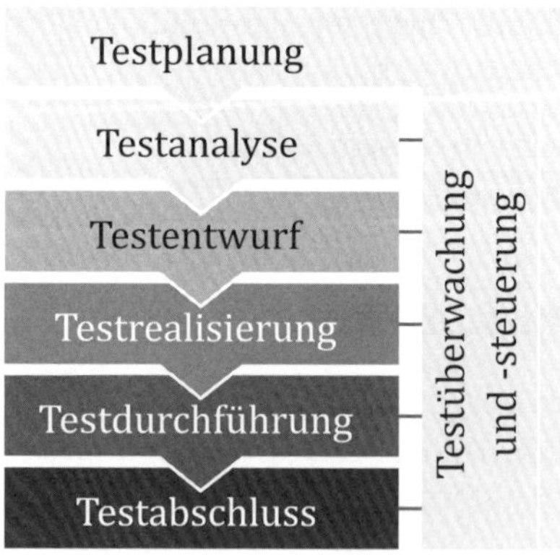

Abb. 11–1 *Bildliche Darstellung des Testprozesses nach dem ISTQB®-CTFL-Lehrplan [ISTQB 2018]*

- KI kann bei der **Entwicklung** auch zur Simulation oder Modellierung eingesetzt werden.
- Auch in der **Durchführung** hilft KI vor allem beim automatisierten Test, kann aber auch beim explorativen Testen unterstützen.

- In der begleitenden **Überwachung und Steuerung** kann die KI den Fortschritt überwachen und über diesen informieren. Sie kann unter Hinzunahme der Monitoringdaten Vorhersagen über Bereiche in der Software treffen, in denen ggf. weitere Fehler vorhanden sind.
- Beim **Abschluss** kann KI den Testabschlussbericht inhaltlich Stakeholder-bezogen zusammenfassen, für den Business Owner knapper, für die Testmanagerin oder den Testmanager hingegen ausführlicher.

Du siehst, im gesamten Testprozess ist KI denkbar.

11.1.1 Algorithmische Methoden, mit denen KI unterstützt

Mark Harman [Harman 2012] beschreibt drei große Bereiche, in denen die Softwareentwicklungs-Community KI-Techniken zum Testen benutzt. Im Folgenden schauen wir uns diese Bereiche genauer an:

Fuzzy-Logik und probabilistische Methoden

Wenn es sich um ein probabilistisches Problem der realen Welt handelt, kann man Fuzzy-Logik oder andere probabilistische Methoden im Test einsetzen.

Beispielsweise könnte eine KI mit Bayesscher Inferenz Systemausfälle vorhersagen und analysieren. Dabei könnte eine KI die folgenden Fragen beantworten:

- Wie wahrscheinlich ist ein Ausfall der Komponente *X* oder *Y* unter bestimmten Bedingungen?
- Wie wahrscheinlich ist der Ausfall der Funktion *A* oder *B* unter bestimmten Bedingungen?
- In welchem Bereich des Gesamtsystems tritt wahrscheinlich der nächste Fehler auf?

Ein anderes KI-basiertes System könnte Testumgebungen simulieren (siehe Praxisbeispiel 9–3 »Szenariobasiertes Testen für autonomes Fahren« auf S. 201). Im Beispiel der Straßenkreuzung verhalten sich Menschen zufällig, unberechenbar und unterschiedlich.

Ein weiteres Beispiel sind auf Fuzzy-Logik basierende Metriken, mit denen die Qualität einer Software gemessen werden kann (siehe dazu [Ralević 2021] und [Xie et al. 2016]).[1]

1. Vor allem im Zusammenhang mit Bildverarbeitungssystemen werden Metriken, wie die Fuzzy-T-Metrik, die Fuzzy-S-Metrik oder die Fuzzy-Prokhorov-Metrik, verwendet.

Klassifikation, Lernen und Vorhersage

Diese Arten von KI sind im Test auf vielfältige Weise nutzbar. In nahezu allen Bereichen der Qualitätssicherung, in denen Vorhersagen benötigt werden, sind solche KIs eine wertvolle Unterstützung. Solche Vorhersagen können die zu erwartenden Kosten eines Projekts oder die Vorhersage von Fehlerhäufigkeiten sein. KI-Systeme, die auf ML beruhen, werden bereits in vielen Bereichen des Softwaretests eingesetzt:

- Fehlermanagement (siehe Abschnitt 11.2)
- Fehlervorhersage (siehe Abschnitt 11.5)
- Testen von Benutzungsschnittstellen (siehe Abschnitt 11.6)

Es sind weitere Bereiche denkbar, in denen KI-Tools (oder ein Tool, das vorgibt, KI zu verwenden) unterstützen können. Beispielsweise könnte ein KI-basiertes System helfen, Testspezifikationen zu schreiben und zu verwalten oder doppelte Einträge zu finden. Erste Ideen und Versuche in dieser Richtung wurden bereits in der Forschung und Industrie unternommen.[2]

Computergestützte Such- und Optimierungsverfahren

Oft hat man es im Test mit Optimierungsproblemen zu tun. Mögliche Optimierungsprobleme sind:

- Die Generierung von Testfällen (siehe Abschnitt 11.3)
- Die Identifizierung der kleinsten Anzahl von Testfällen, die ein bestimmtes Überdeckungskriterium erfüllen (siehe Abschnitt 11.4)
- Die Optimierung von Regressionstestfällen (ebenfalls Abschnitt 11.4)

Computergestützte Such- und Optimierungsverfahren helfen, in potenziell sehr großen und auch komplexen Suchräumen fündig zu werden. Dafür gibt es Suchverfahren, wie die Algorithmen von Kruskal, Dijkstra oder Prim für Graphen und den Grover-Algorithmus für Listen.

Du hast vielleicht bemerkt, dass die oben getroffene Einordnung von Harman [Harman 2012] einen großen Spielraum lässt, KI-Methoden, Algorithmen und mögliche Arten der Unterstützungen den eingangs aufgelisteten Aufgaben im Test zuzuordnen. Sie ist daher nur als eine von mehreren Möglichkeiten einer Kategorisierung zu betrachten.

2. *https://about.codecov.io/blog/writing-better-tests-with-ai-and-github-copilot.*

11.1.2 Übung: Der Einsatz von KI bei Tests

Stell dir vor, du bist Testmanagerin bzw. Testmanager. Für folgende Tätigkeiten verwendest du KI-Tools: Testüberwachung und Vorhersage des Testfortschritts, Testfallerstellung und zur Testautomatisierung. Du suchst nach weiteren Aufgaben, die eine KI zu deiner Unterstützung übernehmen könnte. Schnell wird dir klar, dass es einige Aufgaben und Aktivitäten gibt, die keine KI übernehmen kann – zumindest nicht in naher Zukunft.

Aufgabe: Überlege dir Testaktivitäten und -aufgaben, die derzeit nur schwer mithilfe von KI bewältigt werden können bzw. bei denen KI nicht helfen kann. Schreibe diese auf und begründe sie oder diskutiere die Aufgabe mit einer Kollegin oder einem Kollegen.

Überlege dir als Hilfestellung dazu: Welchen Mehrwert kannst du als Mensch aus der Kommunikation mit deinem Team und den Projektbeteiligten ziehen? Wie können dir deine Projekterfahrung und dein kritisches Hinterfragen weiterhelfen?

Im Begleitmaterial zum Buch auf GitHub findest du im Verzeichnis *Kap11.1_Grenzen_von-_KI_im_Test* eine Diskussion dieser Frage und unsere Antworten als Lösungsvorschläge.

11.2 Einsatz von KI zur Analyse gemeldeter Fehler

Die meisten von uns kennen Projektmeetings wie z.B. Fehler Jour Fixe, Change Advisory Board oder Defect Control Board. Alle haben gemeinsam, dass in ihnen u.a. über die gefundenen Fehler oder Auffälligkeiten gesprochen wird: Ist der gefundene Fehler kritisch? Hat man genau diesen Fehlerzustand bereits erfasst? Damit ein solches Meeting effizient und erfolgreich ist, muss es gut vorbereitet werden. In einem unserer Projekte hatte allein die Vorbereitung für ein Defect-Control-Board-Meeting, das jeden Freitag angesetzt war, mehrere Stunden gekostet. Im Projekt wurde für eine Anwendung mit mehreren Millionen Nutzerinnen und Nutzern die Technologie des Backends und des Frontends gleichzeitig auf den neuesten Stand gebracht. Das hatte zur Folge, dass gerade zu Beginn viele Auffälligkeiten im Test gefunden wurden, die dann für das Defect-Control-Board-Meeting vorverarbeitet werden mussten.

Damals und heute gilt: Fehler müssen kategorisiert, priorisiert bzw. deren Kritikalität bestimmt werden. Außerdem wollen wir alle in einem solchen Meeting und auch sonst im Projekt unsere Zeit nicht unnötig für Fehlerduplikate verschwenden. Spätestens im Meeting wollen wir die Fehler ohne unnötige Duplikate dem Entwicklungsteam zuweisen. Dabei sind nicht alle Fehler gleich wichtig. Man muss also nach einer Fehleranalyse und Bewertung auch eine Fehlertriage betreiben. Die Triage ist nicht nur die Analyse allein, sondern auch die Bewertung in sehr wichtig, wichtig, weniger wichtig – daraus folgt die direkte Priorisierung der Abarbeitung. Hier kann KI auf verschiedene Weise unterstützen (siehe auch Abb. 11–2):

- **Kategorisieren und Duplikate finden:** Mit NLP können Texte in natürlicher Sprache verarbeitet werden [Nilambari et al. 2014]. NLP kann eingesetzt werden, um Texte in Fehlerberichten zu analysieren und die darin beschriebenen Themen zu identifizieren, etwa ob ein kritisches Systemverhalten genannt ist. Ebenso kann die betroffene Funktionalität bestimmt und zusammen mit weiteren Metadaten in Clusterbildungsalgorithmen verarbeitet werden. Solche Algorithmen können *k-nächster Nachbar* (engl. k-nearest neighbor) oder *Stützvektormaschinen* (engl. support vector machines) sein. Mithilfe dieser Algorithmen können sowohl Kategorien von Fehlern als auch doppelte Einträge identifiziert werden. Immer dann, wenn man es mit sehr großen Projekten (viele Nutzerinnen und Nutzer, viele Mitglieder des Entwicklungsteams, jede Menge Anforderungen etc.) zu tun hat, hilft KI besonders gut. Auch hier gilt: Je mehr Daten, desto effektiver ist die KI. Solche Techniken werden schon seit einiger Zeit angewendet. Etwa von Microsoft bei der Entwicklung des Betriebssystems MS Windows oder bei der Entwicklung des Browsers Firefox[3]. Auch in unseren Projekten mit größeren Industrieunternehmen wurden solche NLP-basierte Tools entwickelt und sind im Einsatz.
- **Kritikalität bestimmen bzw. priorisieren:** Mit den vorherigen Kapiteln als Grundlage kannst du dir nun leicht vorstellen, dass z.B. ein ML-Modell auf die Merkmale der kritischsten und häufig auftretenden Fehler in den Absturzberichten trainiert werden kann. Mit dem so trainierten Modell können dann neue Fehler, die wahrscheinlich zu häufigen Systemausfällen führen, identifiziert und im Defect-Control-Board-Meeting besprochen werden [Kim et al. 2011]. Es ist auch vorstellbar, weitere Kategorien festzulegen und entsprechend in die KI einzubeziehen. Zum Beispiel könnten Fehler im Zusammenhang mit der Benutzbarkeit immer höher priorisiert werden als Fehler, die für die Endkunden nicht sichtbar sind. Je nachdem, was gebraucht wird, wird eine KI für den Anwendungsfall erstellt.
- **Zuweisen an weitere Instanzen:** ML-Modelle können in einem Defect-Control-Board-Meeting oder auch bei anderen Gelegenheiten vorschlagen, was mit dem Fehlerbericht passieren soll. Beispielsweise könnte das Modell vorschlagen, wer im Entwicklungsteam sich dem Ticket annehmen sollte. Eventuell erkennt die KI auch, dass zunächst Absprachen mit Stakeholdern stattfinden müssen. Es erfolgt dann eine Zuweisung an ein anderes Meeting oder eine Testmanagerin bzw. einen Testmanager. Die Grundlage für diese Vorschläge bilden der Inhalt der Fehlermeldung und vorangegangene Zuweisungen aus der Fehlerdatenbank. Nur wenn in der Vergangenheit ausreichend Fehler gesammelt, bewertet und zugewiesen wurden und Informationen über diese Vorgänge ebenfalls protokolliert wurden, kann das System aus der Ver-

3. Der Mozilla JavaScript Interpreter wurde durch per KI erzeugten JavaScript-Code getestet [Holler et al. 2012].

gangenheit lernen. Auch hier gilt: Je besser die Datengrundlage im Projekt ist, desto besser gelingt es, eine KI für einen konkreten Einsatz anzupassen. Dabei spielt nicht nur die Menge der Daten, beispielsweise der Fehler, eine Rolle, sondern eben auch die Zusammenhänge und die Qualität.

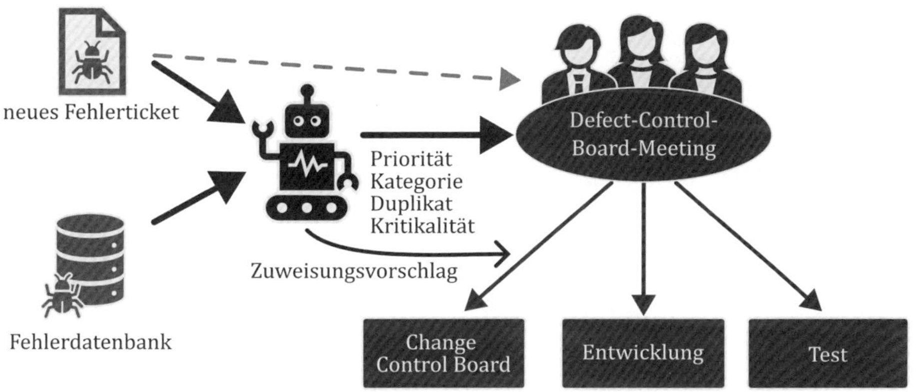

Abb. 11–2 *KI hilft bei der Fehlerverarbeitung.*

11.3 Einsatz von KI für die Testfallgenerierung

Im vorangegangenen Abschnitt haben wir uns mit der Analyse von Fehlern beschäftigt. Das Erstellen von Testfällen stellt eine im Vergleich ähnlich aufwendige Arbeit für Testerinnen und Tester dar. Es müssen die Anforderungen oder andere Dokumente der Testbasis analysiert und entsprechend Testfälle erstellt werden. Sind im Projekt keine, wenige oder schlecht beschriebene Anforderungen vorhanden, ist das Erstellen von Testfällen erst recht mühselig.

KI kann die Testfallgenerierung effizienter machen. Wenn eine möglichst große Codeüberdeckung oder eine möglichst große Anforderungsüberdeckung erreicht werden soll, können KI-basierte Werkzeuge die Testfälle auf Basis des Codes oder auf Basis der Anforderungen erstellen. Die KI-Werkzeuge nutzen z.B. den Quellcode oder die Benutzungsschnittstelle, etwa die GUI. Ist ein maschinenlesbares Testmodell vorhanden, ist das ebenfalls ein sehr gutes Testorakel für eine KI.

Beim modellbasierten Testen (vgl. [ISTQB 2015]; [Winter et al. 2016]) geht man ähnlich vor (siehe Abb. 11–3). Man geht von einem Modell aus, das beispielsweise einzelne Testschritte in Form eines Flussdiagramms beschreiben kann. Daraus werden, meist automatisiert, Testfälle generiert. Ein solches Modell kann auch von einer KI zur Testfallgenerierung genutzt werden.

Manche KI-basierte Tools können sogar anhand des internen Systemverhaltens Testfälle schrittweise erstellen und diese im Hinblick auf Codeüberdeckung, Fehlerfindung und Testfalllänge optimieren. Dafür untersuchen sie z.B. die Logdateien, interne Low-Level-Schnittstellen oder instrumentieren den Sourcecode[4] [Mao et al. 2016].

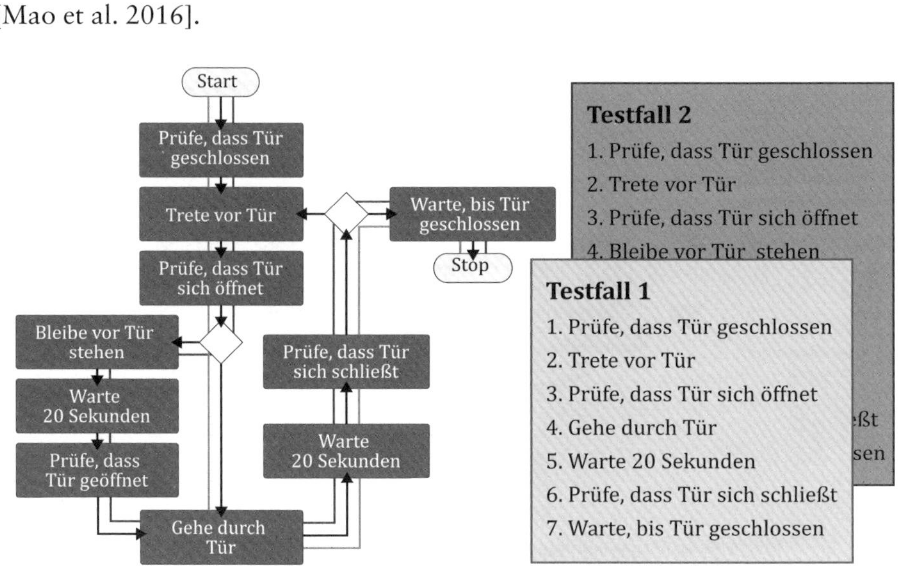

Abb. 11–3 *Modellbasiertes Testen (gezeichnet nach einem Gastvortrag von Thomas Roßner an der Uni Coburg[5])*

Ist das Verhalten des SUT nicht gut genug definiert, weiß die KI nicht, welche Ergebnisse für bestimmte Testdaten zu erwarten sind. Die Testfallgenerierung leidet dann unter dem Testorakelproblem (siehe Abschnitt 9.3).

Ein Ausweg ist der Zugriff auf ein geeignetes vergleichbares System. Wie in Kapitel 9 beschrieben, eignet sich hierfür das vergleichende Testen (engl. back-to-back testing). Dabei verwendest du ein vergleichbares System als Pseudo-Orakel. Auf Basis dieses Systems generierst du mit KI-Unterstützung Testfälle, mit denen du das neue System testen kannst.

Wenn nur wenige Informationen zum erwarteten Systemverhalten vorliegen, kann dennoch davon ausgegangen werden, dass die Tests einfach nur das zu erwartende Ergebnis *»Es ist nichts Schlimmes passiert«* haben. Das bedeutet, dass keine nicht reagierende Anwendung, kein Systemabsturz oder ähnliche Fehlerindikatoren auftreten dürfen. Du kennst diese Herangehensweise vielleicht auch als grundlegende Annahme beim manuellen explorativen Testen.

Es gibt bereits seit Längerem *Fuzz-Testing-Werkzeuge*, die Tests mit Zufallsdaten ohne KI-Unterstützung generieren [URL: GFuzz]. In der Forschung wurden diese Fuzz-Testing-Werkzeuge mit KI-basierten Testfallgeneratoren verglichen, um herauszufinden, ob die alten Fuzz-basierten Werkzeuge gegenüber den KI-basier-

4. Das heißt, in den ursprünglichen Sourcecode wird zusätzlicher Code eingefügt, der Daten und Zustandsinformationen aus dem Inneren des Systems nach außen zugänglich macht.
5. Quelle: *https://www.slideshare.net/trossner/erfolgsfaktoren-fr-modellbasiertes-testen*.

ten Werkzeugen besser oder schlechter sind. In einer Studie wurde in einem Vergleich von 15 Tools festgestellt, dass KI-basierte Werkzeuge einen mindestens gleichwertigen Codeüberdeckungsgrad erreichen wie die Fuzz-Testing-Werkzeuge. Außerdem finden sie mehr Fehlerzustände mit deutlich weniger Testschritten. Um mit dem Fuzz-Testing-Werkzeug *Monkey* eine Fehlerwirkung zu finden, waren durchschnittlich 15.305 Schritte nötig. Mit den KI-basierten Werkzeugen *Dynodroid* oder *Sapienz* waren es im Mittel nur noch 161 bzw. 149 Schritte. Insbesondere das Debugging wird so deutlich schneller und einfacher [Mao et al. 2016].

11.4 Einsatz von KI für die Optimierung von Regressionstestsuiten

Die meisten von uns kennen das Problem mit wachsenden Regressionstestsuiten. Mit jeder Änderung am System fügt man meist weitere Testfälle hinzu, anstatt nachzusehen, ob vielleicht ein bestehender Testfall für die Systemänderung angepasst werden könnte oder gar bereits in seiner jetzigen Form die Änderung abdeckt. Um zu verhindern, dass Testsuiten immer größer werden, sollte man die Auswahl der Tests regelmäßig optimieren: Man priorisiert Testfälle für bestimmte Durchführungsläufe, passt bestehende Testfälle an oder löscht Testfälle, die nicht mehr benötigt werden. Vielleicht gibt es manche Anforderungen nicht mehr, sodass deren Tests wegfallen können, oder geänderte Anforderungen werden durch mehrere andere Testfälle bereits abgedeckt. Dabei ist immer das Ziel, eine effektive, aber auch effiziente Regressionstestsuite zu erhalten.

Natürlich besteht dabei die Befürchtung, dass nach einer solchen Bereinigung nicht mehr ausreichend Fehlerzustände identifiziert werden. Die Forschung zeigt aber, dass eher zu große und ineffiziente Testsuiten vorhanden sind. Es gibt Untersuchungen, die zeigen, dass eine Regressionstestsuite um 50 % verkleinert werden kann und die meisten gefundenen Fehlerzustände weiterhin gefunden werden [Rai & Tyagi 2014]. Wenn kontinuierliche Integrationstests durchgeführt werden, verringert sich die Testzeit um ca. 40 % und die Fehlerfindungsrate bleibt nahezu gleich [Marijan et al. 2018].

Das Optimieren der Testsuite kann ein KI-basiertes Tool übernehmen. Es kann dafür die Informationen aus früheren Testergebnissen, die dazugehörigen Fehlerzustände und die letzten Änderungen analysieren und entsprechende Handlungsempfehlungen vorschlagen. Manche Tools können auch anzeigen, wo wahrscheinlich Fehler implementiert wurden (siehe Abschnitt 11.5) oder welches Subset an Testfällen die gerade eingecheckten Änderungen effizient testen würde (siehe Abb. 11–4)[6].

6. Dazu können wir den Artikel von unseren Kollegen Christoph Singer und Carsten Weise empfehlen: Softwarequalität mit Teamscale steuern: *https://www.heise.de/tests/Teamscale-im-Test-Softwarequalitaet-analysieren-ueberwachsen-und-verbessern-7531627.html* oder auf der imbus-Webseite *https://www.imbus.de/en/software-test-blog/blog-post/ix-article-by-imbus-experts*.

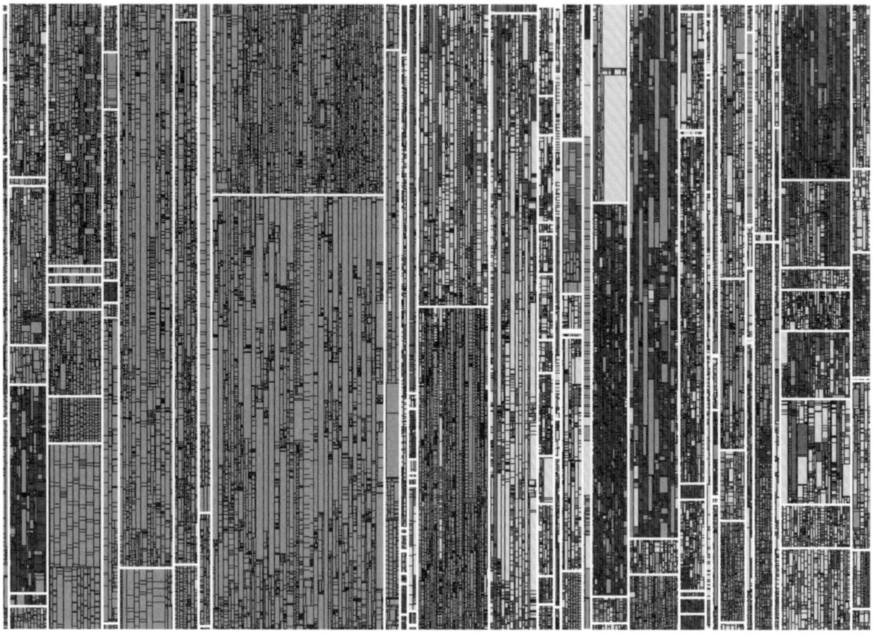

Abb. 11–4 *Test-Gap-Analyse mit Teamscale. Die einzelnen Blöcke stellen Sourcecode dar. Im E-Book werden diese wie folgt dargestellt: grün – getestete Neuerungen oder Änderungen, orange – ungetestete Änderungen, rot – ungetestete Neuerungen, entnommen aus [Jürgens & Pagano 2016].*

Praxistipp

Wenn du dir nicht sicher bist, kannst du, ähnlich wie beim vergleichenden Testen, die alte Suite gegen die neue und optimierte Suite antreten lassen. Werden die gleichen Fehler gefunden, weißt du, dass die Optimierung keine wesentlichen Fehlerzustände übersieht.

11.5 Einsatz von KI für die Fehlervorhersage

In Abschnitt 11.4 haben wir das Thema *Fehlervorhersage* bereits angedeutet. Meistens beruht eine solche Fehlervorhersage auf den Daten der vorangegangenen Tests. Je mehr Tests vor allem auch innerhalb von Regressionstests durchgeführt wurden, desto besser ist die Ausgangslage für eine mögliche Fehlervorhersage. Unter guten Bedingungen kann man mit der Fehlervorhersage

- das Vorhandensein eines Fehlerzustands vorhersagen,
- die Anzahl der vorhandenen Fehlerzustände vorhersagen und
- vorhersagen, ob diese Fehlerzustände gefunden werden können.

Mit den gewonnenen Informationen werden die Tests priorisiert, beispielsweise indem mehr Tests für bestimmte Komponenten des SUT eingeplant werden.

Die Komplexität der Datenbasis

Die Güte der Vorhersage hängt dabei von der Ausgereiftheit des Werkzeugs und der Datenbasis ab. Eine Vorhersage beruht häufig auf folgenden Informationen:

- Daten aus der Fehlerdatenbank
- Quellcodemetriken, wie z.B. die zyklomatische Komplexität nach McCabe[7], oder kontrollflussorientierte Metriken [Spillner & Linz 2019]
- Prozess – und Produktmetriken [Sneed & Jungmayr 2005], wie z.B.:
  - Was kostet der Test?
  - Wie viel von der Software wird getestet?
  - Wie schwerwiegend sind die Fehler?
- Menschlichen oder organisatorischen Metriken, wie z.B.:
  - Expertise der Entwicklerinnen und Entwickler
  - Überstundenquote

Bei der Vorhersage von Fehlern gilt es, sehr viele Daten und Faktoren zu berücksichtigen. Diese korrelieren wiederum untereinander oder haben sogar einen kausalen Zusammenhang. Die Bestimmung der Wahrscheinlichkeit von Fehlerzuständen in Abhängigkeit von den Daten und Faktoren ist folglich sehr komplex und übersteigt unsere menschlichen Fähigkeiten. Es gibt also eine Notwendigkeit, einen KI-basierten Ansatz (meist ML) zu benutzen, um Informationen über Fehlerzustände vorhersagen zu können. In unseren Projekten gibt es erste Ansätze bzw. Umsetzungen mit KI, die vielversprechend sind. Es hat sich gezeigt, dass die Vorhersage von Fehlerzuständen am besten funktioniert, wenn sich die Gegebenheiten, in denen die Daten entstanden sind, ähneln:

- Gleiche Codebasis
- Gleiches Entwicklungsteam
- Gleiche oder ähnliche Tools
- Etc.

Auch in der Wissenschaft wurde die Fehlervorhersage mithilfe von ML bereits erfolgreich gezeigt (vgl. [Tosun et al. 2010]; [Kim et al. 2007]). Dabei wurde beobachtet, dass die besten Prädiktoren organisatorische oder personenbezogene Metriken sind, die sich beispielsweise auf Kommunikationswege oder Hierarchien beziehen. Auch wer ein bestimmtes Modul programmiert hat, ist eine sehr wichtige Information, schließlich hat jeder Mensch seine Stärken und Schwächen. Weitverbreitete Quellcodemetriken, wie LOC[8] (engl. lines of code) oder M_{McCabe} (engl. cyclomatic complexity), sind hingegen vergleichsweise schlechte Prädikto-

7. *http://www.literateprogramming.com/mccabe.pdf.*
8. *http://page.mi.fu-berlin.de/prechelt/swt2/node8.html.*

ren [Nagappan et al. 2008]. Einige Softwaremetriken werden häufig von Entwicklerinnen und Entwicklern wegen ihrer mangelnden Aussagekraft kritisiert. Ein Beispiel soll das verdeutlichen: Eine einfache Switch-Case-Anweisung wie in Listing 11–1 hat ein $M_{McCabe} = 8$. Aus der zyklomatischen Komplexität von 8 könnte abgeleitet werden, dass der Sourcecode komplex ist. Die Anweisung in Listing 11–1 ist für uns Menschen aber schnell und einfach zu verstehen. Zumindest bei diesem Codeschnipsel hat die zyklomatische Komplexität keine wesentliche Aussagekraft.

Dass LOC keine gute Metrik für die Fehlervorhersage ist, ist beinahe selbsterklärend. Vielleicht ist uns die KI hier schon einen Schritt voraus und weiß bereits, dass Quellcodemetriken wenig Aussagekraft haben!

```
const String raumbuchung(const int nummer)
{
  switch (nummer)
  {
    case 1: return "Präsidentensuite";
    case 2: return "Suite 1";
    case 3: return "Suite 2";
    case 4: return "Suite 3";
    case 5: return "Berthold";
    case 6: return "Marianne";
    case 7: return "Kevin";
    case 8: return "Billiard";
  }
  return "(unbekannter Raum)";
}
```

Listing 11–1: *Switch-Case-Anweisung*

11.5.1 Übung: Aufbau eines Fehlervorhersagesystems

In dieser Übung kannst du ein Fehlervorhersagesystem trainieren, das anhand von Codemetriken prognostizieren soll, ob ein Programmcode vermutlich fehlerhaft ist oder korrekt arbeitet. Dabei wirst du viele Arbeitsschritte, die du in den vorausgegangenen Übungen kennengelernt hast, erneut anwenden: Datenvorbereitung, Modellauswahl, Training, Evaluierung, Tuning und Test.

Alle Datensätze, eine Anleitung sowie eine Lösung findest du wieder im GitHub-Repository zum Buch im Verzeichnis *Kap11.5_Fehlervorhersage* auf GitHub.

11.6 Einsatz von KI zum Testen von Benutzungsschnittstellen

Die Benutzungsschnittstelle bietet uns Menschen die Möglichkeit mit einem System zu interagieren. Es handelt sich dabei um eine oder mehrere Komponenten, auf die wir als Mensch einwirken können und Rückmeldung bekommen.

Du kannst zum einen die GUI selbst testen. Du prüfst, ob du gut und wie gewollt mit dem System interagieren kannst. Zum anderen kannst du die GUI benutzen, um das System zu testen. Dabei führst du über die GUI deine Tests durch.

11.6.1 Einsatz von KI zum Testen über die GUI

Meistens nutzt man im manuellen Test und bei Tests, bei denen es um die direkte Interaktion mit dem SUT geht, die GUI als Schnittstelle zum System. Eine Ausnahme ist der Komponententest. Dieser findet häufig ohne die GUI statt, wenn nicht gerade die GUI die zu testende Komponente ist. Die Interaktion mit Komponenten basiert meist auf anderen Techniken wie einer REST-Schnittstelle oder anderen APIs. Manuelles Testen wird in vielen Projekten – sofern sinnvoll – automatisiert. Auch Testautomatisierungsskripte nutzen häufig die GUI, indem die menschliche Interaktion mit dem System simuliert wird. Es gibt mehrere Varianten, wie man in der Testautomatisierung auf die Elemente in der GUI zugreifen kann [Spillner & Linz 2019]:

- Verwenden der tatsächlichen (x, y)-**Koordinaten der Elemente in der GUI**
- Nutzen der **IDs der Objekte oder der Widgets** der Schnittstelle
- Identifizieren der Objekte über den sogenannten **XPath**[9]
- Nutzen von **Labels** als Identifizierungsmerkmal

Oft kommen Testskripte zum Einsatz, die über den Capture/Replay-Ansatz[10] die nutzungsorientierte Interaktion simulieren und meist eine dieser Varianten verwenden. Unserer Erfahrung nach hat dieser Ansatz erhebliche Schwächen. Immer dann, wenn etwas am Sourcecode geändert, die GUI angepasst oder die Anwendung auf einer anderen Plattform getestet wird, funktioniert das Testskript nicht mehr, da die anzusprechenden Objekte nicht mehr auf die ursprüngliche Weise erkannt werden.

KI kann helfen, die Präzision des Capture/Replay-Ansatzes zu verbessern und so auch die Zuverlässigkeit der Tests zu erhöhen. Man setzt ein KI-basiertes Tool ein, um die richtigen Objekte anhand aller vorhandenen Kriterien zu finden: XPath, Label, ID, Text, Bilder und Koordinaten. Die KI kann dabei auf die Kriterien zurückgreifen, die sich über die Zeit am stabilsten erwiesen haben. Das kann bei einer Banking-App beim Anmeldeprozess tatsächlich der Text *Login* auf dem Anmelde-Button sein, da dieser so gut wie nie verändert wurde. Der Screen für die Überweisung ändert sich hingegen öfter. Hier benutzt die KI dann die IDs der

---

9. Das W3-Konsortium hat XPath als Abfragesprache herausgegeben. Mit ihr können Teile in XML adressiert oder ausgewertet werden.
10. Mit diesem Ansatz können echte nutzungsorientierte Interaktionen aufgezeichnet und später automatisiert abgespielt werden (siehe *https://t2informatik.de/wissen-kompakt/capture-replay/*, abgerufen am 27.07.2023).

einzelnen Felder und beim Anzeigen der aktuellen Kontoaktivitäten den XPath. Stellt die KI im Laufe der Zeit fest, dass ein anderes Kriterium besser geeignet ist, ein Objekt zu erkennen, kann sie dies lernen und das Element zur Identifizierung des Objekts umstellen.

Manche Tools[11] arbeiten auch heute, oder vielmehr heute wieder, mit der Bilderkennung von Objekten. Diese Tools stellen nach, wie Nutzerinnen und Nutzer über die GUI rein *visuell Objekte identifizieren*, ohne den Sourcecode einsehen zu müssen. Testerinnen und Tester können damit sehr einfach Testskripte erstellen, indem sie schlicht die Bilder der GUI als Erkennungsmerkmale der Objekte verwenden. Es sind keine Zugriffe auf IDs, Labels, XPath, Sourcecode oder Schnittstellendefinitionen nötig. Das macht diese Art von Tools nicht-intrusiv und unabhängig von der eingesetzten Technologie des SUT. Der Ansatz einer Testautomatisierung über Bilderkennung ist vor allem mit dem Test von mobilen Anwendungen und der zur Verfügung stehenden Rechenleistung für Bilderkennung wieder in den Fokus gerückt. Kurz nach der Jahrtausendwende und in den 10 Jahren danach spielte dieser Ansatz so gut wie keine Rolle. Wir gehen davon aus, dass dieser Ansatz mit einer leistungsstarken Bilderkennungs-KI wieder vermehrt zum Einsatz kommen wird.

11.6.2 Einsatz von KI zum Testen der GUI

Fehlerzustände findet man im Test auch in der GUI selbst, wenn falsche Farben dargestellt werden, sich Seitenbereiche überlagern, Buttons verdeckt sind, Abhängigkeiten nicht richtig geladen werden oder der HTML-Code nicht mehr passt. Tools mit eingebauten ML-Modellen können mithilfe von Heuristiken und überwachtem Lernen solche und ähnliche Fehler finden bzw. die Güte einer GUI beurteilen. Sie können

- falsch dargestellte Elemente identifizieren,
- nicht zugängliche oder schwer zu erkennende Objekte finden und
- verschiedene andere Probleme mit dem Erscheinungsbild der GUI feststellen, beispielsweise wenn sich Objekte oder Texte überschneiden.

Auch Bilderkennung oder andere Formen des *maschinellen Sehens* [Krohn et al. 2020, S. 197 ff.] können als Unterstützung für Regressionstests benutzt werden. Dazu werden Bilder verglichen und Änderungen der Objekte

- am Layout,
- an der Größe,
- in der Farbe,

11. *https://www.keysight.com/us/en/cmp/2023/eggplant-test-automation.html.*

- in der Schriftart oder
- an anderen sichtbaren Attributen

festgestellt. Mithilfe dieser identifizierten Änderungen kann die KI beurteilen, ob sich die Änderungen negativ auf die GUI auswirken können. Im Test muss man nicht mehr alles ansehen, sondern nur die Teile, die die KI für uns gekennzeichnet hat. Dies kann besonders bei Regressionstests, die immer wieder ausgeführt werden müssen, viel manuelle Arbeit bei der Qualitätsbeurteilung einsparen.

Tools, die durch die gerade beschriebenen KIs gestützt werden, können auch für Kompatibilitätstests auf verschiedenen Browsern, Geräten (z.B. Smartphones verschiedener Hersteller) und Plattformen eingesetzt werden, um sicherzustellen, dass das SUT sich auf allen (ungefähr) gleich verhält und aussieht, ähnlich wie in Abbildung 11–5 gezeigt.

Abb. 11–5 *Eine KI könnte erkennen, dass sich die Breite der Login-Buttons und der Text der Versionsnummer unter der Sprachauswahl zwischen Android (links) und iOS (rechts) unterscheiden.*

11.7 Exkurs: ChatGPT als Teammitglied?[12]

Wenn man den Chatbot ChatGPT-3.5[13] fragt, wer er ist und was er kann, antwortet er so oder so ähnlich darauf: *»Ich bin ChatGPT, ein KI-Textgenerator, der Informationen liefert, Texte erstellt und Fragen beantwortet.«* Neben der seit Ende November 2022 kostenfrei zugänglichen Version gibt es aktuell die leistungsstärkere Bezahlversion ChatGPT-4, unter anderem mit zusätzlichen Plug-ins und Internetzugriff. Wenn man mit ChatGPT (unabhängig von der Version) experimentiert, dann stellt sich schnell heraus, dass man sich mit ChatGPT wie mit einem Menschen im Chat unterhalten kann und dass ChatGPT dabei erstaunlich viel und tiefes Fachwissen hat. Wir können nicht mehr ohne Weiteres unterscheiden, ob es sich bei unserem Chatpartner um einen echten Menschen oder um eine Maschine handelt. Der von Alan Turing 1950 eingeführte *Imitation Test*, der auch *Turing-Test* genannt wird, beinhaltet genau das: Ein Fragesteller oder eine Fragestellerin befragt in einem Chat einen Menschen und eine Maschine. Wenn nicht unterschieden werden kann, wer der Mensch und was die Maschine ist, dann gilt der Turing-Test für die Maschine als bestanden. ChatGPT besteht diesen Test immer wieder. Aber kann das Sprachmodell mit seinem Wissen auch wie ein Teammitglied den Test unterstützen?

ChatGPT kann textuelle Aufgaben im Kontext des Tests übernehmen: Die Aufgaben können von der Korrektur der Rechtschreibung und Formulierung in Texten über die Ableitung von Testfällen bis hin zur Aktualisierung oder Erstellung von Code für die Testautomatisierung reichen [Langemann 2023]. Und all diese Aufgaben kann ChatGPT in kürzester Zeit erledigen.

Das klingt vielversprechend für den Test. Aber was steckt eigentlich technisch hinter ChatGPT? Das Sprachmodell reiht sich ein in eine ganze Liste von sogenannten *Large Language Models* (LLMs) neben beispielsweise Googles Bard[14] oder LLaMa[15] von Meta. Diese LLMs zählen zu den *generativen KIs*. Generative KIs können verblüffend gut Text oder Bilder, Audio, Code oder Ähnliches erstellen. Die Abkürzung *GPT* in ChatGPT steht für *Generative Pre-trained Transformer* und beschreibt das neuronale Netz, das sich dahinter verbirgt. Dieses beruht auf der Transformer-Architektur, die sich besonders gut für die Textgenerierung oder die Zusammenfassung längerer Texte eignet. Transformer bauen auf einem Aufmerksamkeitsmechanismus auf, indem sie sich auf relevante Teile des Eingabe- und Ausgabetexts fokussieren. Das ermöglicht dem Modell, kontextbezogene Informationen effektiv zu erfassen und Sprachverarbeitungsaufgaben, die Textgenerierung und -verständnis beinhalten, durchzuführen. Für ChatGPT-3

---

12. Dieser Exkurs wurde im November 2023 verfasst. Wir erwähnen dies, da sich das Feld der generierenden KIs derzeit in einem schnellen Wandel mit ständig neuen Erkenntnissen und Errungenschaften befindet.
13. *https://chat.openai.com* (zuletzt abgerufen im November 2023).
14. *https://bard.google.com/?hl=de.*
15. *https://ai.meta.com/llama.*

wurden durch ML ungefähr 175 Milliarden Parameter mit einer unvorstellbaren Menge an Texten wie Büchern, Briefen, Wikipedia-Einträgen, literarischen Textsammlungen und weiten Teilen des Internets (unter anderem Stack Overflow) trainiert.[16]

Hinweis: ChatGPT ist nicht konkret als Unterstützung im Softwaretest entwickelt worden. Außerdem basiert das Sprachmodell auf einem statistischen Modell. Daher können wir uns nicht auf die Richtigkeit oder die Reproduzierbarkeit der Ergebnisse verlassen. Wir müssen die Ergebnisse prüfen, konkretisieren, verbessern oder vielleicht sogar feststellen, dass das Ergebnis keinen Sinn ergibt. Es ist bekannt, dass ChatGPT *halluziniert* und sich beispielsweise Quellen ausdenkt, Informationen erfindet oder schlicht unpassende Antworten oder Empfehlungen gibt.

Schaut man sich den Gartner *Hype Cycle for Emerging Technologies 2023*[17] an und schenkt diesem Vertrauen, dann befinden wir uns mit ChatGPT als prominentes Beispiel der generativen KI auf dem Höhepunkt des Hypes und damit kurz vor der prognostizierten Phase der Ernüchterung. Erst auf dem danach zu erwartenden Plateau sollen generative KIs uns produktiv unterstützen. Die Zeit wird zeigen, wie wir genau ChatGPT oder andere konkurrierende Sprachmodelle in unseren Alltag und auch im Test nachhaltig integrieren können.

11.7.1 Übung: ChatGPT zur Testfallgenerierung

In dieser Übung lässt du dich bei der Entwicklung von Testfällen von ChatGPT unterstützen. Dazu verwendest du eine Anforderung zur Verkaufssoftware des Virtual Showroom aus dem Buch »Basiswissen Softwaretest« [Spillner & Linz 2019, S. 37]:

»Über die Verkaufssoftware kann das Autohaus seinen Verkäufern Rabattregeln vorgeben: Bei einem Kaufpreis von weniger als 15.000 € soll kein Rabatt gewährt werden. Bei einem Preis bis zu 20.000 € sind 5 % Rabatt angemessen. Liegt der Kaufpreis unter 25.000 €, sind 7 % Rabatt möglich, darüber sind 8,5 % Rabatt einzuräumen.«

Aufgabe: Verwende ChatGPT, um dir die Zusammenhänge für die Gewährung eines Rabatts in Abhängigkeit der Verkaufssumme abzuleiten. Lass dir daraus von ChatGPT Testfälle generieren und bewerte die Qualität der Testfälle. Lass ChatGPT die Äquivalenzkassen bilden und Tests für eine Grenzwertanalyse zusammenstellen.

Hinweis: ChatGPT-3.5 ist nicht deterministisch und kann unterschiedliche Antworten generieren. Auch wenn die Antworten, die wir in den Lösungen angegeben haben, tatsächlich so von ChatGPT generiert wurden, können deine Ausgaben für diese Aufgabe anders ausfallen.

Diese Aufgabe sowie unsere Prompts und Antworten von ChatGPT findest du wieder im GitHub-Repository im Verzeichnis *Kap11.7_ChatGPT-Testspezifikation*.

16. *https://de.wikipedia.org/wiki/ChatGPT.*
17. *https://www.computerwoche.de/a/chatgpt-der-hype-erreicht-seinen-gipfel,3615297.*

11.7.2 Mehrwert von großen Sprachmodellen im Test

Anhand der vorangegangenen Übung kannst du dir sicher denken, dass LLMs nicht zu Unrecht ein großes Potenzial in der Unterstützung verschiedenster Testaktivitäten zugeschrieben wird. Die Spezifikation von Testfällen ist dabei nur eine von vielen Möglichkeiten, von denen wir uns vorstellen, dass uns LLMs bei unserer Testarbeit unterstützen könnten:

- Anforderungen auf Konsistenz analysieren
- Anforderungen vereinfacht beschreiben
- Duplizierte oder widersprüchliche Anforderungen identifizieren
- Anforderungen in atomare Teile aufteilen
- Testfälle aus Anforderungen durch unterschiedliche Testverfahren ableiten
- Testskripte in verschiedenen Programmiersprachen aus Testfällen erstellen
- Fehlerberichte aus Testlogs erstellen
- Duplizierte oder verwandte Fehlerberichte finden und priorisieren
- Fehlerberichte zusammenfassen
- Testberichte erstellen, zusammenfassen oder auf verschiedene Nutzerinnen und Nutzer zuschneiden
- ...

Einige dieser Beispiele sind schon seit Längerem von großem Interesse und daher Gegenstand aktueller Forschung oder finden sich bereits in der Werkzeugentwicklung (siehe Abschnitt 11.2). Bei aller Euphorie dürfen wir jedoch die Risiken im Test und Testmanagement nicht übersehen. Die erzeugten Ergebnisse von LLMs sollten nach wie vor von Expertinnen und Experten betrachtet und auf Plausibilität geprüft werden.

Anhang

A Abkürzungen

A4Q	Alliance for Qualification
AIaaS	AI as a Service
aNN	artificial Neural Networks
ASF	Apache Software Foundation
ASIC	Application Specific Integrated Circuit
ASUM	Analytics Solutions Unified Method
ATB	Austrian Testing Board
AUC	Area under Curve
AWS	Amazon Web Services
CEN	Comité Européen de Normalisation
CENELEC	Comité Européen de Normalisation Electrotechnique
ChatGPT	Chatbot Generative Pre-trained Transformer
CNN	Convolutional Neural Network
CPU	Central Processing Unit
CRISP-DM	Cross-Industry Standard Process for Data Mining
CT-AI	Certified Tester AI Testing
CTFL	Certified Tester Foundation Level
DIN	Deutsches Institut für Normung
DKE	Deutsche Kommission Elektrotechnik Elektronik Informationstechnik
DL	Deep Learning

DNN	Deep Neural Network
DSGVO	Datenschutz-Grundverordnung
EDA	Exploratory Data Analysis (explorative Datenanalyse)
ETSI	European Telecommunication Standards Institute
GPU	Graphic Processing Unit
GTB	German Testing Board
GUI	Graphical User Interface
HLEG	High-Level Expert Group
IEC	International Electrotechnical Commission
IEEE	Institute of Electrical and Electronic Engineers
IoT	Internet of Things
ISO	International Organization of Standardization
ISTQB	International Software Testing Qualifications Board
ITU	International Telecommunication Union
IWF	Internationaler Währungsfond
KI	künstliche Intelligenz
kNN	künstliches neuronales Netz
LIME	Local Interpretable Model-agnostic Explanations
LLM	Large Language Model
LOC	Lines of Code
LSTMN	Long-Short-Term Memory Network
MAS	Multiagentensystem
ML	Machine Learning
MQF	mittlerer quadratischer Fehler
MR	metamorphe Relation
MSE	Mean Square Error
MT	metamorphes Testen
NIST	National Institute of Standards and Technology

NLP	Natural Language Processing
OCR	Optical Character Recognition
ODD	Operational Design Domain
OECD	Organization for Economic Co-operation and Development
PICT	Pairwise Independent Combinatorial Testing Tool
QS	Qualitätssicherung
RAM	Random Access Memory
ROC	Receiver Operating Characteristic
SHAP	Shapley Additive exPlanations
SLA	Service Level Agreement
SoC	System-on-Chip
STB	Swiss Testing Board
SUT	System under Test
SVM	Support Vector Machine
TPU	Tensor Processing Unit
TVD	Trainings- und Validierungsdatensätze
VDE	Verband der Elektrotechnik Elektronik Informationstechnik
VPU	Vision Processing Unit
VSR	Virtual Showroom
XAI	eXplainable AI

B Glossar

Das vorliegende Glossar dient dem besseren Verständnis dieses Buches. Es enthält im Wesentlichen Begriffe aus dem ISTQB®-CT-AI-Lehrplan [ISTQB 2021a], Begriffe aus dem Glossar des ISTQB® [URL: Glossar] sowie weitere in diesem Buch verwendete Begriffe. Letztere haben wir zur Verdeutlichung mit einem Stern (*) gekennzeichnet.

Aktivierungsfunktion
: Die einem Neuron in einem neuronalen Netz zugeordnete Formel, welche die Ausgabe des Neurons aus den Eingaben des Neurons bestimmt.

Aktivierungswert
: Die Ausgabe einer Aktivierungsfunktion eines Neurons in einem neuronalen Netz.

Algorithmischer Bias (Algorithmische Verzerrung, engl. algorithmic bias)
: Eine Art von Bias[1], der durch den ML-Algorithmus verursacht wird.

Allgemeine Datenschutzverordnung (engl. general data protection regulation, GDPR)
: Verordnung der Europäischen Union (EU) zum Schutz natürlicher Personen bei der Verarbeitung personenbezogener Daten, die für die Daten von Bürgern der EU und des Europäischen Wirtschaftsraums gilt.

Allgemeine KI (engl. general AI)
: Siehe starke KI

Annotation
: Die Identifizierung von Objekten in Bildern mit Begrenzungsrahmen, um gekennzeichnete Daten für die Klassifikation zu erhalten.

Anonymisierung*
: Entfernung oder Veränderung von personenbezogenen oder identifizierbaren Informationen aus Daten, um sicherzustellen, dass die verbleibenden Daten nicht mehr (oder nur mit unverhältnismäßig hohem Aufwand) mit einzelnen Personen in Verbindung gebracht werden können; dient dem Schutz der Privatsphäre und der Einhaltung von Datenschutzbestimmungen.

---

1. Der CT-AI-Lehrplan verwendet für *Bias* das Wort *Verzerrung*. Da wir in unseren Projekten meist von Bias anstatt von Verzerrung sprechen, verwenden wir in diesem Buch auch den Begriff Bias.

Anpassbarkeit (engl. adaptability)
Maß der Leichtigkeit, mit dem ein System an neue Anforderungen angepasst werden kann.

Anreicherung (engl. augmentation)
Die Erstellung neuer Datenpunkte auf der Grundlage eines bestehenden Datensatzes.

API (engl. application programming interface)*
Programmierschnittstelle

Argumentationsverfahren
Siehe logikbasierte Techniken

Assoziation
Eine unüberwachte Lerntechnik, die Beziehungen und Abhängigkeiten zwischen Stichproben identifiziert.

Ausreißer
Eine Beobachtung, die außerhalb des allgemeinen Musters der Datenverteilung liegt.

Automatisierungsbias (Automatisierungsverzerrung)
Eine Art von Bias, der dadurch entsteht, dass eine Person die Empfehlungen eines automatisierten Entscheidungssystems gegenüber anderen Quellen bevorzugt; Synonyme: Automatisierungsverzerrung, Bequemlichkeitsbias, Bequemlichkeitsverzerrung.

Autonomes System
Ein System, das über längere Zeiträume ohne menschliches Zutun funktioniert.

Autonomie
Die Fähigkeit eines Systems, über einen längeren Zeitraum ohne menschliches Eingreifen zu funktionieren [ISO/IEC TR 29119-11].

Bayessches Modell
Ein statistisches Modell, das die Unbestimmtheit von Modell-Inputs und -Outputs mithilfe von Wahrscheinlichkeiten darstellt.

Bayessches Verfahren
Eine Technik, die Vorher-Nachher-Wahrscheinlichkeitsverteilungen als Parameter eines statistischen Modells berücksichtigt.

Belohnungsfunktion (engl. reward function)
Eine Funktion, die den Erfolg des bestärkenden Lernens definiert.

Belohnungs-Hacking (engl. reward hacking)
Siehe Reward Hacking

Bestärkendes Lernen (engl. reinforcement learning)
Die Erstellung eines ML-Modells durch einen Prozess des Ausprobierens und Belohnens, um ein Ziel zu erreichen [ISO/IEC TR 29119-11].

Betriebskennlinie des Beobachters
Siehe Receiver-Operating-Characteristic-Kurve (ROC-Kurve)

Bias
Die systematische Ungleichbehandlung von bestimmten Objekten, Personen oder Gruppen im Vergleich zu anderen [ISO/IEC 22989]; Synonym: Verzerrung.

Big Data
Umfangreiche Datensätze, deren Merkmale in Bezug auf Volumen, Vielfalt, Geschwindigkeit und/oder Variabilität spezielle Techniken und Techniken zur Verarbeitung erfordern.

Bounding Box*
Ein rechteckiger Rahmen, der um ein Objekt oder eine Region in einem Bild gezogen wird, um ein Objekt zu markieren; findet oft Verwendung in Computer Vision und Bildverarbeitung, um Objekte zu identifizieren, zu klassifizieren oder zu lokalisieren; Synonyme: Begrenzungsbox, Begrenzungsrahmen.

Boxplot*
Grafische Darstellung, die statistische Informationen über die Verteilung von Daten in einem Datensatz zeigt, einschließlich Median, Quartile, mögliche Ausreißer, Interquartilsbereich, Minima und Maxima.

Chatbot
Eine Anwendung, die dazu dient, ein Gespräch über Text oder Text-to-Speech zu führen.

Clusterbildung
Eine Art von ML-Funktion, die ähnliche Datenpunkte zusammenfasst.

Clustering
Eine Art von ML-Algorithmus zur Gruppierung ähnlicher Objekte in Clustern.

Clusterinterne Metrik
Eine Metrik, die die Ähnlichkeit von Datenpunkten innerhalb eines Clusters misst; Synonym: Intra-Cluster-Metrik.

Clusterübergreifende Metrik (Inter-Cluster-Metrik)
Eine Metrik, die die Ähnlichkeit von Datenpunkten in verschiedenen Clustern misst.

Datenerfassung
Die Beschaffung von Daten, die für das von einem ML-Modell zu lösende Geschäftsproblem relevant sind.

Datenkennzeichnung (engl. labelling)
Das Hinzufügen aussagekräftiger Tags zu Objekten in Rohdaten zur Unterstützung der Klassifikation in ML; Synonym: Kennzeichnung.

Datenpipeline
Die Durchführung von Datenvorbereitungstätigkeiten zur Bereitstellung von Eingabedaten zur Unterstützung des Trainings durch einen ML-Algorithmus oder der Vorhersage durch ein ML-Modell.

Datenpunkt
Ein Satz von einer oder mehreren Messungen, der eine einzelne Beobachtung umfasst und als Teil eines Datensatzes verwendet wird.

Datensatz
Eine Sammlung von Daten, die für das Training, die Evaluierung, das Testen und die Vorhersage in ML verwendet werden.

Datenverunreinigung (engl. data poisoning)
Die absichtliche und böswillige Manipulation von Trainings- oder Eingabedaten für ein ML-Modell.

Datenvisualisierung
Eine Technik zur grafischen Darstellung von Datenbeziehungen, Trends und Mustern.

Datenvorbereitung
Die Aktivitäten der Datenbeschaffung, der Datenvorverarbeitung und der Merkmalsermittlung im ML-Workflow.

Datenvorverarbeitung
Die Aktivitäten der Datenbereinigung, Datenumwandlung, Datenerweiterung und Datenabfrage im ML-Workflow.

Deduktiver Klassifikator
Ein Klassifikator, der auf der Anwendung von Schlussfolgerungen und Logik auf Eingabedaten basiert.

Deterministisches System
Ein System, das aus einer gegebenen Menge von Eingaben und einem gegebenen Ausgangszustand dieselbe Menge von Ausgaben und denselben Endzustand erzeugt.

Dynamischer Test
Testen, das die Ausführung des Testelements beinhaltet [URL: Glossar]. (Prüfung des Testobjekts durch Ausführung auf einem Rechner)[2]

Edge-Computing
Der Teil einer verteilten Architektur, in dem die Informationsverarbeitung in der Nähe des Orts erfolgt, an dem die Informationen verwendet werden.

---

2. Abgewandelt durch das Autorenteam.

Edge-Device*
Ein Gerät, das Informationen vor Ort verarbeitet anstatt in einem zentralen Rechenzentrum oder einer Cloud.

Entscheidungsbaum (engl. decision tree)
Ein baumartiges ML-Modell, dessen Knoten Entscheidungen und dessen Äste mögliche Ergebnisse darstellen.

Entscheidungsschwelle (Entscheidungsschwellenwerte)
Ein Wert, der das Ergebnis einer Vorhersagefunktion in ein binäres Ergebnis von entweder über oder unter dem Wert umwandelt; Synonyme: Diskriminierungsschwelle, Schwellenwert.[3]

Epoche
Eine Iteration des ML-Trainings mit dem gesamten Trainingsdatensatz.

Erklärbare KI (explainable AI, XAI)
Das Forschungsfeld, das sich mit dem Verständnis der Faktoren befasst, die die Ergebnisse von KI-Systemen beeinflussen.

Erklärbarkeit
Der Grad des Verständnisses, wie das KI-basierte System zu einem bestimmten Ergebnis gekommen ist [ISO/IEC TR 29119-11].

Ethik (engl. ethic)
Ein System anerkannter Prinzipien, die Verhaltensweisen beeinflussen, insbesondere wenn diese auf moralischen Grundsätzen beruhen [URL: Dictionary].

Evolution
Der Prozess der kontinuierlichen Veränderung von einem niedrigeren, einfacheren oder schlechteren Zustand zu einem höheren, komplexeren oder besseren Zustand.

Expertensystem
Ein KI-gestütztes System zur Lösung von Problemen in einem bestimmten Bereich oder Anwendungsgebiet, indem es Schlussfolgerungen aus einer Wissensbasis zieht, die auf menschlichem Fachwissen beruht.

Explorative Datenanalyse (EDA)
Die interaktive, hypothesengesteuerte und visuelle Erkundung von Daten zur Unterstützung der Merkmalsermittlung.

F1-Wert (engl. F1-Score)
Eine funktionale Leistungsmetrik von ML, die zur Evaluierung eines Klassifizierers verwendet wird und ein Gleichgewicht zwischen Recall und Präzision herstellt; wird berechnet als harmonische Mittel aus Präzision und Sensitivität.

3. Ergänzung des Autorenteams.

Fallbasiertes Schließen (Fallbezogene Argumentation, engl. case-based reasoning)
Die Technik, ein neues Problem auf der Grundlage der Lösungen ähnlicher früherer Probleme zu lösen.

Falsch negativ (FN)
Eine ML-Modellvorhersage, bei der das Modell fälschlicherweise die negative Klasse vorhersagt.

Falsch positiv (FP)
Eine ML-Modellvorhersage, bei der das Modell fälschlicherweise die positive Klasse vorhersagt.

Fehlereinfügung (Fehlereinspeisung)
Das absichtliche Einfügen eines Fehlerzustands in eine Komponente oder ein System, um zu bestimmen, ob sie bzw. es den Fehler entdecken und sich möglicherweise wiederherstellen kann [URL: Glossar].

Fehlervorhersage
Eine Technik, um die Bereiche innerhalb des Testobjekts vorherzusagen, in denen Fehler auftreten werden, oder die Menge der vorhandenen Fehler.

Feindlicher Angriff
Siehe gegnerischer Angriff

Fläche unter der Kurve (area under curve, AUC)
Ein Maß dafür, wie gut ein Klassifikator zwischen zwei Klassen unterscheiden kann.

Flexibilität
Die Fähigkeit eines Systems, in Kontexten außerhalb seiner ursprünglichen Spezifikation zu arbeiten [ISO/IEC TR 29119-11].

Fuzzy-Logik
Eine Art von Logik, die auf dem Konzept der partiellen Wahrheit (Teilwahrheit) basiert, dargestellt durch Gewissheitsfaktoren zwischen 0 und 1.

Gegnerischer Angriff
Die absichtliche Verwendung von gegnerischen Beispielen, um ein ML-Modell zum Scheitern zu bringen.

Gegnerisches Beispiel (engl. adversarial example)
Eine Eingabe für ein ML-Modell, die durch geringfügige Störungen eines funktionierenden Beispiels erzeugt wird und dazu führt, dass das Modell mit hoher Wahrscheinlichkeit ein falsches Ergebnis ausgibt [ISO/IEC 2020], [ISO/IEC TR 29119-11]; Synonyme: kontradiktorisches Beispiel, Negativbeispiel.

Gegnerisches Testen (engl. adversarial testing)
Ein Testverfahren, das auf der Erstellung und Ausführung von gegnerischen Beispielen basiert, um Fehlerzustände in einem ML-Modell zu identifizieren [ISO/IEC TR 29119-11]; Synonym: kontradiktorisches Testen.

Genauigkeit (engl. accuracy)
Funktionale Leistungsmetrik von ML zur Evaluierung eines Klassifikators, die den Prozentsatz aller richtig vorhergesagten Klassifikationen misst [ISO/IEC TR 29119-11]; wird berechnet als Prozentsatz aller richtig vorhergesagten Klassifikationen.[4]

Generelle KI
Siehe starke KI

Gewicht
Eine interne Variable einer Verbindung zwischen Neuronen in einem neuronalen Netz, die sich darauf auswirkt, wie es seine Ausgaben berechnet, und die sich ändert, wenn das neuronale Netz trainiert wird.

GitHub*
Ein von Microsoft gehostetes Online-Cloud-Repository für IT-Projekte, das auf dem Konfigurationsmanagement-Werkzeug *git* basiert.

Grafikprozessor (GPU)
Eine anwendungsspezifische integrierte Schaltung zur Manipulation und Änderung des Speichers, um die Erzeugung von Bildern in einem Bildpuffer zu beschleunigen, der für die Ausgabe an ein Anzeigegerät bestimmt ist.

Grafische Benutzeroberfläche (engl. Graphical User Interface, GUI) *
Visuelle Schnittstelle, die es Benutzern ermöglicht, mit einem Computer oder einem elektronischen Gerät zu interagieren.

Grundwahrheit (engl. ground truth)
Informationen, die durch direkte Beobachtung und Messung gewonnen werden und von denen man weiß, dass sie real oder wahr sind.

Heatmap*
Visuelle Darstellung von Daten durch Farben, wobei verschiedene Farbtöne oder Intensitäten verwendet werden, um die Verteilung oder Beziehung zwischen zwei oder mehr Variablen auf einer zweidimensionalen Fläche darzustellen.

Histogramm*
Grafische Darstellung zur Verteilung von Daten in verschiedenen Gruppen anhand von Balken; die Höhe der Balken entspricht der Häufigkeit der jeweiligen Gruppe.

---

4. Ergänzung des Autorenteams.

Hyperparameter
Ein Parameter, der entweder zur Steuerung des Trainings eines ML-Modells oder zur Festlegung der Konfiguration eines ML-Modells verwendet wird.

Hyperparameter-Tuning
Die Bestimmung der optimalen Hyperparameter des Modells oder des Algorithmus auf der Grundlage bestimmter Ziele.

Inferenz (im Kontext der Logik)
Verfahren zum logischen Schließen bzw. Schlussfolgern.

Inferenz (im Kontext ML)
Anwenden eines trainierten KI-Modells im Betrieb.

Instrumentieren*
Gezieltes Modifizieren des Sourcecodes einer Anwendung oder Software, damit Testautomaten mit dem SUT interagieren können.

Intelligenter Agent
Ein autonomes Programm, das seine Aktivitäten anhand von Beobachtungen und Aktionen auf das Erreichen von Zielen ausrichtet.

Inter-Cluster-Metrik
Siehe clusterübergreifende Metrik

Interpretierbarkeit
Der Grad des Verständnisses, wie die zugrunde liegende KI-Technik funktioniert [ISO/IEC TR 29119-11].

Intra-Cluster-Metrik
Siehe clusterinterne Metrik

JupyterLab*
Ein Webserver, der eine webbasierte integrierte Entwicklungsumgebung (IDE) unter anderem für Jupyter Notebooks bietet.

Jupyter Notebook*
Ein Dateiformat mit der Erweiterung ".ipynb", das hauptsächlich für Datenanalyse, wissenschaftliche Berechnungen und Programmierung verwendet wird; es ermöglicht die Erstellung interaktiver Dokumente in einer webbasierten Jupyter Notebook-Umgebung, die Code, Text, Bilder, Visualisierungen und mathematische Ausdrücke enthalten können.

Kausalität
Beziehung, die in ursächlicher Verbindung zu einer Wirkung steht.

KI als Service (KI als Dienst, AIaaS)
Ein Software-Lizenzierungs- und Bereitstellungsmodell, bei dem KI und KI-Entwicklungsdienste zentral gehostet werden.

KI-basiertes System
Ein System, das eine oder mehrere KI-Komponenten integriert.

KI-Effekt
Die Situation, dass ein zuvor als KI gekennzeichnetes System aufgrund des technologischen Fortschritts nicht mehr als KI angesehen wird [ISO/IEC TR 29119-11].

KI-Komponente
Eine Komponente, die KI-Funktionalität bietet.

KI-spezifischer Prozessor
Eine Art spezialisierte Hardware zur Beschleunigung von KI-Anwendungen.

Klassifikation
Eine Art von ML-Funktion, die die Ausgabeklasse für eine gegebene Eingabe vorhersagt [ISO/IEC TR 29119-11].

Klassifikator
Ein ML-Modell für die Klassifikation; Synonym: Klassifikationsmodell.

k-nächster Nachbar (engl. k-nearest neighbor)
Ein Klassifikationsansatz, der die Wahrscheinlichkeit der Gruppenzugehörigkeit eines Datenpunkts in Abhängigkeit von der Gruppenzugehörigkeit der nächstgelegenen Datenpunkte schätzt.

Konfusionsmatrix
Ein Verfahren zur Zusammenfassung der funktionalen Leistung von ML eines Klassifikationsalgorithmus.

Konzeptdrift
Eine Veränderung in der wahrgenommenen Genauigkeit der Vorhersagen eines ML-Modells im Laufe der Zeit, die durch Veränderungen in den Erwartungen und im Verhalten der Nutzer sowie in der betrieblichen Einsatzumgebung verursacht wird.

Korrelation
Beziehung, die in einem statistischen Zusammenhang steht. Diese Beziehung muss nicht kausal sein, sondern kann auch rein zufällig sein.

Künstliche Intelligenz (KI, engl. artificial intelligence, AI)
Die Fähigkeit eines technischen Systems, Wissen und Fähigkeiten zu erwerben, zu verarbeiten, zu erzeugen und anzuwenden [ISO/IEC TR 29119-11].

Künstliche Superintelligenz
Eine KI, deren Fähigkeiten die Fähigkeiten des Menschen überschreiten[5]/weit übertreffen; Synonym: Super-KI.

5. Abgewandelt durch das Autorenteam.

Künstliches neuronales Netz (kNN)
Siehe neuronales Netz

Labelling
Siehe Datenkennzeichnung

Lernalgorithmus
Ein Programm, das ein ML-Modell auf der Grundlage der Eigenschaften des Trainingsdatensatzes erstellt.

LIME-Algorithmus*
Technik im Bereich des maschinellen Lernens, um einzelne Vorhersagen komplexer Modelle unabhängig von der zugrunde liegenden Modellarchitektur zu erklären, um Interpretierbarkeit und Erklärbarkeit zu erreichen.

LIME-Methode
Der Algorithmus *Local Interpretable Model-Agnostic Explanations* zur Erklärung der Vorhersagen aus einem ML-Modell.

Lineare Regression
Ein statistisches Verfahren, das die Beziehung zwischen Variablen modelliert, indem eine lineare Gleichung an die beobachteten Daten angepasst wird, wenn die Zielvariable numerisch ist.

Logikbasierte Techniken
KI, die mithilfe logischer Techniken Schlussfolgerungen aus verfügbaren Informationen zieht [ISO/IEC TR 29119-11]; Synonym: Argumentationsverfahren.

Logistische Regression
Ein statistisches Verfahren, das die Beziehung zwischen Variablen modelliert, wenn die Zielvariable und/oder die Eingangsvariablen kategorisch und nicht numerisch sind.

Maschinelles Lernen (ML, engl. machine learning)
Der Prozess, bei dem computergestützte Techniken eingesetzt werden, um Systeme in die Lage zu versetzen, aus Daten oder Erfahrungen zu lernen [ISO/IEC TR 29119-11].

Merkmal (engl. feature)
Ein einzeln messbares Attribut der Eingabedaten, das von einem ML-Algorithmus für das Training und von einem ML-Modell für die Vorhersage verwendet wird.

Merkmalsermittlung (engl. feature engineering)
Die Aktivität, bei der die Attribute in den Rohdaten, die die zugrunde liegenden Beziehungen, die im ML-Modell erscheinen sollen, am besten repräsentieren, zur Verwendung in den Trainingsdaten identifiziert werden [ISO/IEC TR 29119-11].

Mittlerer quadratischer Fehler (MQF, engl. mean square error, MSE)
Das statistische Maß für die durchschnittliche quadratische Differenz zwischen den geschätzten Werten und dem tatsächlichen Wert.

ML-Algorithmus
Ein Algorithmus, der zur Erstellung eines ML-Modells aus einem Trainingsdatensatz verwendet wird.

ML-Benchmark-Suite
Ein Datensatz, der zum Vergleich von ML-Modellen und ML-Algorithmen über eine Reihe von Evaluierungsmetriken verwendet wird.

ML-Framework
Ein Werkzeug oder eine Bibliothek, die die Erstellung eines ML-Modells unterstützt.

ML-Funktion
Von einem ML-Modell implementierte Funktionen, wie Klassifikation, Regression oder Clusterbildung.

ML-Modellevaluierung
Der Prozess des Vergleichs der erzielten funktionalen Leistungsmetriken von ML mit den erforderlichen Kriterien und denen anderer ML-Modelle.

ML-Modelltraining
Der Prozess der Anwendung des ML-Algorithmus auf den Trainingsdatensatz zur Erstellung eines ML-Modells.

ML-Modelltuning
Der Prozess des Testens von Hyperparametern, um eine optimale Leistung zu erreichen.

ML-System
Ein System, das ein oder mehrere ML-Modelle integriert.

ML-Workflow
Eine Abfolge von Aktivitäten zur Verwaltung der Entwicklung und des Einsatzes eines ML-Modells.

Mock (Mock-Objekt, Mockup)*
Nachgeahmte oder simulierte Version eines Systems oder einer Komponente, die mit deutlich weniger Aufwand erstellt werden kann. Sie ermöglicht die Entwicklung oder den Test anderer Komponenten.

Multiagentensystem
Ein System, das mehrere intelligente Agenten umfasst.

Neuromorpher Prozessor
Ein integrierter Schaltkreis, der die biologischen Neuronen des menschlichen Gehirns nachbilden soll.

Neuron
Ein Knoten in einem neuronalen Netz, der normalerweise mehrere Eingangswerte empfängt und einen Aktivierungswert erzeugt.

Neuronaler Netzwerktrojaner
Eine Schwachstelle, die mittels eines Datenverunreinigungs-Angriffs in ein neuronales Netz eingeschleust wird, um sie später auszunutzen.

Neuronales Netz (NN, engl. neural network)
Ein Netzwerk von primitiven Verarbeitungselementen, die durch gewichtete Verbindungen mit einstellbaren Gewichten verbunden sind, in dem jedes Element einen Wert durch Anwendung einer nichtlinearen Funktion auf seine Eingangswerte erzeugt und ihn an andere Elemente weitergibt oder als Ausgangswert präsentiert [ISO/IEC 2382]; Synonym: künstliches neuronales Netz.

Nichtdeterministisches System
Ein System, das bei einer bestimmten Menge von Eingaben und einem bestimmten Ausgangszustand nicht immer dieselbe Menge von Ausgaben und denselben Endzustand erzeugt.

One-Hot-Codierung (1-aus-n-Code)*
Methode in der Datenverarbeitung und insbesondere im maschinellen Lernen, bei der eine Eingabe, die aus einer Menge von n aufzählbaren Eigenschaften (z.B. Kategorien) ausgewählt werden kann, in eine binäre Darstellung umgewandelt wird. Die Bits entsprechen den n Eigenschaften: "1", wenn die Eingabe dieser Eigenschaft entspricht; "0", wenn die Eingabe dieser Eigenschaft nicht entspricht.

Overfitting (Überanpassung)
Die Erstellung eines ML-Modells, das zu sehr dem Trainingsdatensatz entspricht, was zu einem Modell führt, das nur schwer auf neue Daten verallgemeinert werden kann [ISO/IEC TR 29119-11].

Perzeptron
Ein neuronales Netz mit nur einer Schicht und einem Neuron (in der Grundversion[6]).

Präzision (engl. precision)
Eine funktionale Leistungsmetrik von ML, die zur Evaluierung eines Klassifikators verwendet wird; misst den Anteil der korrekten Ergebnisse unter den als positiv vorhergesagten Ergebnissen [ISO/IEC TR 29119-11], wird berechnet als Prozentsatz der richtig positiven vorhergesagten Klassifikationen unter allen positiv vorhergesagten.

6. Ergänzung des Autorenteams.

Predictive Maintenance*
Nutzung von Datenanalyse und vorausschauenden Modellen, um den optimalen Zeitpunkt für Wartungsarbeiten an Maschinen oder Anlagen vorherzusagen.

Probabilistisches System
Ein System, dessen Verhalten in Form von Wahrscheinlichkeiten beschrieben wird und dessen Ergebnisse daher nicht genau vorhergesagt werden können.

Prozedurale Argumentation (engl. procedural reasoning)
Siehe verfahrensorientiertes Schließen

Qualitätssicherung (QS, engl. quality assurance, QA)
Teil des Qualitätsmanagements, der darauf ausgerichtet ist, Vertrauen in die Erfüllung der Qualitätsanforderungen zu erzeugen[7] [URL: Glossar].

Quantil-Quantil-Diagramm*
Eine grafische Darstellung zur Visualisierung der Verteilungsähnlichkeit zwischen zwei Merkmalen eines Datensatzes (z.B. erwartete und beobachtete Werte) anhand ihrer Quartile.

Random Forest
ML-Technik für Klassifikation, Regression und andere Aufgaben, bei der viele Entscheidungsbäume erstellt und ausgeführt werden und dann entweder der Modus der Klasse oder die mittlere Vorhersage der einzelnen Bäume ausgegeben wird.

Rauschen (engl. noise)
Eine Störung oder Verfälschung von Daten.

Receiver-Operating-Characteristic-Kurve (ROC-Kurve)
Eine grafische Darstellung, die die Fähigkeit eines binären Klassifizierers veranschaulicht, wenn seine Entscheidungsschwelle variiert wird.

Regelbasierte Schließen (Regelmaschinen)
Eine Reihe von Regeln, die festlegen, welche Aktionen stattfinden sollen, wenn bestimmte Bedingungen erfüllt sind.

Regression
Eine Art von ML-Funktion, die zu einem numerischen oder kontinuierlichen Ausgabewert für eine gegebene Eingabe führt [ISO/IEC TR 29119-11].

Regressionsmodell
Ein ML-Modell, dessen erwartete Ausgabe für eine gegebene numerische Eingabe eine kontinuierliche Variable ist [ISO/IEC 23053].

---

7. Abgewandelt durch das Autorenteam.

Regularisierung*
Techniken, die angewendet werden, um Overfitting zu reduzieren, indem zusätzliche Bedingungen oder Strafterme in den Lernalgorithmus aufgenommen werden. Ziel ist es, die Modellkomplexität zu kontrollieren und so eine höhere Verallgemeinerungsfähigkeit zu erreichen.

REST (engl. representational state transfer)*
Ein Paradigma der Maschine-zu-Maschine-Kommunikation, das Serverdienste und Ressourcen einem Client über eindeutige Adressen (URL) und durch ein zustandsloses Protokoll zugänglich macht.

Reward Hacking (Belohnungs-Hacking)
Die von einem intelligenten Agenten ausgeführte Tätigkeit zur Maximierung seiner Belohnungsfunktion auf Kosten der Erfüllung des ursprünglichen Ziels (nach [ISO/IEC TR 29119-11]).

Richtig Negativ (RN)
Eine Vorhersage, bei der das Modell die negative Klasse korrekt vorhersagt.

Richtig Positiv (RP)
Eine Vorhersage, bei der das Modell die positive Klasse korrekt vorhersagt.

R^2 (R-Quadrat)
Ein statistisches Maß dafür, wie nahe die Datenpunkte an der angepassten Regressionslinie liegen; Synonym: Bestimmungskoeffizient.

Schwache KI (engl. narrow AI)
KI, die auf eine einzelne klar definierte (engl. well-defined) Aufgabe konzentriert ist, um ein spezifisches Problem zu lösen [ISO/IEC TR 29119-11]; Synonym: enge KI.

Schwellenwert
Siehe Entscheidungsschwelle

Selbstlernendes System
Ein adaptives System, das sein Verhalten auf der Grundlage von Lernen durch Versuch und Irrtum ändert [ISO/IEC TR 29119-11].

Sensitivität (engl. recall)
Eine funktionale Leistungsmetrik von ML zur Evaluierung eines Klassifikators; misst den Anteil der korrekt vorhergesagten Ergebnisse unter den tatsächlich positiven Fällen [ISO/IEC TR 29119-11]; wird berechnet als Prozentsatz der richtig positiven vorhergesagten positiven Klassifikationen unter allen tatsächlich positiven; Synonym: Empfindlichkeit.

SHAP-Algorithmus (Shapley Additive exPlanations)*
Methode, um die Beiträge einzelner Merkmale oder Variablen zur Vorhersage eines ML-Modells zu quantifizieren, um Interpretierbarkeit und Erklärbarkeit zu erreichen.

Sicherheit (Funktionale)
Die Erwartung, dass ein System unter definierten Bedingungen nicht zu einem Zustand führt, in dem menschliches Leben, Gesundheit, Eigentum oder die Umwelt gefährdet sind [ISO/IEC/IEEE 12207].

Silhouettenkoeffizient
Ein Clustermaß zwischen -1 und +1, das auf den durchschnittlichen Unterschieden zwischen den Clustern und innerhalb der Cluster basiert; Synonym: Silhouettenwertung.

Sourcecode*
Menschenlesbarer Text, der Anweisungen und Logik enthält, die von einem Computer verstanden und in ausführbare Programme übersetzt werden können; Synonyme: Quellcode, Quelltext.

Starke KI (engl. general AI)
KI, die über das gesamte Spektrum der kognitiven Fähigkeiten ein dem Menschen vergleichbares intelligentes Verhalten zeigt [ISO/IEC TR 29119-11]; Synonyme: allgemeine oder generelle KI.

Statischer Test
Testen, das die Ausführung einer Testeinheit nicht beinhaltet [URL: Glossar]. (Test von Softwareentwicklungsartefakten, z.B. Anforderungen oder Quelltext, ohne diese auszuführen)[8]

Stichprobenbias (Stichprobenverzerrung, stichprobenartiger Bias, engl. sample bias)
Eine Art von Bias, bei dem der Datensatz nicht vollständig repräsentativ für den Datenraum ist, auf den ML angewendet wird.

Streudiagramm*
Zweidimensionale grafische Darstellung, die Punkte im Koordinatensystem verwendet, um die Beziehung oder Muster zwischen zwei Variablen in einem Datensatz zu visualisieren.

Suchalgorithmus
Ein Algorithmus, der systematisch eine Teilmenge aller möglichen Zustände oder Strukturen besucht, bis der Zielzustand oder die Zielstruktur erreicht ist [ISO/IEC TR 29119-11].

8. Ergänzt durch das Autorenteam.

Super-KI
Siehe künstliche Superintelligenz

Support Vector Machine (SVM)
Eine ML-Technik, bei der die Datenpunkte als Vektoren im mehrdimensionalen Raum betrachtet werden, die durch eine Hyperebene getrennt sind; Synonym: Stützvektormaschine.

System Under Test (SUT)
Ein System als Testobjekt [URL: Glossar].

Szenariobasiertes Testen*
Erstellung und Durchführung von Tests, in denen ein ganzes Szenario in einer dynamischen Testumgebung und durch mehrere Aktionen der Umgebung und des SUT beschrieben wird.

Technologische Singularität
Ein Punkt in der Zukunft, an dem der technologische Fortschritt nicht mehr vom Menschen kontrolliert werden kann [ISO/IEC TR 29119-11].

Testdatensatz
Vom Trainingsdatensatz unabhängiger Datensatz für die Evaluierung, ob die vereinbarten funktionalen Leistungskriterien von ML erfüllt werden, Synonym: Holdout-Datensatz.

Testobjekt
Die Komponente oder das System, das getestet wird[9] [URL: Glossar].

Testorakelproblem
Die Herausforderung, festzustellen, ob ein Test bei einer bestimmten Anzahl von Testeingaben und einem bestimmten Zustand (des SUT)[10] bestanden oder nicht bestanden wurde.

Tiefes Lernen (engl. deep learning, DL)
ML mit neuronalen Netzen mit mehreren Schichten.

Tiefes neuronales Netzwerk (engl. deep neural network, DNN)
Ein neuronales Netz, das aus mehreren Schichten von Neuronen besteht; Synonym: mehrschichtiges Perzeptron.

Trainingsdatensatz
Ein Datensatz, der zum Trainieren eines ML-Modells verwendet wird.

Transfer-Lernen
Eine Technik zur Modifizierung eines vortrainierten ML-Modells, um eine andere verwandte Aufgabe zu erfüllen.

9. Abgewandelt durch das Autorenteam.
10. Ergänzung des Autorenteams.

Transparenz
Der Grad der Sichtbarkeit des Algorithmus und der Daten, die von dem KI-basierten System verwendet werden [ISO/IEC TR 29119-11].

Tuning
Siehe Hyperparameter-Tuning bzw. ML-Modelltuning

Überanpassung
Siehe Overfitting

Überwachtes Lernen (engl. supervised learning)
Trainieren eines ML-Modells aus Eingabedaten und den entsprechenden Kennzeichnungen.

Unangemessener Bias (Unangemessene Verzerrung)
Eine Art von Verzerrung, die dazu führt, dass ein System Ergebnisse produziert, die für eine bestimmte Gruppe nachteilige Auswirkungen haben.

Underfitting (Unteranpassung)
Die Erstellung eines ML-Modells, das den zugrunde liegenden Trend des Trainingsdatensatzes nicht widerspiegelt, was zu einem Modell führt, das nur schwer genaue Vorhersagen machen kann [ISO/IEC TR 29119-11].

Unüberwachtes Lernen (engl. unsupervised learning)
Trainieren eines ML-Modells anhand von Eingabedaten unter Verwendung eines nicht beschrifteten Datensatzes.

Validierungsdatensatz
Ein Datensatz zur Evaluierung eines trainierten ML-Modells mit dem Ziel, das Modell zu optimieren.

Verarbeitung natürlicher Sprache (engl. natural language processing, NLP)
Ein Bereich der Informatik, der die Fähigkeit bietet, natürliche Sprachen zu erkennen, zu verstehen, zu manipulieren und aus ihnen eine Bedeutung abzuleiten.

Verfahrensorientiertes Schließen (engl. procedural reasoning)
KI-Technik für die Entwicklung von Echtzeit-Schlussfolgerungssystemen, die komplexe Aufgaben in dynamischen Umgebungen ausführen können; Synonyme: prozedurale Argumentation, prozedurales Schließen.

Verzerrung
Siehe Bias

Von-Neumann-Architektur
Eine Computerarchitektur, die aus fünf Hauptkomponenten besteht: Speicher, zentrale Verarbeitungseinheit, Steuereinheit, Ein- und Ausgabe.

Vortrainiertes Modell
Ein ML-Modell, das bereits trainiert wurde, als es erhalten wurde.

C Verzeichnis der Praxisbeispiele

Kapitel 1

Kapitel 2

Kapitel 3

Kapitel 4

Kapitel 5

Kapitel 7

Kapitel 8

Kapitel 9

D Verzeichnis der Übungen

Kapitel 3

Kapitel 4

Kapitel 5

Kapitel 6

Kapitel 8

Kapitel 9

Kapitel 11

E Verzeichnis der Exkurse

Kapitel 1

Kapitel 2

Kapitel 3

Kapitel 4

Kapitel 11

F Literaturverzeichnis

[**A4Q 2019**] Alliance for Qualification (A4Q): Artificial Intelligence and Software Testing – Foundation – Syllabus, Ausgabe 1.0, 2019; *https://cdn.website-editor.net/0fa31c5707954e47832ceaaddbdfde76/files/uploaded/AI_Software_Testing_Syllabus%2520%25281.0%2529.pdf*.

[**Adler 2021**] Adler, D. R.: Autonome Systeme: großes Potenzial für die digitale Zukunft, 10. Juni 2021; *https://www.iese.fraunhofer.de/blog/autonome-systeme/* (abgerufen am 09.08.2023).

[**Amodei et al. 2016**] Amodei, D.; Olah, C.; Steinhardt, J.; Christiano, P.; Schulman, J. et al.: Concrete Problems in AI Safety. arXiv, 2016; *https://arxiv.org/pdf/1606.06565.pdf* (abgerufen am 28.07.2023).

[**Anger 2021**] Anger, J.: Mobilität der Zukunft – Wenn die KI irritiert ist. Magazin des Fraunhofer Instituts für Kognitive Systeme IKS, 23. September 2021; *https://safe-intelligence.fraunhofer.de/artikel/wenn-die-ki-irritiert-ist* (abgerufen am 09.08.2023).

[**Arrieta et al. 2019**] Arrieta, A. B.; Díaz-Rodríguez, N.; Ser, J. D.; Bennetot, A. et al.: Explainable Artificial Intelligence (XAI): Concepts, Taxonomies, Opportunities and Challenges toward Responsible AI. arXiv, 26. Dezember 2019; *https://arxiv.org/pdf/1910.10045* (abgerufen am 08.08.2023).

[**Baudel et al. 2020**] Baudel, T.; Verbockhaven, M.; Cousergue, V.; Roy, G.; Laarach, R.: Addressing Cognitive Biases in Augmented Business Decision Systems. arXiv, 2020; *https://arxiv.org/abs/2009.08127*.

[**Belkina et al. 2019**] Belkina, M.; Hsu, D.; Ma, S.; Mandal, S.: Reconciling modern machine learning practice and the bias-variance trade-of. arXiv, 12. September 2019; *https://arxiv.org/pdf/1812.11118.pdf* (abgerufen am 09.08.2023).

[**Bhande 2018**] Bhande, A.: What is underfitting and overfitting in machine learning and how to deal with it, 11. März 2018; *https://medium.com/greyatom/what-is-underfitting-and-overfitting-in-machine-learning-and-how-to-deal-with-it-6803a989c76* (abgerufen am 09.08.2023).

[Breck et al. 2017] Breck, E.; Cai, S.; Nielsen, E.; Salib, M.; Sculley, D.: The ML Test Score: A Rubric for ML Production Readiness and Technical Debt Reduction. IEEE International Conference on Big Data (Big Data), 2017; *https://ieeexplore.ieee.org/document/8258038* (abgerufen am 31.07.2023).

[Brown et al. 2020] Brown, T. B.; Mann, B.; Ryder, N.; Subbiah, M.; Kaplan, J. et al.: Language Models are Few-Shot Learners. arXiv, 28. Mai 2020; *https://arxiv.org/pdf/2005.14165* (abgerufen am 08.08.2023).

[Bruns et al. 2019] Bruns, L.; Dittwald, B.; Meiners, F.: Leitfaden für qualitativ hochwertige Daten und Metadaten. Fraunhofer-Institut für Offene Kommunikationssysteme FOKUS, 2019, S. 80; *https://cdn0.scrvt.com/fokus/551bf951bf1982f5/0c96fbf464ef/NQDM_Leitfaden_2019.pdf* (abgerufen am 08.08.2023).

[Büchmann 1972] Büchmann, G.: Geflügelte Worte. 32. Auflage, Haude & Spener, Berlin, 1972.

[Chadha 2018] Chadha, H. S.: Uber's Autonomous Car Accident Investigation, 23. März 2018; *https://towardsdatascience.com/ubers-autonomous-car-accident-investigation-57fcc88cb6e7* (abgerufen am 08.08.2023).

[Chapman et al. 2000] Chapman, P.; Clinton, J.; Kerber, R.; Khabaza, T.; Reinartz, T. et al.: CRISP-DM 1.0, 2000; *ftp://ftp.software.ibm.com/software/analytics/spss/support/Modeler/Documentation/14/UserManual/CRISP-DM.pdf.*

[Chen & Kuo 2018] Chen, T. Y.; Kuo, F.-C.: Metamorphic Testing: A Review of Challenges and Opportunities. ACM Computing Surveys, Bd. 51, Nr. 1, Januar 2018; *https://www.researchgate.net/publication/322261865_Metamorphic_Testing_A_Review_of_Challenges_and_Opportunities* (abgerufen am 31.07.2023).

[Chng 2022] Chng, Z. M.: Using Normalization Layers to Improve Deep Learning Models. Machine Learning Mastery, 20. Juni 2022; *https://machinelearningmastery.com/using-normalization-layers-to-improve-deep-learning-models/* (abgerufen im Juli 2023).

[Davies et al. 2021] Davies, M.; Wild, A.; Garrick, O.; Sandamirskaya, Y.; Fonseca Guerra, G. A. et al.: Advancing Neuromorphic Computing With Loihi: A Survey of Results and Outlook. Proceedings of the IEEE, Bd. 105, Nr. 5, S. 911-934, 2021; *https://dynamicfieldtheory.org/upload/file/1631291311_c647b66b9e48f0a9baff/DavisEtAl2021.pdf* (abgerufen am 21.09.2023).

[DIN 2019] DIN SPEC 92001-1, Künstliche Intelligenz – Lebenszyklus-Prozesse und Qualitätsanforderungen – Teil 1: Qualitäts-Metamodell, DIN, 2019; *https://www.din.de/en/wdc-beuth:din21:303650673.*

[Dolphin 2020] Dolphin, R.: LSTM Networks | A Detailed Explanation, 21. Oktober 2020; *https://towardsdatascience.com/lstm-networks-a-detailed-explanation-8fae6aefc7f9* (abgerufen am 09.08.2023).

[EU 2016] Europäische Union (EU): VERORDNUNG (EU) 2016/679 DES EUROPÄISCHEN PARLAMENTS UND DES RATES zum Schutz natürlicher Personen bei der Verarbeitung personenbezogener Daten, zum freien Datenverkehr und zur Aufhebung der Richtlinie 95/46/EG (Datenschutz-Grundverordnung). Journal of the European Union, April 2016; *https://eur-lex.europa.eu/eli/reg/2016/679/oj* (abgerufen am 21.09.2023).

[Fischer 2018] Fischer, M.: Künstliche Intelligenz als Gefahr: Menschheit muss sich auf Regeln einigen. heise online, 13.06.2018; *https://www.heise.de/newsticker/meldung/Kuenstliche-Intelligenz-als-Gefahr-Menschheit-muss-sich-auf-Regeln-einigen-4077950.html* (abgerufen im März 2023).

[G20 2019] G20-Ministererklärung zu Handel und digitaler Wirtschaft: Annex. Ministry of Foreign Affairs of Japan, 2019; *https://www.mofa.go.jp/files/000486596.pdf* (abgerufen am 28.07.2023).

[Ghoneim 2019] Ghoneim, S.: 5 Types of bias & how to eliminate them in your machine learning project, 16. April 2019; *https://towardsdatascience.com/5-types-of-bias-how-to-eliminate-them-in-your-machine-learning-project-75959af9d3a0* (abgerufen am 08.08.2023).

[Gong & Poellabauer 2019] Gong, Y.; Poellabauer, C.: Crafting Adversarial Examples For Speech Paralinguistics. arXiv, 11. Januar 2019; *https://arxiv.org/pdf/1711.03280.pdf* (abgerufen am 09.08.2023).

[Goodfellow 2015] Goodfellow, I.: Deep Learning Adversarial Examples – Clarifying Misconceptions, Juli 2015; *https://www.kdnuggets.com/2015/07/deep-learning-adversarial-examples-misconceptions.html* (abgerufen am 09.08.2023).

[Goodfellow et al. 2015] Goodfellow, I. J.; Shlens, J.; Szegedy, C.: Explaining and Harnessing Adversarial Examples. ICLR, 9. Mai 2015; *https://arxiv.org/pdf/1412.6572.pdf* (abgerufen am 09.08.2023).

[GTB 2018] German Testing Board (GTB): ISTQB®-Lehrplan Certified Tester Foundation Level, V3.1D, ISTQB, 2018; *https://www.german-testing-board.info/wp-content/uploads/2020/01/CTFL-DE_Syllabus_2018_V3.1.pdf* (abgerufen am 05.11.2023).

[GTB 2021] German Testing Board (GTB): ISTQB®-Lehrplan Certified Tester AI Testing (CT-AI), Ausgabe 1.0D, GTB, 2021; *https://www.german-testing-board.info/wp-content/uploads/2023/09/ISTQB_CT-AI_Syllabus_v1.1_DE.pdf.*

[GTB 2023] German Testing Board (GTB): ISTQB®-Lehrplan Certified Tester Foundation Level, Ausgabe 4.0.1D, ISTQB, 2023; *https://www.german-testing-board.info/wp-content/uploads/2023/09/ISTQB_CTFL_Lehrplan-2023_V4.0.1_DE.pdf* (abgerufen am 05.11.2023).

[Hafen & Critchlow 2013] Hafen, R.; Critchlow, T.: EDA and ML – A Perfect Pair for Large-Scale Data Analysis. IEEE 27th International Symposium on Parallel and Distributed Processing, 2013; *https://ieeexplore.ieee.org/document/6651091* (abgerufen am 31.07.2023).

[Harman 2012] Harman, M.: The Role of Artificial Intelligence in Software Engineering. First International Workshop on Realizing AI Synergies in Software Engineering (RAISE), S. 1-6, 2012; *https://ieeexplore.ieee.org/document/6227961* (abgerufen am 31.07.2023).

[Herbold 2022] Herbold, S.: Data-Science-Crashkurs. dpunkt.verlag, Heidelberg, 2022.

[Holland 2018] Holland, M.: Amazon: KI zur Bewerbungsprüfung benachteiligte Frauen. heise online, 11.10.2018; *https://www.heise.de/news/Amazon-KI-zur-Bewerbungspruefung-benachteiligte-Frauen-4189356.html* (abgerufen am 10.08.2023).

[Holler et al. 2012] Holler, C.; Herzig, K.; Zeller, A.: Fuzzing with Code Fragments. Proceedings of the 21st USENIX Conference on Security Symposium, August 2012; *https://www.st.cs.uni-saarland.de/publications/files/holler-usenix-2012.pdf* (abgerufen am 03.11.2023).

[Huawei Press Release 2017] HUAWEI: HUAWEI Reveals the Future of Mobile AI at IFA 2017. Huawei Press Release, 2017; *https://consumer.huawei.com/en/press/news/2017/ifa2017-kirin970/* (abgerufen am 28.07.2023).

[IEC 61508-1] IEC 61508-1:2010 Functional safety of electrical/electronic/programmable electronic safety-related systems - Part 1: General requirements, IEC, 2010; *https://www.vde-verlag.de/iec-normen/217177/iec-61508-1-2010.html* (abgerufen am 19.12.2023).

[IEEE 2019] IEEE: The IEEE Global Initiative on Ethics of Autonomous and Intelligent Systems. Ethically Aligned Design: A Vision for Prioritizing Human Well-being with Autonomous and Intelligent Systems. 1. Auflage, 2019; *https://standards.ieee.org/content/ieee-standards/en/industry-connections/ec/autonomous-systems.html* (abgerufen am 08.08.2023).

[ISO 26262-1] ISO 26262-1:2018, Road Vehicles – Functional Safety – Part 1: Vocabulary, ISO, 2018; *https://www.iso.org/standard/68383.html.*

[ISO 26262-6] ISO 26262-6:2018, Road Vehicles – Functional Safety – Part 6: Product development at the software level, ISO, 2018; *https://www.iso.org/standard/68388.html.*

[ISO/IEC 2382] ISO/IEC 2382:2015, Information technology – Vocabulary, ISO/IEC JTC 1, 2015.

[ISO/IEC 22989] ISO/IEC 22989:2022, Information technology – Artificial Intelligence – Artificial Intelligence concepts and terminology, ISO/IEC SC42, 2022.

[ISO/IEC 23053] ISO/IEC 23053:2022, Framework for Artificial Intelligence (AI) Systems Using Machine Learning (ML), ISO/IEC JTC 1/SC42, 2022.

[ISO/IEC 25010] ISO/IEC 25010:2011 Systems and software engineering – Systems and software Quality Requirements and Evaluation (SQuaRE) – System and software quality models, ISO/IEC, 2011; *https://www.iso.org/standard/68388.html.*

[ISO/IEC 25059] ISO/IEC 25059:2023 Software engineering – Systems and software Quality Requirements and Evaluation (SQuaRE) – Quality model for AI systems, ISO/IEC, 2023.

[ISO/IEC TR 29119-11] ISO/IEC TR 29119-11:2020 Software and systems engineering – Software testing – Part 11: Guidelines on the testing of AI-based systems, ISO/IEC SC7, 2020.

[ISO/IEC/IEEE 12207] ISO/IEC/IEEE 12207:2017, Systems and software engineering – Software life cycle processes, ISO/IEC JTC 1/SC 7, 2017.

[ISO/IEC/IEEE 29119-4] ISO/IEC/IEEE 29119-4:2021, Software and systems engineering – Software testing – Part 4: Test techniques, ISO/IEC/IEEE, 2021; *https://www.iso.org/standard/79430.html.*

[ISO/PAS 21448] ISO/PAS 21448:2019, Road vehicles – Safety of the intended functionality (SOTIF), ISO/PAS, 2018; *https://www.iso.org/standard/70939.html* (abgerufen am 09.08.2023).

[ISTQB 2015] ISTQB: ISTQB® Foundation Level Certified Model-Based Tester Syllabus, 2015; *https://www.german-testing-board.info/wp-content/uploads/2016/07/istqb_ctfl-mbt_-_syllabus_-_2015_-_final.pdf* (abgerufen am 10.08.2023).

[ISTQB 2018] ISTQB: ISTQB® Certified Tester Foundation Level Syllabus, V3.1, 2018; *https://www.istqb.org/certifications/certified-tester-foundation-level-v3-1* (abgerufen am 27.07.2023).

[ISTQB 2021a] ISTQB: ISTQB® Certified Tester AI Testing (CT-AI) Syllabus, V1.0, 2021; *https://www.german-testing-board.info/wp-content/uploads/2021/10/ISTQB_CT-AI_Syllabus_v1.0.pdf* (abgerufen am 08.08.2023).

[ISTQB 2021b] ISTQB: ISTQB® Certified Tester Advanced Level Test Analyst Syllabus, V3.1.2, 2021; *https://www.istqb.org/certifications/test-analyst* (abgerufen am 27.07.2023).

[ISTQB 2023] ISTQB: ISTQB® Certified Tester AI Testing (CT-AI) Probeprüfung Set A, Ausgabe 2.0DE, 2023; *https://www.german-testing-board.info/wp-content/uploads/2023/07/ISTQB-CT-AI_Sample-Exam-Questions_v2.0_DE.pdf.*

[Jürgens & Pagano 2016] Jürgens, E.; Pagano, D.: Haben wir das Richtige getestet? Erfahrungen mit Test-Gap-Analyse in der Praxis. CQSE, 2016; *https://www.cqse.eu/fileadmin/content/news/publications/2016-haben-wir-das-richtige-getestet-erfahrungen-mit-test-gap-analyse-in-der-praxis.pdf* (abgerufen am 10.08.2023).

[Kaner et al. 1999] Kaner, C.; Falk, J.; Nguyen, H. Q.: Testing Computer Software. 2. Auflage, John Wiley & Sons, 1999, S. 496.

[Kant 1900] Kant, I.: Gesammelte Schriften. Berlin: Bd. 1–22 Preussische Akademie der Wissenschaften, Bd. 23 Deutsche Akademie der Wissenschaften zu Berlin, ab Bd. 24 Akademie der Wissenschaften zu Göttingen, 1900 ff.

[Kim et al. 2007] Kim, S.; Zimmermann, T.; Whitehead, E. J.; Zeller, A.: Predicting Faults from Cached History. 29th International Conference on Software Engineering (ICSE'07), 2007.

[Kim et al. 2011] Kim, D.; Wang, X.; Kim, S.; Zeller, A.; Cheung, S. et al.: Which Crashes Should I Fix First? Predicting Top Crashes at an Early Stage to Prioritize Debugging Efforts. IEEE Transactions on Software Engineering, Bd. 37, Nr. 3, S. 430-447, Februar 2011; *https://ieeexplore.ieee.org/document/5711013* (abgerufen am 31.07.2023).

[Knuepffer 2019] Knuepffer, G.: Benchmark misst die Leistungsfähigkeit von Machine Learning. All-Electronics, 26. Juni 2019; *https://www.all-electronics.de/markt/benchmark-misst-die-leistungsfaehigkeit-von-machine-learning.html* (abgerufen am 09.08.2023).

[Knuth 2021] Knuth, T.: Lernende Entscheidungsbäume – Überholtes Verfahren oder vielseitige KI-Methode?, 24. Juni 2021; *https://link.springer.com/content/pdf/10.1007/s00287-021-01398-0.pdf* (abgerufen am 05.11.2023).

[Kraus et al. 2021] Kraus, T.; Ganschow, L.; Eisenträger, M.; Wischmann, S.: Erklärbare Künstliche Intelligenz – Anforderungen, Anwendungen, Lösungen. Researchgate, April 2021; *https://www.researchgate.net/publication/351224928_Erklarbare_Kunstliche_Intelligenz_-_Anforderungen_Anwendungen_Losungen* (abgerufen am 08.08.2023).

[Krohn et al. 2020] Krohn, J.; Beyleveld, G.; Bassens, A.: Deep Learning illustriert. dpunkt.verlag, Heidelberg, 2020.

[Kuhn et al. 2004] Kuhn, D. R.; Wallace, D. R.; Gallo, A. M.: Software fault interactions and implications for software testing. IEEE Transactions on Software Engineering, Bd. 30, Nr. 6, S. 418-421, Juni 2004.

[Langemann 2023] Langemann, N.: Software-Testing mit ChatGPT als Assistent, Testgenerierung mit ChatGPT. heise online, 3. November 2023; *https://www.heise.de/hintergrund/Software-Testing-mit-ChatGPT-als-Assistent-9351842.html?seite=2* (abgerufen am 15.11.2023).

[Lewinson 2019] Lewinson, E.: Explaining Feature Importance by example of a Random Forest, 12. Februar 2019; *https://towardsdatascience.com/explaining-feature-importance-by-example-of-a-random-forest-d9166011959e* (abgerufen am 08.08.2023).

[Liu et al. 2014] Liu, H.; Kuo, F.-C.; Towey, D.; Chen, T. Y.: How effectively does metamorphic testing alleviate the oracle problem?. IEEE Transactions on Software Engineering, Bd. 40, Nr. 1, S. 4-22, 2014.

[Madhugiri 2022] Madhugiri, D.: Learn Image Augmentation Using 3 Popular Python Libraries, 22. April 2022; *https://www.analyticsvidhya.com/blog/2022/04/image-augmentation-using-3-python-libraries* (abgerufen am 09.08.2023).

[Mai et al. 2020] Mai, P. X.; Goknil, A.; Pastore, F.; Briand, L. C.: SMRL: A Metamorphic Security Testing Tool for Web Systems. IEEE/ACM 42nd International Conference on Software Engineering: Companion Proceedings (ICSE-Companion), Oktober 2020; *https://ieeexplore.ieee.org/document/9270318*.

[Manikantan et al. 2022] Manikantan, V.; Menon, N.; Vishnupriyan, V. S.; John, A.; Padmanabhan, N. K. A.: Software Tool to Perform Metamorphic Testing on RESTful Web APIs. Springer Link, 26. März 2022; *https://link.springer.com/chapter/10.1007/978-981-16-8987-1_38* (abgerufen am 09.08.2023).

[Mao et al. 2016] Mao, K.; Harman, M.; Jia, Y.: Sapienz: multi-objective automated testing for Android applications. Proceedings of the 25th International Symposium on Software Testing and Analysis, Juli 2016; *http://www0.cs.ucl.ac.uk/staff/K.Mao/archive/p_issta16_sapienz.pdf* (abgerufen am 31.07.2023).

[Marijan et al. 2018] Marijan, D.; Gotlieb, A.; Liaaen, M.: A learning algorithm for optimizing continuous integration development and testing practice. Journal of Software: Practice and Experience, November 2018.

[Nagappan et al. 2008] Nagappan, N.; Murphy, B.; Basili, V. R.: The Influence of Organizational Structure on Software Quality: An Empirical Case Study. Proceedings of the 30th International Conference on Software Engineering (ICSE'08), Mai 2008.

[Nagpal 2017] Nagpal, A.: Over-fitting and Regularization. Medium, 11. Oktober 2017; *https://towardsdatascience.com/over-fitting-and-regularization-64d16100f45c*.

[Nilambari et al. 2014] Nilambari, N.; Chaudhary, V.; Gautam, S.: A Survey on Automated Duplicate Detection in a Bug Repository. International Journal of Engineering Research & Technology (IJERT), Bd. 3, Nr. 4, April 2014; *https://www.ijert.org/research/a-survey-on-automated-duplicate-detection-in-a-bug-repository-IJERTV3IS041769.pdf*.

[Noller 2020] Noller, Y.: Hybrid Differential Software Testing. Humboldt-Universität zu Berlin, 2020; *https://edoc.hu-berlin.de/handle/18452/22727* (abgerufen am 30.04.2023).

[Odena & Goodfellow 2018] Odena, A.; Goodfellow, I.: TensorFuzz: Debugging Neural Networks with Coverage-Guided Fuzzing. arXiv, Juli 2018; *https://arxiv.org/pdf/1807.10875.pdf* (abgerufen am 31.07.2023).

[Papernot et al. 2016] Papernot, N.; McDaniel, P.; Goodfellow, I.: Transferability in machine learning: from phenomena to black-box attacks using adversarial samples. arXiv; 24. Mai 2016; *https://arxiv.org/pdf/1605.07277* (abgerufen am 31.07.2023).

[Pei et al. 2017] Pei, K.; Cao, Y.; Yang, J.; Jana, S.: Automated Whitebox Testing of Deep Learning Systems. Proceedings of ACM Symposium on Operating Systems Principles (SOSP'17), 2017; *https://arxiv.org/abs/1705.06640* (abgerufen am 06.10.2023).

[Rai & Tyagi 2014] Rai, D.; Tyagi, K.: Regression Test Case Optimization Using Honey Bee Mating Optimization Algorithm with Fuzzy Rule Base. World Applied Sciences Journal, Bd. 31, Nr. 4, S. 654-662, 2014; *https://www.researchgate.net/publication/336133351_Regression_Test_Case_Optimization_Using_Honey_Bee_Mating_Optimization_Algorithm_with_Fuzzy_Rule_Base* (abgerufen am 31.07.2023).

[Ralević 2021] Ralević, N.: Fuzzy Metrics and Its Applications in Image Processing. Springer Link, 16. Juli 2021; *https://link.springer.com/chapter/10.1007/978-3-030-72711-6_6* (abgerufen am 10.08.2023).

[Ribeiro et al. 2016] Ribeiro, M. T.; Singh, S.; Guestrin, C.: »Why Should I Trust You?«: Explaining the Predictions of Any Classifier. arXiv, 9. August 2016; *https://arxiv.org/pdf/1602.04938* (abgerufen am 09.08.2023).

[Riccio et al. 2020] Riccio, V.; Jahangirova, G.; Stocco, A.; Humbatova, N.; Weiss, M. et al.: Testing Machine Learning based Systems: A Systematic Mapping. Springer Link, 15. September 2020; *https://link.springer.com/article/10.1007/s10664-020-09881-0* (abgerufen am 31.07.2023).

[Rosenblatt et al. 1957] Rosenblatt, F.; Stieber, A.; Shatz, R. H.: The Perceptron a Perceiving and Recognizing Automation. Cornell Aeronautical Laboratory, Inc., Buffalo, N. Y., 1957; *https://blogs.umass.edu/brain-wars/files/2016/03/rosenblatt-1957.pdf* (abgerufen am 28.05.2023).

[Röttger & Heller 2015] Röttger, N.; Heller, M.: Methoden und Testentwurfsverfahren im agilen App-Test. ObjektSpektrum – Themenspecial Testing, 2015; *https://www.sigs-datacom.de/uploads/tx_dmjournals/Roettger_Heller_OTS_Testing_15.pdf* (abgerufen am 09.08.2023).

[Russell & Norvig 2020] Russell, S.; Norvig, P.: Artificial Intelligence: A Modern Approach. Pearson, 2020.

[SAE 2018] SAE: Taxonomy and Definitions for Terms Related to Driving Automation Systems for On-Road Motor Vehicles, 2018; *https://www.sae.org/standards/content/j3016_201806/* (abgerufen am 28.07.2023).

[Sah 2018] Sah, S.: A Comprehensive Guide to Convolutional Neural Networks – the ELI5 way, 15. Dezember 2018; *https://towardsdatascience.com/a-comprehensive-guide-to-convolutional-neural-networks-the-eli5-way-3bd2b1164a53* (abgerufen am 09.08.2023).

[Salvi 2022] Salvi, A.: Operational Design Domain – Enger Rahmen sorgt für Sicherheit. Magazin des Fraunhofer Instituts für Kognitive Systeme IKS, 13. Oktober 2022; *https://safe-intelligence.fraunhofer.de/artikel/odd-enger-rahmen-sorgt-fuer-sicherheit* (abgerufen am 09.08.2023).

[Schwartz et al. 2022] Schwartz, R.; Vassilev, A.; Greene, K.; Perine, L.; Burt, A. et al.: Towards a Standard for Identifying and Managing Bias in Artificial Intelligence. NIST – National Institute of Standards and Technology, 2022; *https://doi.org/10.6028/NIST.SP.1270* (abgerufen am 02.11.2023).

[**Silver 2012**] Silver, N.: The Signal and the Noise: Why So Many Predictions Fail – but Some Don't. Penguin Press, November 2012.

[**Silver et al. 2017**] Silver, D.; Hubert, T.; Schrittwieser, J.; Antonoglou, I.; Lai, M. et al.: Mastering chess and shogi by self-play with a general reinforcement learning algorithm. arXiv, 5. Dezember 2017; *https://arxiv.org/pdf/1712.01815* (abgerufen am 08.08.2023).

[**Smith 2020**] Smith, B.: Using Ontology as Powerful Weapon in COVID-19 Fight, 14. Juli 2020; *https://medicine.buffalo.edu/news_and_events/news/2020/07/smith-ontology-covid-11561.html* (abgerufen am 08.08.2023).

[**Sneed & Jungmayr 2005**] Sneed, H. M.; Jungmayr, S.: Produkt- und Prozessmetriken für den Softwaretest. Springer Link, 16. Dezember 2005; *https://link.springer.com/article/10.1007/s00287-005-0042-z* (abgerufen am 10.08.2023).

[**Sokolov 2016**] Sokolov, D. A.: Microsofts Chatbot Tay speit wieder Müll. heise online, 31. März 2016; *https://www.heise.de/news/Microsofts-Chatbot-Tay-speit-wieder-Muell-3158434.html* (abgerufen am 08.08.2023).

[**Spillner & Linz 2019**] Spillner, A.; Linz, T.: Basiswissen Softwaretest. 6. Auflage, dpunkt.verlag, Heidelberg, 2019.

[**Szegedy et al. 2014**] Szegedy, C.; Liu, W.; Jia, Y.; Sermanet, P.; Reed, S. et al.: Going Deeper with Convolutions. arXiv, 17. September 2014; *https://arxiv.org/pdf/1409.4842* (abgerufen am 09.08.2023).

[**The Royal Society 2019**] The Royal Society: Explainable AI: the basics, 2019; *https://royalsociety.org/ai-interpretability.*

[**Tosun et al. 2010**] Tosun, A.; Bener, A.; Kale, R.: KI-Based Software Defect Predictors: Applications and Benefits in a Case Study. Proceedings of the Twenty-Second Innovative Applications of Artificial Intelligence Conference (IAAI-10), 2010; *https://doi.org/10.1609/aimag.v32i2.2348.*

[**URL: Algorules**] Algo.Rules, Bertelsmann Stiftung, Mai 2018; *https://algorules.org/de/startseite* (abgerufen am 08.08.2023).

[**URL: ATB**] ATB – Austrian Testing Board, *https://www.austriantestingboard.at/* (abgerufen am 08.08.2023).

[**URL: AWS**] Amazon CodeGuru, Amazon Web Services; *https://aws.amazon.com/de/codeguru/* (abgerufen am 31.07.2023).

[**URL: Azure**] Azure Cognitive Search, Microsoft; *https://azure.microsoft.com/en-us/products/ai-services/cognitive-search* (abgerufen am 31.07.2023).

[**URL: BASt**] Bundesanstalt für Straßenwesen: Selbstfahrende Autos – assistiert, automatisiert oder autonom?, 11. März 2021; *https://www.bast.de/DE/Presse/Mitteilungen/2021/06-2021.html* (abgerufen am 08.08.2023).

[URL: Cloudfactory] The Ultimate Guide to Data Labeling for Machine Learning; *www.cloudfactory.com/data-labeling-guide* (abgerufen am 31.07.2023).

[URL: Dawn] DAWNBench – An End-to-End Deep Learning Benchmark and Competition; *https://dawn.cs.stanford.edu/benchmark* (abgerufen am 31.07.2023).

[URL: Dictionary] Cambridge University: Cambridge Dictionary, 2023; *https://dictionary.cambridge.org* (abgerufen am 13.08.2023).

[URL: Digital-Strategy-a] Assessment List for Trustworthy Artificial Intelligence (ALTAI) for self-assessment, HLEG der Europäischen Kommission, 17. Juli 2020; *https://digital-strategy.ec.europa.eu/en/library/assessment-list-trustworthy-artificial-intelligence-altai-self-assessment* (abgerufen am 31.07.2023).

[URL: Digital-Strategy-b] Ethics guidelines for trustworthy AI, HLEG der Europäischen Kommission, 8. April 2019; *https://digital-strategy.ec.europa.eu/en/library/ethics-guidelines-trustworthy-ai* (abgerufen am 31.07.2023).

[URL: EEMBC] EEMBC: MLMark – Introducing the EEMBC MLMark Benchmark; *https://www.eembc.org/mlmark* (abgerufen am 31.07.2023).

[URL: Eur-lex-a] Vorschlag für eine Verordnung des Europäischen Parlaments und des Rates zur Festlegung harmonisierter Vorschriften für künstliche Intelligenz (Gesetz über künstliche Intelligenz) und zur Änderung bestimmter Rechtsakte der Union, 6. Dezember 2022; *https://eur-lex.europa.eu/legal-content/DE/TXT/PDF/?uri=CONSIL:ST_15698_2022_INIT* (abgerufen am 31.07.2023).

[URL: Eur-lex-b] Europäische Datenschutz Grundverordnung, 27. April 2016; *https://eur-lex.europa.eu/eli/reg/2016/679/oj* (abgerufen am 31.07.2023).

[URL: Facebook] Open-sourcing AI Habitat, a simulation platform for embodied AI research, Meta AI; *https://ai.facebook.com/blog/open-sourcing-ai-habitat-a-simulation-platform-for-embodied-ai-research* (abgerufen am 31.07.2023).

[URL: GFuzz] GitHub Repo GraphicsFuzz, Google; *https://github.com/google/graphicsfuzz* (abgerufen am 31.07.2023).

[URL: Glossar] ISTQB-Glossar; *https://glossary.istqb.org/de_DE/search* (abgerufen am 08.08.2023).

[URL: Google-ai] Google: Produkte für KI und maschinelles Lernen; *https://cloud.google.com/products/ai* (abgerufen am 31.07.2023).

[URL: Google-etpu] Google: Edge TPU; *https://cloud.google.com/edge-tpu* (abgerufen am 31.07.2023).

[URL: Google-tpu] Google: Cloud TPU; *https://cloud.google.com/tpu* (abgerufen am 31.07.2023).

[URL: GTB] GTB – German Testing Board; *https://www.german-testing-board.info/* (abgerufen am 08.08.2023).

[URL: IBM-a] IBM: Watsonx.ai; *https://www.ibm.com/products/watsonx-ai* (abgerufen am 31.07.2023).

[URL: IBM-b] IBM: IBM Watson Assistant; *https://www.ibm.com/de-de/products/watson-assistant* (abgerufen am 31.07.2023).

[URL: imbus-a] imbus AG: Definition spezifischer Qualitätsmerkmale, 2022; *https://www.imbus.de/unternehmen/forschung/testen-von-ki-basierten-autonomen-systemen-1* (abgerufen am 09.08.2023).

[URL: imbus-b] imbus AG: HolmeS³ – KI-basierte autonome Systeme, 2022; *https://www.imbus.de/unternehmen/forschung/holmes3* (abgerufen am 09.08.2023).

[URL: ISTQB] ISTQB® – International Software Testing Qualifications Board; *https://www.istqb.org/* (abgerufen am 08.08.2023).

[URL: Kaggle-a] Kaggle – Datensätze; *https://www.kaggle.com/datasets* (abgerufen am 31.07.2023).

[URL: Kaggle-b] Kaggle Machine Learning & Data Science Survey, 2018; *https://www.kaggle.com/paultimothymooney/2018-kaggle-machine-learning-data-science-survey* (abgerufen am 31.07.2023).

[URL: Keras] Keras; *https://keras.io* (abgerufen am 31.07.2023).

[URL: Mathworks] What Is Artificial Intelligence (AI)?, Matlab; *https://uk.mathworks.com/discovery/artificial-intelligence.html#ai-with-matlab* (abgerufen am 31.07.2023).

[URL: Microsoft] Microsoft Cognitive Toolkit; *https://docs.microsoft.com/en-us/cognitive-toolkit* (abgerufen am 31.07.2023).

[URL: MLCommons] MLCommons; *https://mlcommons.org* (abgerufen am 31.07.2023).

[URL: Mobileye] Mobileye: EyeQ – The System-on-Chip for Automotive Applications; *https://www.mobileye.com/technology/eyeq-chip/* (abgerufen am 31.07.2023).

[URL: Mxnet] Appache mxnet; *https://mxnet.apache.org* (abgerufen am 31.07.2023).

[URL: Nvidia-a] NVIDIA: NVIDIA VOLTA; *https://www.nvidia.com/en-us/data-center/volta-gpu-architecture* (abgerufen am 31.07.2023).

[URL: Nvidia-b] NVIDIA: NVIDIA DRIVE Sim – Simulation for Self-Driving Vehicles; *https://www.nvidia.com/en-gb/self-driving-cars/simulation/* (abgerufen am 31.07.2023).

[URL: Opendata] Deutscher Wetterdienst (DWD): Klimadaten für Deutschland seit 1881, 2023; *https://opendata.dwd.de/climate_environment/CDC/regional_averages_DE/monthly/air_temperature_mean* (abgerufen am 09.08.2023).

[URL: OpenML] OpenML, 2023; *https://openml.org* (abgerufen am 09.08.2023).

[URL: Openrobots] MORSE: The MORSE Simulator Documentation; *https://www.openrobots.org/morse/doc/latest/morse.html* (abgerufen am 31.07.2023).

[URL: Pairwise] Pairwise Testing; *https://www.pairwise.org* (abgerufen am 09.08.2023).

[URL: Pytorch] PyTorch; *https://pytorch.org* (abgerufen am 31.07.2023).

[URL: Researchgate] Aminoethoxyvinylglycine Effects on Late-Season Apple Fruit Maturation, Juni 2004; *https://www.researchgate.net/figure/Brix-sucrose-glucose-fructose-and-sorbitol-concentrations-of-Red-Delicious-apple_fig3_226445049* (abgerufen am 08.08.2023).

[URL: Scikit-learn] Scikit-learn – Machine Learning in Python, Google; *https://scikit-learn.org/stable/* (abgerufen am 31.07.2023).

[URL: STB] STB – Swiss Testing Board; *https://swisstestingboard.org/* (abgerufen am 08.08.2023).

[URL: Tensorflow] Google TensorFlow; *https://www.tensorflow.org* (abgerufen am 31.07.2023).

[URL: Titanic] Steiger, T.: Analysis of Titanic Survival Data. ttsteiger.github.io, 12. Mai 2017; *https://ttsteiger.github.io/projects/titanic_report.html* (abgerufen am 30.10.2023).

[URL: Wikipedia] AI effect; *https://en.wikipedia.org/wiki/AI_effect* (abgerufen am 31.07.2023).

[Wahlster et al. 2022] Wahlster, W.; Winterhalter, C. et al.: Deutsche Normungsroadmap Künstliche Intelligenz, Ausgabe 2. DKE – VDE, Berlin, 2022; *https://www.dke.de/de/arbeitsfelder/core-safety/normungsroadmap-ki* (abgerufen am 31.07.2023).

[Whittaker 2009] Whittaker, J.: Exploratory Software Testing: Tipps, Tricks, Touren und Techniken für die Testentwicklung. 1. Auflage, Addison-Wesley Professional, 2009.

[Wilkinson et al. 2006] Wilkinson, L.; Anand, A.; Grossman, R.: High-Dimensional Visual Analytics: Interactive Exploration Guided by Pairwise Views of Point Distributions. IEEE Transactions on Visualization and Computer Graphics, Bd. 12, Nr. 6, S. 1363-1372, 2006; *https://www.cs.uic.edu/~wilkinson/Publications/sorting.pdf* (abgerufen am 31.07.2023).

[Wiltz 2019] Wiltz, C.: Can Apple Use Its Latest AI Chip for More Than Photos?. Electronics & Test, Artificial Intelligence, 13. September 2019; *https://www.designnews.com/electronics-test/can-apple-use-its-latest-ai-chip-more-photos* (abgerufen am 27.07.2023).

[Winter et al. 2016] Winter, M.; Roßner, T.; Brandes, C.; Goetz, H.: Basiswissen modellbasierter Test. 2. Auflage, dpunkt.verlag, Heidelberg, 2016.

[Xie et al. 2016] Xie, J.; Li, Q.; Chen, S.; Huang, H.: The fuzzy metric space based on fuzzy measure. Open Mathematics, 20. September 2016; *https://doi.org/10.1515/math-2016-0051* (abgerufen am 10.08.2023).

Index

T